JN201295

葛本京子・大家重夫

文字書体の法的保護

―タイプフェイス・フォント・ピクトグラム

Typeface・Fonts・Pictogram

青山社

はじめに――書体、タイプフェイス、字体、フォント、ピクトグラムの用語について

一

友人や親兄弟から、肉筆の葉書や封書を貰うことがあるが、私たちは、毎日、新聞、雑誌、テレビ、映画の字幕で、「印刷用の文字」を目にする。

多くの人々はパソコンをもち、ワードや一太郎で、手紙や原稿を打ち、「印刷用の文字」を使い、肉筆で書くことは、少ない。

昭和三〇年代までは、活字の時代であった。印刷屋では、鉛の活字が棚に並べられており、印刷工が、選んで取り出し、これを組み版にした。昭和四〇年代の写真植字＝写植の時代（短かった）を経て、まもなく、コンピュータ、インターネットの時代になった。

鉛の活字の代わりに、画面上に活字を写し出し、この活字が新聞雑誌書籍テレビ画面に現れ、私たちは、必要に応じて、コンピュータ画面上に、「文字書体」とその「サイズ」を選び、「印刷」と命令し、プリントアウトしている。

日本の漢字は、多すぎるといわれたが、コンピュータ、インターネットの時代になって、いくらでも対応でき、また、活字の時代とは比較にならない早さで、「新しい印刷用の文字」すなわち「印刷用の文字書体」を写し出せるようになった。

本書は、この「新しい文字書体」をデザインし、新書体を創った人には、どういう権利があるか、無断で、その新書体を複製する者へ、その行為を差し止め、損害賠償を得られるか、という問題を取り扱うことを第一のテーマ

とし、あと、ピクトグラム（絵文字）についてふれる。

まず、本書において、用いる言葉の定義を行う。

二

○字体

文字の形、骨格を「字体」という。

仏は佛の略字である。同じ意義の文字であるが、「骨格」が異なる。字体が異なる。

「高い」の高という文字の鍋蓋の下に「口」がはいる文字「高」と、縦棒二本が上下につながり、横棒二本が左右の縦棒につながる「髙」がある。両者は、字体が異なる。

○タイプフェイス＝印刷用文字書体＝文字書体＝書体

タイプフェイス（Typeface）という言葉がある。Ｔｙｐｅは、「活字」、Ｆａｃｅは、「顔」で、鉛の活字、本体（Ｂｏｄｙ）の顔、すなわち「活字の顔」から転じて、文字の書体をいう。通常、「印刷用文字書体」あるいは、「文字書体」という。

この文字書体は、一字をいうのでなく、同じ雰囲気、同じ傾向、同じ匂いの「ワンセット、一式」をいう。「カタカナ」、「ひらかな」は、約五〇字でいいが、漢字の書体について、もし、法律で、登録制、届出制をとる場合、二、〇〇〇字といった基準が必要になる。

欧米では、多くの国がアルファベットを用いる。一国で保護しても外国から無断で真似されては困るので、活字メーカーおよび制作者が、ＷＩＰＯ（世界知的所有権機関）を動かし、一九七三年、「タイプフェイスの保護及びその国際寄託に関するウィーン協定」を制定した。五ヶ国が批准すれば発効する協定であったが、フランスとドイツの二ヶ国しか批准せず発効しなかった。

この協定は、加盟国が、意匠法か、著作権法か、寄託により保護することを予定し、「タイプフェイスが新規（ｎｏｖｅｌ）であるか、独創的（ｏｒｉｇｉｎａｌ）あるいはその両方であることを条件とする」とした。
タイプフェイスを次のように定義した。
「一、「タイプフェイス」とは次の一組のデザインを指す。
（ａ）アクセント記号および句読点などの付属物を伴った文字とアルファベット
（ｂ）数字と定式記号、慣用されるシンボル、科学記号などの図形的記号
（ｃ）縁取り、花飾り、装飾模様などのオーナメント
これら一組のデザインは、いずれかの印刷技法を用いてテキストを組み立てるための手段として意図されたものであること。「タイプフェイス」には、純粋に技術上の必要によって形状の決まる書体は含めない。」
日本タイポグラフィ協会発行の、「タイポグラフィックス・ティー」二四七号（二〇〇七年）二一頁は、次のように定義している。

「タイプフェイス定義
言語表記を主目的に、記録や表示など組み使用を前提として、統一コンセプトに基づいて制作されたひと揃いの文字書体。通常フォント化して使用する。
和文の場合、ひらかな、カタカナ、清音字ゑ、ゐ、ヱ、ヰを除いた四六字、漢字は教育漢字の一〇〇六字をひと揃いの最小文字数とする。また、組み使用に必要とするアルファベット、数字、記号類、シンボルやピクトグラム、オーナメントも必要に応じて、ひと揃いに加える。」

○肉太の文字書体と「書」

日本では、漢字を筆によって描き、肉太の文字にし、空間を狭くすると、「書」とも評価できる。勘亭流といわれる書体はその一つである。「書」と評価されれば、判例で著作物とされる可能性が非常に高い。

○ファミリー書体

漢字をデザインするとき、縦の線の太さ、横の線の太さが、基礎的な要素である。縦の線、あるいは横の線、あるいは双方に、一定の数字を乗じ、一連の漢字を作成した場合、これをファミリー書体という。もとの書体の、雰囲気、香り、匂いが残っており、書体デザイナーは、これをファミリー書体といい、「新作品」とは認めない。

○制定書体

ＪＲ東日本や営団地下鉄、全日空、日本航空などの会社では、それぞれ駅名、空港名、出入口などの「漢字・カナ・ひらかな」を統一した書体にしている。

それぞれ、特定の、いくつかの「漢字・カナ・ひらかな」を、書体デザイナーに委嘱し、作成させ、その「著作権類似の権利」の譲渡を受けるか、その「使用権」の譲渡を受ける契約を締結している。

○フォント

タイプフェイス（印刷用文字書体）は、ひと揃い・一式の文字のデザインであり、このデザインは、抽象的なものであるから、実際に、紙媒体、コンピュータ画面に使われるには、その前段階の「具体的な媒体」が必要である。この具体的な媒体が、「フォント」で、われわれは、活字、写植文字、デジタル文字を指し、活字フォント、写植フォント、デジタルフォントと呼んでいる。

現代は、デジタルフォントの時代である。タイプフェイスの法律的保護が無理であるならば、デジタルフォントのみを法的に保護してはどうか、という意見もある。

○ロゴ

ロゴタイプ（Ｌｏｇｏｔｙｐｅ）の略。二つ以上の文字・語・言葉を組み合わせ、一つの活字、単位としたもの。会社の社名、商品名、ブランド名の文字を個性的にし、顧客吸引力を得るため、会社等は、デザイナーに高額の報酬を支払い、「著作権類似の権利」の譲渡ないし、「使用権」の譲渡を受けている。

アサヒビールが（Ａｓａｈｉ）のロゴを新たにつくり、商標登録した。縦線は太く、三角状の「はね」、右上がりの傾斜辺四四度のデザインで、デザイン会社に作成させ、対価を支払った。

米穀販売業の（株）アサックスは、商号を「Ａｓａｘ」に変更、この文字のデザインをアサヒビールのＡＳＡＨＩに似たものにした。アサヒビールは、類似しているとして、商標法に基づき、アサックスを訴えたが、東京地裁平成六年三月二八日判決は、類似性を認めなかった（判時一四九八号一二一頁）。アサヒビールは、ロゴの書体は著作物であるとの主張を追加し、控訴。東京高裁平成八年一月二五日判決は、「デザイン的な工夫が凝らされていることは認めるが、この程度のデザイン的要素の付加では、美的創作性を感得できない」とし、アサヒビールは、敗訴した（判時一五六八号一一九頁）。

あるロゴが公表されているが、そのロゴの文字書体一式が作成され公表されていない場合、そのロゴを見て、第三者が一連のタイプフェイスを作成することは自由だろうか。これについての判例はまだない。

○ピクトグラム

ＪＲ鉄道、私鉄、地下鉄の駅には、必ず「便所」がある。「便所」、「トイレ」、「手洗い」「男性」「女性」といった文字による表示ではなく、影絵、シルエットで、帽子を着用した男性、スカート姿の女性が描かれている。この「絵文字」「図記号」のことをピクトグラムという。

著作権のあるピクトグラム、ありふれて著作権のないピクトグラムがある。著作権があると主張するピクトグラムの作成者は、日本グラフィックデザイナー協会等の団体の機関誌などに、作者名、権利者名、公表年を記録しておくことが望ましい。ピクトグラムは、一九六四年（昭和三九年）の東京オリンピックのとき、一挙に普及した。デザイナー村越愛策氏によれば、「五輪会場や選手村のトイレや設備などは、デザイン評論家の勝見勝さん（故人）のもと若手デザイナーらが三ヶ月かけて記号化し、勝見さんが『社会に還元しよう』と呼びかけ、著作権を放棄した」という（朝日新聞二〇一四年一〇月一〇日三四面）。

大阪地裁平成二七年九月二四日判決（平成二五年（ワ）第一〇七四号）は、大阪市観光案内図に用いた原告作成のピクトグラムに著作権を認めた。

三

著作権法は、人の「思想又は感情を創作的に表現したものであって、文芸、学術、美術又は音楽の範囲に属するもの」を保護する。美術工芸品は対象になる。

大量生産の実用品で、美術の範囲に属するともいえるものは、「応用美術」と呼ばれる。著作権法の対象である「著作物」にはいるかどうかが争われている。知財高裁第二部の清水節裁判長は、平成二七年四月一四日判決（トリップ・トラップ椅子事件）において、「応用美術は、装身具等実用品自体であるものの、家具に施された彫刻等実用品と結合されたもの、染色図案等実用品の模様として利用されることを目的とするなど様々で」「表現態様も多様であるから、応用美術に一律に適用すべきものとして、高い創作性の有無の判断基準を設定することは相当と言えず、個別具体的に、作成者の個性が発揮されているか否か」で、判断すべきである、「表現に作成者の何らかの個性が発揮されていれば、創作性があるものとして著作物性を認め」てよい、との判断基準を示した。

私は、文字書体は、実用品であり、しかも文字制作者の個性が表現されたもので、美術の範囲に属する「著作物」といえると思うが、残念なことには、このトリップ・トラップ椅子事件判決では、最高裁平成一二年九月七日判決（ゴナU事件判決）が引用されず、ふれていない。トリップ・トラップ椅子は、応用美術の一分野だが、タイプフェイスは、応用美術の一分野とは考えていないのかも知れない。

知財高裁平成二六年九月七日判決（ファッションショー事件控訴審）においては、知財高裁第三部の設楽隆一裁判長は、「応用美術に関するこれまでの多数の下級審裁判例の存在とタイプフェイスに関する最高裁の判例（最高裁平成一〇年（受）第三三二号同一二年九月七日第一小法廷判決・民集五四巻七号二四八一頁）によれば、まず、……、二条二項は、単なる例示規定であると解すべきであり、……」とある。

私は、トリップ・トラップ椅子事件判決が下級審で優勢になれば、文字書体についてのゴナU事件最高裁判決が変更されると予想している。

いずれにしろ、本書は、最高裁平成一二年九月七日判決について論じたつもりである。

印刷用文字書体を諸外国では、どのように保護しているか、一章を設けるべきであったが、紙幅の都合で省略した。「諸外国での保護」については、著作権情報センター附属著作権研究所の「応用美術委員会編『著作権法と意匠法との交錯問題に関する研究』（二〇〇三年）の「第四章タイプフェイス問題」（大家重夫）が若干触れている。知的財産研究所「諸外国におけるタイプフェイスの保護の現状と問題点に関する調査研究報告書」（二〇〇七年）、同志社大学法学部の「二〇〇三年度、三年次、井関涼子ゼミ共同論文集」（二〇〇四年）中、垣内宏美氏がアメリカとイギリスを中心に解説されている。

本書をまとめるにあたっては、多くの著作権学者の恩恵を蒙っているが、特に本山雅弘国士舘大学教授の「ファッションショーにおける美的表現と応用美術の著作物該当性」（「別冊ジュリスト平成二六年度重要判例解説」二七六頁）、奥邨弘司慶應義塾大学教授（著作権判例百選第五版三六頁）、田村善之・北大教授、駒田泰土上智大教授、佐藤祐介元・岩手大学教授の論考にお世話になっている。感謝する次第である。

四

本書には、文字書体を無断使用されたデザイナー葛本京子・視覚デザイン研究所社長にトラブルの現場のお話を伺ううち、そのお話を併せて掲載することが読者に有益であると考え、共著の体裁をとることにした。

大家重夫の文章は、一九七一年から二〇一八年までに書かれたもので、重複したり、考えが変わり、矛盾した箇所があるかも知れない。

また、本書では、「タイプフェイス」「文字書体」「印刷用文字書体」あるいは「文字デザイン」という言葉を使っているが、同義であり、統一しなかった。

ご了承を乞う次第である。

本書が著作権法、意匠法、知的財産法の研究者、日本タイポグラフィ協会、日本グラフィックデザイナー協会（ＪＡＧＤＡ）などデザイナー、写研、モリサワなどベンダーの方々のお役にたてば幸いである。

二〇一八年一〇月

大家 重夫

法律に不慣れな私は、折に触れ大家重夫先生に「知的財産権」についてご教授いただいてきました。臆面もなく質問攻めする私に、時に叱咤、時に励ましもいただき、素人にも解りやすく教えてくださいました。

この度このご縁で、本書の一部に取り上げていただきました。日頃デザイナーとしてご活躍の方々には、私と同様に法律関連文章に不慣れで理解に時間を要することが多いと存じます。第三章・三の「被害例」と第五章・三の「ゴナU事件の再考」は、フォントの法律的保護の現状理解のきっかけになると思います。また、フォントやピクトグラム、といったデザイン要素は、日常生活のすべてに関連しています。本書が、将来のデザイン界を担う多ジャンルのデザイナーの方々にご一読いただけることを願っています。

私の文章は、一デザイナーの視線で書いており、法律用語に関する表現など間違いがあるかと思います。不適切な場合にはご指摘頂けると幸いです。

青山社・野下弘子氏のご助力に感謝いたします。

二〇一八年一〇月

葛本 京子

目次

第四章　文字書体をめぐる判例　75

大家　重夫

資料　判決文――文字デザイン・デザイン書体に関する判例一覧　255
資料1　ゴナU事件一審判決（大阪地裁平成九年六月二四日判決判タ九五六号二六七頁）　256
資料2　ゴナU事件控訴審判決（大阪高裁平成一〇年七月一七日判決民集五四巻七号二五六二頁）　275
資料3　ゴナU事件最高裁判決
（平成一二年九月七日判決民集五四巻七号二四八一頁判時一七三〇号一二三頁判タ一〇四六号一〇一頁）　283
資料4　モリサワ対ディー・ディー・テック事件
（大阪地裁平成一六年五月一三日判決平成一五年（ワ）第二五五二号）　288
資料5　テレビ朝日・文字書体無断使用事件
（大阪地裁平成二五年七月一八日判決平成二二年（ワ）第一二二一四号）　300
資料6　テレビ朝日・文字書体無断使用事件
（大阪高裁平成二六年九月二六日判決平成二五年（ネ）第二四九四号）　314
資料7　大阪観光施設ピクトグラム事件（大阪地裁平成二七年九月二四日判決）　357
資料8　北朝鮮映画事件（最高裁平成二三年一二月八日第一小法廷判決）　403
参考文献　407
あとがき――なぜ本書を出版するに至ったか　413
判例索引　417

第一章　タイプフェイスの例示

一・タイプフェイスの例示

平成一二年に発行した「タイプフェイスの法的保護と著作権」（成文堂）二二二頁から二二五頁に掲載した「タイプフェイスの例示」を再掲し、葛本京子氏の協力を得て、いくつかの書体を付け加えることにした。

これらの書体の中には、ゴナU事件最高裁平成一二年九月七日判決の定める①従来の印刷用書体に比して顕著な特徴を有するといった独創性を備え、②それ自体が美術鑑賞の対象となり得る美的特性を備えている「著作物」が存在する可能性がある。

この場合、ここに掲載することについては、著作権法三二条一項の「引用」に該当し許容されると解する。

タイプフェイスは創作者の思想又は感情を表現している。
石井明朝体　創作者　石井茂吉

タイプフェイスは創作者の思想又は感情を表現している。
淡斎古印体・歌　創作者　井上淡斎

タイプフェイスは創作者の思想又は感情を表現している。
ボカッシイG　創作者　今田欣一

タイプフェイスは創作者の思想又は感情を表現している。
モトヤシーダ4　創作者　大本義秀

タイプフェイスは創作者の思想又は感情を表現している。
JTCナミキPOP-M　創作者　加藤辰二

タイプフェイスは創作者の思想又は感情を表現している。
武蔵野　創作者　金井　和夫

タイプフェイスは創作者の思想又は感情を表現している。
明石　創作者　酒井　正

タイプフェイスは創作者の思想又は感情を表現している。
楷書MCBK1　創作者　坂田　正雄

タイプフェイスは創作者の思想又は感情を表現している
篠M　創作者　篠原榮太

タイプフェイスは創作者の思想又は感情を表現している
本明朝M　創作者　杉本幸治

タイプフェイスは創作者の思想又は感情を表現している。

スーボ　創作者　鈴木勉

タイプフェイスは創作者の思想又は感情を表現している。

モトヤゴシック3　創作者　大佐源三

タイプフェイスは創作者の思想又は感情を表現している。

タカハンドB　創作者　高原新一

タイプフェイスは創作者の思想又は感情を表現している

サンB　創作者　田中秀秋

タイプフェイスは創作者の思想又は感情を表現している。

ナールD　創作者　中村征宏

タイプフェイスは創作者の思想又は感情を表現している。
ハセフリーミンH　創作者　長谷川眞策

タイプフェイスは創作者の思想又は感情を表現している
ナウMB　創作者　水井　正

タイプフェイスは創作者の思想又は感情を表現している。
JTCウインZ10　創作者　三宅康文

タイプフェイスは創作者の思想又は感情を表現している。
モトヤ明朝2　創作者　山田博人

タイプフェイスは創作者の思想又は感情を表現している。
若松太行　創作者　若松　重信

タイプフェイスは創作者の思想又は感情を表現している。

ゴナU　創作者　中村征宏

タイプフェイスは創作者の思想又は感情を表現している。

新ゴU　制作統括者　小塚昌彦

タイプフェイスは創作者の思想又は感情を表現している。

祥南行書体W5　創作者　有澤祥南

タイプフェイスは創作者の思想又は感情を表現している。

游教科書体M　創作者　字游工房

タイプフェイスは創作者の思想又は感情を表現している。

方縦K250　創作者　味岡伸太郎

タイプフェイスは創作者の思想又は感情を表現している。
ロゴＧＢ　創作者　葛本茂・葛本京子

タイプフェイスは創作者の思想又は感情を表現している。
京千社Ｒ　創作者　葛本京子

タイプフェイスは創作者の思想又は感情を表現している。
メガ丸Ｂ　創作者　葛本茂・葛本京子

タイプフェイスは創作者の思想又は感情を表現している。
丸明オールド　創作者　片岡朗

タイプフェイスは創作者の思想又は感情を表現している。
かづらきＳＰ２Ｎ　創作者　西塚涼子

第二章　タイプフェイス制作者に「書体著作権」を与えたい

一．正木香子氏、鳥海修氏へのお願い

1．正木香子氏の文字書体の紹介

最近、文字書体、文字デザインについて書かれた書籍が多く刊行されています。

正木香子「本を読む人のための書体入門」（星海社・二〇一三年）は、「心に残っている本の中の言葉には、どんな書体がつかわれていたのか、実例をとりあげよう」という動機から、多数の文字書体を取り上げて、その魅力を解説した素晴らしい本です。

「淡古印」という文字書体は、「マンガのホラー書体として知られている」が、これは、一九七〇年代の終わりに、印章業界、つまりハンコ屋さんに向けて開発したものだったそうです（二五頁）。ところが、一九八四年、「週刊少年ジャンプ」五一号掲載の鳥山明「ドラゴンボール」の記念すべき連載第一回の冒頭のコマに使われた、これを機に、ホラー書体として、有名になり、ホラー漫画に多く用いられたそうです（二六頁）。

テレビ番組「水曜どうでしょう」（大泉洋、鈴井貴之ら）という番組は、最高視聴率が一八・六%を記録し、編集されたＤＶＤも売り上げ上位だったが、それは、この番組で使われた文字スーパーによる演出効果が大きいと正木氏は指摘されています。カブで、鎌倉市内を走行中、「いざ鎌倉！」と口にする大泉。ディレクターの藤村は、「大髭書体あたりでね」と注文、視聴者は、「大髭書体」で堂々と書かれた「いざ鎌倉」を目にすることになったので

す（五八頁）。

正木氏が好きなデザイン書体で、「八〇年代から九〇年代にかけて雑誌や広告によくつかわれていた『ボカッシイ』という伝説的な書体」は、設計者は、今田欣一氏で、「伝統的な江戸切子のカットガラスからデザインの着想を得た」と書いておられます。

正木香子氏のように、その本の内容を表現している手段である「文字書体」の殆ど全てを愛し、愛情を注いでいる方は、稀です。

日本語を使用する日本人の九割の人々は、「文字の字体」（文字の骨格）が纏っている「文字書体」については、「水」や「空気」のように、全く意識していないし、従って「文字書体＝文字デザイン」は、タダである（無料である）、あるべきだ、と思っている人が多いようです。字の骨格である「字体」と字が纏う衣装である「書体」は、別の概念です。私は、「字体」は、タダであるべきだ、「書体」は有料である、と言いたいのです。本書は、「書体」を主題にしたものです。

正木香子氏は、「文字の食卓」（本の雑誌社・二〇一三年）では、「石井太明朝ニュースタイル」を「炊きたてのごはんの文字」、「ゴナ」を「肉の文字」、「ナール」を「卵の文字」に「タイポス」を「スパイスの文字」、先に紹介した「淡古印」を「湯気の文字」と、批評しているのです。「ゴナ」については、本書で後に触れることになります。

2. 故木村恒久氏のタイポス観

わたしは、かつて、「タイポス」という書体をどう批評すべきか、文章に書こうとして苦労しました。

そんなとき、木村恒久氏の次の批評を読み、感嘆した記憶があり、「タイプフェイスの法的保護」に引用したことがあります。再掲します。

「たとえば、写植に〈タイポス〉という新書体がある。専ら女性週刊誌の誌面でご愛用されているが、この書体を見るたびにぼくは、新幹線のシートで鼻水をたらして眠りこけている郷ひろみを思い出してゲンナリである。この書体は活字の明朝とゴチックをこきまぜ、中和させて〝見やすさ、読みやすさ〟の実用性をことさら顕著にするが、明らかに作者は、今日の産業技術における、中性化した流線型合理主義の思考原理をレタリング・デザインに逆用している。」（木村恒久「美術手帖」昭和四八年一二月号二九頁）。

この批評文について、「作者に失礼である、反対である」という人を知っていますが、私は、これだけ「想像力をもって、長文の感想文」が書けるとは、すごい人もいるものだ、と感服しました。正木氏は、タイポスに対して、一九八一年出版された「窓ぎわのトットちゃん」の本文に採用され、今見ても新鮮であり、「デザイン性が高い」とされ、「スパイス」のようだ、とさらりと述べておられます。

3．鳥海修氏の謙虚な意見

文字書体のデザイナー、字游工房の鳥海修氏も、「水のような、空気のような」書体を目指しておられ、約四〇年のお仕事と交遊を回顧された素晴らしい作品「文字を作る仕事」（晶文社・二〇一六年）を出版されておられます。次の文章は、私を含めて、一般の人々がまず、知っておくべき知識であると思いました。転載させていただきます。

「実はこの明朝体やゴシック体というのは文字デザインのおおまかな様式を言うのであって、細かなデザイン差でみれば、明朝体一つとっても、五〇や一〇〇に収まりきれないほどの数がある。さらにその一つ一つに固有の名前がついている。」「ウィンドウズに搭載されている書体を見ると『MS明朝』『MSゴシック』」「マッキントッシュの書体では『ヒラギノ明朝体』『ヒラギノ角ゴシック体』が一般的だ。」「印刷物においても」「あまり厳密ではないが新潮文庫は『秀英細明朝』、角川文庫は『イワタ明朝体オールド』、文春文庫は『文久細明朝（もしくは凸版細明朝体）』、講談社文庫は『ヒラギノ明朝体』、岩波文庫は『精興社明朝』などと、同じ明朝体といえども、それぞれの出版社がデザインの異なった明朝体を使用して差別化をはかっている。」「国内に二〇社ぐらいあるフォントベンダーと呼ばれる書体制作会社においても、写研が『石井明朝体』『石井ゴシック体』モリサワが『リュウミン』『中ゴシック』、イワタが『イワタ明朝体』『イワタゴシック体』と、それぞれの会社が独自の書体を販売している。」「字游工房も『游明朝体』『游ゴシック体』を所持している。」

この文章の中で、「明朝体一つとっても五〇や一〇〇に収まりきれないほどの数がある」という箇所については、ゴナU事件最高裁判決を下した裁判官には、今更お願いしても無理ですが、法律関係者には是非、知って頂きたいと思いました。

正木氏は、明言されていませんが、文字書体について、「財産的価値」がないとは思っていないでしょう。水や空気のような存在であるが、水や空気も「財産的価値」があるように、文字書体の創作者が、使用したい人に対して、対価を要求したならば、支払うべきだという意見と思います。

鳥海さんは、「文字を作る仕事」において、こう書かれておられます。

「書体は自己主張をしてはいけない。あくまで物語の脇役であり、言葉の僕と心得ている。だからこそ読者は文字を意識することなく物語に没頭できるのだ。だが、このように本文書体に光をあててもらえることは単純にうれしいことだし、ありがたい。作った書体に対する評価はさまざまだ。励ましも批判もなるべく真摯に受け止め、栄養にしていかなければと思う。」

なんと、謙虚な方でしょう。小説家、音楽家、建築家、芸術家には、自己顕示欲があって、当然です。鳥海さんには、「本文用書体」の作品が多いようです。「見出し用書体」「広告用の書体」を得意とする書体制作者も、「本文用書体」の制作者も、文字が使われた「紙媒体」「テレビ画面」に「氏名表示権」を主張しません。ただ、同業者や批評家には、「どこかに記録」し、知ってほしい、と思っており、これは実行されているようです。

4. 文字書体保護法（案）

文字書体の制作者は、文字を創りますが、この世の中で、生活していくためには、その文字書体を「使う人」から、対価を支払って貰らわねば生活できないでしょう。無断使用した人に対しては、その不法行為を止めさせ、賠償金を取り立てる法制度を作るべきです。

日本人は、詩、俳句、短歌、小説を日本語の文字で読み、その言わんとするところの内容を受けとっている、享受しています。この内容は、著作権法の「著作物」として、保護されているのですが、その表現手段である「文字」の「デザイン」についても、著作権法あるいは他の法律で、保護されるべきではないか、というのが、私たちの思いであり、願いです。

私たちの願いは、いずれ世間に受け入れられると楽観しています。

私の法律案の骨子は、次の通りです。

文字書体保護法（骨子）（大家重夫私案）

1　新規な文字書体を作成した個人・グループは、登録なしに、自動的に書体著作権をもつ。

2　書体著作権は、譲渡性のない書体人格権（公表権、氏名表示権、同一性保持権）及び譲渡性のある書体財産権からなる。

3　新規に文字書体を作成した者は、書体財産権を他人に譲渡あるいは使用を許諾できる。

4　書体財産権の譲渡を受けた者（権利者）は、他人に譲渡あるいは使用を許諾できる。

5　書体著作権は、無断複製者に対して、差押さえと損害賠償を請求できる。

6　書体著作権者は、次の権利を有する。

（1）その文字書体を「そのままの複製をする権利」（翻案権は認めない。）

（2）上映権

（3）公衆送信権

（4）展示権

7　文字書体の作成に当たって、既存の文字書体を参照することは許される。
8　書体著作権の保護期間は、五〇年とする。現在、使用されている文字書体については、法施行日から五〇年とする。
9　文字書体の作成者は、その氏名を日本グラフィックデザイナー協会、日本タイポグラフィ協会の発行する機関誌に、氏名表示を行う権利を有する。

5．文字書体保護法（案）の説明

1，意匠法的発想であれば、登録してはじめて権利が発生しますが、著作権法の発想では作品（ここでは書体）を作成した時点で権利が発生します。

2，地下鉄の会社、航空会社、ＪＲなどは、駅名、空港名を、ある特定の書体で統一するため権利の「譲渡」を受けるか永遠の使用許諾を受けているでしょう。「制定書体」と呼ばれています。

5，これが、一番必要な規定です。

6，ある文字書体の縦あるいは横に一定の数字をかけて、文字書体を作った場合、これをファミリー書体といいますが、「複製」とします。

原則として、「そのままの複製」と「ファミリー書体」を「複製」としますが、相当量の文字が、非常によく似ていた場合、裁判官の判断に委ねる、その際、裁判官は、タイプフェイス・デザイナー、タイプフェイスベンダーの意見を聞くよう期待したいと思います。

7，著作権法は、両者が無関係に作成した著作物が、偶然に同じで、一致した場合、両者は、それぞれ、独立のもので、両者は、それぞれ著作物です。著作権法は、一方が他方を見て作成した場合、「依拠」したとして、依拠した者の作品は、著作権侵害となります。この私案では、「最近、こういう文字書体が現れた」ので、このアイデアあるいはこの雰囲気の文字書体を作ってくれ、といって、見せられた場合、許す、かまわない、という規定です

（ゴナU事件控訴審判決参照）。

8，は、文字書体制作者、ベンダー、一般人が関心をもつ条文です。昔からのもの、今も使われている文字書体をいつまで、保護するかの規定です。

6．正木香子氏、鳥海修氏へのお願い

正木香子氏、鳥海修氏などにお願いしたいのは、今後書かれる本の中で、文字書体に触れられるとき、ご存知であれば1，著作者、2，権利者、3，書体の公表年、を必ず、巻末にでも明記してほしいのです。分からなければ、その旨を記してほしいのです。

日本タイポグラフィ協会や、日本グラフィックデザイナー協会の会報などに公告することによって、明らかにしておきたいのです。

急転直下、文字書体保護法が成立することを願っています。

第三章　文字書体の制作者からの発言

一．文字書体の制作者・フォントベンダーの置かれている立場

1．制作会社で、ベンダー

株式会社視覚デザイン研究所を説明する。

一九八八（昭和六三）年四月七日、資本金七、五〇〇万円、従業員約一〇名にて発足。現在、デザイナーは五名。株式は非公開、非上場。文字書体（タイプフェイス）のデザインを制作するとともに販売も行っている。当社では社内のデザイナーが、文字書体を創作（オリジナル・デザイン）している。

文字書体の制作とともに販売する者を、この業界ではフォントベンダーと呼ぶ。ベンダーは、①フォント（タイプフェイスを具体化した活字フォント、写植フォント、デジタルフォント）を開発し、フォント製品として販売し、使用許諾を行う企業を指し、また、②外部のタイプフェイス・デザイナーの作品を、代理または権利譲渡を受けて、顧客に販売あるいは使用許諾する企業を指す。

当社は、①の文字書体の制作者であり、自社のフォント製品を販売あるいは使用許諾するベンダーだ。創作者であり、権利者と言ってよいだろう。

2. 同業者の集まり

本書にＪＴＡ（ＮＰＯ法人日本タイポグラフィ協会）と、ＪＡＧＤＡ（公益社団法人日本グラフィックデザイナー協会）の記述があるので、この二つの協会について説明する。

ＪＴＡは、一九六四年に結成され、一九七一年にＮＰＯ法人となった。タイプフェイスを創作する個人・団体とタイポグラフィ作品に関連するデザイナーや研究者の集まりだ。会員は、約二〇〇名。雑誌「タイポグラフィックス・ティー（年四回）」と、ＪＴＡ年鑑を発行し、若手デザイナー育成のため奨励賞が設けられている。事務所は東京都中央区日本橋小舟町三－二にある。ＪＴＡには、タイプフェイス、ロゴタイプ、マークなどの法的保護を研究する「知的財産権委員会」があり、毎年会合を開き、会報を発行するなどの活動をしている。

ＪＡＧＤＡは、一九七八年に設立された。会員は約三、〇〇〇名で、グラフィックデザイナーの全国組織だ。ＪＡＧＤＡ年鑑発行のほかイベント、展覧会、シンポジウム開催などを行っている。事務所は、東京の六本木、ミッドタウンタワー五階にある。ＪＡＧＤＡには、デザイナーの権利を守ることを目的に「創作保全委員会」があり、最近「著作権Ｑ＆Ａ」及び「タイプフェイスの法的保護」が出版された。

私は、ＪＴＡ（一九九五年入会）とＪＡＧＤＡ（二〇〇八年入会）の会員で、双方の委員会に所属している。

3. 視覚デザイン研究所のタイプフェイス

私どもは、読みやすく、かつ美的で、しかも新鮮な印象を与えるよう心がけてタイプフェイス（＝印刷用文字書体）を制作している。本章の五．に記載する。アイデアをスケッチし、コンセプトを決め、コンピュータの画面上で創作、約九、〇〇〇字を一組として、すべて同じ印象が漂うようデザインしていく。制作したタイプフェイスをフォントソフトとして顧客に権利譲渡あるいは使用許諾する。

4．顧客との契約について

顧客に権利を譲渡あるいは使用許諾契約し、対価をいただく、というのが私どものビジネスだ。期間限定をする場合もある。必ず、無断で第三者に使用させない譲渡しない、という貸与・譲渡禁止の特約条項を入れている。必要に応じ個別に契約を行う場合もある。

タイプフェイスはデジタルフォントの形態にして、インターネットで電子送信する方法と、ＣＤ－ＲＯＭに収録しパッケージ販売する方法がある。私どもは、後者の方法をとっている。

5．顧客が無断で、第三者に使用させた事例

私どもは、本書資料5、6に判決文を掲載しているテレビ朝日事件がこの事例に該当するのではないかと思う。

テレビ朝日系列である「朝日放送」の番組を見ていた当社の従業員が、視覚デザイン研究所の作った「タイプフェイス」をテロップに使っていると気がついた。この番組の著作製作はテレビ朝日となっていた。調べてみたところ、テレビ朝日は契約した当社の顧客ではなかったのだ。テレビ朝日は、どこかから当社の七書体のフォントを入手し編集に使用、これを複数番組で長期間放映していた。テレビ朝日と交渉したものの、何ら誠意のある回答がいただけず、原告として訴訟に踏み切った。テレビ朝日に係る使用料など、約七三〇万円を請求した。

被告とした相手は、テレビ朝日とＩＭＡＧＩＣＡ（イマジカ）という赤坂のビデオセンターだ。ＩＭＡＧＩＣＡの編集機すべてに当社のフォントが入って（ＩＭＡＧＩＣＡ役員による公開の法廷証言）いた。テレビ朝日は、他のテレビ会社とともに、ＩＭＡＧＩＣＡという赤坂のビデオセンターに出入りし、そこで映像素材にテロップやタイトルを挿入、編集機器で編集し、文字の間隔調整やデコレーションを行っていたのだ。テレビ朝日は、「テレビ画面用タイプフェイス」はビデオセンターで紛れ込んだ、故意も過失もない、と主張したのである。

一審、大阪地裁の谷有恒裁判長は、平成二五年七月十八日、請求棄却の判決だった。

二審の大阪高裁平成二六年九月二六日判決も原告の控訴棄却というものであった。

6. テレビ朝日事件敗訴の感想

正直者でなかったから彼らは勝った。不法行為にすら当たらなかった。彼らに誇りと誠実心があったならフォントを正規に購入して使用していただろうし、フォントの正規購入者が、契約を無視して使用した場合は契約違反になる筈だ。フォントを正規に購入しなかったことで、彼らは「知らない」と言い続けられたのだと思う。フォントソフトに収録したタイプフェイスの法的保護はないに等しいと感じた。

タイプフェイスの制作者が新しいタイプフェイスを制作した場合、その制作者（又は権利者）に一定期間、無断複製者に対する無断複製の禁止権及び損害賠償請求権を与えてほしいのだ。そうでないと、テレビ朝日、ＩＭＡＧＩＣＡのように、フォントをさんざん使用しておいて、全く支払わない者が増える。相手が当然支払うべき料金を回収したいのだ。

タイプフェイスは知的財産である。タイプフェイスに知的財産権を与えてほしいのだ。

二．写研とモリサワ——視覚デザイン研究所から見たゴナU事件の背景

株式会社写研（以下写研）は、一九二六（大正一五）年、写真植字機研究所創業から始まった。二冊の社史に記録が残されている。

「文字に生きる〈写研五〇年の歩み〉昭和五〇年一一月一一日発行（以下社史一）」には、一九二四年の和文写植機特許出願から、初代写研社長の石井茂吉氏（以下石井氏）が理想とした、『印刷物の内容を生かせる書体』を持つ写植機」を実現するまでの礎として記されている。

次の「文字に生きる［五一～六〇］／一九八五年一一月三日発行（以下社史二）」には、その後の一〇年間の「文字作りとそのシステム作り」において、激変する社会のニーズへの対応と取り組みが纏められている。そして

二〇一六年五月一四日〝技術者たちの挑戦〟という本が発刊（自費出版）された。写研の写植機から始まり、全自動写植機まで文字組版システムの進歩と発展を目指した足跡とタイポグラフィに関わる活動が二〇〇一年まで記載されている。

二〇〇一年以降からの写研についての記事や情報は極端に少ないようだ。右記三冊を軸に写研の歴史概略を理解しながら、私がＪＴＡ知財委員会元委員長の布施茂氏（元写研）に生前にお伺いした内容の記憶と、ＪＴＡ同委員会委員の福田氏（委員会在籍時　株式会社モトヤ／元写研）に伺った内容、及び、以下のホームページ：Wikipedia、フォント千夜一夜物語（ＪＡＧＡＴ／アーカイブ保存／澤田善彦コラム）、株式会社モリサワ、他などを参照しつつ歩みの一端を照会してみる。

一九二五（大正一四）年に、石井氏と初代モリサワ社長の森澤信夫氏（以下森澤氏）が日本語の手動写植機の試作第一号機を発表。ガラス文字盤上の一文字を光学的に拡大縮小し、印画紙やフィルム上に印字する。この印字を使って、この後デザイナーによって版下に供される。これが、写真植字（写植）文字である。写植機が鉛の活字に代わったことによって編集・レイアウトが画期的に発展した。この間、戦争、戦災、敗戦という苦難を乗り越え、研究開発は実を結んだ。戦後印刷技術の革新となり写植機の利用価値が急速に上がっていった。写植機は、時代と平行して「ルビ印字」の必要性や、ページ組版に求められた長体・平体・斜体、などへの取り組みを出発点に、成長激変する時代の要望に技術がどんどん応えるかたちで進化していく。

一方、社史一・二に「印刷物の内容を生かせる書体」や「民族の心に訴える文字作りとそれにマッチしたシステム作り」を理想としたと書かれているように、石井氏は技術進化する写植機と「書体デザイン」は両輪としながらも、書体に大きなウェイトを置き、石井氏自身がタイプフェイス・デザイナーであった。昭和初期という時代環境を考えたとき石井氏の新鮮な制作書体の数々は天才と言える。一九三〇（昭和五）年石井細明朝体の制作に着手、石井細明朝（ＮＫＬ）、石井中明朝（ＯＫＬ）、石井太ゴシック……などを始め、自らのデザインを写植文字とし、それらは今なお美しいとされている。

一九三三（昭和八）年、森澤氏が写研から離れるが、終戦の翌年一九四六年再提携するも一九五五年に再度訣別し、森澤氏は「株式会社モリサワ写真植字機製作所」を設立。

一九五三（昭和二八）年に開始されたNHK放送に続き半年後には民放が開局。急スピードでテレビ時代となる。ここでも手書きテロップから、フィルムのテロップカードへと代わり、写植機が手間とコストの低減に貢献する。そして、テロップ書体には、当時のTVモニターの走査線に埋もれない書体が求められるようになる。同時に映画やニュースなど番組によって書体を使い分けたいという現場の声にも応じる研究が始まる……。

東京を起点に写研、大阪を起点とするモリサワ、両社ともに、一九六〇年以降の全自動写植機の開発へと進化していく。このころにはリョービやモトヤなどアナログ時代に活版文字を所有していた会社が写植機メーカーとなり大きな業界となっていった。

写研は一九六九（昭和四四）年から石井賞タイプフェイスコンテストを開催し、タイプフェイス・デザイナーの発掘にも力を入れる。優秀書体は写研からリリース、豊富な書体が写植文字に加わった。「大蘭明朝」「ゴナ書体」「ナール書体」など後まで人気となる書体が写研に集まった。

一九七〇～八〇年代、ハードウェアに、編集組処理プログラムやデジタルフォントなどのソフトウェアが組み込まれていった。新聞用に開発された写植機もある。それぞれの機能を受け持つPCソフトを机下に重ね置き、又は別置するなど、机上にモニター（ブラウン管TVの大きさで奥行きが画面を上回る）が置かれた大きく場所を取る重量のありそうな機器が、時代の要望に応える商品としていくつも紹介されている。一九八〇年代の写植機の変遷は、〝技術者たちの挑戦〟の写真を見るだけでも面白く、まさに技術者たちが挑戦した時代がイキイキと感じとれる。文字書体文化においても自動車や家電などと同じような、サクセスストーリーがあったことを想像する。自動車や洗濯機、テレビ、ワープロなどの新商品がぞくぞくと発表され、これらの宣伝に欠かせない印刷技術も次々に進化した。この連鎖も高度経済成長期と言われる夢のような好景気時代の象徴だ。書体を搭載する全自動写植機という知的財産が半端ではない富をもたらした。

知的財産は波に乗ると大きい。「写研は写植機の全盛時には圧倒的なシェアを誇り、八〇年代には総印刷物の七〇％以上に写研の文字が使われたといわれる……（電子の文字 ― モリサワと写研／深沢英次より）」との記事がある。石井氏が理想とし実現した「印刷物の内容を生かせる書体」の良さをユーザーであるデザイナーが認め、「書体は写研」と広まり人気となった結果であろう。

一九七七年アップル社が日本上陸、書体がデジタル化へと舵を切る突破口になった。ところが当初Ｍａｃは上陸したものの、広告デザイナーが使いたい和文デジタルフォントがない。これではデザインには使えない。話題にはなったが、デザイナーは書体の豊富な写植機に依存ししばらくは版下入稿が続いた。

一九八六年アドビシステムズ社から写植機メーカーに、Ｍａｃに搭載する基本の和文デジタルフォントへの参入要請があり、ここでモリサワが手を上げた。一九八七年、モリサワがアドビと日本語ポストスクリプトフォントの共同開発に入った。

ここからモリサワと写研の変貌が始まった。

和文はアルファベットに比べ文字数が格段に多く、漢字を一字ずつ図形として見れば、漢字はアルファベットより複雑な形である。開発には期間がかかるし、大変な苦労があったであろう事が容易に想像できる。また初期のＰＣでは小さなポイントの書体表示用には低解像度のビットマップフォントが別に必要であったし、出力用には高解像度フォントが準備された。

フォントのポストスクリプト化（ベジェ曲線でのアウトライン描写）では、私にも忘れられない記憶がある。私と夫葛本茂（書体デザインとともにプログラム開発を行う）が新書体への挑戦を決め歩み始めたころ、日本には「ベジェ曲線」の数式を記載した数学に関する書籍は見つからなかった。葛本は、円弧で書いたアウトラインをプログラムでベジェ曲線に変えることはできないか、と考えたようであった。友人知人を介した大学数学助教授と、ベジェ曲線と円弧との接点について夜中までやりとりしたこともあった。また、フランスの友人を頼りドイツから購入した「イカルス」は、アナログ時代の字母を所持しているベンダーには必要だったと思うが、私たちには役にたたなかった。

写研は、書体をデジタル化（ビットマップを含む）したものの、個人ユーザー／デザイナーが使うＰＣ用に開発・販売は行わず、電算写植機で出力するというこれまでの受発注販売方法を頑なに守った。おそらく、まだまだ写研の優位性（書体への自信と格段のシェア）に自信があっただろうし、書体のアウトラインデータの拡散を危惧したと思われる。〝技術者たちの挑戦〟で一九九五（平成七）年、〈タショニム〉システムが最終製品となっている。

一九八九（平成元）年、モリサワから日本最初のＰＳ（ポストスクリプト）フォントが、アップルコンピュータに搭載され発売を開始した。グラフィックデザイナーは、あっという間にＭａｃの虜になった。写植代金の支払いが無くなる上、印画紙を貼付ける手間も無い。一石二鳥であった。書体が増えるのと平行して次々にバージョンアップするＭａｃは飛ぶように売れた。

多くの写植屋が倒産を余儀なくされた。そして駆け出しのデザイナーでもＭａｃを頼りに独立した。ＰＣ製品とともにネット回線も充実へ……革命的に進化していった。Ｗｅｂ上で豊富な画像を収集できるようになり、ラフをうまく手書きできないデザイナーでも、それなりのイメージラフを簡単に作れるようにもなった。彼らはデザイン料金や版下料を下げることで、受注を増やせるようにもなった。僅か数年でデザイナーの制作環境が様変わりした。これまでの熟練デザイナーにとってはＰＣ操作はやや苦手、世代交代が一気に進んだ。やがてクライアントの料金叩きが活発化し、料金破壊の波が押し寄せた。結果デザイナーの地位も徐々に下がっていった。書体のデジタル化をきっかけにデザイン業界の変貌が、走馬灯のように目に浮かぶ。

一九九〇年代初期、時代はすでにOA化が進み、DTPシステムの急発展へと進行した頃、多くの家電メーカーでもワープロやPC上で使われる美しいアウトラインフォントを必要とした。コンピュータシステムに同梱されるビットマップフォントやポストスクリプトフォントは、高額で取引された。シャープのワープロ「書院」シリーズは、モトヤ書体を内蔵、液晶技術とともに「美しい文字」を広告、一時業界トップとなった。

これまでは、書体の字母を持っているのは印刷会社や写植機メーカーなど印刷の世界に存在していたから、コンピュータ関連の機器メーカーやソフトメーカーなどは、高品位の字母が欲しくても入手できない状況にあり、DTPなどの分野では高品位のアウトライン書体の必要性が急速に高まった。

そこで、日本のDTPの普及に伴う需要の高まりに応えるため、一九八八〜一九九六年まで、「(財)日本規格協会文字フォント開発普及センター／通産省（現経産省）から分離し発足した独立行政法人」が設立された。発起人は、大手PCメーカー、大手電子機器メーカー、大手印刷企業、写植機メーカーなど二五社、開発会員は五一社とある。私の会社にも案内書が届き、記憶では会員は一定の開発参加費用を支払って参加し、完成後に配布される書体は自由に利用できるような仕組みになっていたと思う。

国が、標準的なフォントの開発・供給によって大手企業のデジタルフォントに関わる新規産業の進化を応援した。この時完成したのが「平成書体シリーズ」である。

第一期はデザインコンペにより開発委託され、リョービが平成明朝体を、日本タイプライタが平成角ゴシックを制作した。平成明朝W3は、一九八九年から開始し一年の予定だったが二年半で完成。複数のコンピュータメーカーや印刷会社が共同で、後に明朝・ゴシックともに七ウェイトのファミリー展開も行った。一九九一年平成明朝W3の配布が始まり、最初にNECのワープロ「文豪」に搭載され、字母の持ち主であった写植機メーカーや元活字・母型メーカーがフォント販売を開始、これまで閉鎖的だった書体のアウトラインは事実上解禁状態になっていく。フォント開発普及センターの任が解かれる頃、すでに様々な業種の企業が平成書体以外の印刷用書体データを購入できるようになっていた。ビジネスチャンスを見逃さないのが民間企業である。ただし、将来予測されるフォントの知的財産権の問題を誰も気にせず突っ走ったことになる。今日の書体の著作権の混乱はここに起因すると言えなくもない。

第二期は、写研により平成丸ゴシックを制作。ただし、コンペではなく委託だったようだ。写研にとって唯一のDTP対応フォントであるがウェイトは二種類に留まった。

この平成書体シリーズは、本文組用（印刷用）書体であるから（ゴナU事件）判決によって著作物ではないと解され、開発参加者がそれぞれ所有している。創作者も明示されていないので、人格権すら誰に有るのか分からない。ここが書体著作権問題の出発点ではなかろうか、と思ってしまう。平成書体の開発については、機会と時間があればもう少し掘り下げてみたい。

写研書体がいくら使いたい書体であっても、ＰＣ用のアウトラインフォント商品は無い。購入できなければ使えない。八〇年代に七〇％と言われた写研書体のシェアが減少の一途となるのは火を見るより明らか。この時、写研の優位性が崩れたと言えよう。シェアは逆転しモリサワがフォントベンダーのトップに台頭した。

モリサワ書体は収容文字数も増え、改良され、机上のＰＣに同梱され使い勝手の良い書体になっていった。それでも写研の「ゴナ」書体は別格だった。歴史上明朝体が主流だった日本で、整理されたゴシック体の「ゴナ」書体は人気があり、モリサワにとって「ゴナ」書体に替わるゴシック体は必要不可欠であった。

ＰＳフォントとして「新ゴ」書体が発表され、「ゴナ」書体に比べると物足りなさはあったものの、もともと順応力の強いデザイナーたちはＰＣ上で使用できる「ゴナ」に似た「新ゴ」書体に鞍替え、アッという間にゴシック体もモリサワＰＳフォントで足りることとなった。「新ゴ」書体の完成によりモリサワが不動の地位となっていった。

この書体が、後述する「ゴナU事件」で、被告となるモリサワが作成した「新ゴ」書体である。たしかに骨格は同じと感じるデザイナーは多いが、類似の可否については意見が分かれるし、裁判所も答えを出していない。制作した（勝訴した側）デザイナーが「ゴナ書体を基に作成したと言っていた」と判決後一〇年くらい後だが私の耳に伝わってきた。

まだまだ書体が足りない。ＰＣに搭載の欧文フォントは、ざっと一〇〇書体という品揃えがある。和文書体にももっと豊富にデザインの異なる書体が欲しい。グラフィックデザイナーなら皆そう思ったであろう。そこで、これまでの写植機の販売会社以外の会社や個人デザイナーがＰＣ用にデジタル書体をデザイン開発・参画し、フォントとして次々と販売が開始されていくことになる。ＪＴＡ別冊「フォント事情最前線／二〇〇六年発行」で、リョービイマジクス、シーアンドジー、タイプバンク、モトヤ、日本ソフトウェア、ブラザー、テクノアドバンス、視覚デザイン研究所ほかにおける、制作の現状と歴史の取材が掲載されている。

一九九三（平成五）年「ゴナＵ事件」が起きる。

【大阪地裁平成五年（ワ）二五八〇号・大阪高裁平成九年（ネ）一九二七号・最高裁平成一〇年（受）第三三二号】写研が原告、モリサワが被告。写研は「ゴナ書体」に対し、モリサワ「新ゴシック体（新ゴ）」が著作権侵害であると訴えたのである。

二〇〇〇（平成一二）年九月七日「ゴナＵ事件」が最高裁判決で写研敗訴となる。七年間かかった長い裁判である。

【判決抜粋：印刷用書体がここにいう著作物に該当するというためには、それが従来の印刷用書体に比して顕著な特徴を有するといった独創性を備えることが必要であり、かつ、それ自体が美術鑑賞の対象となり得る美的特性を備えていなければならない】とした。著作物ではないため、著作権侵害の対象にもならないという判決である。また、【……印刷用書体について著作権が成立することとなり、権利関係が複雑となり、混乱を招くことが予想される。】とも記載している。

この裁判で、写研もモリサワも「書体は著作権法によって保護される」ことは争っていない。著作権を侵害された（いわゆるパクリ）とする訴えには直接の判決は無かったと言えよう。最高裁の「印刷用書体には著作権が無い」というイメージのみが人々の心に焼き付いた。当事者以上に、全てのタイプフェイス・デザイナーが傷ついた裁判でもあった。私には今も奇妙な判決に思えてならない。

裁判の判決文に何か隠れていないか、公平な裁判か、印刷用書体でない例えばディスプレイ書体の場合どう考えればよいのか、「混乱を招くことが予想」と言うものの特定の企業の商業的損益などを優先したのではないか、三権分立は守られていたか、……など。

被害事例（2）で被告のTV朝日とIMAGICAは、「不正なコピーフォントを使用していたから、罪にならなかった。」「正規に購入したフォントを使用していたなら、使用許諾契約違反に問われていたはず。」【書体にのみ下された、正直者が損をする判決】こちらのほうがよほど混乱であると私は思う。

この写研・モリサワの最高裁裁判中である一九九九年一月一日、三日、四日、写研の現社長による総額一五〇億円の所得隠しが、読売新聞に報じられた。この記事は高額であることに加え、すでに時効というショッキングな内容だった。裁判長の心証に影響はなかったのだろうかと疑念がよぎった。かつてしのぎを削ったフォント企業は統廃合が進みフォント業界は大きく縮小した。ともあれ、時代や業種を問わずトップ企業たるものは、業界の発展に真摯に取組みリーダーシップを発揮すべきである。

JTAの知的財産権委員会で布施氏が「裁判時に私が写研にいたなら、助言ができたのに……贖罪だな……」とぽつりと言われた事があった。当然のことだが、布施氏が何か罪を犯した訳ではない。最高裁について何か思うところがあり、「贖罪」の語から反省しておられたのは分かる。想像の域であるが、布施氏は最高裁の争いについて、書体デザイナーとベンダーにとって念願である『タイプフェイスの法的保護』への道が遠ざかる可能性があると察知していたのではないだろうか。そして、2社の争いは、タイプフェイスの著作権保護を事実上奪うことになった。このことに元写研重役として責任を強く感じ、「なんとしても書体の権利獲得の糸口をつかまなければならない」ということだったかなとも思う。が、残念なことに当時の私には、この後に起こる裁判への判決や活発化するフォント被害への影響、法曹界の判断がドミノ倒しように一方向に倒れていくとは想像すらできなかった。

本書に示した視覚デザイン研究所における被害例四件以外にも、例えば、「何年もかけてデザインし、フォントとしてダウンロード販売を委託しているが、ロイヤリティーが全く入ってこない」というデザイナーがいる。また、「無許諾使用に腹が立つ、が、創作の手を止めてまで裁判に訴えても負けるだけだ。諦めるしかない。」「結局、法的保護は無いのだ……」といった知人タイプフェイス・デザイナーからの声がある。

最高裁判決の二〇〇〇年以降、違法コピーや不正入手フォント、海賊版販売が、個人も団体も含め、また、国内外を問わず後を断たない。増えるばかりである。

ＰＣで手軽に使えるようになったデジタルフォントに、多くの企業とユーザーであるデザイナーが目をつけた。これまでの写植機の印画紙出力では困難だったところの、ＰＣ画面表示でのカラフルで立体的な書体処理、動くＴＶテロップやゲーム使用、必要文字を集めて代替えフォントにするなど、タイプフェイス創作者が考えもつかない多岐にわたる使用方法を見いだした。ＰＣ一台分の使用権で、大胆にもアウトラインデータをネットで販売する者も現れた。

二〇〇〇年頃までは、当社にはこれら（使用許諾契約に記載が無いフォントの新しい使用方法）について、使用者から「使用して良いか、使用料金はいくらか」など問い合わせが来ていた。多くの企業が新作書体は著作物だと考えていたから、それぞれの自社製品の知的財産と同様に書体創作に対し適正な報酬を支払うという秩序が維持されていたのである。

ところが、「ゴナＵ事件」判決を期に、「著作権が無いなら、使用許諾契約しなければいい。何に使っても罪とはならない」「日本は法治国家だ、法に触れなければ何をやっても良いのだ」「黙って使おう」「海賊版を使おう」との風潮が強まり、大企業でさえ節操が無くなった。

石井氏もタイプフェイス・デザイナーであったことを考えれば、布施氏が、晩年タイプフェイスの知的財産権保護に向けての活動に身を挺されたことにうなずける。一九九四・一九九七・一九九八年／ＪＴＡから文化庁にタイプフェイス保護に関する要望書、二〇〇〇年／ＪＴＡから「日本のタイプフェイス ＣＤ-ＲＯＭ版」において、元写研社員の協力も得て七二四書体を登録するなど、機会があるたびに多くの時間をタイプフェイスの法的保護を得るための活動に費やされた。彼を慕う元写研の方々は今も多いと聞く。

二〇〇六年、私は布施氏、吉田佳広氏、大町尚友氏からの要請を受けＪＴＡ知財委員長となり、二〇〇七年特許庁主催の「タイプフェイスの保護のあり方に関する調査研究委員会」に出席した。「ゴナＵ事件」の裁判では原告・被告の立場だった、元写研の布施氏と現職モリサワの知財関係者双方が仲良くとは行かないにしても、同じ目的のタイプフェイス知的財産権保護の獲得に向けて活動した年だった。

二〇一〇年頃から知的財産への関心の高まりが感じられるようになって来た。二〇一五〜二〇一七年東京オリンピックエンブレム問題以降、関心はさらに増してきたように感じる。日本の法律には触れてなくとも、世界から見てカッコ悪すぎる事はしてはならない。でないと、企業も個人も社会貢献し認められる仕事を成し遂げたとしても、後々これまでに築いた実績や信用までも失うことになってしまう。デザイナーの地位の回復には、作る側と使う側のデザイナーが互いに双方の作品を同等に認め合うことが基本課題である。

そしてこれから、写研の書体はどんな途をたどっていくのだろうか。今では「どうしても写研書体を使うのだ」というデザイナーにとって幸いなことに、Ｗｅｂ上で文言をテキストデータで送信し、Ｗｅｂメールで指定した書体のアウトラインを受け取る、いわゆるＷｅｂデジタル写植屋において写研書体が利用できる。しかし、校正や行替えなど広告編集の世界では使い勝手が悪い。机上のＰＣ内にフォントが有るようには使えない。Ｗｅｂデジタル写植屋の需要も減少方向である。若手デザイナーの書体選択範囲に、写研書体はほぼ無くなったと言える。

フォントを担当していた元写研の社員が再び写研に戻ってきているようだ。写研にはデジタルフォントとして一部流通している書体のほかにデジタル化保存が必要な書体がまだ多くあるそうだが、紙のままでは消えていく。二〇一六年、現石井社長が九十歳を超えられた。紙のまま蹲っている書体たちは日の目を見るだろうか。

三．文字書体を無断複製され、被害を受けた事例

本事例は、株式会社視覚デザイン研究所（以下、視覚デザイン研究所）が著作・制作したＶＤＬデザイナーズフォントのタイプフェイスについて、蒙った被害の中から四例をピックアップしたものだ。タイプフェイスが他の創作物とは異なり、知的財産でありながら法的保護を受けられない例外的な扱いであることを知っていただきたく、この被害の現状を記載する。

タイプフェイスの開発には、発想力、忍耐力に加え、膨大な時間と経費を要する。まさに、フォントは知恵と努力の結晶だ。しかし昨今、フォントベンダーの統廃合が進行し、フォント価格の下降が止まらない現状に加え、海賊版・不正コピーによる被害が加速、新しいタイプフェイスの創作意欲が危ぶまれる状況にある。

タイプフェイスは知的財産である。フォントを利用する側の人達には、自己の作品に誇りを持つと同じように、タイプフェイスも書体デザイナーによって創作された一作品であることを認識していただきたいのだ。その上で、価値に見合った適正な報酬の支払いと経済の秩序を乱すことのない利用と理解の共有をお願いしたい。

創作者と利用者双方にとって得心のいくタイプフェイスの法的保護の実現は、今日のフォント使用環境の混乱をなくし、さらなるタイプフェイス発展の原動力になると信じる。

1．海賊フォントを販売する業者——無断複製物はインターネットで拡散する

二〇〇八（平成二〇）年九月、視覚デザイン研究所フォントユーザーからフォント製品の海賊版販売事実の情報を頂いた。内容は、「二〇〇八年最新作のご案内」というDMが郵送で届いたとのことで、このDMを当社に送っていただいた。送付者は株式会社アキバ企画（以下、アキバ企画）とあった。アキバ企画のDMには、高品位デザイナーズフォント「VDL TYPE LIBRARY」Open Typeフォント全シリーズで、「定価三一五、二〇〇円のところ三〇、〇〇〇円で販売致します」というものだった。

昭和六三年から長年かけて創作してきた当社フォント製品のタイプフェイスは、この頃町の看板、新聞・雑誌の広告にチラシ……と毎日見かけない日はないほどだったから、利用され人気も上がって来たと実感できるようになっていた。しかし、こんなに利用されているのに、出荷数は伸びない。海賊版販売、不正コピー、インターネット上での拡散……これらが大きな原因で、それは想像以上に進行していると感じた。度肝を抜かれた一瞬だった。

日経デザイン二〇〇六年五月号のインタビューで、私は、「知的財産権をめぐる日本の現状を放置するとデザイナーが育たなくなる」「使う側と作る側のデザイナーが互いに相手の創作を尊重しなければ、ひいては自分たちの地位を下げてしまう」と警鐘を鳴らした。なんと、二年足らずの間に懸念していた混乱が自分の身にもすでに起きていたということだった。

視覚デザイン研究所は、一般社団法人コンピュータソフトウェア著作権協会（以下ACCS）の会員だったため二〇〇八年八月、早速摘発協力を要請するとともに、この海賊版の入手を依頼した。

「VDL TYPE LIBRARY」OpenTypeフォント製品は、インストール時に暗号キーがフォントソフトに刻印される。このため複製された製品を解析すれば、販売時期と販売ルートなどが分かる。これをACCSに報告し、海賊版を調査した。

書体全シリーズを一気に購入するユーザーは少なく、海賊版の元版とされたであろうフォントは、大半が二〇〇八年一月四日（株）Ｔｏｏの関連会社のリセールＴｏｏに出荷した商品であった。海賊版は同年の八月一六日から二〇日の四日間に、一三シリーズ八九書体を一気にインストールされたことも判明した。

二〇一〇年、アキバ企画と同じような体裁で株式会社激安Max（以下、激安Max）という会社から、今度は視覚デザイン研究所宛てに直接海賊版のＤＭが届いた。激安MaxのＤＭには、フォント製品名がずらりと並び、どれも１／10ほどの安価格だった。

翌二〇一一年四月には、株式会社ソフトプラザ（以下ソフトプラザ）と名乗る会社から海賊版販売のＤＭが届いた。約一年ごとに社名を変え、販売商品を増やし拠点を移動して販売を続けているようだった。購入者がいるから販売継続できるのは言うまでもない。

法の網をくぐって逃れる者に対し、追う者は合法的でなければならない。ＡＣＣＳでも犯罪者の捜査は困難を極めたことだろう。二〇一二年五月、一連の容疑者の口座が閉鎖されその後、ＤＭは届かなくなった。

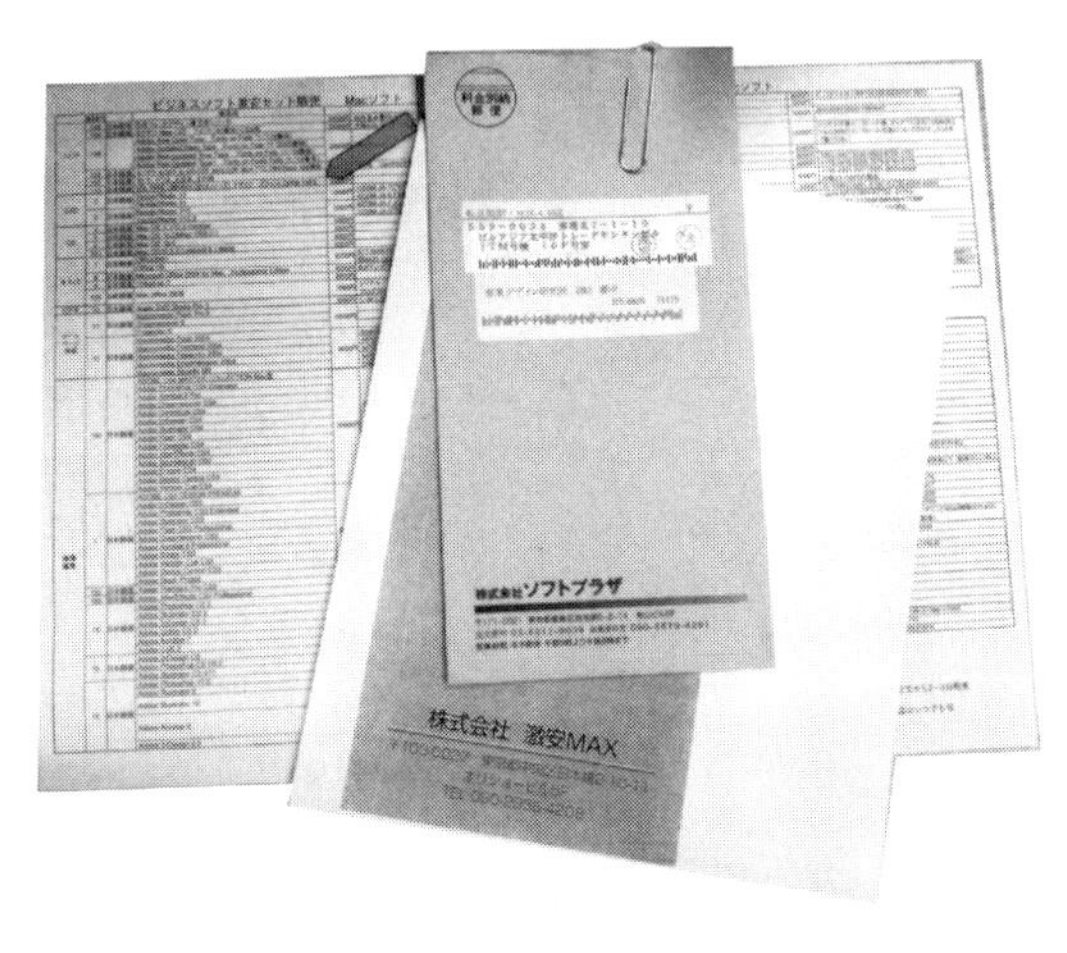

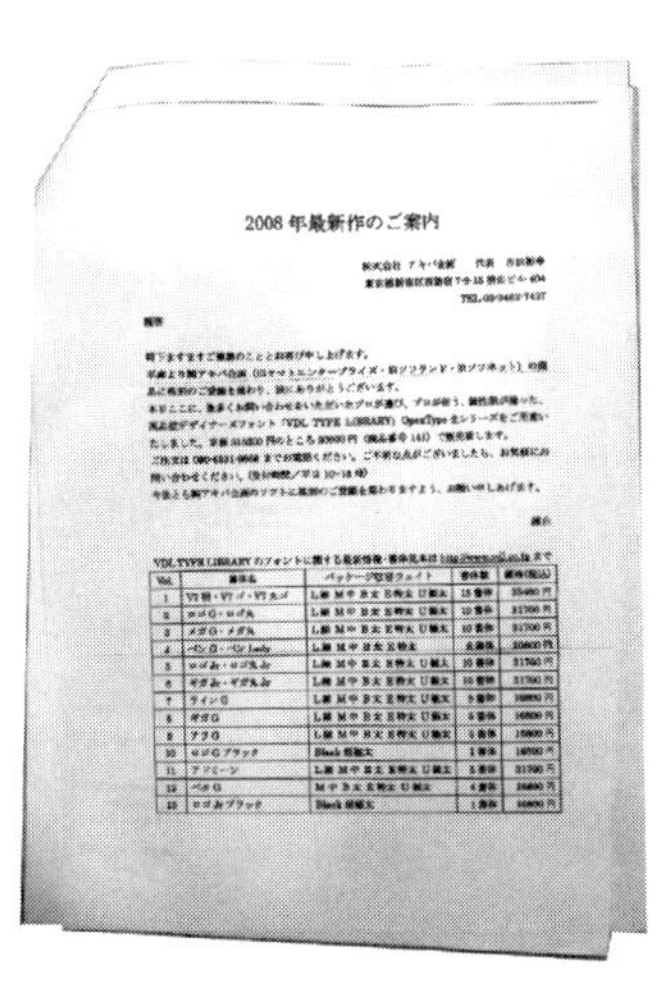

「アキバ企画、激安Max、ソフトプラザ」が、それぞれ配布したＤＭ

この間、一体どのくらいの海賊版フォントが販売され、インターネット拡散したのだろう、どのくらいの人が入手したのだろうと思うと、虚脱感が押し寄せる。きっと、今も二回目三回目…一〇回目の複製がどこかで行われている。罪悪感を押し込め隠したまま不正複製フォントを使っているデザイナーが今もいる。海賊版や不正複製フォントを躊躇無く使うデザイナーは、「自分の作品は知的財産として守るが、人の作品（フォント）の知的財産権は無視しよう」と考えるデザイナー達だ。

これまで視覚デザイン研究所が無許諾使用を発見し、連絡して支払い要請した会社・デザイナーの内、フォントの正規購入者はわずか一〇%程度。約九〇%が不正入手のフォント使用者であった（二〇〇〇年〜二〇一六年推計）。

手元にフォントが無い理由としては、

・なくした。
・使用者が退職したから分からない。
・いつからフォントが入っていたのか知らない。
・パッケージが見あたらない。

等である。

一方、不正入手フォントの使用者であっても、こちらからの問い合わせに対し、「私の倫理観不足で、以前勤めていた会社所有のフォントを不正コピーして使用しておりました。本当に申し訳ありません。」とのコメントとともに、事後ではあるがフォントの正規購入と契約に臨まれる方々がいることや、時には、「私の会社に転職して来た人が、お土産ですと言って、貴社フォントソフト一式を持って来た。社長は、ありがとうと受け取っていた。近々退職予定なのでお知らせします…」などの情報を頂いたケースもある。モラル感を大切にしている方がいることを付け加えておく。

「無許諾使用の上、フォントも購入していない」のではなく、「フォントにお金を支払っていないから平気で無許諾使用できる」のである。不正な入手であるから、契約書がそこに無いから、タイプフェイスは誰かが創作した知的財産であることを無視し、ただで使えることにして使うのである。不正入手者の殆どが、違反行為だということを知っている。それでも、目先の損得勘定を優先、「蛇の道は蛇」で、タイプフェイスには法的保護が無いからこの抜け道を抜けようぜと示し合わせていると推察する。

「アキバ企画」は、最初にフォント全シリーズ一式を購入している（視覚デザイン研究所のフォントのみの実証）。なぜか？「アキバ企画」が「ソフトプラザ」と改名した頃には、DMに掲載された、フォントベンダーは七社に増え、本来の小売価格合計はざっと三〇〇万円、大手数社PCソフトもズラリと揃えられ、一、〇〇〇万円以上になるだろう。これらが同様に一〇％程度の価格と記載されていた。もし、視覚デザイン研究所フォントと同様に最初のソフト一式が購入されたものなら、なぜ購入したのか。想像の範囲だが品揃えのために購入したとすれば説明が付く。資本力がある黒幕がいることが想定でき、商売がなりたっていることが窺える。

海外旅行で耳にされた方もいると思うが、「ロレックスの偽物いらないか～」と声をかけられることがあるが、フォントと一緒にしてはいけない。なぜなら偽物ロレックスの針は正確に動かず素材も偽物だが、フォントソフトの場合は、複製された数のフォントが全部遜色なく使える本物なのだ。これは犯罪である。

一九九八（平成一〇）年NPO法人日本タイポグラフィ協会（以下JTA）が文化庁に、タイプフェイスの著作物性について検討し、法的保護の立法化を要望してから久しい。約二〇年が経過した。

私は二〇〇七（平成一九）年特許庁主催の「タイプフェイスの保護のあり方に関する調査研究」に、JTA知的財産権委員会委員長として参加、著作権保護でなければ……というベンダーもいたが、多くのタイプフェイス・デザイナーの「特別法でも、たとえ保護の範囲は狭くても、どんな法律でもいい、法的保護が欲しい」との希望を背負い約一年間出席した。私は大阪在住のため朝四時起きで月一回、交通費支給は微々たる額で大きな赤字。それでも必死に努めた。このときからも一〇年が経過した。デザイナーという立場からでは、当時見えなかったもの、考えが及ばなかったことも私なりにやっと整理できるようになった。当時の委員会のアンケート調査の質問書は、私が作ったのではないものの、今見ても質問形式は難解で回答もしづらいなど課題が残る。

タイプフェイス・デザイナーやベンダーに被害の実態をお伺いし、アンケートの記入参加を呼びかけた。この時、意外にも「被害は殆どありません」「被害は、せいぜい公共調査と同じ二七％程度です」との回答が、二件あった。どちらも最高裁判決で言うところの「汎用書体・明朝体あるいはゴシック体」を制作もしくは販売している方々であったが、現在も変わりないであろうか、回想とともに心配である。

さて、委員会調査アンケートの結果はかなり重要で、法的保護を要望する者が例えば八〇％・九〇％というようでなければ立法化は難しいと委員会で指摘され愕然としたのを記憶している。

ところが、この重要なアンケートの集計に誤りを発見した。発見したのが委員の一人であった私だったから指摘でき再集計されたものの、立法化のためのほかの委員会でもアンケート調査は必要不可欠とされる。はたして、質問内容は？回答のしかたは？集計は正確か。……二〇一七年アメリカ大統領選挙のコンピュータ集計はどうだったか……集計が不正だったかどうかは未だ闇の中……。現代はアナログ時代には予想もできなかったカラクリが起こりうるコンピュータ時代である。不正を行うかどうかはモラルの有無だけだとは、法治国家としては情けない。不正を行い隠せる時代が今の現実なのだから、法の番人である裁判官に、モラル感覚を奮い起こしていただきたい、そして法律学者の方々には知恵を貸していただきたい。物事の改善には、携わる人々の正しいモラル感が前提で、蛇の道を探せるだけの知識や能力を持つ方々とタッグを組まなければ真実も見えないし改革もない。


法を破っていてもうまくやっている人は確かにいる。残念だが、昨今は周知の事実となってしまった。自分のモラル違反行動には目をつぶり自分を正当化しながら活動を続ける人は多い。私は、タイプフェイス創作中にふと手を休め時々気が遠くなる。日本はいつからこのようなモラルの低い国になったのだろう。連日の報道からは「証拠がなければ何をしても良いのが法治国家である」と権力者による見本が示されている気さえする。

「アキバ企画の海賊版」について、黒幕をもちろん知る由もない。ただ、海賊版が生まれなければ、もっと開発に時間と経費が使えたのに……怒気の持って行く先が無い。

海賊版販売以外にも、海外サイトからの販売や拡散の事実も確認されている。日本は、タイプフェイスはもとより他の知的財産を海外からも守らなければいけない。大丈夫なのか、誰から何からどうやって守るのか、昨今の変化のスピードについていけるのか、不安この上ない。先進国法治国家において、法整備と進化の足並みを揃えるためには、ときには進化のスピードに「待った」をかけること、逆に超特急で整備することも必要なのではないかなどと感じてしまうのは私だけだろうか。

二〇一七年ドイツがやっとフェイクニュース対策法を進めるようだ。フェイクニュース（虚偽情報）などは、人類が大昔から懸念していた隠れた感情的犯罪だ。起こるべくして起きている。Ｗｅｂの恩恵と被害を天秤にかけていたのか、それともスピードについていけなかったのか。インターネットの進化は、犯罪の多角性と直結することは火を見るより明らか。教養があり責任ある権力者たちにこの対策を事前に考えなかったのかを問うてみたい気がする。これもモラルの低下と大いに関係が深いと感じる。

現在のコンピュータを介した社会情勢は、被害が多岐にわたる上、あまりに大きすぎる。法律とモラルは線路のように同幅で二本なければやがて脱線する。

2．テレビ朝日・ＩＭＡＧＩＣＡ（イマジカ）・文字書体無断使用事件――原告の立場から

大阪高等裁判所平成二五年（ネ）第二四九四号
（原審　大阪地方裁判所平成二二年（ワ）第一二二一四号損害賠償請求事件）
控訴人　株式会社視覚デザイン研究所
被控訴人　株式会社テレビ朝日ホールディングス・株式会社ＩＭＡＧＩＣＡ
裁判長　小松一雄

この記述は、原告の代表取締役である私が二〇一四（平成二六）年一一月三〇日に「裁判を終えて」としてJTA年鑑ほかで発表した原稿に加筆修正を加えたものである。

五年に及んだ原審、控訴審はともに棄却判決だった。

原告の視覚デザイン研究所は、オリジナルの個性的なデジタルフォントを制作し、パッケージで販売している。フォントソフトウェアの使用許諾条件としては、

①フォントパッケージを正規に購入すること
②購入者は、第三者へ無断で貸与または譲渡しないこと
③テレビ番組に使用する場合は、ライセンス料金が発生すること

を明記している。

視覚デザイン研究所は、テレビ朝日系列放送のバラエティ番組の多くに、視覚デザイン研究所のフォントがテロップとして使用されているのを二〇〇八（平成二〇）年一二月ごろに発見した。番組のエンドロールには、著作製作テレビ朝日、編集IMAGICAとの記載がある。

モニターを分析すると、視覚デザイン研究所の創作した主にロゴG書体、ラインG書体を、テレビ朝日が放映した一〇タイトルのバラエティ番組に無断使用し、約五年間、合計一、一一四番組が放送された事になる。

ところが、これらの番組にはテレビ朝日からも、IMAGICAからも、テレビ使用のためのライセンス処理が一切無く、フォント購入の実績もなかった。視覚デザイン研究所は、テレビ朝日・IMAGICAに対して、どちらでも良いから、テレビ番組への使用の際に必要なライセンス処理と支払いをするよう求めた。法外な賠償金を要求した訳ではないのに拒否された。そこで視覚デザイン研究所は、二〇一〇（平成二二）年八月二六日、大阪地裁に損害賠償を求めて訴えることにした。以下に、訴訟に至るまでの経緯を記す。

二〇〇九（平成二一）年一〇～一一月、IMAGICAへ書面による右記①②③が守られていない事の問いかけ

を行った。ＩＭＡＧＩＣＡ執行役員Ｍからは、「一部で御社のフォントが使用されていた事が確認された。ただし、問い合わせの内容について、当該顧客との取引に係わる守秘義務がある都合上、弊社からはご回答しかねる」また、「今回の指摘を受けて、弊社として御社フォントの不適切な使用が行われないよう必要な措置をとる」というものだった。支払いについては触れていないが、フォント使用の事実を認めたということは、モラルを大切にしている会社であろうと感じた。使用実態調査協力をお願いし、支払いにも応じるだろうと期待した。

次にＩＭＡＧＩＣＡから、フォント使用は認めるものの、顧客（テレビ朝日）との取引に関わる守秘義務があるため詳細を言えないと言うことだったため、テレビ朝日に問い合わせることにした。

当時のテレビ朝日ＣＧ担当部長Ｓに面会をお願いしたが会えず代理の方にフォント使用について同様に実情を話した。テレビ朝日の人気バラエティ番組でのフォント使用の実態について、放送番組がＤＶＤに記録して販売されている事なども含め、当社の調査との照合と支払いをお願いするつもりであった。応じてもらえると信じて準備を始めた矢先、Ｓから担当部署が変わったこと、指摘の番組担当ではないとの連絡を最後に誰と交渉するのかも不明になった。

大企業であるテレビ朝日／ＩＭＡＧＩＣＡ相手に、なぜ無謀とも思える訴訟を起こしたのか。

テレビ朝日がやって良いことならウチもやって良いと思われてはさらに困る。被害例１．で書いたが、「蛇の道は蛇」この抜け道も拡散する。しかし、少なくとも裁判中は不正行為の足踏みも鈍るはずだ。そしてライセンス処理と支払いもせずに、番組を作り続ける、こんな理不尽な行為に何の罰則も無いはずがないと思った。視覚デザイン研究所は、タイプフェイスの著作権はグレイであっても、許されない行為は裁かれる、正義は勝つと信じて訴訟に踏み切ったのだ。

次に示すのは、裁判に提出した資料の一部を抜粋したもの。タイプフェイス目録は、無断使用された七書体すべてについて、創作の基本思想を記載し、提出した。

3.ロゴJr

本タイプフェイスの創作の基本思想は、ロゴGをベースに、仮名（ひらがな·カタカナ·英数字）にグラフィック的な処理を施し、文字組したときの誘目性をロゴG以上に追求したことにある。

造形上の特徴は、斬新な造形に加え、濁点を水平にしたことである。文字組の中に水平な濁音が存在するだけでも読み手の注意を誘うが、他方で可読性（濁点の役目）を損なう。そこで、清音字と重なる部分の濁点の隙間を大きく抉り、又は清音字本体を大胆にカットする処理を行うことによって、伝統的な書体にはないデザインによる造形を実現している。

可読性よりも、個性とインパクトをさらに重視したため、１文字だけを取り出すと文字として見えないレベルまで個性を高めた文字も多数存在している。

ロゴG（親）から、わんぱくな書体として生まれたことにちなんで、商品名をロゴJr（ジュニア）とした。（原告では、仮名に変化を加えた書体バリエーションには、「○○Jr（ジュニア）」と名付けている）。

文字の太さによって、Light、Medium、Bold、Extra、Ultra の各５タイプが存在する。

ロゴJr-L あ
ロゴJr-M あ
ロゴJr-B あ
ロゴJr-E あ
ロゴJr-U あ

あいうえおがぎぐげご
さしすせそだぢづでど
なにぬねのぱぴぷぺぽ
アイウエオガギグゲゴ
サシスセソダヂヅデド
ナニヌネノパピプペポ

亜唖娃阿哀愛挨姶逢葵茜穐悪握
渥旭葦芦鯵梓圧斡扱宛姐虻飴絢
綾鮎或粟袷安庵按暗案闇鞍杏以
伊位依偉囲夷委威尉惟意慰易椅
為畏異移維緯胃萎衣謂違遺医井

0123456789ABCDEFGHI
abcdefghijklmnopqrstuvw
♂♀℃¥&＊@§〒ÁÂÃÄÅÆÇ

ロゴG-L あ
ロゴG-M あ
ロゴG-B あ
ロゴG-E あ
ロゴG-U あ

あいうえおがぎぐげご
さしすせそだぢづでど
なにぬねのぱぴぷぺぽ
アイウエオガギグゲゴ
サシスセソダヂヅデド
ナニヌネノパピプペポ

亜唖娃阿哀愛挨姶逢葵茜穐悪握
渥旭葦芦鯵梓圧斡扱宛姐虻飴絢
綾鮎或粟袷安庵按暗案闇鞍杏以
伊位依偉囲夷委威尉惟意慰易椅
為畏異移維緯胃萎衣謂違遺医井

0123456789ABCDEFGHI
abcdefghijklmnopqrstuvw
♂♀℃¥&＊@§〒ÁÂÃÄÅÆÇ

視覚デザイン―タイプフェイス目録（抜粋）

『いきなり！黄金伝説。』2009 年 10 月 1 日放送 のテロップ〈書体：ロゴG〉

『くりぃむナントカ』（放送番組を収録して販売したＤＶＤのテロップ）〈書体：ロゴG〉

裁判中、思ったこと

訴訟に際しテロップ使用画面のキャプチャー数千点提出した。これはフォントソフトウェアの無許諾使用や、契約違反の動かぬ証拠となると確信したからだった。

しかしながら、テレビ朝日のプロデューサーFは、公開の法廷で「視覚デザイン研究所のフォントは、良いフォントだけれどもフォント名まではよく分からないし、テロップに使われた経過は覚えていない。誰が使用したのかも知らない。フォントを購入しているとしたら下請け業者であろう」と責任を転嫁し、「自身は契約者ではないから経過や実情を調べる義務もない。」と証言した。

このFは、ロゴGフォントについて、「……バラエティ番組制作者からすると、（視覚デザイン研究所のフォントは）読みやすいですし、適度に崩れているので親和性が高いというか、いいフォントだ……（証言台での発言記録）」と証言している。五年もの間「ロゴG」と言う語を発する事なくテロップの編集をプロデュースしていたという。

このテレビ朝日プロデューサーFの管理のもとに、編集はIMAGICAの赤坂ビデオセンター編集室（東京都港区赤坂）で行われていた。編集室にはPCが二十数台あり、このすべてに視覚デザイン研究所のフォントが入っていたことが、IMAGICA役員による公開の法廷証言で明らかになった。

ところが、IMAGICAは、番組製作に一〇〇人を超えるスタッフが関わっているが、誰一人もかかるフォントを持っていないし、インストールもしていない、どこから誰が入れたか分からない、編集作業には使用していないと証言。IMAGICA編集室では、PCに入っていたフォントは一切使用しておらず、外部業者から持ち込まれた〈文字の画像データ〉のみでテロップ編集を行っていると主張した。デジタル編集技術が高度に発達した現代において「テロップ編集にPCに入っているフォントを使用しない」とは何とも苦しい弁明だ。

裁判では、テロップ使用画面のキャプチャーだけでは証拠が不十分とされた。現実にフォントが番組に使用され放映されている事実があるにもかかわらず、徹底した抗弁に対して、決定打となるような新証拠を提出できなかった。五年に及んだ裁判は二審（原審・控訴審）共に棄却判決だった。

視覚デザイン研究所にとって、最もうなずけないのは、被告二社（又はいずれか）が使用していたフォントが、正規に購入されていれば彼らは契約当事者となり、訴えるまでもなく契約違反行為となったであろうと言うこと。つまりフォントを正規に購入していなかったから、契約当事者ではないとされ、無罪放免ということになったのだ。当社フォントの誘目性を認め、利用し、使いたいだけ使って放送しておきながら、支払いを拒む態度は許せない。日本でトップ企業に君臨するテレビ朝日の理念「誠実な精神」とはどのようなものか。

そして、この事件のことは、Ｗｅｂなどで多くの方に読まれたが、判決についてテレビ朝日はもちろん他のどのテレビ局も、一切取り上げなかった。


皆さんはどう思われるだろう。

私たちが不正を見つけたとき、例えばテレビ朝日やＩＭＡＧＩＣＡ編集室に乗り込んで証拠を押さえることが可能だろうか。まず不可能だ。

テレビ朝日やＩＭＡＧＩＣＡで、制作や編集に携わっている何百人の中の、わずか一人でも、二人でも、誠実で、不正を許さない強い意志を持っている人がいたなら、また、証言してくれていたなら、判決は覆ったことだろう。

裁判は終わったが、テレビ番組の映像編集現場におけるフォントの使用実態が関係者の証言や主張と矛盾は無いのか？ 今回の裁判外で、明るみに出ていない不正コピーや契約違反行為は無いのか？勇気ある情報提供と正しい判断を仰げることを願っている。

タイプフェイスの知的財産性と著作権

時代はデジタル化の急激な進歩により経済は大きく膨らみ躍進中である。多様なニーズに合わせた、バラエティ豊かなタイプフェイスが開発・デジタル化され、パソコンやスマホ等の情報通信機器に欠かせないツールとして利用されている。現在のデジタルタイプフェイスは、アナログ時代のタイプフェイスとはまったく別の物（商品）であると言っても過言ではない。

私は創作者であって、法律の専門家ではないため専門用語で分析することは困難だが、デジタル機器用に開発された、斬新な創作タイプフェイスは著作権法に照らし合わせても著作物の要件を満たしていると思う。そして、このタイプフェイスが著作権法により保護されたとしても、なんら混乱など起きないとも思うのである。印刷用に開発された書体は、印刷に使用できるし、氏名表示権や放送等への二次使用料請求権など、使途を制約されないで自由に使えるタイプフェイス（例えば、パソコンに最初から内蔵されているフォントなど）は十分に存在・配布されていて、一般人が文字表記するのに不自由を感じることはない。

個別使途のライセンス料金が必要であっても、もっと個性的なフォントを使い作品をランクアップしたいと思う者は、吟味・セレクトして気に入った創作フォントを有料で使用する。二次使用や個別使途のライセンス料金を支払いたくない者は、使用しなければ良いだけである。料金を支払ってまでも使用されるタイプフェイスには価値があり、次世代まで残り受け継がれる。他方せっかく創作しても人気のないタイプフェイスは淘汰される。絵画でも音楽でも同じことで、著作権は作品の優劣には関係なく平等であるはずだ。後々作者以外の人たちによって評価され、優劣と価値がつけられる。タイプフェイスは他の著作物となんら変わらないと思う。

原審の証人のテレビ朝日プロデューサーFは、法廷で「…バラエティ番組制作者からすると、読みやすいですし、適度に崩れているので親和性が高いというか、いいフォントだ…」と証言している。このことは、視覚デザイン研究所フォントの知的財産性や法律上保護される利益があることを示しているに他ならない。

法律時報二〇一三年四月号で、野一色勲氏は、「ゴナU」事件の影響と要旨を詳細に検討し、「著作権で保護されるべき書体を保護しようとしない最高裁の非論理性を明かし、著作権保護こそ書体創作を促進する」(1)と説かれ、現代の創作フォントが、著作物として保護されないことの方が却って混乱を招いていると指摘されている。

「ゴナU事件」とタイプフェイス

当裁判の原審を含むこれまでのタイプフェイス事件では、「ゴナU事件（最高裁判決）」が必ず引用される。原審でもこの最高裁判決を引用し、「……著作物に該当するものとは認められず……」としている。

審理期間中の二〇一二年に、日本タイポグラフィ協会・知的財産権特集二六八号で、大家重夫氏は「……活字フォント、写植フォントの保護は、この際考えず、デジタルフォントの形式で、コンピュータに搭載されている「タイプフェイス」の保護法を制定すべし、という提案……」を示されている。私も賛成である。前項に記載したように、デジタル書体は使途が拡大し、印刷用であっても、まずはパソコンに表示しレイアウトしてから後に印刷されることからも、アナログ書体とは別の物（商品）である。一八年も前のアナログ時代の「ゴナU事件」をそのまま引用するのは現状にあわず、間違っていると思う。

控訴審の判決でも裁判官・弁護士も「ゴナU事件」の判決を当然前提としていたと思う。そして私には、当裁判が不法行為の裁判であっても、創作タイプフェイスの著作物性に触れずして、公平な判決はできようはずが無い、なんらかの見解が示されるだろうという思い込みがあった。この裁判では〈知的財産基本法／著作権法〉の原点に立ち戻り審議してほしかったのだ。

はじめから、「ゴナU事件」の引用に反対し、現代のタイプフェイスについて、著作権法の要件を満たした著作物にあたるかどうかの検討がなされるべきだと、裁判でもっと強く主張すべきであった。

タイプフェイス創作者に対する差別

「知的財産権」を有する創作者は多岐にわたる。カメラマン、画家、イラストレーター、漫画家、音楽家、…。作曲家が使用する五線譜や音符は、全人類の財産である。誰かが新しい旋律を創作しこれを楽譜に載せた時「知的財産権」を有し、保護される。

文字は概念であり同様に人類の財産である。タイプフェイス創作者は文字の骨格にデザインという衣を着せ、斬新な書体にして、世に出すべく創作活動している。斬新な書体は知的財産である。だが、このタイプフェイス創作者にだけは、未だ「知的財産権」が明確でなく、保護されない。

「ゴナU事件」では、印刷用書体が著作物として認められる二つの要件として①顕著な独創性、②優れた美的特性　と言う書体保護に適切でない言葉のハードルをつきつけたままである。「独創性」や「美的特性」が顕著であっても、文字の機能が損なわれては、「書体」ではない。

当判決文で、視覚デザイン研究所フォントに対し『……「知的財産」に当たるとしても、「知的財産権」には当たると解することはできない。』と記載された。『「人間」ではあるが「基本的人権」は無い。』と言われているようで、誠に不可思議である。

私は、男女差別や人種差別に似た重苦しさを感じる。差別は、差別された側からは解消できず、差別する相手(使用者)側にこそフェアな感情と感性があって初めて平等となる。

ディスプレイフォントの著作権

フォントを無断かつ無償で使用したという一つの事実に対し、私は「不法行為だからきちんと支払って欲しい」と要求し、テレビ朝日側は「いや、タイプフェイスには著作権がないのだから何をしても良いし、支払う義務はない」とした。法律の文言だけでは納得がいかないから、訴えを起こし、新たな審判を仰いだ。

私は法律に不慣れなため、この八年間、知的財産権の理解に一生懸命努めた。それに比べ、原審で裁判所が下した判決は、マニュアルに従い過去から現在までの判決例の分析のみを基軸にしており、フォントに関する被害については勉強の痕跡の一片すら感じなかった。判決文に失望した。

控訴審判決でも棄却されたことは誠に残念だが、判決理由の一つに「……タイプフェイスに関しては、その法的保護のあり方について未だ議論がされている途上にある……(三二・三三頁)」と記載された。一般に「すべての書体に著作権がない」との一方的な見方が広まりつつあったが、タイプフェイスの著作物性は今もグレイであることを明確にした。考えようでは、知的財産の法的保護の可能性を残したと言えるのではないか。本来は「途上にある……」からこそ、それぞれの裁判で法的保護の範囲を明らかにするのが裁判官の使命である、と私は今も思っている。が、少なくともディスプレイフォントの著作権保護には希望があると信じる。

多くのタイプフェイスの受賞作品展示会場で、新規性のあるタイプフェイスは絵画や書道と同じく多くの人の鑑賞の対象となっていて、特に評価されたタイプフェイスは、最高裁ゴナU事件が示した「①…独創性と、②…美的特性」どちらも十二分に満たした著作物である。

終わりになるが、フォントの斬新な創作性を評価し、正規に購入され契約書に則り使用いただいている多くのユーザーがいる。この方々に心から感謝したい。

・判決の全文は、本書の「資料　判決文、資料5・6」に掲載。また、裁判所ホームページの「裁判例情報」をアクセスし、【平成二五年（ネ）第二四九四号】、原審は【平成二二年（ワ）第一二二一四号】を記入するとご覧いただける。

注——

（1）法律時報／日本評論社、二〇一三年四月号九六―一〇二頁『「ゴナU」最高裁判決の再検討』において、書体の法的保護が詳しく検討されている。

（2）日本タイポグラフィ協会・知的財産権特集二六八別冊号一〇―一二頁に、『デジタルフォント保護法』制定の提案A、B、Cの三案が記載されている。

・「裁判を終えて」は被害を説明するための裁判結果に対する感想であり、著者は法律には不慣れだ。法律用語に関する表現には間違いがあるかと思う。不適切な場合にはご指摘頂ければ幸いだ。また、文中、判決文の引用などの都合上、「タイプフェイス」と「書体」の双方を使用しているが、同じ意味である。フォントは、デジタルタイプフェイスをパソコン上で使用できるようにしたフォントプログラム（製品を含む）を示す語として使用している。

3．ロゴタイプ制定書体に、市販フォントの無断改変は許されるか

株式会社視覚デザイン研究所（以下、視覚デザイン研究所）は、「トヨタ自動車株式会社（以下、トヨタ自動車）において、トヨタ自動車の全国販売ディーラーである「ネッツトヨタ」（八四社）の社名ロゴタイプ、一四三字」について、この書体が、視覚デザイン研究所が創作したロゴG-Extra書体（以下、ロゴG書体）を無断で改変し作成した書体であることを使用実例から分析し、資料とともにトヨタ自動車にこの事実について問い合わせを行った。質問・回答のやりとりは、二〇一六（平成二八）年十一月一五日から二〇一七年四月二八日まで、電話、メールと書面・使用実態の上記資料送付による。窓口となった担当や代理弁護人には、制定書体への知識不足も含め、理解いただけないと感じたため、同年一〇月二四日に社長と副社長（コーポレート戦略部）へ「フォントとグラフィックデザイン業界の、適正な報酬支払いの秩序を守るため、日本をリードするトップ企業として見解を示して頂きたい」と手紙を書いた。約五ヶ月が経過し、二〇一八（平成三〇）年三月一四日、外部の代理弁護人から、これまでと同様に支払う意志がない旨の返事があった。

当初は、トヨタ自動車お客様相談センターから、「ご不審を抱かせており…」とのメールや、「お手数をおかけいたしますが、具体的にご指摘のロゴタイプをお教えください…」と丁寧な応答があったので、資料を送付することにした。

送付した資料は、

①Ｗｅｂ表記・看板表記・領収書・封筒・チラシ／フライヤー・名刺などから抜粋した、現在使用中のネッツトヨタ社の社名ロゴタイプの形状。

②視覚デザイン研究所のロゴG書体を元に、右一二度斜体で作成した書体の形状。

③　①と②を比較出来るよう並べたプリントなど。調査で確認できた使用文字は、八四社分である。

トヨタ自動車の全国販売ディーラーの社名ロゴタイプは、個性的な文字書体が使用されて、日本全国、津々浦々まで点在する販売ディーラー網を視覚的に統一し、ネットワークを構築するために重要な役割を果たしている。こ

・「ネッツトヨタ」各社の社名看板の一部（Ｗｅｂ掲載など）

れらは、一つ一つが孤立した社名ロゴタイプではなく、すべてが統一コンセプトに基づいて制作されたひと揃いのタイプフェイスで構成されている。すなわち《社名ロゴタイプのための制定書体（以下、ロゴタイプ制定書体）》である。制定書体は、欧米においては（コーポレートタイプ／Corporate Type）と呼ばれる。

・「ネッツトヨタ」のカタログ／チラシ／名刺／領収書／封筒（送付した内容の一部抜粋）

左記は、当該ロゴタイプ用制定書体に使用されている一四三文字である。仮名漢字を順に並べた。

① 現在使用中のネッツトヨタ社名のロゴタイプ制定書体の形状

あ い か くこ さ し
せ た たちつと な
の は びふ ま まみ
や やわ
イ ヴェ カ ガ サ サ
ス タ タツット ナ
ニネノ ラ リル
ヤ ヤヨュー

-2-

① 現在使用中のネッツトヨタ社名のロゴタイプ制定書体の形状

あ 愛旭井茨央横岡
沖屋 か 華賀会海潟
株館岩岐京玉九熊
群郡形見古庫戸広
甲香高国 さ 佐阪崎
埼札三山児滋鹿式
社取手州秋重小松
湘城信新森神水瀬

-3-

① 現在使用中のネッツトヨタ社名のロゴタイプ制定書体の形状

西青静仙千川 た 多
台大知 な 中長鳥田
都島東道徳栃苫奈
内縄南日 は 馬函斐
浜富阜部福分兵北
ま 牧幌本摩名木
野葉陽 ら 梨良

-4-

トヨタ自動車が使用している、ネッツトヨタのロゴタイプ制定書体
色はピックアップした資料の色をそのまま掲載し提出。鮮明さが失われないよう
切り取り以外の加工は無し。

左記は、視覚デザイン研究所のロゴG書体を元に、右一二度斜体で作成した書体の形状検証は、ロゴG–Extra書体を右一二度斜体にしたデータと、当該ロゴタイプ制定書体との比較でおこなった。

① 視覚デザイン研究所のロゴG　漢字　1

あ い か くこ さ し
せ た たちつと な
の は びふ ま まみ
や やわ
イ ヴェ カ ガ サ ザ
ス タ タツット ナ
ニネノ ラ リル
ヤ ヤヨュー

-2-

① 視覚デザイン研究所のロゴG　漢字　1

あ 愛旭井茨央横岡
沖屋 か 華賀会海潟
株館岩岐京玉九熊
群郡形見古庫戸広
甲香高国 さ 佐阪崎
埼札三山児滋鹿式
社取手州秋重小松
湘城信新森神水瀬

-4-

① 視覚デザイン研究所のロゴG　漢字　2

西青静仙千川 た 多
台大知 な 中長鳥田
都島東道徳栃苫奈
内縄南日 は 馬函斐
浜富阜部福分兵北
ま 牧幌本摩名木
野葉陽 ら 梨良

-4-

調査資料の中には公開されているデジタル版下入手もあり、アウトラインデータが含まれていて、これらはすべてピタリと合致し複製による斜体化であるとの確証を得た。（斜体書体の作成の仕方は下記に示す。この斜体の書体データは、アプリケーションソフトで正体にもどすことができ、元のロゴG書体となる。）

視覚デザイン研究所は、このような複製による斜体化のタイプフェイスの作成と使用については許諾していない。よって当初は、使用許諾契約違反、ライセンスビジネス上の利益の侵害でもあると思ったので、調査・検証結果を元に、新たに使用許諾契約の締結とライセンス料金の支払いをお願いするつもりであった。

ところが二〇一六（平成二八）年十二月二二日になると、応対が一変し、お客様関連部販売店室のY氏から電話で「大手広告代理店で独自開発したロゴタイプという認識です」との回答が反ってきた。言われるとおりならば独自開発について証明いただけるであろうし、開発された制作者や広告代理店も追って公表されるであろう。また、オリジナルのロゴタイプであると主張されるなら、当該ロゴタイプ群マニュアルあるいは、すべてのデジタルデータを提供いただきたい。再度、さらに精度の高い検証の協力をする所存である。

その後、トヨタ自動車との何度かのやりとりを経て、二〇一七年四月一八日、Y氏から書面で「『当社においては、貴社書体を利用して社名表記を製作した事実は確認されておりません。また、そもそも貴社のご主張を前提としたとしても、文字の書体は、一般的には創作性は認められず、著作物には該当しないと解されておりますので（東京地裁平成十二年九月二八日判決）、社名表記の使用が貴社の著作権及び著作者人格権を侵害するものではない……』『……著作権法や意匠法等において保護対象とならない書体を独占的に利用する権利

斜体書体の作成の仕方

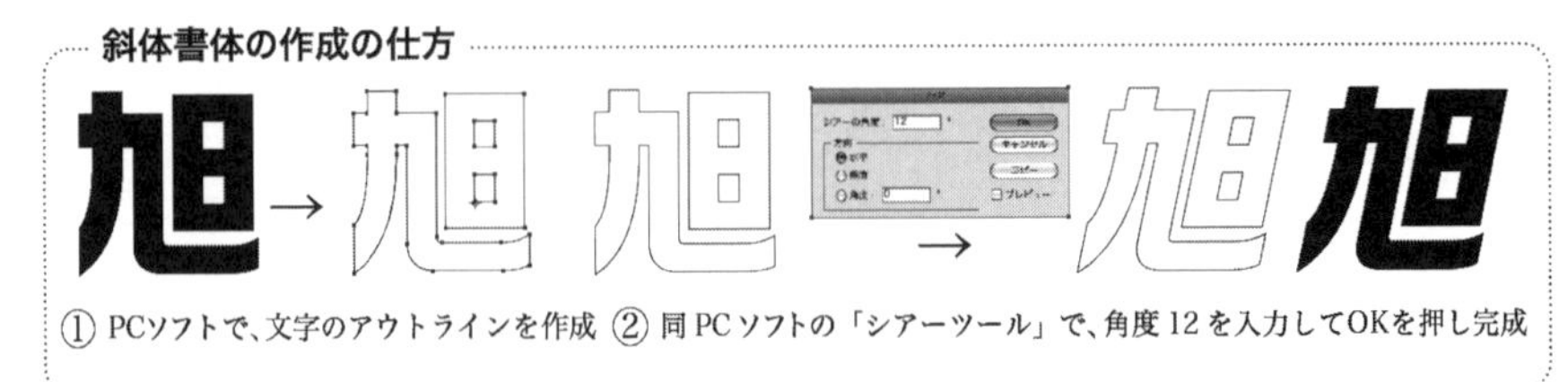

① PCソフトで、文字のアウトラインを作成 ② 同PCソフトの「シアーツール」で、角度12を入力してOKを押し完成

は、法的保護の対象として認められておらず、当該書体を利用する行為は不法行為を構成しないと解されております（大阪高裁平成二六年九月二六日判決）。当社としては上記裁判例等に鑑み、貴社に対して、書体使用料の支払いや損害賠償を行う理由はないものと考えております。……お支払いには応諾いたしかねます。』『なお、……本書面の送達以降は、下記弁護士が当社代理人として対応いたしますので……直接ご連絡頂きますよう……』との回答が届いた。

Y氏の文面からは、「大手広告代理店で独自開発したロゴタイプ」であるとの主張はトーンダウンし、視覚デザイン研究所の検証結果を認めた上での反論ともとれる。

また、Y氏の主張には、一般的な文字書体とロゴタイプ制定書体を同一化している誤りがある。一般的な文字書体に関する著作権法や意匠法に基づく過去の裁判例を盾にして、別次元として捉えるべきであるロゴタイプ制定書体の本質を単純化・矮小化しようとしている。

検証結果から、視覚デザイン研究所のフォントから必要な数のタイプフェイスデータを抜粋し、誰かが電子的（機械的）斜体をかけて複写し（依拠）、二次的類似タイプフェイスを作成し使用したことになる。二次的類似タイプフェイスの作成は、デザイナーの間では盗作やパクリなどと言われ恥ずべき行為とされている。

はたして、企業のロゴタイプ制定書体が二次的類似タイプフェイスであっても、これまでの裁判例のように、タイプフェイス＝書体には、法的な保護が一切無いと言えるだろうか。

タイプフェイスの裁判で必ず引用されるのが、「ゴナU書体事件」最高裁判決である。先にも記載したが、この判決は、印刷用書体が著作物と認められる条件として、①顕著な独創性　②優れた美的特性、を条件とした。そしてこの判決から一五年が経過した。書体の文字組は、アナログからデジタルへと移行した。

そこで、トヨタ自動車が盾にしている（過去の）裁判例の一つである最高裁判決の判決文を読み直してみたい。ここで言う印刷用書体とは、「小説、論文等の印刷物を出版するために使われる」「汎用書体としてわずかの差異しか有さない明朝体あるいはゴシック体」と記載され、このような目的と造形の書体に対して下した判決である。

トヨタ自動車が使用したのは、ロゴタイプ用制定書体である。最高裁判決で示された汎用書体とは目的が異なる。タイプフェイス（＝書体）フォント関連について、ＮＰＯ法人日本タイポグラフィ協会（以下、ＪＴＡ）の用語の解説を引用すると、「記録や表示など組み使用を前提として、統一コンセプトに基づいて制作されたひと揃いの文字書体」であって、「タイプフェイスの原作者は、改変や二次的著作する権利を有する」と記載されている。

また、タイプフェイスの著作物性については、視覚デザイン研究所は、自社が著作制作したロゴＧ書体はもちろん、自社のディスプレイフォントについて、①顕著な独創性　②優れた美的特性を満たした著作物であることを主張している。先の最高裁判決における文字書体「汎用書体としてわずかの差異しか有さない明朝体あるいはゴシック体」「小説、論文等の印刷物を出版するための本文用書体」とは一線を画するタイプフェイスである。ロゴＧ書体は、ディスプレイ書体であって、この個性こそがロゴＧ書体の命である。視覚デザイン研究所のフォントには斬新で独創的な書体が多い。それもアイキャッチ（誘目）を意図的に強調したデザインから生まれた個性である。

著作権法は、作品の同一性保持権を著作者の人格的権利として二〇条に規定され、著作者人格権の規定は、人としての本来の当然の権利を著作者の立場で再確認した規定であると説明されている。人格権は、人に当然の権利であるから法律の明文が無くても認められている。ロゴタイプ制定書体が有する特徴には、創作者の個性的人格がにじみ出ている。

当該ロゴタイプ用制定書体について纏めてみると

・当該ロゴタイプ用制定書体（約一四三字）は、Ｗｅｂ表記・看板・領収書・封筒・チラシ／フライヤー・名刺などに統一のロゴタイプが使用されている。記録や思想・感情を表記した言語表記とは言えない。ロゴタイプ用制定書体として自社の標識としての効果を発揮している。

・当該ロゴタイプ用制定書体は、ロゴG書体を元に、電子的（機械的）斜体をかけて複製（依拠）した、二次的類似タイプフェイスである。（五〇・五一頁／斜体書体の作成の仕方は五二頁）

・無断での二次的類似タイプフェイスの作成行為は、先進諸国の多くで不正行為である。

同業種の自動車会社マツダ株式会社は一九七六年に制定書体を公表、日産自動車株式会社は一九八七年制定書体を公表している。ＪＴＡ年鑑には書体のデザイナーは桑山弥三郎氏ほかの氏名が明記されている。

アイウエオカキクケコサ
シスセソタチツテトナニ
ヌネノハヒフヘホマミム
メモヤユヨラリルレロワ
ヲンー・()アイウエオツヤユ
ョガギグゲゴザジズゼゾ
ダヂヅデドバビブベボパ
ピプペポ

モーターオイル
アルミロードホィール
スパークプラグ
エアークリーナエレメント
エンジンコンディショナー
シヤシー塗装剤油性タイプ

日産自動車株式会社の制定書体／1987 ＪＴＡ年鑑

マツダ株式会社の制定書体／1976 ＪＴＡ年鑑

企業の制定書体は、コーポレート・アイデンティティ（CI＝Corporate Identity）を構成する要素の一つで、企業が自社の理念や特性を社会に共有し、企業内外に統一したイメージをつくるために重要な役割を果たすものである。企業の制定書体を普段の文章に使う文字（書体）と同一視してはいけない。企業の顔として耐えうるように工夫されたタイプフェイスなのである。

一般的には、プロのデザイナーが担当してオリジナリティのあるタイプフェイスを創作する。著名な大企業であるトヨタ自動車が、市販のロゴG書体を無断で改変・流用するとは信じがたい事である。

トヨタ自動車には、CIに熟知した専門部署や企業イメージを統括される部署が存在するはずである。その方達はこの問題をどう捉えておられるのであろうか。まさか自社の制定書体を、ただの文字であるとは考えてはおられないと思う。もし、このロゴタイプ制定書体を他社が流用したとしたら、「文字書体は著作物には該当しないので何の権利もございません。どうぞご自由にお使いください」と言えるのか。今回のような事案は、お客様相談関連の部署だけの判断で解決しようとするのではなく、企業倫理に関わる全社的な課題として認識すべきである。

私は、かつて某企業の制定書体の作成に携わったことがある。一文字一文字に繊細な神経を使い、スタッフと共に何案も制作し長期間にわたって比較検討した経緯がある。CIは、新しいアプローチをタイムリーに繰り広げる広告宣伝物とは異なり、安易に変更するものではない。企業イメージの恒久的な定着をコンセプトにした一大イベントなのである。策定に携わる担当スタッフには重責のかかる作業である反面、栄誉ある仕事であるとの認識が大きかった。

このような体験は、視覚デザイン研究所の書体開発の原点にもなっている。ロゴG書体は、書体名にも表れているように「文字組みするだけでロゴタイプ」をコンセプトにして完成させた、まさにロゴタイプにピッタリなタイプフェイスなのである。だから、制定書体に採用されたことに違和感は抱かないが、無断の改変・流用は論外である。

タイプフェイスのデザインとともに、文化的知的財産であるフォントの権利保護活動を続けているが、今回のごときトヨタ自動車による不誠実な回答姿勢には落胆した。

書体業界の良心的な自主的努力により、デザイナーの書体創作に対して適正な報酬を支払う秩序が維持されている。私と一緒に新しい書体の開発に携わっている者、そして、考えを共有する仲間とともに、フォントの無断使用や二次的類似タイプフェイスの作成などの行為を許さず、正面から責任を問うつもりである。

4．ゲームにおけるフォント無断使用事件（和解）

大阪地方裁判所平成二七年（ワ）第一一五六九号
損害賠償請求事件
原告　株式会社視覚デザイン研究所
被告　株式会社水野プロダクション
裁判長　森崎英二

原告株式会社視覚デザイン研究所（以下、視覚デザイン研究所）は、フォントの制作販売会社である。被告株式会社水野プロダクション（以下、水野プロダクション）は、主なクライアントとして、訴外株式会社バンダイナムコエンターテイメント（以下、バンダイ）を挙げている。被告は、視覚デザイン研究所のフォントを使用してバンダイの「デジタルカードゲーム」のロゴタイプデザインを行い、またこれらカードのデザインは、「３ＤＳゲーム」の画面上においても表示していた。

視覚デザイン研究所の主張は、デジタルカードが商品であること、また、デジタルカードのデザインはゲーム画面上にも表示されており、視覚デザイン研究所が指定しているゲーム使用に当たるとして支払い要請したが、応じないため訴訟を起こした。

訴状に対し、水野プロダクションは、デジタルカードは、それぞれ「コレクションカード」「トレーディングカード」であり、素材が紙であるため、紙媒体への使用であり個別ライセンスの必要はないなどと主張した。

視覚デザイン研究所は、「デジタルカードゲーム」のロゴタイプは、アルファベットとカタカナの表記が合わさったデザインで商標登録（商標登録五四〇五六〇二号）されており、アルファベットもカタカナも権利処理されたロゴタイプであること。また、デジタルカードは、ゲームを楽しむ為に不可欠なパーツでありゲームの一部である。かつカード自体にプレミアムがつくなどカードは商品でもあると主張した。

また、紙媒体とは、印刷された文字情報が受け手に共有されることを前提としている。カードそのものがゲームの一つのパーツとなっている場合においては、読む・観るが主体ではないため、「紙媒体」には当てはまらないと主張した。

この裁判は、和解となったため、和解条項内容については記載しない。

私がこの訴訟を起こしたのは二〇一五（平成二七）年一一月、和解は、二〇一七年三月一七日で約一年と四ヶ月。前項に記載した被害事例2．では五年に及んだことを考えると短距離走だった。それでも「準備書面」の応酬には必ず資料と検証が必要で、ゲーム・アニメとタイプフェイスを扱った裁判例が少なく、その上デジタル化とコンピュータの進化が追い打ちをかける。昨今、日本のゲーム・アニメは、諸外国で人気沸騰しており次々に商品化されているらしい。遊び方も進化している。関連言語も増えた。加えてアルファベットの省略語も多く、例えば「DTP」には、(Desktop publishing：書籍、新聞などの編集に際して行う割り付けなど）と、(Desktop prepress：版下、製版フィルムなど印刷工程上の出力など）があるように、業界ごとに目的にあった省略語が使われている。これは一例だが、裁判官にとっても未知の内容や語句は多いと推察する。

見逃しや聞き逃しによって裁判に禍根を残さぬよう、弁護人の役割は大きい。その弁護人に理解してもらうにも、デザイン業界は専門職である為多くの資料が必要だ。的確な資料と裁判例から判決が導かれていく。今日のデジタルゲーム業界のように急速に発展した新しい業界ではなおさら、意味が共有できるよう言語（単語）が整理されなければいけないと感じた。

また、法廷での原告と被告との対峙時間は本当に短い。時には数分で、「提出済み書面」の確認と次回法廷の日程決めのみで終わることもある。今後裁判数が増加すれば、処理速度に重点が置かれることにもなりかねないのではと不安がよぎった。あの時こう抗弁しておけばよかったなど、全体が理解できるようになるのは裁判終結後かなりの期間を費やした後である。

水野プロダクションは、被害事例2．におけるテレビ朝日やＩＭＡＧＩＣＡとは異なり、フォントを正規購入した契約当事者であったため、正面から議論をぶつけることができた。私はこのことを評価する。

被告がフォントを購入していなく、不正入手フォントで当該デザインをしていたなら、裁判官の判断はどうであったろうか。森崎英二裁判長は、被害事例2．の原審の前半を担当した裁判長であった。タイプフェイスに法的保護が明確でないことによっておこる被害について、一歩理解を示されたと思いたい。

折しも、訴訟の同年に「プロ野球ドリームナイン事件／平成二七年六月二四日判決言渡 平成二六年（ネ）第一〇〇〇四号 損害賠償等請求控訴事件」この二審において、被控訴人のゲームカードが控訴人ゲームカードを翻案したものとされた判決がある。判例は判決に大きく影響する、この判決時期が数年遅れていれば和解も内容も変わっていたようにも思う。

私は、裁判を数回経験している。デザイン業界の裁判にはまずは文言の統一化が最優先事項だと感じている。この裁判で「紙媒体」という文言の相互理解にも多くの時間を費やした。裁判の度に、文字、書体、タイプフェイス、デジタルタイプフェイス、フォント、インストール、複製、等々を訴状の何頁分も裂いて説明しなければならない。毎回文字と書体との違いは…という基本からだ。「文字は国有財産」がスタートライン。裁判官に、「タイプフェイス＝書体には、必ず創作者がいる」このことを理解して貰わなければ、勝訴への道は遠いといっても過言ではない。

そして弁護人によって代書された訴状や準備書面の文言は、デザイナーには難解この上ない。デザインが身近でない裁判官にも同様なはずで、デザイン界特にゲーム業界の関連言語は年代によって異なり、急速に増え共通言語とは思えない表現もある。この先も増加の一途であろう。過去の裁判例の抽出とともに、文言分析も昨今話題となっているＡＩ（ロボット）に助けてもらうような時代になるのだろうか。

四．フォントの使用許諾契約

書体をＰＣ画面に具体的に表示するためにはソフトウェアが必要だ。書体のアウトラインをデータ化し、一字ずつ決められたコード表に当てはめて書体を表示するためのソフトウェアを制作する。色々なアプリケーション上でも表示が可能となる。このソフトウェアは一般にフォントと呼ばれている。

フォント形式には、TrueTypeやOpenTypeなど種類が有り、利用者は、購入時にＭａｃ版やＷｉｎ版といったＰＣ機種に合わせ、互換性や使用許諾範囲も含めよく調べる必要がある。近年このあたりの情報はインターネット上の掲載が充実していて比較的容易に検索できる。複雑だと思われるかもしれないが、携帯電話やスマートフォンを購入する時などにも、機種・機能・料金体系などについて時間をかけて検討し契約するわけで、商品購入時の契約内容の確認は今や常識となっている。

和文フォントは、書体によって収容文字数に大きな差がある。OpenType Std（スタンダード）は約九、〇〇〇文字を収容し、OpenType Pro（プロ）は、二万文字を超える。また、仮名だけのフォントや、常用漢字＋人名漢字など約二、〇〇〇文字のフォントから、外国語も同じデザインで揃えた六万文字を超える書体まで様々である。一般的に文字数の少ないフォントは、製作期間が短いこともあり種類も豊富になる傾向にある。書体の増加は数年ごとに出版される専門書などで見ることができる。

二〇〇一年三月（株）ワークスコーポレーション発行の「DTPWORLD 3月号別冊 Macクリエイターのためのフォントスタイルブック２００１」には、和文フォント八五三書体（うち新書体二七四書体）が収録されている。また、二〇一八年四月（株）パイ インターナショナル発行の「[改訂版]実例付きフォント字典」では、和文フォント二、四九六書体を収録している。この資料から、一八年間で和文フォントが約三倍に増えたことが分かる。

フォント製品は、他のアプリケーションと同様に、インターネット上でダウンロード販売されるか、ＣＤ-ＲＯＭで販売されているものがほとんどである。購入者がフォントの使用許諾契約内容に同意し、ダウンロードもしくは、ＣＤ-ＲＯＭからインストールする方法で、契約が成立する仕組みである。フォントの契約は、大きく二つに分かれる。

一つ目は、「年間定額の使用許諾契約」で許諾する使用の範囲を広くして、期間中（ＰＣにフォントが存在する間）、年ごとに支払いを継続する方法。「モリサワパスポート」や「ＬＥＴＳ（レッツ）」などがこの契約に入るだろう。コピー機のリース契約などを想像すると分かりやすいと思う。この契約方法で禁止しているのは、

①一台分の契約で複数台のＰＣでの使用をしないこと
②フォント製品の改変やフォントを元に類似フォントを製作しないこと
③フォントで作成したロゴタイプを商標登録するなど、法的権利主張をしないこと
④フォントをそのままでも、フォントの代替として機能するデータやフォントとして、組込をしないこと

などが挙げられる（契約年数や書体数など各社特徴については記載しない）。

二つ目は、フォント料金を一括支払いとし、私的利用を基本に、ＰＣ画面表示や出力、印刷物への使用、ホームページへの画像表示などについて許諾し、最初のフォント料金にこれらの許諾料が含まれる。使用期間の制限はな

い。そして目的の商用に使用したい場合には、ベンダーが使用目的ごとに設定している料金（個別見積り制もある）、「個別ライセンス契約」料金を追加で支払うしくみである。一つ目の「年間使用許諾契約」に示した①～④の禁止項目は、「個別ライセンス契約」でも同様に禁止されている。個別ライセンス契約が必要な商用使用は、

① ロゴタイプ（個別ライセンス契約の後商標登録できる）
② テレビ番組（タイトルやテロップなど）
③ 映像コンテンツ（インターネット配信画像やＣＭなど）
④ ゲーム（表示・ソフトへの組込み・遊技機など）
⑤ 写真シール製作機
⑥ 制定書体
⑦ アウトラインデータ・カッティング文字等の販売ほか

などが挙げられる（課金を必要とする商用使用は各社異なる）。この契約方法は、本文用の書体よりもファンシーまたはディスプレイフォントに比較的多く見られる。

デジタルフォントの歴史はたかだか三〇年程度であり、今はまだ存在していないコンテンツも開発されるだろうから、将来的には新しい「個別ライセンス契約」が追加されるかもしれない。

一つ目と二つ目を組み合わせた契約例もある。Ａ社では、使用目的を限定し、「年間定額の使用許諾」をしている。例えば、テレビ番組や映像コンテンツを例にすると、契約期間中に完成したＴＶ番組や作品は、再放送やＤＶＤ／ブルーレイに収録し販売するなどの二次使用も自由である。ただし、テレビ番組や映像コンテンツ以外に使用することはできない。

近年フォントの販売数より「個別ライセンス契約」の方が多くなってきたと言うＢ社では、新しいビジネスプランを模索している。ゲーム使用の需要が増えてきたことから、使いたいと言われる書体は無料で貸し出すサービス

を始めた。試作ゲームでピッタリの書体が決まってから、フォントと個別ロイヤリティーを請求するという。当初フォントの貸し出しはリスクが高いのではないかと思ったが、貸し出しフォントを選んで貰える確立は高く順調だと言うことだ。

一〇年ほど前には、それぞれの制作者やベンダーが設定した追加支払いを必要とする二つ目に記載した「個別ライセンス契約」については混乱があるのではないかと、タイプフェイス保護に関する調査・研究者による反論もあったが、近年、契約当事者間に混乱はほとんど見られない。正規に購入しようとする人や企業は、使用許諾契約内容について、きちんと確かめてから購入することが定着しているように見受けられる。使用目的に対し、「個別ライセンス契約」が必要かどうかを確認した上で、使用するかどうかを検討している。使用許諾契約内容の確認を怠り、事前に「個別ライセンス契約」を行わずに使用を先行した後、支払おうとしない人や企業は大半がフォントを不正入手しているのではないだろうか。不正入手している場合、使用許諾契約内容を確かめる機会が無いのである。

一般に、契約という約束事の確認は、企業はもとより個々人にとっても、フォント以外のソフトウェアやアプリケーションの購入などによって身近なものになっている。フォントソフトウェアの使用許諾契約書へも更なる理解をいただきたいと思う。

ベンダーや個人のフォント制作者・販売会社には、フォントに関して知的財産権があることを使用許諾契約書に明記し、利用者の同意を得ることが必要不可欠だ。さらに、利用者にとって分かり易い用語の整理は急務であると自覚し、ベンダーは協力し学識者の意見を取入れ、積極的に標準となる用語を制定すべきである。

公序良俗と信義誠実に従い、道理・筋道に反する不正入手などの行為を許さない姿勢こそフォントを制作する者と使用する者双方の利益に繋がる。この考えを貫くことで、法的保護が確立される一歩となると思う。

五．視覚デザイン研究所のフォント

私たちは、古来から継承される明朝体・ゴシック体といった日本の伝統的な書体とは一線を画すオリジナリティに挑戦している。ここに、個性を美しく強く主張する表情のある当社のタイプフェイスを抜粋して紹介する。

(1) ロゴG

「ロゴG」書体創作の基本思想は、文字を組むだけでロゴタイプになるように、文字の個性及びデザイン性を強調すること。特に現代メディアの文字環境（特にディスプレイ画面等における表象）に適合させるため、可読性よりも、一文字一文字の美、文字組みしたときの誘目性（視覚的に誘う、注意を引きつける）に重点を置いている。続けて紹介する視覚デザインのディスプレイフォントのすべてに共通する思想である。約九、〇〇〇字を一組として、同じ印象が漂うようデザインしている。

「ロゴG」書体の造形上の最大の特徴は、文字エレメント（文字の構成要素）の先端部を水平・垂直に揃え、かつすべての文字の量感を一定にしたことである。文字組した時、仮名、英・数字、漢字などの文字種によって、文字の大きさ、天地（上下の高さ）に相違が生じないようデザインしている。これが、ロゴタイプのように見える大きな要因である。文字の太さ展開によるファミリー書体が存在する。

従来の明朝体、ゴシック体などの本文用書体では、日本古来の伝統的な書の造形に則し、筆のトメやハライという筆の力が溜まる部分を少し大きく強調することや、筆運びの画数によって文字の大小を変えるなどの慣習に合わせることによって、文章の可読性を第一に考えた造形となっており、書体自体の個性より読みやすさに重点がおかれている。「ロゴG」のようなディスプレイ書体とは書体創作の基本思想が大きく異なる。

ロゴG　あア愛Aa2

Extra Light　表情のある日本語フォント
日本語で書かれた文章には、ABCDEfghijk0123

Light　表情のある日本語フォント
日本語で書かれた文章には、ABCDEfghijk0123

Regular　表情のある日本語フォント
日本語で書かれた文章には、ABCDEfghijk0123

Medium　表情のある日本語フォント
日本語で書かれた文章には、ABCDEfghijk0123

Demi Bold　表情のある日本語フォント
日本語で書かれた文章には、ABCDEfghijk0123

Bold　表情のある日本語フォント
日本語で書かれた文章には、ABCDEfghijk0123

Heavy　表情のある日本語フォント
日本語で書かれた文章には、ABCDEfghijk0123

Ultra　表情のある日本語フォント
日本語で書かれた文章には、ABCDEfghijk0123

（2）ラインG

「ラインG」書体創作の基本思想は、全ての字種のエレメントを直線のみで構成すること。

直線のみで構成した和文初のタイプフェイスである（従来の和文において曲線なしで表示したタイプフェイスは存在しない）。曲線を排除することによって可読性は低下するが、あえてかかる個性的なデザインを用いることによって、シンプルで力強い表情が生まれ、見る人の好奇心や興味を引き出すことができるという特徴を有する。シンプルを極める直線だけで文字を構成するためには、本来交差する線又は連続する線を一度分離し、連続して見えるよう造形を技術的に処理することが必要である。文字の太さ展開によるファミリー書体が存在する。

ラインG　あア愛Aa2

Extra Light　表情のある日本語フォント
日本語で書かれた文章には、ABCDEfghijk0123

Light　表情のある日本語フォント
日本語で書かれた文章には、ABCDEfghijk0123

Regular　表情のある日本語フォント
日本語で書かれた文章には、ABCDEfghijk0123

Medium　表情のある日本語フォント
日本語で書かれた文章には、ABCDEfghijk0123

Demi Bold　表情のある日本語フォント
日本語で書かれた文章には、ABCDEfghijk0123

Bold　表情のある日本語フォント
日本語で書かれた文章には、ABCDEfghijk0123

Heavy　表情のある日本語フォント
日本語で書かれた文章には、ABCDEfghijk0123

Ultra　表情のある日本語フォント
日本語で書かれた文章には、ABCDEfghijk0123

（3）メガ丸

「メガ丸」書体創作の基本思想は、トメやハライなどの部分を大胆にカットし、一文字一文字のバランスをあえて崩し、不安定な造形にすること。先端部は丸く処理。

造形上の最大の特徴は、一文字だけを見れば不安定な文字に見えるが、文字組することによって、バランスがとれるように創作していることにある。アンバランスな文字は組み合わさり方によってその都度表情が大きく変化する。創作者は「リズミカルな書体」と表現している。文字の太さ展開によるファミリー書体が存在する。

メガ丸　あア愛Aa2

Extra Light	表情のある日本語フォント 日本語で書かれた文章には、ABCDEFghijk0123
Light	表情のある日本語フォント 日本語で書かれた文章には、ABCDEFghijk0123
Regular	表情のある日本語フォント 日本語で書かれた文章には、ABCDEFghijk0123
Medium	表情のある日本語フォント 日本語で書かれた文章には、ABCDEFghijk0123
Demi Bold	表情のある日本語フォント 日本語で書かれた文章には、ABCDEFghijk0123
Bold	表情のある日本語フォント 日本語で書かれた文章には、ABCDEFghijk0123
Heavy	表情のある日本語フォント 日本語で書かれた文章には、ABCDEFghijk0123
Ultra	表情のある日本語フォント 日本語で書かれた文章には、ABCDEFghijk0123

（4）アドミーン

「アドミーン」書体創作の基本思想は、「語りかけてくる文字」である。日本文字の明朝体の優しさと、ゴシック書体の強さを兼ね備えた書体としてデザインすること。

ヨコ太のラインと大きく丸いウロコが特徴。従来の明朝体にはなかった力強いハリと手書き文字のような優しさの相乗効果を実現した。映像と組み合わせ、字幕文字としての使用にも適している。文字の太さ展開によるファミリー書体が存在する。

アドミーン　あア愛Aa2

Extra Light　表情のある日本語フォント
日本語で書かれた文章には、ABCDEfghijk0123

Light　表情のある日本語フォント
日本語で書かれた文章には、ABCDEfghijk0123

Regular　表情のある日本語フォント
日本語で書かれた文章には、ABCDEfghijk0123

Medium　表情のある日本語フォント
日本語で書かれた文章には、ABCDEfghijk0123

Demi Bold　表情のある日本語フォント
日本語で書かれた文章には、ABCDEfghijk0123

Bold　表情のある日本語フォント
日本語で書かれた文章には、ABCDEfghijk0123

Heavy　表情のある日本語フォント
日本語で書かれた文章には、ABCDEfghijk0123

Ultra　表情のある日本語フォント
日本語で書かれた文章には、ABCDEfghijk0123

（5）京千社

「京千社」書体創作の基本思想は、太筆書きの「千社文字」を現代的な感性で捉え、古典的な毛筆とはひと味異なる香りが漂う書体にすること。かつ、この種の既存する書体になかった初挑戦としてファミリー展開をすることである。

今までに無かった書体だから、今までの既成概念に囚われない使用・表現（他の造形とのコラボレーション）を期待する。

京千社　あア愛Aa2

Regular　表情のある日本語フォント
日本語で書かれた文章には、ABCDEfghijk0123

Medium　表情のある日本語フォント
日本語で書かれた文章には、ABCDEfghijk0123

Demi Bold　表情のある日本語フォント
日本語で書かれた文章には、ABCDEfghijk0123

Bold　表情のある日本語フォント
日本語で書かれた文章には、ABCDEfghijk0123

Heavy　表情のある日本語フォント
日本語で書かれた文章には、ABCDEfghijk0123

Ultra　表情のある日本語フォント
日本語で書かれた文章には、ABCDEfghijk0123

（6）ギガＪｒ

「ギガＪｒ」書体創作の基本思想は、元（言わば親）となるギガＧ書体のジュニア（言わば、わんぱく坊や）を制作すること。デザインで自由奔放さや、やんちゃなイメージを書体に埋め込むことにある。視覚デザインの書体名にＪｒ（ジュニア）が付いている書体、「ロゴＪｒ」や、「ロゴ丸Ｊｒ」なども同じように個性溢れる「ジュニア書体」たちである。タイプフェイスの世界でも、子が親を超え成長し人気を得られればうれしい。

ギガ Jr　あア愛Aa2

Light
表情のある日本語フォント
日本語で書かれた文章には、ABCDEfghijk0123

Medium
表情のある日本語フォント
日本語で書かれた文章には、ABCDEfghijk0123

Bold
表情のある日本語フォント
日本語で書かれた文章には、ABCDEfghijk0123

Extra Bold
表情のある日本語フォント
日本語で書かれた文章には、ABCDEfghijk0123

Ultra
表情のある日本語フォント
日本語で書かれた文章には、ABCDEfghijk0123

（7）ロゴＪｒブラック

「ロゴＪｒブラック」書体創作の基本思想は、太く、強く、黒く。「かな」も「漢字」も「数字」もすべての文字の太さの極限に挑戦することにある。実際のデザインでは太くする事よりも、空き（隙間）の調整にこそ挑戦が繰り返された。

ATypeI主催「Letter.2コンペティション」入賞、ニューヨークType Directors Club主催「TDC2 2008」審査委員賞を受賞。国境を越え、ラテン文字を使用する海外においてもこの書体の個性と美が評価されたと言えよう。

ロゴJrブラック　世界遺産
バチカン

あいうえおかきくけこ
さじずせぞぱぴぷぺぽ
アイウエオカキクケコ
サジズゼゾパピプペポ
亜薔印因院右雨永世界
円奥火花会快海学遺産
1234567890
ABCDEabcde

六．ＴＰＰにあたっての文字書体制作者からのお願い

ＴＰＰ（Trans-Pacific Strategic Economic Partnership Agreement）環太平洋戦略的経済連携協定とは、基本的に関税を下げ、経済制度を共通化し、加盟国が相互に投資を行うとともに、お互いの知的財産権を保護し、貿易、投資、経済活動を活発化し、互いに発展しようというものと理解しております。

私どもは、読みやすく、かつ美的で、しかも新鮮なタイプフェイス（印刷用文字書体）を制作しています。この制作、販売を通じて、日本の産業の振興、文化の発展に寄与していると自負しております。

ＴＰＰ加盟国は、相互に知的財産権の尊重、保護を目的としますが、そのためには、まず、自国で知的財産権制度が確立しなければなりません。

ところが、タイプフェイス（印刷用文字書体）については、日本において、経済産業省の産業構造審議会も特許庁もその保護について、未だ検討段階です。文化庁の著作権課が所管する著作権法による保護も絶望的です。

産業構造審議会意匠制度小委員会において、更に検討され、デジタルデザイン、タイプフェイスを含む保護対象を拡大されるよう要望します。

知的財産権の保護については、重複して他の法制度によって保護されることは、喜ぶべきことです。

タイプフェイスを応用美術の延長線上にあるものと捉え、著作権法により保護することについて、最高裁二〇〇〇年（平成一二年）九月七日判決（ゴナＵ事件）が「従来の印刷用書体に比して顕著な特徴を有するといった独創性を備えることが必要であり、かつ、それ自体が美術鑑賞の対象となり得る美的特性を備えていなければならない」として、かかる印刷用書体にのみ、著作権法の保護があるという判断を下しました。こういう極めて比現実的な、ハードルの高い条件を課したため、現行著作権法により、保護されるタイプフェイスは皆無と言っていい状況です。最高裁判決により理論上では、著作権の対象となり得るタイプフェイスがあり得るとしても、実際上、

このタイプフェイスは著作物であると主張するタイプフェイス・デザイナーやフォントベンダー（権利者）の主張は無視されています。タイプフェイスの無断複製者に対して、制作者や権利者が、一般的な民法の不法行為によって、必ず損害賠償を求めうるかどうかも判例上明らかではありません。

テレビ画面用のタイプフェイス（フォント）は、購入者に第三者へ貸与、譲渡を禁止する特約を締結しています。無関係の第三者のテレビ局がどこからかフォントを入手し、無断で使用、放映していたというので、訴訟になったという事件が起きています。判決から、タイプフェイスの制作者又は権利者は、タイプフェイスに物権的排斥力がないことに、非常に困惑しています。また、外国の業者が、インターネット上で日本のタイプフェイスを無断配布するという事件も起こっています。

私どもは、タイプフェイスの制作者が、新しいタイプフェイスを制作した場合、その制作者（又は権利者）に、一定期間、無断複製者に対する無断複製の禁止権及び損害賠償請求権を与えて欲しいのです。

ＴＰＰ加盟国は、加盟国同士の間では、知的財産権の相互保護が目的の一つであると聞いています。日本のデザインは諸外国から人気を集めており、タイプフェイスおよびフォントに関しても同様です。交渉にあたって、諸外国と同程度に法的位置づけを確立いただくことが必要となっています。

内閣官房ＴＰＰ政府対策本部長は、日本もタイプフェイス保護制度を創設するよう関係庁へ連絡、調整、指揮されるよう要望します。

第四章　文字書体をめぐる判例

一．印刷用文字書体に関する知的財産権判例（二〇一八年）

ここでは、できるだけ多くの印刷用文字書体に関する判決例を掲載するよう心がけた。

著作権法、意匠法、不正競争防止法、商標法など知的財産法に関係する判例を掲げている。判決事件番号、判例掲載誌、判例批評もできるだけ掲載した。掲載順序は、恣意的である。

1－一．ヤギボールド事件（東京地裁昭和五四年三月九日判決無体集一一巻一号一一四頁著判集二巻一号八頁判時九三四号七四頁判タ三八三号一四九頁）

原告八木昭興は、米国在住の書体デザイナーで、「YAGI BOLD」「YAGI BOLD DOUBLE」といった名称の印刷用のアルファベットの書体を創作した。この書体は、AからZまでの文字のほか、数字、句読点などの記号を含んでいて、アメリカ合衆国のモンセン社から発売されていた。

被告桑山弥三郎も書体デザイナーであるが、各種の書体デザインを集めて、書体名、製作者名、権利者名を付した書籍「ニューアルファベット」及び「装飾アルファベット」を柏書房から発行した。桑山は、制作者が日本に在住している者については、各書体の掲載について、許諾をとったが、見本帳「モンセンフォントタイプ」から採取した原告の書体については、制作者が日本人とは知らず、許諾をとらずに、「YAGI BOLD」「YAGI BOLD

DOUBLE」の名称と書体を掲載した。

原告は、原告の著作権、著作者人格権が侵害されたとして、桑山と柏書房を訴え、1，「ニューアルファベット」の箱、表紙、扉にそれぞれ、ヤギ・ボールド・ダブルを掲載しているが、この部分の発行禁止、また、「装飾アルファベット」に原告の「ヤギ・リンク・ダブル」の掲載禁止、2，被告柏書房は、被告桑山の二著の出版物の紙型のうち、原告の書体掲載の該当部分の紙型の廃棄、3，被告らは連帯して一〇六万円（財産権侵害六万円、著作者人格権侵害一〇〇万円）の支払を求めた。

東京地裁秋吉稔弘裁判長は、1，デザインされた書体は、純粋美術の作品とは言えず、通常美術鑑賞の対象とされるものでなく、実用に供されることを目的とするものであり、本件文字及び本件文字セットは、いずれも著作物性を有しない、2，著作権法上、応用美術でありながら保護されるのは、同法二条二項にいう美術工芸品に限られる、とした。

1-二．ヤギボールド事件（東京高裁昭和五八年四月二六日判決無体集一五巻一号三四〇頁判時一〇七四号二五頁判タ四九五号二三八頁著判集四巻一六頁）

東京高裁第六民事部荒木秀一裁判長は、タイプフェイス（書体）の著作物性を認めず、本件控訴を棄却した。判決理由中、次の様に述べた。

「文字等については、その表出に用いられうる書体が文字等と不可分に存している」「特定人に対し、書体について独占的排他的な権利である著作権を認めることは、万人共有の文化的財産たる文字等について、その限度で、その特定人これを排他的に独占させ、著作権法の定める長い保護期間にわたり、他人の使用を排除してしまうことになり、容認しえないところである（文字等が本来情報伝達の手段である以上、それは直ちに公に用いられるであろうから、他人がそれとは全く独自に同一著作物を創作して著作権を取得するという余地は、まず考え難いし、万人共有の財産を独占してしまうことに変わりはない）。」

［コメント］この判決は、文字の書体（字体を前提とし、その字体に同じ傾向の装飾、意匠を施したタイプフェイスをいう）と字体（文字の骨格）を区別していない、と思う。

高石義一・著作権判例百選第二版三二頁。

大家重夫「タイプフェイスの法的保護と著作権」（成文堂・二〇〇〇年）九頁。

1－三．ヤギボールド事件（最高裁昭和六〇年四月一日和解）

受命裁判官（矢口洪一判事）の勧告により、次の和解となった。

1　上告人および被上告人は、今後創作されるタイプ・フェイスを出版物に引用する場合には、創作者の了解を得た上、その氏名を明記する慣行を作ることに努力する。

2　被上告人桑山は、上告人に対し、本件出版物に上告人が創作した本件タイプ・フェイスを引用する際、その創作者が上告人であることの調査が不十分であったため、その引用につき上告人の承諾を得なかったこと及び引用部分に上告人の氏名を表示しなかったことについて本日遺憾の意を表する。

［コメント］この和解の内容は、印刷用文字書体（タイプフェイス）に著作権法の著作物と認めたわけではないが、出版物に引用する際、1，書体の創作者の了解を得る慣行を作れ、2，書体の創作者の氏名を明記する慣行を作れ、というもので、そうしなかった被告・被控訴人・被上告人へ、「遺憾の意を表明せよ」というものである。印刷用文字書体の保護について、一歩踏み出した印象がある。

2．モリサワ対エヌ・アイ・シー事件（大阪地裁平成元年三月八日判決無体集二一巻一号九三頁判時一三〇七号一三七頁、判タ七〇〇号二二九頁著判集八巻三頁）

原告（株）モリサワは、書体を制作販売する業者で、写真植字機用文字盤に搭載する文字、すなわち亜細亜中明朝体文字及び亜細亜太ゴシック体文字（合計八、四〇〇文字）を制作した。

被告（株）エヌ・アイ・シーも書体を製造販売する業者である。

原告は、被告が販売するＣＤ－ＮＩＣ漢字情報処理電算写植システム搭載の写真植字機用文字のうち、二、四一一文字が、原告の前記の文字と同一であるとして、被告に対し、
（１）原告被告間において、原告が、写真植字機用文字書体二、四一一字について著作権を有することを確認する。
（２）被告が販売するＣＤ－ＮＩＣ漢字情報処理電算写植システムに搭載されたの写真植字機用文字書体のうち、二、四一一文字について、その搭載を止め、これを使用しないこと、
（３）被告は、原告へ一、二〇五万五、〇〇〇円の金員を支払え、との請求を行った。
大阪地裁上野茂裁判長は、原告の請求をいずれもこれを棄却した。
判示事項は次の通りである。

1　写真植字機用文字盤に搭載するために制作された文字書体が、著作物に当たるというためには、文字が持っている本来の情報伝達機能を失わせるほどのものである必要はないが、右文字が右の機能を発揮するような形態で使用されたときの見やすさや見た目の美しさだけでなく、それとは別に、右書体それ自体が、これを見る平均的一般人の美的感興を呼び起こし、その審美感を満足させる程度の美的創作性を持ったものでなければならない。

2　東南アジア諸国向けの写真植字機用文字盤に搭載するため制作された亜細亜中明朝体文字及び亜細亜太ゴシック体の各書体が、実用性の強いもので、それ自体として平均的一般人の美的感興を呼び起こし、その審美感を満足させる程度の美的創作性を有するものとはいえないとし、著作権法上の著作物に当たらない。

3　写真植字機業界では、他人が制作した書体の文字を使用する場合には、その制作者ないし保有者に対し、使用についての許諾を求め、更に対価を支払うこともかなり広く行われるようになってきていることなどを参酌すれば、著作物性の認められない書体でも、真に創作性のある書体が、他人によって、そっくりそのまま無断で使用されているような場合には、これについて不法行為の法理を適用して保護する余地がある。

4　二、掲記の各書体の制作者が、これと類似する各書体の制作者に対してした不法行為を理由とする損害賠償請求が、前者の各書体の創作性が明らかでない以上、後者の各書体の文字が前者の各書体の文字を機械的に覆写したものであるとまでは断定できないから、不法行為の法理を適用すべき理由がない。

[コメント]　写植用の文字について、著作権法上の著作物と主張したが、これを認めず、原告の請求を棄却した。ただ、この判決は、(一)「文字書体が、著作物に当たるというためには、文字が持っている本来の情報伝達機能を失わせるほどのものである必要はないが、右文字が右の機能を発揮するような形態で使用されたときの見やすさや見た目の美しさだけでなく、それとは別に、右書体それ自体が、これを見る平均的一般人の美的感興を呼び起こし、その審美感を満足させる程度の美的創作性を持ったもの」として、この基準に合致すれば、著作物である、とした。(二)次に、「著作物性の認められない書体でも、真に創作性のある書体が、他人によって、そっくりそのまま無断で使用されているような場合」には、「これについて不法行為の法理を適用して保護する余地がある」とした。

文字書体について、(程度の高いもの)は、著作権法で保護されうる、(程度が低いが創作性のあるもの)は、「そっくりそのまま無断使用の場合」、民法の不法行為で保護される、とするもので、貴重な判決と思う。

佐藤恵太・著作権判例百選第二版三四頁。

3．動書書体事件(東京地裁昭和六〇年一〇月三〇日判決無体集一七巻五二〇頁判時一一六八号一四五頁判タ五六九号九三頁著判集五巻二六頁)

原告Xは、「檀琢哉」の雅号の書家で、昭和四七年、「動書」と称する装飾的な書体(本件文字)による文字を掲載した書籍を出版した。この書籍の購入者は、所定の書類を原告著者宛に提出し、原告の承認を得れば、複写使用できるとの記載があった。

被告財団法人Y一(東海財団)は、「東京私の散歩道」と題する出版物を発行し、一般に頒布したが、この出版物は株式会社である広告代理店Y二（大広）に制作させた。

原告の動書が、一五四文字、使用され、原告氏名の表示がなく、被告が手続きを取っていなかったので、著作権侵害、著作者人格権侵害で訴えた。

東京地裁民事二九部の元木伸裁判長は、「本件書は、思想又は感情を創作的に表現したものであって、知的、文化的精神活動の所産ということができる」とし、「創作されたものが実用目的で利用されようとも、そのことは著作物性に影響を与えるものではない。」とし、著作財産権侵害として、五一九万五、〇〇〇円、著作者人格権侵害として、一〇〇万円、弁護士費用六〇万円の支払いを命じた。

［コメント］この事件の場合、「動書」というデザイン書体を、そのまま複製（デッドコピー）したため、著作権侵害に問われた。

松坂祐輔「『書体』の権利性」中山信弘編著「知的財産権研究一巻」八五頁。
渋谷達紀・判例評論四〇五号三頁。
飯島久雄・著作権判例百選（別冊ジュリスト九一号・一九八七年）四四頁。
大家重夫・特許管理一九八七年一月号四一頁。
生駒正文・発明一九八七年六月号八五頁。
千野直邦・「発明」一九九〇年一一月号。

檀琢哉（本名、塚本和吉、一九二七–二〇一八年）は、福岡県筑後市出身、著書に「毛筆革命字」（動書会本部・二〇〇二年）がある。

4．「動書」複製主張事件（東京地裁平成元年一一月一〇日判決無体集二一巻三号八四五頁判時一三三〇号一一八頁、著判集八巻九七頁）

原告Xは、「檀琢哉」の雅号の書家で、昭和四七年、「動書」と称する装飾的な書体（本件文字）による文字を掲載した書籍を出版した。

被告Y1は、被告Y2に「横山整骨院」という看板に、本件文字を使用させ、また、被告Y3は、「動書」の中の「鶴」という文字」をY4に注文し制作させ、その経営するスナック「鶴」に看板として掲げた。

Xは、複製権侵害、氏名表示権侵害として、損害賠償請求の訴訟を提起した。

東京地裁民事二九部の清永利亮裁判長は、次にように判断して、原告の請求を棄却した。

1　本件書は、原告がその思想又は感情を創作的に表現したものであって、美術の範囲に属する書として著作物といえる、とした。

2　しかし、被告らの看板「横山整骨院」及び「鶴」の字は、原告の本件書の複製物であることは、否定した。すなわち、一見して原告のデザイン化した現代的な、流麗な文字の書体をもし、そのまま、その上に透明な紙をあてて、そのまま複写した場合（拡大、縮小も入るが）、著作権法にいう「複製」である。しかし、そっくり、複写する場合は、別として、「第三者が原告の書いた文字に部分的に類似する文字を書く行為を禁ずることは、危険で、」「文字についての無限の著作物性を原告に与えることになるので」、「そっくり複写するなど、そのままの形で再製されている場合のみ」複製とした。

[コメント]　書のような「デザイン性の強い文字デザイン」について、デッドコピーのみ、著作権侵害とした。

飯島久雄・著作権判例百選（第二版）（別冊ジュリスト一二八号・一九九四年）三六頁。

5．商業書道デザイン事件（大阪地裁平成一一年九月二一日判決判時一七三二号一三七頁）

原告X（上坂祥元）は、商業書道作家と称し、広告用の書、文字をグラフィカルにデザインした文字を描いている。

被告Y1および被告Y5は、原告が昭和六三年設立した日本商業書道作家協会の会員であった。

被告Y２（株式会社ぱあとわん）は、広告デザイン、コンピュータソフト、デザイン文字のデータを収録したCD－ROMを多数制作販売している。被告Y３は、Y２の代表取締役である。被告Y４は、アートディレクターとして、Y２のCD－ROMの監修を行っている。

Xは、装飾文字「趣」を作成し、昭和六三年出版の「商業書道を拓く」に収録し、装飾文字「華」を作成し、平成三年出版の「上坂祥元の商業書道」に収録した。

（第一事件）

（被告Y１または）被告Y５も「趣」および「華」の二文字を作成し、Y２会社がこれをCD－ROMに収録し、販売したので、原告Xは、Yらに対し、著作権侵害、著作者人格権侵害であるとして、Y２会社のCD－ROMの制作頒布の禁止、このCD－ROMの廃棄、Y２、Y３及びY４の連帯による損害賠償を請求した。

（第二事件）Y５が、「Yの趣及び華」を作成し、Y２会社がこれをCD－ROMに収録し、販売した。原告Xは、Xの著作権侵害および著作者人格権侵害であるとして、Y５に対し、損害賠償を求めて訴えた。

大阪地裁第二一民事部小松一雄裁判長は、次の様に判断して、原告の請求をいずれも棄却した。

1　原告の、「趣」及び「華」は、いずれも美術の著作物に該当する。これを見る平均的一般人の審美感を満足させる程度の美的創作性を有し、応用美術に属するという理由で、美術の著作物性を否定されるものではない。

2　被告五による「被告の趣及び華」の作成行為が、原告の著作権。複製権、翻案権）、著作者人格権（氏名表示権、同一性保持権）を侵害するか、ついて、

「文字自体は、情報伝達手段として、万人の共有財産とされるべきところ、文字は、当該文字固有の字体によって識別されるものであるから、同じ文字であれば、その字形が似ていてもある意味では当然である。したがって、書又はこれと同視できる創作的表現として、著作物性が認められるとしても、独占的排他的な保護が認められる範囲は狭いのであって、著作物を複写し、あるいは極めて類似している場合のみに、著作権の複製権を侵害するとい

うべきであり、単に字体や書風が類似しているというだけで右権利を侵害することにはならないし、ましてや、著作権の翻案権の侵害を認めることはできない。」

［コメント］「動書」複製主張事件（東京地裁平成元年一一月一〇日判決）と同じ見解で、妥当であると思う。

満田重昭・著作権判例百選第三版（別冊ジュリスト一五七号・二〇〇一年）三四頁

田上麻衣子・著作権判例百選第四版（別冊ジュリスト一九八号・二〇〇九年）四〇頁

6－一．ゴナＵ事件（大阪地裁平成九年六月二四日判決判タ九五六号二六七頁）

原告Ｘ（写研）は、写真植字機とそれに使用するフォントの制作・販売を業とする会社である。

被告Ｙ１（モリサワ）も、写真植字機とそれに使用するフォントの制作・販売を業とする会社である。

原告Ｘは、昭和五〇年（一九七五年）、書体ゴナＵを訴外デザイナーＡ（中村宏）に委託して制作させ、その制作完成と同時に、Ａの持っていた「権利」をＸへ移転させた。Ｘは、この書体ゴナＵを昭和五〇年に写真植字機用文字盤（アナログフォント）に搭載し、昭和六一年、フロッピーディスク等（デジタルフォント）に搭載して、販売していた。また、ゴナＵのファミリー書体（縦の線や横の線に一定の太さ細さを与えて、若干変化させた親縁性のある書体）である「ゴナＭ」もフォントとして販売していた。

昭和五〇年から、約一四年経過した平成元年（一九八九年）、被告Ｙ１は、訴外デザイナー（毎日新聞社ＯＢの小塚昌彦）に依頼して、新書体「新ゴシック体Ｕ」及び「新ゴシック体Ｌ」を完成させ、これを搭載したフロッピーディスクを製造販売した。Ｙの関連会社Ｙ２（モリサワ文研）は、「新ゴシック体Ｕ」又は「新ゴシック体Ｌ」を搭載した写真植字機用文字盤を製造し、Ｙ１とともに販売した。

平成五年、Ｘは、Ｙ１の「新ゴシック体Ｕ」は、「ゴナＵ」の、「新ゴシック体Ｌ」は、「ゴナＭ」のそれぞれ無断複製であるとして、主位的には、著作権法一一二条、予備的には、民法七〇九条に基づいて、１，「新ゴシック体Ｕ」「新ゴシック体Ｌ」等の書体を記録した記録媒体の製造禁止、販売禁止廃棄等を、２，Ｙ２には、写真植字機用文字盤の製造、販売の禁止廃棄等、3，損害賠償を請求し、訴訟を提起した。

大阪地裁水野武裁判長は、「ゴナのような書体であってなお美術の著作物として著作権の保護を受けるものがあるとすれば、それは、文字が本来有する情報伝達機能を失うほどのものであることまでは必要でないが、その本来の情報伝達機能を発揮するような形態で使用されたときの見やすさ、見た目の美しさとは別に、当該書体それ自体として美的鑑賞の対象となり、これを見る平均的一般人の美的感興を呼び起こし、その審美感を満足させる程度の美的創作性を持ったものでない限り、美術の著作物としての著作権の保護を受けることができない」とし、「ゴナUは、従来からあるゴシック体のデザインからそれほど大きく外れるものではない」「美的創作性を持っていない」とした。

次に、民法七〇九条について。

「新ゴシック体は、形態がゴナUとかなり似ている文字が少なからず存在し、被告らが新ゴシック体の制作に当たりゴナを参考にしたことが窺われるものの小塚及び森を中心とするスタッフがゴナを手元においてこれを模倣したとの証拠はない」とした。また、「被告らがゴナの特徴ある部分を一組の書体のほぼ全体にわたってそっくり模倣して新ゴシック体を制作、販売したとまでいうことはできない」とした。

［コメント］ Y（モリサワ）は、（ゴナUの雰囲気の書風の「新書体」を作成したが、それは、当時の業界の、暗黙のルールからして、ゴナUには、著作権がある、しかしYの書体は、①そのままの複製、デッドコピーではない、②また、ゴナUの「複製」でもない、③また翻案権がゴナUにあるとしても、それにも抵触しない、と考えたと思う。そして、同じ書風だが（同じ書風を注文したのであるから当然だが）、ゴナUと共存が許される、書体と考えたと思う。あるいは、Xが発売してから、約一四年、経過しているから、許されると考えたのかも知れない。

ところが、判決は、「著作権法の著作物でない」とした。

そして、民法七〇九条にも該当しないとした。しかし、「ゴナを手元に置いてこれを模倣」するか、「ゴナの特徴ある部分を一組の書体のほぼ全体にわたってそっくり模倣すれば」民法七〇九条の不法行為を認める口吻であった。

宮脇正晴教授（L&T二二号五三頁）もいうように、具体的な利益侵害がある限り、不法行為法での保護を認めるべきである。

6-二.ゴナU事件（大阪高裁平成一〇年七月一七日判決平成九年（ネ）第一九二七号民集五四巻七号二五六二頁）

大阪高裁小林茂雄裁判長は、応用美術については、「実用面を離れて一つの完結した美術鑑賞の対象となりうると認められるもの、純粋美術と同視しうると認められるもの」は、美術の著作物とした。その上で、「これを見る平均的一般人の美的感興を呼び起こし、その審美感を満足させる程度の美的創作性を持ったものである必要がある」とした。

原告Xのゴナ U は、当たらないという、一審判決を是認した。

これは、大阪地裁平成元年三月八日判決（9-二.モリサワ対エヌ・アイ・シー事件）の上野茂裁判長の判示を想起させる。

判示事項は次の通りであった。「1，写真植字機用文字盤に搭載するために制作された文字書体が、著作物に当たるというためには、文字が持っている本来の情報伝達機能を失わせるほどのものである必要はないが、右文字が右の機能を発揮するような形態で使用されたときの見やすさや見た目の美しさだけでなく、それとは別に、右書体それ自体が、これを見る平均的一般人の美的感興を呼び起こし、その審美感を満足させる程度の美的創作性を持ったものでなければならない。」

6－三．ゴナU事件（最高裁平成一二年九月七日判決判時一七三〇号一二三頁）

最高裁第一小法廷（井嶋一友、遠藤光男、藤井正雄、大出峻郎、町田顕）は、次の様に述べて、上告を棄却した。

「著作権法二条一項一号は、『思想又は感情を創作的に表現したものであって、文藝、学術、美術又は音楽の範囲に属するもの』を著作物と定めるところ、印刷用書体がここにいう著作物に該当するというためには、それが従来の印刷用書体に比して顕著な特徴を有するといった独創性を備えることが必要であり、かつ、それ自体が美術鑑賞の対象となり得る美的特性を備えていなければならないと解するのが相当である。」、もし、印刷用書体について、独創性の要件を緩和し、又は、実用的機能の観点から見た美しさがあれば足りるとすると、（1）小説論文等の印刷物について、印刷用書体の著作者の氏名表示、著作権者の許諾が必要となり、（2）既存の印刷用書体に依拠して、類似の印刷用書体の制作改良ができなくなる、とした。また、印刷用書体を著作物とすると「わずかな差異を有する無数の印刷用書体について著作権が成立することとなり、権利関係が複雑となり、混乱を招くことが予想される。」

最高裁は、こう述べた後、原告・上告人のゴナU、ゴナMについて、「『従来のゴシック体にはない斬新でグラフィカルな感覚のデザインとする』ものの、……従来からあるゴシック体のデザインから大きく外れるものではない」「右事情の下においては、上告人書体が、前記の独創性及び美的特性を備えているということができず、これが著作権法二条一項一号所定の著作物に当たるということはできない。また、このように独創性及び美的特性を備えていない上告人書体が、文学的及び美術的著作物の保護に関するベルヌ条約上保護されるべき『応用美術の著作物』であるということもできない。」こうして、原審の主位的請求に関する判断を正当とした。

［コメント］高部眞規子「最高裁判例解説民事編平成一二年度八三一頁。

佐藤恵太・「著作権判例百選第三版」三〇頁。

大橋正春・「著作権判例百選第四版」三八頁。

高林龍「平成一三年度主要民事判例解説（判タ一〇九六号）」一四八頁。

岡　邦俊「著作権の事件簿」（日経ＢＰ社・二〇〇七年）一三四頁。

小橋馨・判例評論五一〇号（判時一七四九号）三八頁。

大家重夫・平成一二年度重要判例解説（ジュリスト一二〇二号）二七六頁。

大家重夫「印刷用書体の著作物性」（「判例著作権法—村林隆一先生古稀記念」東京布井出版・二〇〇一年）四三五頁。

最高裁が、「従来の印刷用書体に比して顕著な特徴を有するといった独創性」及び「それ自体が美術鑑賞の対象となり得る美的特性」を備えた印刷用書体のみを「著作物」とし、著作権法の保護がありうることを示したことは、評価できるが、現実にそういう書体が存在するかどうか疑問であること、現在、制作されている多くの印刷用書体に対し、デッドコピー（及び同視できるものを含む）から保護する必要があること、最近、活字は勿論写植用文字でもなく、デジタル時代を迎え、コンピュータ上で文字が作成され、パッケージされるか、配信されるかで、顧客へ提供されるようになったこと、漢字、ひらかなのある日本の特殊性があることから、これらを加味した書体保護特別法の作成が必要と考える。

7－一．岩田書体文字設計図事件

（東京地裁平成五年四月二八日判決知的裁集二五巻一号一七〇頁判タ八三二号一六八頁）

原告岩田母型製造所は、昭和二二年、会社創立後、書体文字設計図を作成し、その活字の文字は、特徴があり、「岩田母型」として、印刷業界、書体業界で有名であった。

被告は、この原告設計図を入手し、この設計図によって、主としてワープロ用の文字を複製し、第三者へ譲渡していた。

文字書体は、正方形の白い碁盤目の紙の上に描かれている。縦横の線の太さが指定され、字を描いた設計図であるとも言える。

そこで、原告は、原告の書体文字設計図が、著作権法一〇条一項一〇号にいう、「図形の著作物」に当たるとして、その使用の差し止めを求め被告を訴えた。

裁判所は、「文字を作成するについて何らかの工夫が加えられたとしても、それが通常行われる範囲内の手法でなされる限り、そしてまた、以前から存在した文字に比べて顕著な特徴を有するものでない限り作成された文字に、著作物性を認めることはできない」として、原告が、「以前から存在した文字に比べて、いかなる特徴を有し、その創作性はどこにあるのか等を具体的に明らかにしなければ原告設計図の著作物性に関する主張立証がなされたものといえないところ」原告は、その点の具体的な主張立証をなしていないから、「以前から存在した文字に比べて顕著な特徴を有するものと認めることはできない」とした。

7-二．岩田書体文字設計図事件（東京高裁平成五年一一月一八日判決知的裁集二五巻三号四七二頁）

一審と同じく、原告設計図について著作物性を認めなかった。

［コメント］二〇〇一年、岩田母型製造所は、イワタエンジニアリングと統合し、「(株) イワタ」となっている。

8．モリサワ・デジタル・フォント不正インストール事件（大阪地裁平成一六年五月一三日判決平成一五年（ワ）第二五五二号）

原告（モリサワ）は、ソフトウエアの開発及び販売等を業とする株式会社である。

被告Y1（ディー・ディー・テック）は、電子計算機及び周辺機器の販売等を業とする株式会社である。被告Y2は、Y1の代表取締役で、自らY1の営業活動をしている。

コンピュータの小売り販売業者が、ハードのコンピュータ、パソコンを販売する際、文字書体を搭載したプログラムを、パソコンへ無断でインストール（複製）したため、文字書体を搭載したプログラムの著作権者が、1，被告の事務所に設置のコンピュータへ、原告のプログラムを使用することの禁止、2，被告の事務所に設置のコンピュータのハードディスクに存し、同事務所内に保管するフロッピーディスク、コンパクトディスク、光磁気ディスク若しくはハードディスクに存する別紙プログラムの消去、３，損害賠償として、各自八、〇五五万五、五〇〇円を求めた。

大阪地裁第二一民事部小松一雄裁判長は、原告による請求を全て認めた。

原告は、米国アドビシステムズ社と協力して、「マッキントッシュ」パソコン用の日本語フォントプログラムを開発して、平成元年から、発売している。このフォントプログラムの中には、三一種類のＯＣＦフォントプログラム、二六種類のＣＩＤフォントプログラム及び四八種類のＮｅｗ ＣＩＤフォントプログラムがある（以下、本件プログラムという）。

原告は、本件プログラムの著作権を有し、これらの一種類又は複数種類を搭載したフロッピーディスクを入れたパッケージを作り、その製品を販売している。

被告は、パソコンの小売り販売をしているが、販売台数は、平成一〇年一一月から一年間二七〇台、平成一一年一一月から一年間三四六台、平成一二年一一月から一年間四一五台、平成一三年間一一月から一年間二四一台、通算すると一二七二台販売した。

原告は、被告を相手に証拠保全としての検証を申立、被告会社が、その業務に使用しているパソコンのハードディスクの内容を確認したところ、一台のパソコンのハードディスクにＯＣＦフォントプログラム一六書体分、ＮｅｗＣＩＤフォントプログラム二六書体分の、いずれも原告の許諾を得ていない複製品（複製防止機能が解除されたいわゆる「海賊版」）がインストールされ、他の一台分のパソコンのハードディスクにＯＣＦフォントプログラム二三書体分の海賊版がインストールされていた。（平成一四年一一月二八日検証実施、大阪地裁平成一四年（モ）第七二八八号）。

判決では、本件フォントプログラムの海賊版をパソコンのハードディスクにインストールすることによって生じる損害となる逸失利益を一書体当たり一万五〇〇円とし、これに、七、三一四書体を乗じた七、六七九万七、〇〇〇円を逸失利益と算定し、原告が本件訴訟で請求する損害賠償額のうち、逸失利益は、七、六五五万五、五〇〇円であり、これに弁護士費用四〇〇万円を合計し、八、〇五五万五、五〇〇円とした。

［コメント］コンピュータ・プログラムの著作権者にとって、非常によい判決である。ただ、この判決文を読むと、フォント・プログラムに著作物性があるのか、単に、コンピュータ・プログラムに著作物性があるからなのか、が不明である。無断インストールという点で類似の事件として、次のものがある。

東京リーガルマインド事件（東京地裁平成一三年五月一六日判決判時一七四九号一九頁判タ一〇六〇号二七五頁）

アドビ等対ヘルプデスク事件（大阪地裁平成一五年一〇月二三日判決平成一四年（ワ）第八八四八号）（ソフトメーカー三社が、無断コピーの専門学校及びその代表役員を訴え、代表役員との個人責任も認定し、連帯し、アドビへ、一、七五七万八、〇〇〇円、クォークインクへ九一六万六、〇〇〇円、マイクロソフトへ、一、二〇三万九、二〇〇円の支払を命じた）

9．Ｆｉｅｌｄロゴマーク事件（岐阜地裁平成一六年一一月一八日判決平成一五年（ワ）第一七八号）

原告は、広告制作及びグラフィックデザインを業とし、その一環として、デジタル・フォントを製作、販売した。被告は、美容室の経営及び化粧品の販売を業とし、訴外会社に依頼し作成したロゴマーク及びロゴタイプを、被告の販売するシャンプー等に付したり、雑誌の求人広告等に掲載し使用した。

原告は、1，フォントが著作物であるとして、フォントからロゴマーク又はロゴタイプを作成、看板又は広告等に用いることは、著作物の複製に当たるとし、2，このような行為は、不法行為に当たるとして訴えた。

岐阜地裁は、1，原告のフォント及びそれにより具現化されるタイプフェイスについては、著作物性がない、とした。

2，不法行為については、原告のタイプフェイスのごく一部を使用してロゴ等を作成する行為は、原告のタイプフェイスのほぼすべてをそっくり模倣した書体を制作、販売したものとはいえない、とし、原告書体が真に創作的な書体とはいえないことから、被告の行為は、不法行為に当たらないとした。原告の請求を棄却した。

すなわち、1，デジタル・フォントが、プログラムの著作物として認められるための要件として、「著作権法は、著作物であるプログラムについて、その具体的表現を保護するためのものであって、その機能を保護するものではないから、たとえ当該プログラムの機能については作成者の個性が発揮されたものであると認められるとしても、その具体的表現自体が一般に作成可能な極くありふれたものである場合には、当該プログラムの具体的表現自体については、作者の個性が発揮されていないものとして、創作性がなく、著作物として著作権法の保護を受けることはできない」として、デジタル・フォントが、プログラムの著作物として認められるためには、（プログラムの具体的表現自体に作者の個性が発揮される必要がある）とした。これを前提として、本件について、「原告製品は、一般的にも知られている既存のソフトウエアを使用して、個々の文字のデータの集積であるフォントファイルを作成したものにすぎず、個々の文字の形状を表現するプログラム自体は、既存のソフトウエアに依存しているものであるから、創作性があるとはいえず、原告製品のプログラムは、著作物として、著作権法上の保護を受けることはできない。」とした。原告フォントにより、具現化されるタイプフェイスについては、ゴナU事件最高裁判決の要件により著作物性を否定した。

2，フォントからロゴマーク又はロゴタイプを作成する行為は不法行為に当たるか。

ゴナU事件第一審判決は、被告が、原告タイプフェイスを原告に無断で、そっくり模倣した場合の不法行為とする基準について、ア、当該タイプフェイスが真に創作的な書体で、イ、過去の書体と比べて特有の特徴を備え、ウ、他人が不正な競争をする意図をもち、エ、その特徴ある部分を一組の書体のほぼ全体をそっくり模倣して書体を制作、販売したときは、書体の市場における公正な競争秩序を破壊することは明らかで、不法行為が成立するとしていた。

この基準をもとに、被告ロゴマーク及びロゴタイプに用いられた文字の形状は、原告タイプフェイスと同一か、少なくとも極めて類似しており、訴外会社がロゴマーク及びロゴタイプ作成時に原告タイプフェイスを使用したことを推認しつつも、「それは原告製品のタイプフェイスの極く一部であることが認められる。」とし、「原告製品のタイプフェイスのほぼ全てそっくり模倣した書体が製作、販売されたものともいえないし、被告においてこれをしたものともいえないことは明らかである。」とした。原告タイプフェイスについては、真に創作的な書体であって、過去の書体と比べて特有の特徴を備えたものであるとはいえない、とした。

［コメント］フォントとは、抽象的なタイプフェイス（印刷用文字書体）を形に具現した、活字、写植文字、デジタル文字をいう。この判例では、デジタルフォントが、プログラムの著作物として認められる要件を論じ、タイプフェイスを不法行為により保護できる場合の基準を示し、有益な判例である。

ロゴは、通常、デザイナーに報酬を支払い、注文した会社などが権利を買い取っている。

既存のタイプフェイスの中から、いくつかの文字を選び、ロゴを作成、商標登録するなどは、自由であるか、という問題を提起した。知的財産研究所「タイプフェイスの保護のあり方に関する調査研究報告書」（平成二〇年三月）二〇九頁。

10. キャッドムタイプフェイス対住友建機事件（東京地裁平成一二年九月二八日判決判時一七三一号一一一頁）

原告（株式会社キャッドム）は、広告、カタログの写真、ロゴなどのデザインを製作する会社である。被告は、住友建機株式会社である。

原告は、被告のために被告のロゴ（本件ロゴ）を制作し、制作の対価の少なくとも一部として、八五万円を受領し、被告は、現在まで、本件ロゴを使用している。

1，原告は、本件ロゴは、著作物であると主張し、2，原告、被告間で平成九年九月三〇日和解契約が締結されたが、この契約で本件ロゴの使用料が確定していないとして、月額一〇万円の使用料の一三年間の著作権使用料一、五六〇万円を請求し、訴訟に及んだ。

被告は、1，本件ロゴは著作物でないと主張した。2，和解契約は、本件ロゴが著作物でないとの認識の下に、本件ロゴの使用に関する問題をすべて解決する趣旨で締結され、原告は、使用の対価を請求し得ないと主張した。

東京地裁地裁民事四六部の三村量一裁判長は、「仮に、デザイン書体に著作物性を認め得る場合があるとしても、それは、当該書体のデザイン的要素が、見る者に特別な美的感興を呼び起こすに足りる程の美的創作性を備えているような、例外的場合に限られる」とし、（本件ロゴは）、「美術としての格別の創作性を有するものではなく、見る者に特別な美的感興を呼び起こすような程度には到底達していない」とし、著作物でないとした。

2，本件ロゴの使用料について、右和解契約において、原告が請求しないという合意が成立して解決済みであるとして、原告がその支払いを請求できないとした。

［コメント］原告は、八五万円で終わりと思わず、また、あとで、「永続的に仕事を出す」という被告側の言葉を信じたようである。また、和解契約の内容について、被告と異なる解釈をしていたようである。しかし、裁判官を納得させることはできなかった。

11．テレビ朝日事件―テレビ画面用文字書体事件（大阪地裁平成二五年七月一八日判決平成二二年（ワ）第一二二一四号判時二二二〇号九五頁、大阪高裁平成二六年九月二六日判決平成二五年（ネ）第二四九四号）

原告X（株式会社視覚デザイン研究所）は、テレビ画面用の文字書体（ディスプレイ画面での使用を目的に開発した文字書体）、七種類三五書体を、コンピュータ上のデジタルフォントとして、制作し、書体をパッケージにして、購入者へは、第三者へ無断で、貸与しないこと、譲渡しないこと、テロップに使用する場合には、特約を結ぶことを条件にして、一パッケージを約一万九、〇〇〇円から約三万六、〇〇〇円で販売（使用許諾）していた。

原告Xの従業員は、テレビを視聴していて、販売したおぼえのない東京のテレビ局Y（株式会社テレビ朝日）が、Xの七書体のフォントを無断で使用して放送していることを発見、Xは、Yが、Z（株式会社IMAGICA）へフイルムの現像、焼付け、録音合成、映像の電子的編集等の加工仕上等を依頼し、Zを経由、Yが放送していることを知った。

Xは、1、番組及び各DVDについて。被告Y及び被告Zの共同不法行為による損害として、(1)デジタルフォントの使用料約五四二万円(番組数一〇三三)、(2)DVD製作へ係る使用料相当額約一二〇万円、(3)弁護士費用約六六万円、2、番組及びDVDについて。被告Yの不法行為による損害として、(1)テレビ番組に係る使用料相当額、約四七万円、(2)DVDに係る使用料相当額、二一万円(四本四作品)、(3)弁護士費用、六万八、二五〇円、合計八〇四万四、五七五円を被告Yが原告Xへ支払うよう求めた。また、被告Zに対して、被告Yと連帯して七二九万三八二五円を支払うよう求めた。

大阪地裁(谷有恒裁判長、松阿彌隆、松川充康裁判官)は、原告Xの請求を棄却した。
1 被告Zの赤坂ビデオセンター編集室において、被告Yの番組制作担当者は、映像素材、テロップの画像データを持込み、被告Zの担当者とともに、専用の編集機器を操作し、映像素材にテロップを挿入し、編集機器で編集し、色や縁取りなどの加工、文字間隔の調整などを行った。この編集室は、被告Yに限らず多数の放送事業者、番組制作会社が利用している。
2 原告Xは、被告Yから編集業務を受託していた被告Zに対し、原告Xのフォントが無断で使用されていること、使用するには、予め原告Xに登録し、使用許諾契約を結ぶことが必要であると通知した。被告Zは、社内調査をしたところ、原告Xの書体の社内での使用が確認され、本件編集室にある二〇数台の各パソコンに、原告Xの書体が保存されていることが判明した。
3 被告Zは、それらのフォントをすべて消去した。被告Zは、被告Yに対し、原告Xのフォントを使用しないように申入れたこと、原告Xへ、原告Xから指摘のあったテレビ番組編集時に、原告のフォントを無断使用していたことが確認されたと回答した。
4 被告Zの編集室は、被告Yに限らず、多数の放送事業者、番組制作会社が出入りし、利用するため、編集室のパソコンは、被告Y、被告Z以外の第三者が(持込み)、保存、使用した可能性がある、とした。

5　被告Yおよび被告Zが、定型的、継続的業務として、編集室で、原告Xのフォントを使用し、テロップを製作していたという証拠はない、とした。

6　タイプフェイスについては、最高裁平成一二年九月七日判決（ゴナU事件判決）もあり、著作権法による保護の対象とならないものの利用行為は、最高裁平成二三年一二月八日判決（北朝鮮映画事件）があると指摘した上で、原告Xが本件書体について著作物であると主張していないが、本件タイプフェイスに排他的権利はない、とした。

7　原告Xは、テロップ製作業者と使用許諾契約を結んで、その使用条件について、制限を課しても、拘束されるのは、テロップ製作業者に限られ、別の法主体である被告Yは、これに拘束されない、とした。

8　原告Xは、本件番組における被告らの過失による不法行為を主張するが、採用できない、とした。

9　DVDにおける本件フォントの使用は、不法行為を構成しない、とした。

10　本件タイプフェイスには、著作物としての排他的権利性は認められないから不当利得には当たらない、とした。

原告Xは、控訴した。

控訴審で、Xは、（1）主位的に、故意又は過失によりフォントという控訴人の財産的利益又はライセンスビジネス上の利益を侵害した侵害した共同不法行為である、（2）予備的に、これは控訴人の損失において法律上の原因に基づかず、フォントの使用利益を取得したもので、不当利得を構成するとし、被控訴人Yらに対し、損害金の支払いを求めた。

大阪高裁平成二六年九月二六日判決（小松一雄裁判長、本多久美子・高松宏之裁判官）は、次のように判断した。

1　タイプフェイスないしフォントは、知的財産基本法の「知的財産」に当たるとしても、「知的財産権」には当たらない。知的財産権関係の各法律が規律の対象とする創作物の利用による利益と異なる法的に保護された利益ではない。

2　他人の営業上の行為によって、自己の営業上の利益が侵害されることを以て、直ちに不法行為上違法と評価するのは相当ではなく、他人の行為が自由競争の範囲を逸脱し、営業の自由を濫用した特段の事情が認められる場合に限り、違法性を有して、不法行為が成立する。被控訴人ＹＺは、それぞれ、自由競争の範囲内で、営業の自由を濫用していない。

3　被控訴人Ｚは、編集室に持ち込まれたテロップ画像データ中に使用されたフォントが、本件のフォントであり、控訴人の許諾のないものと認識していたとは認められず、そのことを疑うべき特段の事情があったものとも認められない。むしろ、Ｘから指摘を受けると社内調査を実施し、インストールされていた本件フォントソフトを削除し、被控訴人Ｙに対して、テレビ番組では、控訴人のフォントを使用しないように申入れ、その結果、番組で控訴人のフォントが使用されなくなり、被控訴人Ｚの行為は、自由競争の範囲を逸脱し、営業の自由を濫用したものでない。

4　本件フォントを無断使用したことが直ちに不当利得を構成するとしたとすれば、本件フォントを他人が適法に使用できるか否かを控訴人が自由に決定しうるというに等しく、その意味で、本件フォントを独占的に利用する利益を控訴人が有しているに等しい。これは認められない。

本件控訴をいずれも棄却する。

［コメント］⑴一審及び二審は、被告・被控訴人に理解のある判決を下した。私は、Ｙが、著作権処理をしたものであることにつき、十分な注意義務をつくしたか、また、Ｙは、原告フォントを遺失物横領に近い行為で使用したのでないか論ずべきであったと思う。Ｚに対しては、多数の放送事業者等が出入りできる「編集室」の乱雑さの改善を行うよう叱責し、Ｚの過失を論ずべきであったと思う。

まず、Ｚの編集室では、多数のテレビ会社が出入りし、誰が、無断で原告のデジタルフォントを持ち込んだか分からず、被告のＹは、勿論、管理責任があるはずのＺ、少なくとも、（盗品を使用した）Ｙにも責任はないとした。

大きなテレビ会社が利用する、Ｚの編集室は、乱雑であればあるほど、責任を問われない、というのである。盗品を持ち込んだか、拾得品を持ち込んだか分からないが、そういう状況に対して、何も裁判官が、評価していないのがおかしい。社会において、大きい会社であればあるほど、各方面に影響するところが多く、模範でなければならない。裁判所は、まず、この点を叱咤すべきであった。

この判決によれば、被告ＩＭＡＧＩＣＡは、乱雑で、不潔で、正体不明の人々が出入りできる状態の方が、今後、同種の訴訟が提起されても有利ということになり、管理を厳重にし、整理整頓する必要がなくなるのではないか。

⑵立証責任

裁判所は、原告Ｘが、持ち込んだ犯人を指名し、あるいは、被告Ｙ，と被告Ｚが、原告Ｘの書体を無断使用している状況の証明の責任を負わせて、これが証明できない以上、被告Ｙ，被告Ｚに責任はないとした。

著作権法一一四条は、財産権としての著作権が侵害された場合、侵害に対する損害額の立証が容易でないことに鑑み、侵害品の譲渡等数量に基づき、損害額が算定できるようにするとともに、権利者保護の見地から、損害額の立証責任を転換する損害額推定の規定を設けている。

この裁判で、原告は、本件タイプフェイスを著作物と主張していないが、タイプフェイスが、人格的利益と財産的利益を含んだ「知的財産」である以上、著作権法の精神に準じて、被告側が、どういう経緯で、原告タイプフェイスのフォントを入手し、原告に損害を与えたことについて、立証すべきこと、説明すべきこと、を裁判所は被告へ命ずべきであった。

原告のフォントがどういう理由で、被告側のコンピュータにインストールされ、使用されたか、その説明義務が被告側にあり、この説明ができなければ、被告側に故意がなくても過失を認めるべきであった。原告に、証明責任を負わせるのは、酷である。

⑶特別法と一般法

原告は、民法の不法行為によって被告を訴え、著作権法を根拠にして、訴えなかった。

平成一二年のゴナU事件最高裁判決は、1，従来の印刷用書体に比して顕著な特徴を有するといった独創性および2，それ自体が美的鑑賞となり得る美的特性を備えていなければならない、と二要件を課していた。タイプフェイスについて、「法律」がない以上、最高裁判決が、「法律」である。

原告は、謙虚なのか、原告のタイプフェイスについて、これを主張しなかった。
ア、原告が、これを主張しなかった理由は、「従来の印刷用書体に比して顕著な特徴を要する」というまでの自信が持てず、また、「それ自体が美的鑑賞となり得る美的特性を備え」ている、という点について、「美的特性」の説明が、裁判官を含めた一般人に理解できないと考えたからであると筆者は推測する。
イ、平成一二年の最高裁判決当時、そして、このテレビ朝日を相手に原告が、訴訟を提起した当時、不法行為の成立要件としての権利侵害は、厳密な法律上の具体的権利の侵害であることを要せず、法的保護に値する利益の侵害をもって足りるという考え方が下級審において多くの判例が出され、学界でもこれを支持する者が多かった。
平成一二年のゴナU事件最高裁判決がでたとき、タイプフェイス・デザイナー、ベンダー、タイポグラフィ協会関係者が冷静であったのは、多くのタイプフェイスは、民法七〇九条により救済されるという期待があったからであった。

ところが、このテレビ朝日事件の訴訟継続中の平成二三年一二月八日、最高裁第一小法廷は、「著作権法による保護の対象とはならないものの利用行為は、同法が規律の対象とする著作物の利用による利益とは異なる法的に保護された利益を侵害するなどの特段の事情がない限り、不法行為を構成するものではない」との判決を下し、本事件の一審、二審の裁判官は、これを引用し、原告に対して、（原告が著作権法による保護を要求しないのに）著作権法にいう著作物ではないとし、次に、著作権法による保護の対象とはならないものの利用行為は、不法行為にならない、とした。

ウ、筆者は、さきに制定法のない分野では、最高裁判決が「法律」の機能を果たすという意味のことを述べたが、訴訟を提起したとき（平成二二年）には存在しなかった「法律」―最高裁平成二三年一二月八日判決（北朝鮮映画事件）を適用すべきではない、後から作られた法を適用するという大きな過誤を大阪地裁は行ったと考える。

エ、この最高裁平成二三年一二月八日判決及び最高裁平成一二年九月七日判決についても、原告は、大阪地裁において、その判決が正当で、妥当な判決だったかどうか、意見を述べるべきであった。

⑷ゴナU事件最高裁判決の威力

原告は、文字書体の制作を、コンピュータ上で行い、ＣＤ-ＲＯＭのパッケージの形態で販売（使用許諾）している。これを、インターネット上、電子送信する形態もある。

この裁判において、原告は、最高裁のゴナU事件に示した著作物たる要件―独創性と美的特性―を主張しなかったが、大阪地裁、大阪高裁は、最高裁判決を意識し、原告を敗訴させた。原告・控訴人は最高裁判決の威力を知らされた。

⑸ビジネスモデルの崩壊

原告は、パッケージにしたフォントの販売（使用許諾）をして、無断貸与、無断譲渡の禁止をし、タイプフェイスという知的財産の保護を、個人で、法的には債権的構成で行っていたが、やはり、物権的法構成で行わなければならない、と書体デザイナー、ベンダーが痛感させられる事態になった。

⑹大阪地裁平成一六年五月一三日判決（平成一五年（ワ）第二五五二号）（モリサワ対ディー・ディー・テック事件）では、タイプフェイス搭載のプログラムについて、排他的権利を認め、無断インストール（無断複製）を認め、小松一雄裁判長は、被告ら各自に八、〇五五万円の損害賠償を命じたが、本事件の控訴審判決を下すに当って悩まれたと思う。

12－一．モリサワ・タイプフェイス事件（東京地裁平成五年六月二五日決定判時一五〇五号一四四頁）

書体の開発・販売、写真植字機の製造・販売等を業とする（株）モリサワ（債権者）は、四種類の漢字及び平かなの書体（リューミンL－KL、太明朝体A101、ゴシック体BBB1、太ゴシック体B101）（以下、債権者書体という）を創作それぞれを株式会社モリサワ文研に委託して制作し、写真植字機の文字盤に組み込んで販売し、あるいは、フィルム、印画紙に焼き付けて、あるいはデジタル化して、フロッピーディスク等の記憶媒体に記録し、文字書体そのものとして、販売し、若しくは、有償の使用許諾契約を締結している。

モリサワ（債権者）は、Y（債務者）が、平成元年九月ないし、平成二年三月頃から、デジタルフォント化した書体（ミンチョウ1，ミンチョウ2，ゴシック1，ゴシック2）（以下、債務者書体という）をフロッピーに入力し、これを搭載したレーザープリンター（商品名JACシステム）を販売しているが、これは、不正競争防止法一条一項一号の「不正競争」に当たるとして、債務者が、債務者書体を入力したフロッピーディスク、光ディスクその他の記憶装置の製造販売の禁止を求めて仮処分の申請を行った。

争点は、次の七点であった。

1　債権者書体は、不正競争防止法一条一項一号にいう「商品」に当たるか。
2　債権者書体は、同規定にいう「他人ノ商品タルコトヲ示ス表示」に当たるか。
3　債権者書体は、債権者の商品表示として周知性を有するか。
4　債務者書体は、債権者書体と同一又は類似しているか。
5　債務者書体は、債権者書体と混同を生じさせるおそれがあるか。
6　債権者が営業上の利益を害されるおそれがあるか。
7　保全の必要性があるか。

東京地裁民事二九部の宍戸充裁判官は、次の様に判断した。

1，不正競争防止法一条一項一号にいう「商品」とは、有体物をいい、無体物を含まないから、債権者書体は

「商品」に含まれない。

2，債権者書体は、同規定にいう「他人ノ商品タルコトヲ示ス表示」に当たるか。

債権者書体のような、実用的文字書体は、本来、それ自体の形態だけで、自他識別力や出所表示機能を備えにくいものであり、取引でそれ自体債権者の書体であることを表示する機能を有してなく、又債権者書体に自他識別機能をもちうるような独自の形態的特徴がなく、従って，債権者書体は、不正競争防止法一条一項一号にいう「他人ノ商品タルコトヲ示ス表示」に当たらない。

以上によれば、その余の点について、判断するまでもなく理由がないとして、債権者の申請を却下した。

12‐二．モリサワ・タイプフェイス事件（東京高裁平成五年一二月二四日決定判時一五〇五号一三六頁）

モリサワは、「原決定を取り消す。被抗告人は原決定別紙債務者目録（一）ないし（四）記載の各書体を入力したフロッピーディスク、光ディスクその他の記憶媒体を製造及び販売してはならない。申請費用は被抗告人の負担とする。」との決定を求めて、抗告した。

抗告人モリサワは、（モリサワ）の「リュウミンＬ‐ＫＬ」は、長文の本文組版での使用に適した画線の太さを持ち、ハライや点の形は鋭く、逆に縦画と横画の細部には滑らかな曲線を多く取り入れ、活字書体の明快さと写植書体の柔らかい優雅さとを融合させたデザインである、以下、他の三つの書体についても、くわしく説明し、「抗告人書体は、無体物であるが、不正競争防止法一条一項一号に定める「商品」に該当する」と主張した。

また、需要者の間で、抗告人書体は広く知られていること、債務者Yは、以前株式会社ラポネートの代表者であった者で、同社は、昭和五七年七月頃から六二年五月頃まで、モリサワの書体搭載の電算写植機を購入した者で、本件各書体の形態の周知性を熟知していること、競業関係にあること、需要者、取引者が誤認する混同（広義の混同）もあるとして、不正競争防止法一条一項一号に基づいて被抗告人がその書体を入力したフロッピーディスク等の製造販売禁止を求めた。

東京高裁松野嘉貞裁判長は、次の様に述べて、原決定を取り消した。

1 「書体」とは、抽象的な観念である字体を基礎にし、これを製作者が自ら創作したデザイン上の一定のルールに従い様式化した文字群であって、字体とは異なる概念である。

2 「印刷業者、新聞社、プリンターメーカー等は」「最も好ましいと考える特定の書体を選択し、当該書体メーカーと有償の使用許諾契約を締結してその書体を使用している」。

抗告人らの書体メーカーによって開発された特定の書体は、正に経済的な価値を有し、独立した取引の対象となっている。「かかる性格を有する書体を単に無体物であるとの理由のみで不正競争防止法一条一項一号の「商品」に該当しないとすることは相当でない」とした。

3 ついで、不正競争防止法一条一項一号のその余の要件について、検討した。

(1) 抗告人書体それ自体の形態が「広ク認識セラルル……他人ノ商品タルコトヲ示ス表示」の要件を満たすか、について、活字、写植等の印刷編集製本技術の一般的概説書に取り上げられていること等の理由で、周知性を認めた。

(2) 抗告人書体と被抗告人書体は、同一とした。

(3) 被抗告人が被抗告人の書体を販売する行為は、不正競争防止法一条一項一号の「他人ノ商品ト混同ヲ生ゼシムル行為」か、について、需要者において、抗告人と被抗告人が製造許諾ないし販売提携等の緊密な営業上の関係が存すると誤信することが十分に予測されるところで、かかる誤信を生ぜしめる以上、混同のおそれがある。

4 以上、被抗告人によるその書体の販売行為は、不正競争防止法一条一項一号の要件を全て充足している、被抗告人が現に販売行為を継続している以上、保全の必要性がある、とした。

[コメント] この不正競争仮処分事件抗告審決定は、タイプフェイス製作者、メーカーにとって、非常に頼りになる決定で、印刷用文字書体の業界についてよく理解のあるものと思われる。

松村信夫「商標・意匠・不正競争判例百選」（別冊ジュリスト一八八号）一一八頁。

13. ポップ用書体事件（東京地裁平成一二年一月一七日判決判時一七〇八号一四六頁判タ一〇二六号二七三頁）

原告X１（株）ポップ研究所）は、平成元年八月、ポップ用書体を制作、この書体を掲載した書籍「ＰＯＰ文字」を発行した。

原告X２（株）ニイス）は、平成四年四月、X１から使用許諾を得て、ポップ用書体のアウトラインフォントを制作し、これを単体ソフトウェア商品として、又はコンピュータに組み込んだ商品として販売した。

被告Y１（株）創英企画）は、平成三年三月、被告ポップ文字を制作し、訴外会社と提携してフォントパッケージとして販売した。

被告Y２（株）ティーアールエスプランニング）は、被告Y１のポップ文字に基づいて、フォントを開発し、ポップ文字の制作に使用できるフォントパッケージを販売した。

原告Xらは、原告らの販売するポップ文字が、不正競争防止法二条一項一号にいう周知性のある「商品等表示」にあたると主張して、訴えた。

裁判所は、次の様に述べて、原告の請求を棄却した。

１　原告書体のいくつかの特徴が、いずれも原告が原告書体を発売する以前の書体で見られていた特徴であったこと、及び原告書体を搭載した機器等の宣伝及び販売状況に照らし、原告書体の形態が出所表示又は商品等表示に当たり、かつ、その点が需要者に周知になっているといえない、とした。

２　原告は、被告が、原告X一の「ＰＯＰ文字」掲載の各文字をトレーシングペーパーで、引き写し、原告ポップ文字を模倣し、被告ポップ文字を完成させ、第三者に許諾して使用させたり、自ら販売したと主張したが、裁判所は、これを証拠から認められないとし、仮にこれらの行為があったとしても、被告らの行為が、原告等の法的利益を侵害するものと解することはできないとした。

【コメント】この判決の中で、「商品の形態が他商品との間で識別力を有し、かつ、商品形態が、長期間継続的かつ独占的に使用されるか、又は、短期間でも商品形態について、強力な宣伝等が伴って使用されたような場合、商品の形態が商品表示として、需要者の間で広く認識されることがあり得る」として、保護される可能性があるとしている。

14－一．タイポス書体不正競争事件（東京地裁昭和五五年三月一〇日判決無体集一二巻一号四七頁著判集三集五八七頁）

原告は、文字デザイナーであるX１（伊藤勝一）、X２（桑山弥三郎）、X３（長田克巳）、X４（林隆男）の四名で、写真植字機用の新書体「タイポス」を制作した者である。

被告Y（株式会社京橋岩田母型）で、活字メーカーである。

原告等は、被告Yの製造発売した「キッド書体」が、「タイポス書体」と極めて類似しているとして、１，不正競争防止法一条一項一号に基づいて、被告製品の差止請求、２，不法行為を原因とする差止請求及び損害賠償請求を行った。

東京地裁民事二九部秋吉稔弘裁判長は、次の様に判断し、原告等の請求をいずれも棄却した。

１　原告等の制作に係る書体タイポスは、不正競争防止法一条一項一号の「商品」に該当するかについて、この規定にいう「商品」とは、少なくとも有体物をいい、無体物は含まない。書体が商取引の対象となっていることと、前記法条の「商品」に」該当するかどうかは別問題である。

２　原告等は、写研の製作、販売するタイポス45による写植用文字盤が、不正競争防止法一条一項一号の「商品」に該当すると主張するが、原告等は、右法条によって保護される「商品主体」に該当しない。

【コメント】当時、ヤギボールド事件判決（一審東京地裁昭和五四年三月九日判決、二審東京高裁昭和五八年四月二六日判決）が、「文字及びこれに付随して用いられる記号は、著作物性を有しないとしていた」から不正競争防止法を根拠に訴訟を提起した。X2は、ヤギボールド事件の当事者である。

14－二．タイポス書体不正競争事件（東京高裁昭和五七年四月二八日判決無体集一四巻一号三五一頁、判時一〇五七号四三頁判夕四九九号一六一頁著判集四集七五八頁）

東京高裁第一三民事部荒木秀一裁判長は、次の様に述べ本件控訴をいずれも棄却した。

1　不正競争防止法一条一項一号の規定に基づく差止請求について。
不正競争防止法一条一項一号の規定にいう「商品」とは少なくとも有体物（容器に収めて取引される無定形物を含む）であることを必要とし、無体物はこれに含まれないと解するのが相当である。

2　原告・控訴人らは「写植用文字盤」の商品主体か。
タイポス45による写植用文字盤なる商品を製造し、販売しているのは株式会社写真植字機研究所（現商号株式会社写研）で控訴人らは、同会社にタイポス書体の独占的使用許諾を与えた対価として契約に定められた一定金額を同会社から受領しているにすぎず、右商品の商品主体に該当しない。

3　不法行為を原因とする差止請求及び損害賠償請求について。
文字は、一定の形態をとる。そうすると、文字自体における個々の形態ないしその創作も保護しなければならず、法律上の保護に値する利益があるものとすれば、無限に存する書体自体の私有化を認めるに等しい結果となり、国民共有の財産たるべきはずの文字は、僅かな者の独占使用に委ねられ、国民による文字の自由使用は不可能になり、帰結するところは、明らかに不当で有り、そうすると、キッド書体が、タイポス45と類似し、控訴人ら主張の事実があっても、被控訴人の右行為が不法行為を構成すると言うことはできない。差止請求、損害賠償請求は、前提たる不法行為成立の点で失当である。

［コメント］渋谷達紀・マスコミ判例百選二版一七四頁。
牛木理一・特許管理三四巻九号一一九七頁。

紋谷暢男・ジュリスト八四九号一〇九頁。
阿部浩二・判例評論二五六号二八頁。
播磨良承・判例評論二八九号五頁。

15－一．写植機用文字盤事件（東京地裁昭和六三年一月二二日判決無体集二〇巻一号一頁判時一二六二号三五頁判タ六六〇号五八頁著判集七集四二七頁）

原告X（(株）写研）は、写真植字機及び文字盤等の製造販売を業とする会社で、昭和三八年以降、本件訴訟時まで、写真植字機用文字盤を製造販売してきた。この文字盤は、原告の写真植字機のみに使用できるものであった。被告Y1（(株）リョービ株式会社）は、印刷機、写真植字機及び文字盤等の製造販売を業とし、これらの販売を被告Y2（リョービ印刷機販売株式会社）も業として行っていた。

昭和五四年秋以降、被告Y1は、別紙の写真植字機用文字盤を製造販売し、被告Y2も同時期、Y文字盤を販売した。被告らの文字盤は、原告の文字盤と同一形態の文字盤で、原告の写真植字機にも、被告の写真植字機にも使用できる互換性のあるもので、原告の写真植字機を所有している写真植字業者は、被告製品である写真植字機を購入する必要がないものであった。

昭和五四年、Xは、Y文字盤は、X文字盤の奴隷的模倣であるとして、不正競争防止法一条一項一号に基づき、被告らの文字盤の製造販売の差止を請求した。

東京地裁民事二九部清永利亮裁判長は、原告文字盤は、合理的文字配列がなされていること、他社のものと明確に識別できる形態的特徴を有していると認定し、この形態的特徴は、一次的には商品の構造そのもので、二次的には、商品の出所を表示する機能を有していたとして周知性を認めた。また、被告文字盤が原告文字盤と形態的特徴を一とするもので、Yの製造行為は、原告の商品であるとの混同を生じさせるおそれがあるとして、不正競争防止法一条一項一号の「他人の商品たることを示す同一若しくは類似のものを使用する」行為に当たるとし、原告の請求を認容した。

被告は、不正競争防止法六条を援用し、被告も文字盤は、被告らの意匠権の実施であるとし、不正競争防止法の適用がないと主張したが、判旨は、被告が有している意匠権にかかる意匠は、原告の周知の商品表示の一部を構成するにすぎず、このような場合、同条の適用はないとした。

［コメント］渋谷達紀・判例評論三五四号五八頁（判時一二七六号二〇四頁）。

松坂祐輔・須山佐一「不正競争行為請求―写真文字盤等模倣事件」（中山信弘編著「知的財産権研究」二巻一一三頁）。


15-二．写植機用文字盤事件（東京高裁平成元年一月二四日判決無体集二一巻一号一頁著判集八集五一九頁）

Y1及びY2は、控訴した。

東京高裁藤井俊彦裁判長は、控訴を棄却した。

控訴審においても、原審と同じく、Xの文字盤は、採字効率を高めるため、文字の使用頻度を調査し、人間工学的観点をふまえた、他社にない合理的な文字配列をしたもので、他社製品と識別しうる顕著な特徴を有しており、その形態は一次的には商品の構造そのものであるが、二次的には商品の出所を表示する機能をも併有するもので、Xの商品表示として取引者間に広く認識されていると認定した。

控訴人は、文字盤そのものは商品でなく、各書体の文字こそが商品であると主張したが、控訴審は、これを否定し、「写真植字業者は、採字効率の点も勘案し、特定の写真植字機に搭載可能な形状と文字配列のある文字盤の中から、書体が所定の形状を有する文字盤を選択購入するのであって、書体だけで文字盤を選択しているものではなく、文字盤の外形も需要吸引の要因となっているのであるから、控訴人の主張は理由がない」とした。

15－三．写植機用文字盤事件（最高裁平成二年七月二〇日判決平成元年（オ）第五四三号）

Ｙ１及びＹ２（リョービ印刷機販売株式会社は、リョービイマジクス株式会社に名前が変更されている）は、上告した。

最高裁第二小法廷（中島敏次郎、藤島昭、香川保一、奥野久之）は、安江邦治、永山忠彦弁護人の上告理由に対し、「原判決挙示の証拠関係に対し、正当として是認することができ、その過程に所論の違法はない。」「論旨は」「採用することができない」とした。

［コメント］上告理由の中で、写真植字機業界は、五〇有余年の歴史を有するが、写研と訴外モリサワの歴史と言ってよいほど、狭いこと、戦前は、写研一社、戦後から昭和四五年までは、写研、モリサワの二社寡占、昭和四五年、上告人リョービが、新規参入し、三社寡占で、写研、リョービ、モリサワの保有する書体数は、それぞれ約一四〇、約四〇、約一〇〇としている。また、「商品」は、書体そのものであること、書体名と書体コードこそが、文字盤を識別する記号である、と力説している。

16－一．アサヒビール対アサックス事件（東京地裁平成六年三月二八日判決判時一四九八号一二一頁）

原告アサヒビールは、一九八六年、Ａｓａｈｉのロゴマークを新たに採用し、商標として登録した。太い垂直の縦線、細い右肩上がりの傾斜線、三角状の「はね」、右上がり傾斜辺四四度といったデザインで、Ａ社に委託して創作させた。

被告のアサックスは、米穀などの販売業者で、一九九一年旧商号を現在のものに変更、Ａｓａｘの標章は、アサヒビールの商標と似たものにした。

原告アサヒビールは、不正競争防止法と商標法に基づき、アサックスに対し、標章の使用差し止め請求訴訟を提起した。

東京地裁は、両標章の類似性を認めず、原告の請求を棄却した。

16－二．アサヒビール対アサックス事件（東京高裁平成八年一月二五日判決知的裁集二八巻一号一頁、判時一五六八号一一九頁）

アサヒビールは、控訴審で、新たに著作権に基づいて複製の差し止めを請求した。標章の各文字の書体は、訴外Ａが創作した他に比類のない独創的なデザインで、著作物と主張、アサックスは、そのうちの「Ａｓａ」および「Ａ」の書体を無断で複製した、と主張した。

高裁は、「文字は万人共有の文化的財産ともいうべきもので」「本来的には情報伝達という実用的機能を有するもので」「文字の字体を基礎として含むデザイン書体の表現形態に著作権としての保護を与えるべき創作性を認めることは、一般的に困難」「仮に、デザイン書体に著作物性を認めうる場合があるとしても、それは、当該書体のデザイン的要素が『美術』の著作物と同視し得るような美的創作性を感得できる場合に限られる」といい、『Ａ』の書体は他の文字に比べてデザイン的な工夫が凝らされたものと認められるが、右程度のデザイン的要素の付加によって美的創作性を感得することはできず、右ロゴマークを著作物と認めることはできない。」とした。

［コメント］長塚真琴「著作権判例百選第四版」（別冊ジュリスト一九八号）四二頁。

岡　邦俊「著作権の事件簿」（日経ＢＰ社・二〇〇七年）一一九頁。

牛木理一・「著作権判例百選第三版」三二頁。

16－三．アサヒビール対アサックス事件（最高裁平成一〇年六月二五日判決平成八年（オ）第一〇二二号）

アサヒビールは、上告した。上告理由中に著作権についての論点も含んでいたが、最高裁は、それについて判断することなく、上告を棄却した。

［コメント］牛木理一・「著作権判例百選第三版」三二頁。

17-一・カップヌードル意匠事件（第一次）（東京高裁昭和五五年三月二五日判決無体集一二巻一号一〇八頁判時九八六号四六頁）

被告日清食品株式会社は、意匠に係る物品を「包装用容器」とする本件意匠の意匠権者である。昭和四六年三月一九日出願、昭和四七年一二月一日登録である。創作者安藤百福。

「CUP」「NOODLE」の文字のあるカップラーメンの容器である。

昭和四八年一二月二二日、被告を被請求人として、原告は、本件意匠について、登録無効の審判を請求した。原告は、「意匠法上意匠の構成要素となりえない文字を構成要素としているので登録は無効であると主張した。意匠法三条一項柱書きにいう意匠、同法二条一項にいう意匠に該当するかというのである。

特許庁の審決は、「本件意匠の容器の形状と類似する形状の容器が、出願前より公知であるとしても、本件意匠は、その周側部に前記したように横縞状の帯状および文字などの図形が表されており、しかも文字もその構成態様に創作があり模様と認められる範囲のものであるから、単に形状の類似する容器と類似しているものということはできない」「したがって、本件意匠は、意匠法第三条第一項第三号にいう意匠に該当せず、無効とすることができない」との審決を下した。

東京高裁小堀勇裁判長は、容器正背面周側中央部に表された「CUP」「NOODLE」のローマ字は、いまだ模様に変化して文字本来の機能を失ったとはいえず、これを模様と認められる範囲のものとした審決の判断は誤りであるとした。特許庁が昭和五二年一二月九日同庁昭和四八年審判第九二三四号事件についてした審決を取り消すとした。

［コメント］水野みな子「商標・意匠・不正競争判例百選」別冊ジュリスト一八八号九六頁。この事件は、最高裁昭和五五年一〇月一六日判決が上告棄却して、確定した。

17－二．カップヌードル意匠事件（第二次）（東京高裁昭和五八年七月二八日判決特許ニュース六二六九号一頁）

審判事件が、再び特許庁に係属することになり、特許庁は、昭和五七年七月一二日、次の理由で、請求不成立の審決をした（つまり、意匠登録は有効とした）。

「本件意匠は、カップの形状と横縞状帯条とによって包装用容器の形状および模様の結合にかかる意匠と認められるものであるから、その意匠に模様の構成要素と認められない文字が添付図面代用写真に表わされているからといって、その余の意匠の構成要素を無視し、ただちに本件の意匠全体が意匠を構成しないものとすることはできない。」

この審決に対する東京高裁判決は、次の様である。

「右判決（筆者注、東京高裁昭和五五年三月二五日判決）の言わんとする趣旨は、第一次審決が、原告の、本件意匠は意匠法上の構成要素となり得ない文字との主張に対し、「ＣＵＰ」「ＮＯＯＤＬＥ」は、模様であって文字ではないと判断したのを誤りであるとし、これが文字であるとすると、原告の、文字は意匠の構成要素となり得ず、本件意匠は文字部分を含んでいるそのこと故に当然無効とされるべきであるとする審判手段における主張に対する判断に影響を及ぼすことがあるのは当然であるから、その点について更に判断させるために、第一次審決を取り消すものであり、前記判決は、本件意匠は文字部分を含むが故に直ちに意匠法にいう意匠に該当しないとするものではないことは明らかで有る。」として、「本件審決は、本件意匠が文字部分を含んでいるとしても、その他の部分に新規性が認められるから、これを無効とすべきものでないとしたもので、この審決の判断はなんら前記確定判決の判断と矛盾するものでなく、本件意匠が、文字部分を除いて考察してもなお新規性を有するものであるかどうかの点については、原告の本件審決の取消事由としては主張しないところである。」として、審決を是認した。

18．「動書」複製事件（東京地裁昭和六三年八月二九日判決昭和六二年（ワ）第一一三六号、判時一二八六号一四二頁、著判集七集二頁）

原告X（檀琢哉）は、書家で、昭和四七年四月二五日発行の出版物「動書」に本件書「佳扇」を掲載していた。

被告Y（藤田カツ子）は、昭和五五年から、東京都中央区銀座三丁目一四番一三号において、「佳扇」を掲げ、和風料理店を経営する者である。

Xは、Yが看板に「佳扇」を制作し、展示する行為は、著作物である本件書の複製である、原告Xの氏名標示がなく、氏名表示権侵害であるとし、複製権侵害として、九〇万円、著作者人格権侵害として、一〇〇万円、弁護士費用として、一九万円、合計二〇九万円及び遅延損害金の支払いを求めて訴えた。

複製権侵害の九〇万円の内訳は、Xが第三者に本件書を題字等として複製し展示することを許諾する場合、一つの題字について四字以内を一件とし、一年間について一件あたり昭和五四年から五六年までは六万円、同五七年は、年八万円、同五八年は一〇万円、同五九年からは二〇万円を下らない額であるという。従って、合計九〇万円が、Xが通常受けとるべき金銭の額、即ち、Xの損害賠償であるとした。

被告Yは、Y店舗の開店に先立って、店舗の内外装工事、店名の命名、看板の作成等の一切を訴外A（殖産土地相互株式会社）に委ね、これらの完成後、Y店舗の引渡しを受け、開店した、と反論した。

Yは、Aがいかなる経緯で、本件看板「佳扇」を作成したか知らない。従って、Yは、本件書を複製していない、と主張した。

東京地裁民事二九部の清永利亮裁判長は、被告Yの説明する事実を認め、訴外Aが「佳扇」と名付け、被告Yは、開店の運びとなって、本件看板を初めて見て、そこに記載された文字を初めて知ったとし、Yが、本件書を複製したと認めず、Xの請求を棄却した。

［コメント］無断複製され、無断展示されている「佳扇」は、違法状態にあるが、その違法状態を解消するには、管理権を有する被告Yの協力が不可欠である。管理権を有するYの責任を問うという議論をXが行えば、Xに勝機があったのではないだろうか。

千野直邦の判例批評が特許管理四〇巻七号九七三頁にある。

19. ヘルベチカ商標拒絶事件（東京高裁平成一三年七月一八日判決平成一二年（行ケ）四二七号）

原告Xは、ハイデルベルガー・ドルックマシーネン・アクチェンゲゼルシャフト。
代表者ベルンハルト・シュライヤー
同　ハンス・ユルゲン・ファイ
被告Y　特許庁長官　及川耕造

原告は、指定商品を産業機械器具（活字を含む）（商標法施行令旧別表第九類）とする「HELVETICA」の欧文字を書してなる商標（本願商標という）について、平成三年一一月二九日登録出願をした。

平成六年一〇月二六日、特許庁は、拒絶査定した。

Xは、平成七年二月八日、これに対する不服審判を請求した。

特許庁は、平成七年審判第二三七九号事件として審理し、平成一二年六月二六日、「本件審判の請求は成り立たない」と審決した。

審決の理由として、「欧文書体であるサンセリフ体の一種名と認められる本願商標を、その指定商品中『ヘルベチカ書体の活字及び写真植字機の文字盤』に使用しても、単にその商品の品質を表示しているにすぎず、また、これを上記以外の商品に使用するときは、商品の品質について誤認を生じさせるおそれがあり、本件商標は商標法三条一項三号及び同法四条一項一六号に該当するから、本件商標登録出願は拒絶されるべきである」とした。

原告は、被告に対し、この審決の取り消しの訴えを東京高裁に起こした。

東京高裁の篠原勝美裁判長は、日本においては、一般に、ヘルベチカ等の語が一書体の名前を表す語として、活字等の取引者又は需要者において認識され、用いられていることが推認されるとした。

本願商標を指定商品中「ヘルベチカ書体の活字及び写真植字機の文字盤」に使用しても、単にその商品の品質を表しているにすぎず、これを上記以外の商品に使用するときは、商品の品質に誤認を生じさせるおそれがある、として審決の判断を踏襲して、原告Xの請求を棄却した。

[コメント] 商標法三条（商標登録の要件）（次に掲げる商標を除き、商標登録できる）一項三号

「三　その商品の産地、販売地、品質、原材料、効能、用途、数量、形状（包装の形状を含む）、価格若しくは生産若しくは使用の方法若しくは時期又はその役務の提供の場所、質、提供の用に供する物、効能、用途、数量、態様、価格若しくは提供の方法若しくは時期を普通に用いられる方法で表示する標章のみからなる商標」

同法四条（商標登録を受けることができない商標）一項一六号

「十六　商品の品質又は役務の質の誤認を生ずるおそれがある商標」

原告が桑山弥三郎「レタリングデザイン」を引用している。判決文で、「書体の創作者の権利をどのように保護すべきかについては、国際的に統一的な保護の方法が確立しておらず、その保護の態様及び程度が各国ごとに異なることは、原告も認めるところである」と裁判官が述べている。

20. 北朝鮮映画事件（最高裁平成二三年一二月八日判決）

これは、北朝鮮の映画を日本のテレビ局が放映したところ、北朝鮮の文化省の外郭団体が、著作権侵害だということでテレビ局を訴えた、という事件である。最初は、北朝鮮と日本は国交がないため、北朝鮮の映画は著作権で保護しないということで、北朝鮮の訴えを全部退けた。

最高裁で民法七〇九条による保護を主張したのだが、裁判所は、著作権法というのは民法の一種の特別法と考え、著作権法に委ねている以上、著作権法で保護されないのであれば、民法でも保護されない、という判決を下した。

この判決については、「Law & Technology」五六号八二頁で、最高裁調査官、山田真紀氏が「著作権法六条各号所定の著作物（保護を受ける著作物）に該当しない著作物の利用行為は、同法が規律の対象とする著作物の利用による利益とは異なる法的に保護された利益を侵害するなどの特段の事情がない限り、不法行為を構成しない」として、著作権法で保護されないものは、民法七〇九条でも保護されないと解説している。

著作権法、特許法、不正競争防止法など、知的財産の法律は、知的財産を完全に保護していないと思う。やっぱり穴もあるし、全ては保護していない。だから、一度委ねた著作権法での保護が駄目でも、もう一遍民法という観点から見直して、保護するということがあってもいいのではないか。二〇〇〇年（平成一二年）の〈ゴナU事件〉の時は、まだそういう議論が判例で通っていた。つまり、タイプフェイスについては、民法の七〇九条による保護の可能性がずっとあった。しかし、二〇一一年（平成二三年）一二月八日の〈北朝鮮映画事件〉の判決で、それもついえた。

著作権によるタイプフェイスの法的保護については〈ゴナU事件〉によって結局ゼロ回答。それから民法による保護は多少あるといっていたところが、それも駄目。ということになって、本当に今、危機的状況だというのが私の見立てである（東京地裁平成一九年一二月一四日判決、知財高裁平成二〇年一二月二四日判決、最高裁平成二三年一二月八日判決）。

二．印刷用文字書体保護の現状と問題点（一九八七年）——ゴナU事件判決以前

1．ワープロの普及とデジタル文字
2．デジタル書体とその法律的問題点
3．印刷用文字書体をめぐる訴訟
3．1　印刷用文字書体無断掲載事件
3．2　タイポス書体商品事件
3．3　両事件の最高裁における和解
3．4　和解の意味
3．5「動書」書体著作物事件

3．6　両事件の東京地裁東京高裁判決の問題点
4．印刷用文字書体保護の現状
5．印刷用文字書体保護には著作権法改正か意匠法改正か

1．ワープロの普及とデジタル文字

昭和六一年度の日本語ワープロの生産台数は全メーカー合わせて二〇〇万台で、パソコンの一二〇万台を上回ったという。[1] 日本語ワープロの売上げの累計は四五〇万台という。[2]

日本語の、カタカナ、ひらかな、漢字のタイプライターが、その文字の数の多さの故に、英文タイプライターと比べて普及しなかったが、ワープロは、文字が活字といった有体物の形をとらないため、ワープロ自体が軽量化、小型化した。

これだけでもタイプライターに勝っているが、このほか、ワープロは記憶機能、編集機能とタイプライターに比較にならない利点をもっている。和文タイプライターは、姿を消すに至った。

さて、ワープロの文字は、ドット文形といわれ、点の集まりで表現した図形文字であった。これは、デジタル文字とも呼ばれ、この文字から構成された一連のセットの書体をデジタル書体ともいう。

一つ一つの文字は、点（正確にはます目）を塗りつぶされて表現される。一六と一六の点で構成されるのが一六ドット、二四ドットというのが二四×二四の点で構成される文字である。点が多いほど文字が正確に精密に描ける。「量」といった字画の多い文字は、一六ドットでは描けず、上下の余白を入れると最低一九ドットは必要だという。[3]

ワープロあるいはパソコンの日本語ソフトのメーカーは、はじめ、自社の社員がそれぞれ文字を描き、これをコンピュータ・プログラムによってコンピュータ言語に置き換えていったに違いない。

まず、このコンピュータ用の文字の範囲――漢字や符号などの範囲を共通にすることが求められ、（財）日本情報処理開発協会の原案作成、日本工業標準調査会審議の後、日本工業規格として「情報交換用漢字符号系　ＪＩＳＣ

六二二六―一九八三」が定められた（官報公示昭和五八年九月一九日）。

これは字の種子、字種といわれている。第一水準、第二水準はこの日本規格の付属文書に由来する。

次に、上記の「ＪＩＳ　Ｃ　六二二六」の文字を前提として、主としてドットインパクトプリンターに使用する二四ドット字形について、日本工業規格が定められた。「ドットプリンター用二四ドット字形ＪＩＳ　Ｃ　六二三四―一九八三」である（官報公示昭和五八年九月一九日）。

これは、（社）日本電子工業振興協会と（株）写研が原案作成協力者となっている。日本工業標準調査会が審議し、日本工業規格となった。

この文字は、二四ドット用で、字体（字の骨格）と書体（字の意匠）を定め、誰でも使用してもかまわない、と考えてよい。

（社）日本電子工業振興協会からは、フロッピーディスク化された、この石井明朝体を基礎とした日本工業規格のものが販売されている。

2．デジタル書体とその法律的問題点

このようにして、ワープロの各メーカーは、上記の二つの日本工業規格により、そこに掲げられた文字自体、字種及び字の骨格である字体、それからまとっている衣裳である書体を使用することは自由である。

しかし、各社すべてこの文字それだけを使用しているわけではない。

まず、昭和五八年のこの規格制定以前に、大手のメーカー（日立、日本電気、富士通、日本ＩＢＭ）は、大型の汎用コンピュータ用に日本の文字を作っていた。また、購入者の評判をとり、激しい競争に打ち勝つためには文字書体を磨かねばならない（ワープロの普及の初期には文字の汚さが指摘された）。

では、各社の文字書体はどのようにして作られたか。
ア．まず、上記のＪＩＳ規格のものや既存の活字、写植の文字書体を自社の社員が、それぞれの活字写植メー

カーに無断で、若干手を入れて作り直しているケースである。
イ．次に、既存の活字、写植メーカーに使用許諾料を支払い、あるいは買取って使用しているケースである。
ウ．書体デザイナー（会社組織も含む）に、このワープロ用のドット文字を新たに作らせ、使用料や許諾料を支払ったり、買上げたりしている場合である。
さて、以上の状況下で、次のような法律上の問題があると思われる。
①（株）写研と（社）日本電子工業振興協会の原案作成になる、規格（ＪＩＳ　Ｃ　六二三四）は、権利が全くないものか。（株）写研及び（社）日本電子工業振興協会が「権利」を持っているが、権利放棄をしたと考えた方がいいのか、権利主張をしないと考えた方がいいのか。[4]
②原案作成者の（株）写研は、仮に、（社）日本電子工業振興協会やその他の者に対して、自社のものを提供したとして、それは、権利放棄あるいは権利主張をしないとした場合、この文字書体が三二ドットあるいは四〇ドット、六〇ドットとより精密に設計することについてまでも権利放棄ないし権利主張しないのかどうか。つまり、それは、原案提供をした二四ドットのみであるのかどうか、である。ちなみに二四ドットから三二ドットなどに変えることは、機械的には行えず、やはり、人間の手で、ます目である点を埋め、描いていかねばならない。
③既存の活字会社、写植会社で発売されている文字書体あるいは、書体デザイナーの文字書体を、ワープロメーカーの社員がスクリーンに写し、若干の変容を行っている場合、これらの活字会社、写植会社やデザイナーから全くクレームがこないのかどうか。
ワープロメーカーの社員が創意工夫を行い、新規なものとみなされる改良をすることもあり得ようが、そういう場合、その線引をめぐるトラブル（新規のものか、二次的な影響下のものか）はないのか。
④既存の活字会社、写植の会社から、ワープロメーカーが文字書体一式を買取ったり、許諾を受けて、自社のワープロに文字書体を採用している場合、いったい、何という権利を買ったり、許諾を受けているのだろう

か。

⑤　タイプフェイス・デザイナーに委嘱して設計させ、買取るか使用許諾をとっている場合も同様で、いったいそれは何という権利であろうか。もし、契約書があれば、どうなっているのであろうか。

⑥　そもそも、文字は、空気か水のようなもので、誰でも人の作った文字は使えるのであり、以上のような議論はすべておかしい、という立場もあり得る。この立場ならば、あるメーカーは、他社の美しい書体、よいと思われる書体をすべてコピーし、自社のものに装塡することも自由で可能である（もっとも、コンピュータ・プログラムについては、著作権法上の著作物となったため、フロッピーディスクのコピーは違法である）。

そこで、デジタル書体の保護はどうなっているのか、ということになる。

ところで、デジタル書体も仮にドット数を多くしていけば、ほとんど従来の印刷用文字書体に限りなく近づく（現に、八〇ドットくらいのワープロが売り出されたという）。結局これは印刷用文字書体の保護問題に帰着する。

印刷用文字書体保護問題についての判例学説を概観し、以上の設問に対し解答を用意してみたい。

はじめにお断りすれば、「最高裁判所は、『印刷用文字書体は空気や水のようなもので、誰でも自由にコピーしてもかまわない』とは思っていない」ということである。

3．印刷用文字書体をめぐる訴訟

3．1　印刷用文字書体無断掲載事件

原告Xは書体デザイナーで、ヤギ・ボールド、ヤギ・ダブルといった名称のアルファベットの印刷用文字書体を製作、これをアメリカのモンセン社から写植用フィルムとして発売した。この書体は米国の有名な書体見本帳に掲載された。

被告Y１も書体デザイナーで、各種の書体デザインを集め、「ニュー・アルファベット」「装飾アルファベット」

という書体紹介の著書を著した。資料としての意義をもたせるべく、本文中に書体名を、索引に書体名、製作者をできるかぎり調査し、明記したが、原告の書体については、モンセンフォントタイプという見本帳からとり「YAGI BOLD」「YAGI BOLD DOUBLE」と載せたが、氏名まで書かず、掲載についての許諾をとっていない。

Xの書体は、Y1が出版社Y2から発行された本文と表紙にも掲載され発行された。

XはY1及びY2を著作権侵害に基づいて、「ニュー・アルファベット」「装飾アルファベット」のうちXの書体の記載部分の発行の差し止め及び、Xの書体の部分の紙型の破棄及び損害賠償を請求した。

一審東京地裁昭和五四年三月九日判決は、次の理由でXの請求を退けた。[5]

デザインされた文字の書体すなわちデザイン書体は、一般に著作物性を有しない。理由は、デザイン書体が著作権法上著作物性を有するといえるためには、美術の範囲に属するものでなければならない。著作権法上にいう美術は、純粋美術のみをいい、応用美術でも美術工芸品（法二条二項）のみが含まれる。デザイン書体は一般に純粋美術の作品ではなく、実用機能を担う応用美術の分野である。「花文字」「書」は著作物性を肯定されるが、それは、情報伝達という実用的機能を果たすことを目的とせず、もっぱら美を表現するための素材たるにとどまり、このことにより、通常美術鑑賞の対象となるからで、このことからデザイン書体が著作物たりうる根拠たり得ぬとした。

Xは控訴した。

二審東京高裁昭和五八年四月二六日判決[6]は、一審とほぼ同じ理由で、デザイン書体の著作物性を否定し、控訴を棄却した。

① まず、「書体を伴わない文字等はない。すなわち、文字等については、その表出に用いられうる書体が文字等と不可分に存しているというべきものである。したがって、特定人に対し、書体について独占的排他的な権利である著作権を認めることは、万人共有の文化的財産たる文字等について、その限度で、その特定人にこれを排他的に独占させ、著作権法の定める長い保護期間にわたり、他人の使用を排除してしまうことにな

り、容認しえないところである（文字等が本来情報伝達の手段である以上、それは直ちに公に用いられるであろうから、他人がそれとは全く独自に同一著作物を創作して著作権を取得する余地は、まず考え難いし、万人共有の財産を独占してしまうことに変りはない）。」

②　次に、一審と同じく、著作権法二条一項一号の「美術の範囲に属するもの」とした著作物は、実用に供されるものについては、創作されたときに、これを客観的にみて、鑑賞の対象を認めうる一品製作の著作物をいうものを解するのが相当とし、実用に供され、あるいは、産業上利用される、本来、量産の予定されることが外観からも認められる美的創作物が著作権法の保護の対象としたものではない、とした。

③　また「本件各文字にはデザインが施されているとはいえ、各文字、数字、その他の記号などは、本来的にそれらの組合わせによって、情報伝達という実用的機能を期待されたものであり、それがため、そこに美の表現があるとしても、文字等についてすべての国民が共通に有する認識を前提として、特定の文字なり、数字なりとして理解されうる基本的形態を失してはならないという本質的制約を受けるものである。この点からしても、本件各文字を美術鑑賞の対象として絵画や彫刻などと同視しうる美的創作物とみることはできない。」

この判決に不服のXは最高裁へ上告した。

3．2　タイポス書体商品事件

印刷用文字書体無断掲載事件は昭和四九年提訴されたが、昭和五一年に、その事件では被告となっていたY1を含む四人の共同制作にかかる「タイポス書体」――これは写植用につくられ、（株）写研と契約の上、写研から発売されていた――この書体を活字会社Zがコピーし、その母型を作り、活字を販売しているとし、これらの製作、販売差止及び、活字、母型の廃棄を請求し、不正競争防止法一条一項一号に基づき訴えた。

原告Y1らの主張は、「タイポス書体」のうちの「タイポス45」は不正競争防止法一条一項一号の「商品」に該当する、仮にそうでないとしても写植用文字盤が「商品」に該当すると主張した。

一審東京地裁昭和五五年三月一〇日判決は、[7]「法第一条第一項第一号の規定にいう『商品』とは、少なくとも有体物であることを必要とし、無体物は含まないと解するのが相当であり」したがって、無体物である書体タイポス四五は、商品に該当しないこと、次に、写植用文字盤についてその書体制作者は、不正競争防止法一条一項一号の保護を受ける商品主体に入らない――この場合、商品の製造、加工あるいは販売等のいわゆる商品取扱業務を行う者、写研などであれば、「商品主体」になりうるとし、原告の請求を棄却した。

四人の原告は、控訴し、第一審での主張を繰り返すとともに、新たに不法行為を原因とする差止請求と損害賠償請求を追加した。

二審東京高裁昭和五七年四月二八日判決は、[8]

① 不正競争防止法一条一項一号の「商品」は、少なくとも有体物（容器に収めて取引される無定形物を含む）であることを必要とし、無体物はこれを含まない、とした。

② 次に、不正競争防止法一条一項一号の規定によって保護されるべきものは、信用の保持者たる商品主体、すなわち商品の製造・加工・販売・輸出入等の商品取扱業務に従事する業務主体に限られるとし、原告らは商品主体にあたらないとした。[9]

以上、一審と同じであるが、不法行為を原因とする差止請求及び損害賠償の請求について、次のように判断した。「文字の書体は、線の一定の配列により特定の音または意味内容を伝達するものであるから、当然一定の形態をとることになる。したがって、そのような一定の形態をとる一つ一つの文字自体における個々の形態ないしその創作も保護しなければならず、法律上の保護に値する利益があるものとすれば、無限に存する書体自体の私有化を認めるに等しい結果となり、本来国民共有の財産たるべきはずの文字は、僅かな者の独占的使用に委ねられ、国民による文字の自由使用は不可能になってしまうのであって、帰結するところは明らかに不当である。[10]」こうして、前提たる不法行為の成立において失当だとして、タイプフェイス・デザイナーらの控訴を棄却した。

原告、控訴人は上告した。

3．3　両事件の最高裁における和解

こうして、印刷用文字書体無断掲載事件が昭和五八年五月に、タイポス書体商品事件が昭和五七年五月に、最高裁判所に係属することになった。

最高裁で二審判決が破棄されることもあるが、一審二審判決が同じである場合、通常、最高裁は上告を棄却することが多い。

ところで、この両事件では、最高裁においてむしろ主導的に両者の和解がすすめられ、和解が行われたのである。

和解書は次のとおりである。

著作権及び著作者人格権侵害差止等請求事件[11]

（印刷用文字書体無断掲載事件）

最高裁昭和五八年（オ）第七九九号

期日　昭和六〇年四月一日午後一時

場所　最高裁判所第一小法廷和解室

受命裁判官　矢口洪一

上告人　　八木昭興

被上告人　　桑山弥三郎

同上　　　柏書房株式会社

請求の表示

請求の趣旨及び原因は、東京高等裁判所昭和五四年（ネ）第五九号著作権及び著作者人格権侵害差止等請求控訴事件の判決（その付加して引用する東京地方裁判所昭和四九年（ワ）第一九五九号事件の判決を含む）の事実摘示

のとおり。

和解条項

（一）上告人は、被上告人柏書房株式会社に対する本件上告を取下げる。

（二）（1）上告人及び被上告人桑山は、今後創作されたタイプフェイスを出版物に引用する場合には、創作者の了解を得た上、その氏名を明記する慣行を作ることに努力する。

（2）被上告人桑山は、上告人に対し、本件出版物に上告人が創作した本件タイプフェイスを引用する際、その創作者が上告人であることの調査が不十分であったため、その引用につき上告人の承諾を得なかったこと及び引用部分に上告人の氏名を表示しなかったことについて本日遺憾の意を表示する。

（3）上告人の被上告人桑山に対するその余の請求を放棄する。

（三）訴訟費用は各自弁とする。

不正競争行為等差止請求事件（タイポス書体商品事件）

最高裁昭和五七年（オ）第八四一号

期日　昭和六〇年一〇月一六日午前一一時

場所　最高裁判所第二小法廷和解室

受命裁判官　大橋進

上告人　伊藤勝一

同上　林　隆男

同上　桑山弥三郎

同上　長田克巳

被上告人　株式会社京橋岩田母型

請求の表示
請求の趣旨及び原因は、東京地方裁判所昭和五一年（ワ）第六〇〇七号不正競争行為の差止請求事件について、同裁判所が昭和五五年三月一〇日言い渡した判決、及び右判決に対する東京高等裁判所昭和五五年（ネ）第六八九号不正競争行為の差止請求控訴事件について、同裁判所が昭和五七年四月二八日言い渡した判決の各事実摘示と同一であるから、これを引用する。
和解条項
（一）被上告人は、本日以降、東京地方裁判所昭和五一年（ワ）第六〇〇七号不正競争行為の差止請求事件について同裁判所が昭和五五年三月一〇日言い渡した判決添付別紙目録第二記載の書体にかかる活字及び母型を製作し、販売しない。
（二）上告人らは、その余の請求を放棄する。
（三）上告人らと被上告人の間に第一項以外、一切の債権、債務の存在しないことを確認する。
（四）訴訟費用は、各自弁とする。
また、念書が両者で取交わされた。

「創作書体を制作、販売する立場にある者として、各自の創作した書体の権利性を尊重し、右書体の模造、変造をしない。」

3．4　和解の意味

最高裁はどうして和解をさせたのであろうか。すでに述べたように、通常一審二審判決が同じ結論であれば、まず、上告棄却となる場合が多い。

しかし、最高裁は、二つの事件で上告棄却すること——無断掲載事件の方では、著作権でないと断言し、不正競争事件では、「商品」「商品主体」いずれにも当たらないと断言すること——は、印刷用文字書体が全く水か空気のようなものだと言い切ることにつながることを、恐れたに違いない。

現行意匠法では登録を受付けていないし、著作権法や不法行為法で保護するには無理があり、飛躍を要する。かといって、アイデアと労力を注いで制作され、現に売買や利用の対象となっている印刷用の文字書体に、全く法的保護がない、ゼロである、空気か水のようなものだ、とは断言しなかったのである。

しがたって、私は、印刷用文字書体の保護についての最高裁の意思は、上述の和解条項の中に表現されており、2．の末尾で述べたように「印刷用文字書体は空気や水のようなもので、誰でも自由にコピーしてもかまわない」と最高裁は思ってはいない、と思うのである。このことはまた、「情報伝達の機能があれば、美術の著作物たり得ず、美術の著作物であるためには、伝達機能がないことが必要」といった議論も排し、「情報伝達の機能があるものも併せて何らかの保護手段で保護されている。」と考える。

3．5「動書」書体著作物事件

昭和六〇年一〇月三〇日東京地裁で「動書」という書体を著作物と認める判決を下した。[12]「書体に初の著作権」（日経昭和六〇年一〇月三一日夕刊）と報じたものもあった。

最高裁の和解が指し示した方向に沿い、本来著作物でないと考えられていた「印刷用書体」に著作権を認めたものであろうか。

私はそうではないと思う。

この訴訟で争いになったものは、まさに「書」をそのまま縮小したもので、一字一字が書または書らしいものである。流麗な独特のタッチのデザイン書体であるが、一筆書きの書または書ともいえるものである。

この原告の動書という書体については、拙稿[13]でも紹介しておいた。

しかし、この判決の意味も実際上大きい。ワープロやパソコンの日本語ソフトとして「毛筆」といった名前での書家によるものが販売されているが、これらのものには著作権保護があることは明瞭になった。

3．6　両事件の東京地裁東京高裁判決の問題点

まず印刷用文字書体無断掲載についての私見を述べてみたい。

①印刷用文字書体は著作物であろうか。私は一九七〇年著作権法が予想していなかったが、思想感情を創作的に表現した著作物であると思う。従前の著作権法の著作物に比べて、伝統的考え方からすれば程度が低いとされるかもしれない。[14]

しかし、だからといって、「思想感情を表現したもの」でないとは考えない。

すでに、「タイポス書体」について、木村恒久氏が次のようにいっている。

「たとえば、写植に〈タイポス〉という新書体がある。専ら女性週刊誌の誌面でご愛用されているが、この書体を見るたびにぼくは、新幹線のシートで鼻水をたらして眠りこけている郷ひろみを思い出してゲンナリである。この書体は活字の明朝とゴチックをこきまぜ、中和させて、〝見やすさ、読みやすさ〟の実用性をことさら顕著にするが、明らかに作者は、今日の産業技術における、中性化した流線型合理主義の思考原理をレタリング・デザインに逆用している。」（木村恒久「美術手帖」昭和四八年一二月号二九頁）。

このように、美術評論家によって「思想感情」の流露があると認められている。

「文字」という、思想感情その他の表現手段のいわば「装飾」に該当する「書体」を美術の著作物と考えるならば、ある書体でもって、ある著作物（詩や文章）を印刷した場合、原則的に、その内容の著作物の著作者氏名表示とともに書体の著作者の表示もしなければならない（氏名の表示不表示を決定するのは著作者である）。

東京高裁昭和五八年四月二六日判決では、被控訴人（被告）側から、書体の保護について、著作権よりも著作隣接権がふさわしい旨の主張がなされている。立法論としてこれも一案であるが、少なくとも著作物というのにはなじまないが「準著作物」が適切かも知れない。[15]

著作物ということになれば著作者人格権のうちの氏名表示権でいちいち、著作者氏名を表示することが非現実的であると述べたが、書体が利用される都度、著作者に許諾をとらねばならないことも非現実的、非実際的である。[16]

②次に、東京地裁昭和五四年三月九日判決は、デザイン書体が著作権法で保護されるとすれば、美術の著作物であるが、著作権法での保護される美術の著作物は、純粋美術と応用美術のうち、美術工芸品（法二条二項）のみをいうという、著作権法改正時の解釈をとる。

この解釈では、実用的機能を有し、一品製作の作品でないものは、著作物ではないことになる。

しかし、大量生産を目的とすれば、すべて意匠登録を必要とするというのは現実的、実際的でない。美術的な作品で、大量生産されたものがすぐ模倣された場合、直ちに著作物ということで差し止めなり、訴訟を起こさせる機能を与えることの方が（仮に著作物でないということになっても）、創作者制作者の保護に厚い。意匠法ということになれば、登録を得るまでに一年二年とかかり、保護期間は一五年（本校執筆時―筆者注）で、毎年登録料を支払うことになる。

したがって、博多人形赤とんぼ事件[17]や天正菱大判事件[18]、仏壇彫刻事件（神戸地姫路支昭和四九年八月九日決定[19]）（神戸地姫路支昭和五四年七月九日判決[20]）が指し示した立場――実用品であっても美的表象を美術的に鑑賞することができるものについては、純粋美術と同じく、これに著作権を付与する――という考え方が、著作権法制定時の考え方にとって代わりつつあるのは、当然の成り行きであった。

一方、最新著作権関係判例集Ⅰ、六九二頁（昭和五三年）に記したように当時の川添不美雄意匠課長は「個人的見解ながら、著作権法と意匠権の重複保護に賛成」しており、昭和六〇年発行「意匠法」（発明協会）において斎藤瞭二意匠課長が、神戸地昭和五四年七月九日神戸地姫路支部の上記判決を引用し、「ここに示された判断は一つの方向を示すものであろう。」（七五頁）とされ、「応用美術」を広く解している。[21]

武者小路実篤が絵を大量生産予定の皿に描くために描けば、意匠登録しなければならず、その時は著作権法の保護はなく、武者小路実篤が一旦、はじめに絵を描いて、その上で、大量の皿に転載すれば、著作権が一旦発生し、その皿への複製であるというのはおかしい。前者の場合でも、はじめに絵を下絵として描くであろうし、その時、絵の著作権は発生しているのである。

美術の著作物は、制作の際に大量生産の予定だったが、実用品に利用されることを企図していたが、といった著作者の意図に関わらしめる解釈は妥当ではない。

なお、アメリカTシャツ事件東京地裁昭和五六年四月二〇日判決[22]は、「応用美術については、現行著作権法は、美術工芸品を保護することを明文化し、実用目的の図案、ひな型は、原則として意匠法等の保護に委ね、ただ、そのうち、主観的な制作目的を除外して客観的、外形的にみて、実用目的のために美の表現において実質的制約を受けることなく、専ら美の表現を追求して制作されたものと認められ、絵画、彫刻等の純粋美術と同視しうるものは美術の著作物として保護しているものと解するのが相当である。」とする。

昭和五四年三月九日東京地裁判決（ヤギボールド事件）（秋吉稔弘、佐久間重吉、安倉孝弘）、昭和五八年四月二六日東京高裁判決（ヤギボールド事件）（荒木秀一、舟本信光、舟橋定之）の間になされた上記アメリカTシャツ事件の昭和五六年四月二〇日東京地裁判決（秋吉稔弘、水野武、設楽隆一）の方が、他の判決とともに応用美術についての主流をなす判例で、タイプフェイスの地裁高裁両判決は、どうやら、制定時の応用美術の考え方を理由とすることにより、タイプフェイスの著作物性否認を導き出しかったのではなかろうか。

アメリカTシャツ事件、動書書体著作物事件では、東京地裁民事二九部も、上記の主流をなす判例へ戻ったとも考えられ、この応用美術についての見解は、無視すべきであろう。

すなわち、動書書体著作物事件判決においては、東京地裁昭和五四年三月九日判決（ヤギボールド事件）や東京高裁昭和五八年四月二六日判決（ヤギボールド事件）と違って、著作権法で保護する応用美術は、純粋美術に匹敵する一品製作の美術工芸品だといった狭い見解をとっていないことである。ここでは「創作された著作物がどのように利用されようと、その著作物性に影響を与えない」として、大量生産物に利用されようと問題はないとしている。当然である。

次にタイポス書体商品事件についてふれる。

不正競争防止法により、似たような商品を作って販売する者に対し、先行者が差し止め及び損害賠償を求めうる。

すなわち、商品の形態自体が、不正競争防止法一条一項一号にいう「其ノ他他人ノ商品タルコトヲ示ス表示」に当たるとした判例として東京地裁昭和四八年三月九日判決[23]の眼鏡枠事件がある。

本件では、タイポス書体が「商品」に該当しないこと、写植用文字盤について、販売している者はともかく、書体制作者は、商品主体に入らない、とした。

しかし、前者については反対説もあり、後者については、アメリカン・プロ・フットボール事件の判決（大阪地裁昭和五五年七月一五日判決[24]）や大阪地裁昭和五一年一〇月五日決定[25]、大阪地裁昭和五三年七月一八日判決[26]では、表示の主体について柔軟な解釈をとっており、この点では、いずれも認めてよかったと思う。

ただ、不正競争防止法では、その他の条件がある。

すなわち、「周知性」と「混同のおそれ」があったかどうかである。

周知性の点でも関係者の周知性があればよいだろうが、「混同のおそれ」の点で、事実認定上、原告を勝訴させることはできなかったと思われる。

いずれにしろ、不正競争防止法によって、印刷用文字書体の一般的保護は考えられない。

なお、民法の一般不法行為による保護の請求が東京高裁で追加され、この点も退けられている。

不法行為による保護が可能と説く論者もいるが[27]、渋谷達紀教授がいわれるように「それには相当の飛躍を要するであろう[28]。」

4. 印刷用文字書体保護の現状

先に掲げたように、昭和六〇年四月一日及び昭和六〇年一〇月一六日の最高裁における和解を今後は、タイプフェイス保護の出発点としなければならない。

そこには、著作権という言葉は明記されていないが、著作権に類似した権利を前提とするかのような和解条項が導き出された。

すなわち、①創作されたタイプフェイスを出版物に引用する場合、創作者の了解を得た上、その氏名を明記する慣行を作ることに（引用者は）努力しなければならないこと。②（創作された書体と同一又は類似した）書体にかかる活字及び母型を製作し、販売してはならないこと。

②はもちろん、活字に限らず、写植文字、ドット文字にもあてはまるであろう。

②の、ある創作書体があった場合、この模造、変造の書体を作らない、という点については先例になる和解があった。[29]

株式会社モトヤが「モトヤＭ一明朝」を販売していたところ、タイプ活字製造の株式会社ベントンが類似した書体を売り出した。モトヤが盗用であるとして著作権侵害で訴えたこの事件は、大阪地裁で、大江健次郎裁判官のあっせんで、昭和五二年二月二四日、裁判上の和解をし、問題のひらかな、活字の販売を昭和五二年五月以降中止するということで決着をみせている。

こうして、今後、創作書体の類似書体を販売することは、裁判までいっても、（最高裁で）和解により中止させられることが明らかとなった。

こういう状況の下で、書体のデザイナーが創作書体を作ったり、活字、写植のメーカーが社員製作で作った書体をワープロ機器メーカーがその権利を購入し、ワープロ機器に装填し販売する場合、どういう契約を行っているのであろうか。

ある書体デザイナーによるとワープロ機搭載への契約の場合、次のケースが考えられるという。

①　まず、和解の趣旨を最大限に拡張し、書体に「著作権」を明示させる。ワープロの場合、ワープロ機器の広告や書体見本帳など印刷物の説明にⓒ表示をさせる。すなわち、「書体名、製作者名、ⓒ」を明示させる。

②　次のケースは、「著作権」という用語を使用せず、「版権」あるいは「創作者権」といった実定法にない用語を用い、ただし、ⓒ表示又は、権利者表示を認めるという契約書の場合である。

③　第三は、契約書を作成しても「著作権がＡにある」「版権（創作者権）がＡにある」といった条文を置かず、

単に使用料金を〇〇円とするというライセンス契約の場合を行う場合である。

④ 第四は、契約書も交わさず、しかし、書体を利用することについて、一括してある金額を支払う場合である。

⑤ 第五は、書体に全く権利を認めないケースである。今後、書体デザイナー、写植会社、活字会社とメーカーとの間でのトラブルが予想される。

ここで、①のケースの契約書を掲げる。使用料の第三条、著作権表示の第七条に注目されたい。

書体使用契約書

〇〇〇〇（以下甲という）と…………（以下乙という）とは、甲の所有する書体の使用について以下のとおり契約する。

第1条（定義）

本契約において本件書体とは、甲の所有する三二×三二ドット明朝体ＪＩＳ Ｃ六二二六 一九八三に準じるＪＩＳ非漢字五七七字、ＪＩＳ第一水準漢字二、九六五字、第二水準漢字三、八八八字の計六、九三〇字をいう。

第2条（使用範囲）

1 甲は乙に対し、乙が製造・販売する機器に本件書体を搭載することを認める。

2 甲は乙に対し、乙がオプション販売を目的として本体書体を記憶させた外部記憶文字発生器としてのフロッピーディスクやロムパックなどの製造・販売を認める。

第3条（使用契約金と使用料）

1 乙は、本契約にもとづく本件書体の使用契約金として一字当り金…………円、合計金額金…………円を甲に支払う。

2 乙は本件書体の使用料を甲に対し下記のように支払う。

（1） 前条一項の本件書体（六九三〇字＝一ＦＯＮＴ）が当該機器に搭載された場合の使用料は、当該機

器の販売台数に金　　　円也を乗じたものとする。
（2）前条二項の本件書体（六九三〇字＝一ＦＯＮＴ）がオプション販売を目的とした外部記憶文字発生器に使用される場合の使用料は、当該する外部記憶文字発生器の出荷額の　　　％とし、その額を当該文字発生器の販売台数に乗じたものとする。

第４条（使用料の報告及び支払い）
１　乙は甲に対し、前条一項の契約金を納入完了日の翌月末日までの甲の指定する銀行口座に送金して支払う。
２　乙は、甲に対し前条第二項に基づき本件書体を搭載した機器および外部記憶文字発生器の販売台数および使用料を毎月末日（以下締切日という）に集計し、締切日から一カ月以内に甲に書面をもって報告すると同時に使用料を甲の指定する銀行口座に振り込む。但し、本契約終了時の締切日は終了日とし、本契約終了日に受注済、あるいは仕掛済のものは販売したものとみなす。

第５条（保証）
１　本件書体データに瑕疵が発見された場合には、乙は甲に対し、かかる瑕疵の除去を求めることができるものとし、甲はこれに応ずる。
２　本件書体データの受領日から一年以内に上記瑕疵が発見された場合には、甲は無償にて上記瑕疵の除去を行なう。
３　本件書体データの受領日から一年経過後に上記瑕疵が発見された場合には、甲および乙は上記瑕疵の除去に要する費用の負担につき協議し、甲が上記瑕疵の除去を行なう。

第６条（修正または改良）
本件書体の修正または改良の必要が乙より生じた場合は、甲が修正または改良を行ないその費用は乙が負担する。

第７条（著作権表示）
１　乙は、本件書体の著作権が甲に所属することを認める。

2　乙は本件書体を搭載した機器の広告や書体見本帳などの印刷物における書体説明には本件書体であることを明示するために「書体名／○○○○©」と著作権表示をする。

第8条（第三者と紛争排除）

甲は乙に対し、本件書体が何ら第三者の権利を侵害しないことを保証する。万一第三者との間に紛争が生じたときは、甲がその責任と費用負担において解決する。

第9条（秘密保持）

甲および乙は、本契約に基づいて知り得た相手方の機密事項を相手方の承諾を得ずに許可なく第三者に漏らしてはならない。

第10条（協議）

本契約に規定のない事項および本契約の解釈に疑義が生じた場合、甲乙協議の上友好的に解決するものとする。

第11条（契約期間および更新）

1　本契約の有効期間は、昭和　　年　　月　　日から三年間とする。

2　契約期間満了の一カ月前までにいずれか一方の当事者から相手方に対し書面で異議の申し出がないときは本契約は更に一カ年延長されるものとし、以降も同様とする。本契約締結の証として本書二通を作成し、甲乙記名押印の上、各一通を所持する。

昭和　　年　　月　　日

甲＿＿＿＿＿＿＿＿

乙＿＿＿＿＿＿＿＿

5. 印刷用文字書体保護には著作権法改正か意匠法改正か

周知のように「タイプフェイス保護と国際寄託に関する協定」（一九七三年）があり、現在西独とフランスが加入しているが、効力発生のためには、五ヶ国の加入が必要で、まだ協定は発効していない。
西独は、三条からなる「一九七三年七月一二日締結のタイプフェイスの保護と国際寄託のためのウィーン協定に関する法律（タイプフェイス法）」（一九八一年七月六日）（連邦法律公報一九八一年第二巻）を制定した。保護期間は一〇年で二五年まで更新を認める。[30]
フランスは「一九五七年三月一一日の文学的及び美術的所有権に関する法律」を一九八五年改正し、第三条の著作物の例示に「タイポグラフィの著作物」を入れた。保護期間五〇年。[31]
わが国ではどう考えたらよいか。
印刷用文字書体の複製原型の模造、変造を権利者の許可なしにはできないこと。その保護期間は二〇年間（著作隣接権の期間）は少なくとも必要であろう。
タイプフェイス協定は、著作権法、意匠法（寄託も入る）の選択を認める。

著作権法による場合

程度の差はあれ、書体の創作は美術の著作物の創作と同じか、非常に似通っている。

また、著作者人格権のうちの同一性保持権、公表権も創作者にとっても必要であろう。

しかし、書体創作者の氏名表示は印刷物に不必要、むしろ邪魔になることを考えれば、この点は、変えなければならない。

著作権法が無方式主義であることも、書体の保護にとってよいとする意見もある。問題のあるもの、必要な場合のみ裁判所の判断を仰げばよいというのである。著作権法の改正の場合、書体を著作隣接権の一つとして位置づけ著作権法の中に入れるか、特別法を制定するのも一案であろう。

著作権法の現在のままでも印刷用文字書体を保護できるとされるのは牛木理一弁理士である。

意匠法による場合

意匠法又は意匠法の特別法による場合、書体そのものを、物品と関わりなしに保護する法制にしなければならない。

この場合、西独法が参考になるであろう。

飯島久雄弁護士は「著作権法以外の分野で行うのが正当と考えている」とされるから、[32] 意匠法の特別法か改正によることを考えておられるであろう。

なお牛木理一弁理士も特別法の場合「その特別法は、著作権法ではなく意匠法を母法とするものとした方が妥当であろう。[33]」とされ、著作権法に固執されているわけではない。

法律の改正又は特別法の制定は、よほどの不合理、不都合が現実に生じ、関係者が賛成しなければ実現しない。

昭和六〇年、コピー対策のために出版社に「版面権」を与えることが提唱されたが、まだ実現してはいない。

もし、タイプフェイス法が制定されるとしても（著作権法や意匠法が一部改正されても）、現在、流通している新書体を遡及して保護するかどうか、また保護期間は何年かの問題がある。

ワープロの発達、普及によって、書体デザイナー、写植会社、活字会社は、新しい需要者が出現し、気がつけば、権利者となった。著作権法の改正によって、コンピュータ・プログラムが著作物となり、チップ化されたものからの複製は著作権侵害となる。フロッピーディスクの複製も同じである。

また、近々法制化されるであろう「版面権」によっても、印刷用文字書体は間接的に保護されるであろう。

しかし、これらによっては完全に保護されないし、印刷用文字書体は、知的所有権尊重の精神からいって早晩、保護法制をつくらねばならない。毛筆体や壇琢哉[13]の「書」は著作物で、その他は著作物でないのも奇妙だ。

その日まで、関係者にとって必要なことは、公有物を明らかにし、最高裁の和解の精神を具体化した、新書体保護の慣習法を構築することである。

筆者はかつて、次のように述べた。[34]

タイプフェイスの創作者には、制作と同時に、慣習法上の創作権というべきものが発生し、この権利が売買の対象ともなり、あるいは使用許諾の対象ともなっている。

この権利の内容は、盗用して、制作し、販売する場合にのみ、権利者の対抗力、禁圧力が存すると。いわば、現在すでに、タイプフェイス権というべき慣習法上の物権があるのではないかと。

ただし、この権利は、一式の活字なり文字盤を盗用し、競争的に販売する場合にのみ及ぶのであって、新書体を収録した書体集などに収録することには及ばない（自由にできる）というのが、その慣習法上の物権的権利の内容ではないか、と述べた。

最高裁での和解により、今後は上記の後段についても、慣習法が具体化していくであろう。

権利者と使用者とが、お互いに公正さをめざし、慣行を積重ねて、生きたタイプフェイス権法の構築をしてほしいと考える。

本稿の作成には、林隆男氏、日本タイポグラフィ協会の方々、牛木理一氏から資料提供や助言をいただいた。感謝する次第である。

（原稿受領日　昭和六二年九月一六日）

［コメント］この論文は、特許管理三七巻一二号（一九八七年）に掲載されたものであるが、ゴナU事件最高裁平成一二年九月七日判決を掲載した判例時報一七三〇号一二四頁のコメント欄に次のように触れられている。「本件では、著作権法による保護が問題となったものであるが、昭和六〇年に最高裁でヤギボールド事件（原審・東京高判昭和五八年四月二六日本誌一〇七四・二五）についての和解が成立し、この和解につき、最高裁がタイプフェイスについて一定の権利（著作権類似の権利ないし著作者人格権の趣旨と思われる。）を認めたものという論者もあり（大家重夫「印刷用文字書体保護の現状と問題点」特許管理三七・一二・一四四一）、上告受理申立て理由もこれを前提としている。」

注——

（1）日本経済新聞（以下日経）昭六二年九月七日三〇面。
（2）日経　昭和六二年九月八日三〇面。
（3）日経　昭和六二年九月四日三〇面。
（4）権利放棄とは、権利を全く放棄する場合で、権利主張をしないとは権利主張をある場面では主張しないが、たとえば日本のメーカーがワープロ用に使う場合のみ権利主張をしないなど、権利主張を行う場合もありうることを留保していることを意味している場合である。
（5）無民行判集一一巻一号一一四頁、判タ三八三号一四九頁、最新著作権関係判例集（以下著判と略称）Ⅱ－①八頁、判例批評として阿部浩二・判例評論二五六号二八頁、播磨良承・判例評論二八九号二頁。
（6）無民行判集一五巻一号三四〇頁、著判Ⅳ集一六頁、判例批評として牛木理一・パテント三六巻八号二二頁、高石義一・著作権判例百選四二頁、千野直邦・マスコミ判例百選（第二版）一九二頁、阿部浩二・法学教室三五号八〇頁。
（7）無民行判集一二巻一号四七頁、著判Ⅲ集五八七頁、判例批評として、渋谷達紀　マスコミ判例百選（第二版）一七四頁、牛木理一　特許管理三四巻九号一一九七頁、紋谷暢男　ジュリスト八四九号一〇九頁。
（8）無民行判集一四巻一号三五一頁、判時一〇五七号四三頁、判タ四九九号一六一頁、著判Ⅳ集七五八頁。
（9）豊崎光衛、松尾和子、渋谷達紀「不正競争防止法」五二頁（執筆渋谷達紀）は、商品主体でない者による請求を認めた例としてアメリカン・プロ・フットボール事件（大阪地判昭五五年七月一五日）（大阪高判昭五六年七月二八日）があるとする。
（10）渋谷達紀前掲批評が「判旨が述べるその論拠は、いささか現実味に欠ける。今日においては、基本的な書体の大部分は普遍化して国民の自由使用に委ねられているため、新たに創作された書体の幾つかが個人の私有に帰したとしても、国民による文字の自由使用が不可能となるような事態は起こりえないと考えられる」とするが、同感である。
（11）牛木理一「タイプフェイス事件をめぐる二つの和解と一つの判決」パテント三九巻一号に二つの和解書が掲載されている。

(12) 判時一一六八号一四八頁、判タ五六九号九三頁、無民行判集一七巻三号五二〇頁、判例批評として、生駒正文　発明八四巻六号八五頁、牛木理一パテント三九巻一号、飯島久雄　著作権判例百選四四頁、大家重夫「特許管理」三七巻一号四一頁、生駒氏は、動書が著作物性を備えたものかどうか疑問とする。

(13) 大家重夫　発明七一巻二号（昭和四八年）、工業所有権研究四四号（一九七五年三月）参照。壇琢哉（一九二七－二〇一八）には著書『毛筆革命学』（二〇〇二）がある。

(14) 高石義一「デザイン書体」百選四五頁は『動書書体』事件と本件の差は、一文字及び文字セットが持つ創作性の程度の差に求めるべきであろう。」とされる。程度が低いといっても著作権法からの見方で、印刷用文字書体の創作について、独自の世界があることはもちろんである。

(15) もっとも、トルコ著作権法（一九五一年法）四条一項は「カリグラフィックな及びかざり文字の著作物」を、フランス著作権法（一九五七年法、一九八五年改正）三条は「タイポグラフィの著作物」を著作物とする。

(16) タイプフェイス協定では、第八条（四）により、印刷物に禁止権が及ばず立法政策の問題だが、著作物となると以上のようになろう。

(17) 長崎地裁佐世保支部、昭和四八年二月七日決定、著判Ⅰ六九二頁。

(18) 大阪地裁、昭和四五年一二月二一日決定、著判Ⅰ六九八頁。

(19) 著判Ⅱ－①　一〇三九頁。

(20) 無民行判集一一巻二号一頁、著判Ⅱ－①一〇四二頁、著作権判例百選六六頁に紋谷暢男教授の適切な解説がある。

(21) なお、木村豊（著作権課室長）応用美術の保護、時の法令一二八一号六四頁参照。

(22) 判時一〇〇七号九一頁、著判Ⅲ二五一頁。

(23) 無民行判集五巻一号四二頁、著判Ⅰ八五四頁。

(24) 無民行判集一二巻二号三二一頁、著判Ⅲ三二二頁。

(25) 無民行判集八巻二号四四一頁、著判Ⅱ－2　一三六頁。

(26) 無民行判集一〇巻二号三三頁、著判Ⅱ－2　一五〇頁。

(27) 阿部浩二・判例評論二五六号二八頁（判時昭和五五年六月一日号一六六頁）、法学教室三五号八〇頁（昭和五八年八月）。

(28) 渋谷達紀・マスコミ判例百選（第二版）一七五頁。
(29) 日本印刷新聞　昭和五二年三月一六日　三面
(30) 渋谷達紀・マスコミ判例百選（第二版）一七五頁によると一定要件の下で、著作権法及び不正競争防止法の保護の可能性があるという。西独のタイプフェイス法の訳は、「タイポグラフィックス・ティー」二二号八頁にある。
(31) フランス著作権法の訳は、著作権資料協会「外国著作権法令集（四）」一九八五年一二月発行に掲載されている。
(32) 飯島久雄・著作権判例百選四五頁。
(33) 牛木理一「意匠法の研究」（昭和六〇年）三七六頁。
(34) 工業所有権法研究No．四三、二四頁。

三．印刷用文字書体の法的保護の現状と課題（二〇一三年）――ゴナU事件以後

1．印刷術の発明と文字

印刷術の発明と最近の技術進歩によって、次の様なことが言えると思う。

1　紙などの媒体の上の同じ面積の空間に、一字、一字を収める。

2　一つの文章の中で、「あ」という文字を用いたとき、次に「あ」を使う場合、前に使用したものと同じ「あ」を使う。

3　印刷用の文字は、昔は、活字、のち写真植字であったが、最近はコンピュータの上で描かれ、活字と同じ働きをしている。碁盤の目のような、方眼紙のような「面」の上に描かれ、これは、コンピュータ上の数字で、表現される。

4　書道の手本のような、「書の文字」も、取り澄まし、感情表現がないかに見える「明朝体の文字」も、コンピュータ上のデジタルの文字として、数字によって、表される。

すなわち、両者が、コンピュータ上で表され、コンピュータ上の数字で表現されるという点において、共通しており、断絶はなく、連続している。わたしたちは、書と印刷用の文字書体は、別物であると考えやすいが、そうではないと言える。(1)

5　洋の東西を問わず、一つの文章において、それを構成する文字は、同じ意匠、同じデザイン、同じ雰囲気の文字で統一しているし、そういう傾向にある。

「字体」と「書体」

われわれは、毎日、新聞や雑誌あるいはテレビ画面で、街の看板で、カタカナ、ひらかな、漢字を目にしている。この文字であるが、同じ新聞、同じ雑誌の中では、同じ傾向の、同じ雰囲気の文字デザインで書かれていることが分かる。

明朝体、ゴシック体はよく知られているが、これも子細に見ると、それぞれの中にいくつも種類があることが分かる。

看板、題名の文字は、一字の場合もあるし、短い言葉の場合がある。

「吉野家」「松屋」は、牛肉たっぷりのイメージを植え付けようと肉太の江戸文字、千社文字のような書体であり、筆で描いたものに近い。

文字そのものの「骨格」は、「字体」という。たとえば「仏」と「佛」は、同じ意味だが、「字体」が違う。この「字体」にどういう衣裳をきせるか、どう一連の衣裳を着せるか、すなわちどうデザインするか、そのデザインをタイプフェイス（文字書体）という。

すなわち、本文用に使われるカタカナ、ひらかな、漢字の一式――これは、同じ雰囲気、同じ傾向のもの、同じスタイルである。○○明朝体、▽▽明朝体、△△ゴシック体……といって、いくつもの「一式」がある。

この「文字デザインの一式」をタイプフェイス（印刷用文字書体）という。

「書体制作者、ベンダーと慣習法」

昔、一九六五年（昭和四〇年）頃までは、活字の時代であった。

タイプ（Ｔｙｐｅ活字）の表面（Ｆａｃｅ，顔）に、そのデザインされた「顔」があるところから、タイプフェイスといえば、文字の書体を意味するようになった。ちなみに、活字の本体は、ボデイ（ｂｏｄｙ）という。

タイプフェイスは、無体物であるが、具体的な活字の形をとったものを活字フォント、写植時代の写植フォント、今日、印刷の主流を占めるデジタルフォントと呼んでいる。

「タイプフェイスだけでは、文字組み（文章化）して表示や印刷することはできない。フォントは、タイプフェイスを文字組みするためのハードウエア／ソフトウエアである。[2]」

フォントを販売する者をフォントベンダー（ｆｏｎｔ ｖｅｎｄｏｒ）というが、現在、日本では、販売する者と制作する者が兼ねている事例も多く、権利者という意味合いで使われている。文字書体を活字で制作するのは、昔は大変だった。漢字は一応、二、〇〇〇字は必要であった。活版印刷では、書体ごとに全活字を揃える必要があった。

活字会社の従業員が活字を彫り、あるいは、活字会社が、個人が彫ったもの一式とその「権利」を購入し、大量に、「文字」を生産し、印刷会社、街の名刺屋に販売した。

一九六五年（昭和四〇年）までは、活字の時代であった。

文字を一式、デザインを施して創作した者をタイプフェイス・デザイナーといい、このタイプフェイス・デザイナーから、「権利」を買い取ったベンダーは、現在、どういう権利を持っているか、持っていなければどういう権利を与えるか、がわれわれの目標である。

タイプフェイスを制作した者が、ベンダーに「権利」を売り、ベンダーが、昔、町の名刺屋や印刷所に売却したとき、タイプフェイスを巡る慣習法が成立していた。それは、遅くとも昭和三〇年代には慣習法があったと思われる。

「明朝体」に対する一般人とタイプフェイス・デザイナー等の意見

明朝体といわれる書体には、その中にいくつもの書体がある。

一般人である私達は、書籍、雑誌、新聞などにおいて、文章の「書体」について、その書体を意識することは、稀である。デザイナー佐藤敬之輔（一九一二－一九七九）は、こう述べている。

「一気に読破される小説などの活字書体では、活字の存在が意識されず、文章内容が直ちに読者に伝わってくるものが、最良だという評価も成り立つであろう。」「何が最良かは、活字書体の側だけから決定されるものではない。」紙・インク印刷方式の違い、読者のコンディション、読者の世代、職業、年齢、読書習慣等が関係する。「視線は、活字の上をすべる。逆に言えば、視線の前を活字が次々に飛んで行く」「一字一字は決してすみからすみまで丁寧に凝視されるわけではない。」

一方、書体デザイナーは、「たとえその活字の存在が空気であると言われる場合でも、それをデザインし、製造する側から言えば、徹底的に意識されなければならない。[3]」

注――

（1）ゴナU事件最高裁平成一二年九月七日判決（判時一七三〇号一二三頁）は、すべての印刷用書体を保護せず、1，従来の印刷用書体に比して顕著な特徴を有する独創性、及び、2，それ自体が美術鑑賞となり得る美的特性を有するもののみ、著作者とし、これに該当するもののみ保護するとした。

一方、書または書に類似するものについては、著作物とし、ただし、「そのままのコピー（複製）」を違法とする下級審判決がある（東京地裁昭和六〇年一〇月三〇日判決判時一一六八号一四八頁（動書書体事件、東京地裁平成元年一一月一〇日判決判時一三三〇号一一八頁（『動書』複製禁止請求事件）、大阪地裁平成一一年九月二一日判決判時一七三二号一三七頁（商業書道デザイン事件））。

（2）タイプフェイス・デザイナーやベンダーの集まりである、日本タイポグラフィ協会の機関誌「タイポグラフィックス・ティー」二四二号一〇〇頁は、こう定義している。

私は、「タイプフェイス（書体）を形に現したもの、具体化したものが『フォント』である。」とした（大家重夫「タイプフェイスの法的保護」（成文堂・二〇〇〇年）一頁）。

（3）「佐藤敬之輔記念誌」（佐藤敬之輔記念誌編集委員会・一九八二年）一二九頁、一三〇頁。

2．文字デザインに「権利」はあるか

私は、昭和四七年（一九七二年）頃、文字デザイナーである佐藤敬之輔氏に会った。彼は、昭和三〇年代、意匠法あるいは著作権法その他の法律でぜひ、法的保護をしてほしいと、いままで、あちこちで希望を述べたが、理解されなかった、と話された。

法的保護とは、まず、創作者が文字デザインを創作し、販売するとき、これを無断でコピーし、転売する者に対して、差し止めや損害賠償を命じて欲しい、あるいは、書体デザインに財産的価値、人格権的価値を認めて欲しいということであった。

私は、昭和四五年一二月、文化庁著作権課課長補佐を命ぜられ、昭和四六年一月一日施行の全面改正された「著作権法」の普及が主要な仕事であった。

著作権法全面改正のための「著作権制度審議会」の答申に、特にタイプフェイスが議論された形跡はなかった。

著作権課長だった佐野文一郎（一九二五‐二〇一七）氏は鈴木敏夫氏に答える形式の共著「新著作権法問答」の中で、「書は、美術の著作物に含まれる」「勘亭流というのは、むしろデザインの領域の問題で、純粋美術としての書に該当するものかどうか、私は疑問」「レタリングの場合は、デザイン的な要素がもっと強いから、著作物から落とすという考え方です。[1]」とあった。

著作権法二条一項一号「著作物　思想又は感情を創作的に表現したものであって、文芸、学術、美術又は音楽の範囲に属するものをいう。」

著作権法二条二項は、「この法律にいう『美術の著作物』には、美術工芸品を含むものとする。」とある。

法律は、ここまでしか書いていない。そこで、次の説が考えられる。
第一説　一品制作の美術工芸品に限るという厳格な説である。
第二説　美術工芸品だが、一品製作にこだわる必要のない、美術工芸品概念拡張説である。
第三説　純粋美術と同視しうる要素を具えている限り、美術工芸品以外の応用美術に対しても美術としての保護を与えて差支えないという説である。
第四説　以上の三説は、著作権法中に「応用美術」の言葉がないのに、応用美術を念頭に置いている。著作物が属するジャンル（文芸・学術・美術・音楽）にこだわることなく、保護対象が思想感情の創作的表現であるかどうかで判断する説である。(2)
立法者の考えは、第一説である。(3)
「美術工芸品、すなわち壺・壁掛けなどの一品製作の手工的な美術作品に限って、応用美術作品ではあるが純粋美術あるいは鑑賞美術の作品と同視するという考え方を採りまして、著作権法上の美術の著作物に含めております。」「産業用に大量に生産される工芸品あるいはその他の実用品については、美術の著作物という概念には入れない。」、意図するところは、「著作権法にいう美術の著作物というのは鑑賞美術の著作物であって、応用美術の領域に属する産業用の美的な作品は、美術工芸品を除いて著作物とはみなさない趣旨。」
ところで、これから述べるように、判例は、実用的な文字デザインであるタイプフェイス、大量に製作されるフォントについて、著作権法の保護を与えるかどうか、にふれていたが、最高裁平成一二年九月七日判決は、一定の要件を満たしたタイプフェイスを著作物とするとした。

注――
（1）佐野文一郎・鈴木敏夫「新著作権法問答」（新時代社・一九七〇年）一一二頁。
（2）渋谷達紀「財産的成果の模倣盗用行為と判例理論」判例評論四〇五号三頁。野一色勲「誘目性のある書体は著作物です」（タイポグラフィックス・ティー二六八号別冊一三頁）は、書体は、「美術の著作物」という狭い土俵でなく、「著作物」という広い土俵で、「書体の個性的印象の有無」を論ぜよ、という。

（3）加戸守行「著作権法逐条講義　六訂新版」（著作権情報センター・二〇一三年）六八頁。

3．タイプフェイス創作者、権利者の要望と「あるべき姿についての私見」

1　アメリカ、英国のアルファベットは、二六文字に多少の記号を入れても四〇字程度であり、ヨーロッパ諸国の文字、イスラム諸国の文字は、これより多いが、日本の漢字には及ばない。カナ、ひらかなは、約五〇字、漢字に至っては、約三、〇〇〇字である。

このように、日本では、文字数が多い。

2　文字は、新聞雑誌、書籍、電子書籍、看板、時刻表、道路標識…に使用される。

新聞、雑誌、書籍塔の紙媒体に使用される場合、読者は、この紙媒体に使用されている本文用の「書体」に注意を払うことなく、文章の「内容」を読む。タイプフェイスの創作者に「著作権法の創作者」の地位を与えるならば、氏名表示権をもつことになる。タイプフェイス・デザイナーの名前があっても一般の読者には邪魔で、またタイプフェイス・デザイナー、ベンダーも望んでいない。ただ新規のタイプフェイスあるいは、一字の文字にしろこれをデザイナー間で、業界内では、知って貰いたく、タイプフェイス年鑑、タイプフェイス一覧として、雑誌などに掲載する場合、タイプフェイス・デザイナーやベンダーの名前は記載して欲しいと願う。すなわち、原則として、タイプフェイス創作者に氏名表示権は、不要なのである。例外は、同業者や関係者を対象とした媒体にタイプフェイスを掲載する場合のみ、氏名表示権を主張したいのである。

3　タイプフェイスを具現化した活字フォント、写植フォント、デジタルフォントを、印刷業者、放送局などへ販売され、これらの者が、タイプフェイスを使用した場合、そこで、「権利」は、消尽すると考えられていた。具体例をいえば、ある新書体を用いて、「チラシ」を作製し、これを頒布した。このチラシを受け取った者が、掲載された文字を切り抜き、これを「複製」して、再使用した場合、従来、多くの創作者は、「追及しない」、放置する、という立場であった。

4　似た事例であるが、タイプフェイス創作者が、新書体一式を発表した。この中から文字を四語か五語抜き出して、その書体を使い「商標権」の登録した。

タイプフェイス・デザイナーの間で、タイプフェイス一式の保護が大事で、これらは自由であるという立場と報酬請求権がほしいという立場の者がいた。「ＣＡＮＯＮ」という商標登録された文字について、多額の報酬が支払われているだろうから、同様にいくらかの報酬が欲しいという意見である。

5　ベルヌ条約は、「文章の内容が思想又は感情を表現している」場合、これを保護する趣旨で、その「文章を構成する文字のデザイン」の保護は、想定していなかった。これは、本来の保護対象に対して、補助的な、手段的な「デザイン保護」である。従って、わたくしは、著作権の保護期間が「創作者の生存間と死後五〇年」のとき、タイプフェイスの保護期間は、「創作者の生存間と死後三〇年」とされても仕方がないと考えた。もし、著作権の保護期間が死後七〇年になるならば、タイプフェイスは、死後五〇年でもよい。

昭和四五年著作権法大改正の時、著作隣接権は「三〇年」であったが、関係者の運動で「五〇年」になった。

4．タイプフェイスを具現したフォントの変遷

昭和二五年頃、ベントン彫刻機が日本に大量に輸入され、活字の書体をつくることが容易になった。紙に書いた書体を写し取り、活字にしやすくなった。

昭和三〇年代になると、写真植字の時代になった。印刷所の活字、字母のストックも不要で、文字盤を用意すれば、レンズで大きさも自由にでき、また、書体を創作することが容易になった。従前は、ツゲ材に彫り師が文字を裏字に描き、彫刻刀で彫っていた。

写真植字機について、特許権を取得した会社へ、同業の写真植字機の会社がその特許の無効審判を求め、特許庁、

東京高裁がこれを認めなかった事例がある。[1]

写真植字は、文字を、レンズを通して、印画紙又はフィルムに印字する（もしくは焼付ける）のである。

写植の時代になると、写植はガラス板一枚変えればよく、「この書体交換の容易さのおかげで、日本でも書体の文化が急速に華開くことになった。[2]」といわれる。

また、一九六九年、グループ・タイポ[3]による「タイポス」の出現により、「それまで印刷用書体としては、一般的には明朝体、ゴシック体、丸ゴシック体、楷書体などしかなく、書体を制作する人の存在はごく一部の人たちにしか知られていなかった。タイポスの登場はそうした書体デザイナーに光を当てると同時に、書体デザインそのものにも光を当てるきっかけとなった[4]」。東京都内に約三〇〇〇軒の写真植字機の印刷屋があったといわれる。

当時、業界一位の写研が創始し、主催した一九七〇年「石井賞創作タイプフェイスコンテスト」で、中村征宏氏の「ナール」が、二回目一九七二年のコンテストで、鈴木勉氏（一九四九－一九九八）の「スーボ」が選ばれた。スーボは、一九七四年、写研が写植書体として発売した。

昭和の末期、平成の始め頃、伝統的な活字会社、写植機メーカー（大手三社、写研、モリサワ、リョービ）だった業界に、ＯＡ機器メーカーソフトウエアメーカー、フォントデザインの会社が参入し、新書体を創作し、販売するようになる。

一九九〇年代、新書体は、多くのコンピュータ・プログラムに組み込まれたデジタル・フォントとして、制作され、販売され、貸与されはじめた。

デジタルフォントの登場は、写真印字、写植機を不要なものとした。

後に触れるが、書体について、最高裁判決（ゴナＵ事件）がでた二〇〇〇年に、写植機をもち、写植印字で文字組をして、お客のために写植印刷をしていた印刷店は、殆ど廃業した。

二〇〇〇年、本格的なデジタルの時代がやってきた。

現在、新書体を制作しうるのは、コンピュータ上で、大変だが昔に比べると容易である。

マンガの吹き出し用のタイプフェイス、テレビ、映画の画面上の字幕に映すにふさわしいタイプフェイス、あるいは、教科書用の新書体が、毎年、制作者（タイプフェイス・デザイナー、あるいは制作会社）によって、制作され、一式ができあがるとその「権利」が、販売会社に売られ、販売会社は、印刷所、テレビ局などが購入するか、使用の許諾を得て使用され、国民の眼に触れている。制作と販売を兼ねる会社も多い。

まず、タイプフェイスは、すでに幾らでもあるだろうが、タイプフェイス・デザイナーは、新時代の気分に相応しい新書体、あるいはいままでなかった独創的な新書体を創る。

タイプフェイスは、アイデア、労力を籠めてそれぞれ、独特の美的な、あるいは感情が表現されたものであり、「知的財産権」の対象になって当然であると思われる。

次に、制作者から販売会社へ、対価を得て、「権利」が販売され、販売会社は、これを印刷所などに販売している。もし、このタイプフェイスが、何の値打ちもないもので、「権利」などは、成立しないとすれば、誰でも、このタイプフェイスをコピーする。そうすると、誰も新たにタイプフェイスを制作する者はいなくなる。

新しいタイプフェイスを制作し、販売したらすぐ、他人が、他社が、これをコピーし、販売することは、禁止し、差し止めや損害賠償が得られるようにしなければならない。

新しい、タイプフェイスを特定の顧客にのみ契約して販売（あるいは有料で使用許諾）したところ、顧客の一人が、販売会社の契約に違反して、第三者へ横流しした場合、販売会社が、容易に差し止めや金銭賠償をえられるようにしなければならない。

法律がなかろうと、判例がどうであろうと、タイプフェイス業界では、タイプフェイスに何らかの「権利」があり、制作者から販売会社へ、対価を得て、「権利」が販売されるという「業界の生きた法」があり、デッドコピーは当然許されないとされていた。

しかし、どこまでの模倣が許されるか、「ある流儀」の模倣だが、その流儀の新書体の発売から、何年経過すれば、その流儀に属するのか、新書体を出せるのか、まったく禁止されるべきか、ははっきりしなかった。

注――

（1）モリサワの前身株式会社モリサワ写真植字機製作所は、「写真植字機における表示装置」について特許権を取得したが、昭和三六年六月二八日、株式会社写真植字機研究所（写研の前身か）は、この特許権は無効であるとの審判を請求した。昭和四〇年一二月二二日、「本件審判の請求は成り立たない」旨の審決があった。写真植字機製作所は、審決取り消しを求めたが、東京高裁昭和四四年三月二五日判決（無体財産権関係民事・行政裁判例集一巻五六頁）は、『写真植字機における表示装置』関するに発明を引用例記載のものの単なる設計変更ないし当業者の容易に着想実施しうるものでない」として原告株式会社写真植字機研究所の請求棄却した。すなわち、被告の発明は、「感光材料捲着銅を収納せる暗匣体上に表示銅を回転可能に仮設し、これを捲着銅の回転に関連して回転させるとともに、表示銅に表示するところの表示子を固定させる表示銅を回転させると同時に横方向に移動させるか、あるいは、表示銅は回転のみで固定させ表示子を横方向に移動させ、文字の縦送り及び横送りを表示銅に表示するようにした写真植字機における表示装置」に関するものである。「その構成要件において『暗匣体上に表示銅を回転可能に仮設した』点、引用例記載のものと相違し、かつ、この構造に伴い『暗匣体の正面に支障物がないので、暗匣体内の捲着銅の装脱に至極便利である』という効果をあげうるものであることが認められる場合には、引用例の記載のものの単なる設計変更ないし当業者の容易に着想実施しうるものと解することはできない。」とした。

（2）中西秀彦「活字が消えた日―コンピュータと印刷」（晶文社・一九九四年）九二頁。
中西氏は、京都の中西印刷社長で、同書九五頁に「この頃（筆者注、昭和六〇年頃）の業界の憧れの対象は、手動写植機メーカーとして有名な写研のサプトンという機械だった。高速の高性能電算写植機として印刷業界に君臨していたが、値段が高い上に操作がむつかしいという評判だった。これに対抗するのがモリサワのライノトロンで、こちらも電算写植機である。」とある。

（3）武蔵野美術学校（武蔵野美術大学）同期の桑山弥三郎、伊藤勝一が卒業制作として制作に着手し、これに長田克巳、林隆男（一九三七‐一九九四）（のちタイプバンク社長）が参加し、グループ・タイポと名乗り、「タイポの書体」という意味で「タイポス」が誕生した。
タイポスについては、「旧来の書体が持ち得なかったデザイン性の高い字面」と評され、高い評価が多い。だが、木村恒久の批評「(タイポス) という書体を見るたびにぼくは、新幹線のシートで鼻水をたらして眠りこけている郷ひろみを思い出してゲンナリである。この書体は活字の明朝とゴシックをこきまぜ、中和させて〝見やすさ、読みやすさ〟の実用性をことさら顕著にするが、明らかに作者は、今日の産業技術における、中和した流線型合理主義の思考原理をレタリング・デザインに逆用している。」(「美術手帖」昭和四八年一二月号二九頁) もある。しかし、これこそ、書体が、「思想感情を創作的に表現」している証拠でもある。

(4)「鈴木本」制作委員会「鈴木勉の本」(有) 字游工房・一九九九年) 一七頁。

5. タイプフェイスについての下級審判決

ここでは、ヤギボールド事件について、著作権法による保護をのべる。[1]

ヤギボールド事件

タイプフェイス・デザイナーとして著名な桑山弥三郎が、各種の書体を集めて、書体名、制作者名、権利者名などを付した「ニューアルファベット」を刊行した。パンフレットから「YAGI　BOLD」を制作者、権利者として記入したが、この制作者は外国人であろうし、日本では著作権法の適用はないとされていたし、桑山は日本人の制作者については、掲載に許諾をとったが、「YAGI」には無断で掲載した。ところが、YAGI　BOLDの制作者は、当時、アメリカに居住している八木照興で、「書体について、著作権を取得している、著作権、著作者人格権が侵害された」として訴えた。東京地裁昭和五四年三月九日判決において、秋吉稔弘裁判長は、「本件各文字及び本件文字セットは、いずれも著作物性を有しない」として請求を棄却した。[2]

東京高裁昭和五八年四月二六日判決の荒木秀一裁判長も、著作物ではないとして控訴を棄却した。

ただこの判決は、「(文字の) 表出に用いられる書体が文字等と不可分に存している」とし、「特定人に対し、書体について独占的排他的な権利である著作権を認めることは、万人共有の文化的財産たる文字等について、その限度で、その特定人にこれを排他的に独占させ、著作権法の定める長い保護期間にわたり、他人の使用を排除してしまうことになり、容認しえない」として、「字体」と「書体」を同一視、ないし混同した判決であった。[3]

最高裁に上告され、受命裁判官（矢口洪一）の下で、和解がなされた。内容は、一，両者は、今後創作されたタイプフェイスを出版物に引用する場合、創作者の了解を得た上、その氏名を明記する慣行をつくることに努力する。二，被上告人桑山が本件引用について、調査が不十分であったため、引用について上告人の承諾を得なかったこと、引用部分に上告人の氏名を表示しなかったことについて、本日遺憾の意を表する。[4]」

注――

（1）一九九九年までの判例は、大家重夫「タイプフェイスの法的保護と著作権」（成文堂・二〇〇〇年）に、最近の判例は、（財）知的財産研究所「タイプフェイスの保護のあり方に関する調査研究報告書」一九五頁以下にある。

（2）昭和五四年三月九日判決判時九三四号七四頁。

（3）昭和五八年四月二六日判決判時一〇七四号二五頁。タイプフェイス・デザイナーで（株）タイプバンク社長だった林隆男（一九三七－一九九四）は、この東京高裁判決の「デザイン書体に著作権はない」という判断に不満であるとして、タイプフェイス創作者の立場から、「書体を創る－林隆男タイプフェイス論集」を著した（一五一頁）。「タイポス」という一九六〇年代に人気のあった書体は、桑山弥三郎、伊藤勝一、長田勝一、林隆男が制作した。

（4）和解調書は、大家重夫「タイプフェイスの法的保護と著作権」（成文堂・二〇〇〇年八月）二三五頁にある。大家重夫「印刷用文字書体保護の現状と問題点」特許管理三七巻一二号一四四六頁は、この和解は、最高裁がタイプフェイスについて一定の権利（著作権類似の権利）が認められたと評価した。しかし、ゴナU事件の最高裁平成一二年九月七日判決民集五四巻七号二四八一頁によって、この「評価」は否定された。高部眞規子「判例批評」最高裁・時の判例Ⅲ・私法編（二）（有斐閣・二〇〇四）三七九頁。

6．ゴナU事件最高裁判決

写研は、昭和五〇年、ゴナUという商品名の書体をAに委託して創作させ、創作完成と同時にAから写研に、A

が持っていた「権利」を移転した。写研は、昭和五〇年に写真植字機用文字盤（アナログフォント）に、昭和六一年、フロッピーディスク等（デジタルフォント）に搭載して販売している。また、ゴナUのファミリー書体「ゴナM」もアナログ、デジタルのフォントとして販売していた。ファミリー書体とは例えば縦の線を一律に一定の肉太にするなど、前の書体と同一ではないが、見る者に親縁性が分かる書体である。

昭和五〇年から一八年経過した平成元年、モリサワは、毎日新聞OBのデザイナー小塚昌彦に新書体の作成を依頼し、「新ゴシック体U」及び「新ゴシック体L」を完成させ、これを搭載したフロッピーデスクを製造販売した。モリサワの関連会社モリサワ文研は、「新ゴシック体U」又は「新ゴシック体L」を搭載した写真植字機用文字盤を製造し、モリサワとともに販売した。

平成五年、写研は、「新ゴシック体U」は、「ゴナU」を、「新ゴシック体L」は、「ゴナM」をそれぞれ複製したものであると主張し、主位的に著作権法一一二条、予備的に民法七〇九条に基づいて、「新ゴシック体U」「新ゴシック体L」等の書体を記録した記録媒体の製造禁止、販売禁止等を、モリサワ文研には写真植字機用文字盤の製造、販売の禁止等を請求して、訴えを起こした。

［1］一審，大阪地裁水野武裁判長は、平成九年六月二四日次のように述べて請求を棄却した（判タ九五六号二六七頁）。

「文字が本来有する情報伝達機能を失うほどのものであることまでは必要でないが、その本来の情報伝達機能を発揮するような形態で使用されたときの見やすさ、見た目の美しさとは別に、当該書体それ自体として美的鑑賞の対象となり、これを見る平均的一般人の美的感興を呼び起こしその審美感を満足させる程度の美術性を持ったものでない限り、美術の著作物としての著作権の保護を受けることができない」とし、「ゴナUは、従来からあるゴシック体のデザインからそれほど大きく外れるものではない」、「美的創作性を持っていない」、とした。

次に、民法七〇九条の不法行為について、「新ゴシック体は、形態がゴナUとかなり似ている文字が少なからず存在し、被告らが新ゴシック体の制作に当たりゴナを参考にしたことが窺われるものの小塚及び森を中心とするスタッフがゴナを手元においてこれを模倣したとの証拠はない」とした。また、「被告らがゴナの特徴ある部分を一組の書体のほぼ全体にわたってそっくり模倣して新ゴシック体を制作、販売したとまでいうことはできない」とした。つまり、「小塚（昌彦）及び森を中心とするスタッフがゴナを手元においてこれを模倣した」「被告らがゴナの特徴ある部分を一組の書体のほぼ全体にわたってそっくり模倣した」というのであれば、不法行為が成立し、原告勝訴と考えたのである。

［2］二審大阪高裁小林茂雄裁判長は、応用美術については、「実用性の面を離れて一つの完結した美術鑑賞の対象となり得ると認められるもの、純粋美術と同視し得るもの」は美術の著作物とした。その上で、「これを見る平均的一般人の美的感興を呼び起こしその審美感を満足させる程度の美的創作性を持ったものである必要がある」とし、一審判決を是認した（大阪高裁平成一〇年七月一七日判決平成九年（ネ）一九二七号）。

［3］ゴナU事件の最高裁平成一二年九月七日判決（民集五四巻七号二四八一頁判時一七三〇号一二三頁）

最高裁第一小法廷（井嶋一友、遠藤光男、藤井正雄、大出峻郎、町田顕）は、写研の上告を棄却した。「印刷用書体がここにいう著作物に該当するというためには、それが従来の印刷用書体に比して顕著な特徴を有するといった独創性を備えることが必要であり、かつ、それ自体が美術鑑賞の対象となりうる美的特性を備えていなければならない」として、ゴナU、ゴナMは、「従来から印刷用の書体として用いられていた種々のゴシック体を基礎とし、それを発展させたもので」、「前記の独創性及び美的特性を備えて」いないとしたのである。[1]

この最高裁判決は、一審、二審と違って保護する基準を示した。要件に合致すれば、保護するというのである。一審二審は、応用美術の一つとして捉えていたが、最高裁は、直接、「独創性」と「美的特性」を兼ねていれば、著作物とした。非常に厳格な基準である。[2]

この判決は、また、もし、独創性の要件を緩和したり、実用的機能の観点から見た美しさがあれば足りるなど、要件の緩和をすれば、印刷物に氏名表示が要る、類似の書体に依拠した新書体の制作改良ができなくなる、書体を著作物とすれば、無数の書体の著作権が成立し、権利関係が複雑になり、混乱を招く、とした。[3]

いずれにしろ、ゴナUというタイプフェイスは、保護されず、非常に高い条件をクリアした書体にのみ著作権を与えるとした。

注――

（1）この判決について大家重夫「タイプフェイスの著作物性」ジュリスト平成一二年度重要判例解説二七六頁（二〇〇一年）、「印刷用書体の著作物性」（「判例著作権法―村林隆一先生古稀記念」四三五頁（東京布井出版・二〇〇一年））、「印刷用書体の著作権法改正による保護―最高裁平成一二年九月七日判決を機に」久留米大学法学四三号二六七頁（二〇〇二年七月）。

（2）未発効に終わった一九七三年のウィーン協定（「タイプフェイスの保護及びその国際寄託に関するウィーン協定」）第七条第一項は、「タイプフェイスの保護は、タイプフェイスが新規であるか、独創的であるか、あるいはその両方であることを条件とする。」であった。

（3）この判決は、五人の裁判官によってなされたが、当時の最高裁判所調査官は、高部眞規子判事で、高部判事が議論の材料を提供されたと推測する。高部判事は、この判決解説を法曹時報五四巻八号一六九頁、最高裁判所判例解説民事編平成一二年度八三一頁、ジュリスト一二〇三号一二八頁に書かれている。高部眞規子「実務詳説　著作権訴訟」（金融財政事情研究会・二〇一二年）一一三頁、三一三頁などに詳しい。

7．最高裁平成一二年判決再考

（1）字体と書体の混同

「わずかな差異を有する無数の印刷用書体について著作権が成立する結果、権利関係が複雑となり混乱を招くおそれがある。」とした。

これは、字体と書体を混同した考え方である。

書体の場合も、書と同じで、その人の個性、独自性がある。この書体について、無断複製、デッドコピーのみを禁圧すればよいのである。いくら書体が多かろうと、その無断複製のみを禁止すべきであるというべきであった。保護すべきは、毎年、新作として発表され、流通させている一般の書体なのである。そして、そのデッドコピーを禁止するという発想が欲しかった。

(2) タイプフェイスの「美」と著作権法の「美」の基準

「印刷用書体がここにいう著作物に該当するというためには、それが従来の印刷用書体に比して顕著な特徴を有するといった独創性を備えることが必要であり、かつ、それ自体が美術鑑賞の対象となりうる美的特性を備えていなければならない」として、ゴナU、ゴナMは、「従来から印刷用の書体として用いられていた種々のゴシック体を基礎とし、それを発展させたもので」、「前記の独創性及び美的特性を備えて」いないとした。

わたしは、最高裁が考える「美」は、著作権法の純粋美術、応用美術その延長線上のものと解する。

カタカナ、ひらかなの約五〇字に、それぞれ例えば、「花」とみうる絵を付けることは、可能かも知れない。しかし、漢字については、無理である。カタカナ、ひらかなについて、もし、そういう文字一式ができても、最高裁は、著作物を認めるという保証はない。すなわち、平成一二年最高裁判決は、具体的にこういう書体について、著作物としてもいいという想定した書体はない。

新書体の全部に著作権を与えては、混乱する、だから、いわば書体の「エリート」だけには、著作権を与えるという姿勢である。この「エリート」の要件が、「独創性」と「美的特性」だが、もし、文字デザイナーに一任したならばどうか。

文字デザイナーは、タイポス書体（東京地裁昭和五五年三月一〇日判決、別紙一六頁）のように、文字書体制作者間だけでなく、一般のデザイナー間でも注目された書体を思い浮かべるのでないか。「ナール」という、あるいは、「スーボ」といった書体でないかと、想像する。

（3）最高裁平成一二年判決は、デジタルフォント時代を反映していない

ゴナUは、昭和五〇年頃、原告写研が訴外Aに委託して創作させ、その「権利」を絵、文字盤、フロッピーディスクに記録、搭載し、商品化し販売した。一八年後の平成元年、同業のモリサワが「ゴナU」に類似した「新ゴシック体U」を発売し始めた。

写研がモリサワを訴えたのは、平成五年で、一審判決が大阪地裁平成九年六月二四日、二審大阪高裁が平成一〇年七月一七日である。

ゴナU事件は、まだ写植の時代であったということである。請求内容は、「写真植字機用文字盤等の製造販売の差止、廃棄、損害賠償」であった。

漫画家の絵、セリフを漫画雑誌編集者が無断で、改変した訴訟事件「やっぱりブスが好き」事件（東京地裁平成八年二月二三日判決判タ九〇五号二二二頁判時一五六一号一二三頁）（西田美昭裁判長、高部眞規子、森崎英二）を読むと、当時、印刷所に絵を先に渡し、あとでセリフを写植で打ち、渡す、あるいは、先に写植機で打ったセリフを渡し、あとで絵を渡す、こういう技術的な事柄が述べられている。

テレビ画面用の文字書体を無断盗用されたベンダーが、テレビ局等を訴えた大阪地裁平成二五年七月一八日判決平成二二年（ワ）第一二二一号判決を読むと、技術的な面で、現在の、デジタル時代には、合わないのでないかと思われる。

（4）民法七〇九条についての解釈の変更

宮脇正晴教授は、「不法行為法によるタイプフェイスの保護」を書かれ、そこで示した「要件論の下で、具体的な利益侵害がある場合に限り、不法行為法での保護を認めるべきで」あるとされる（「L＆T」一二号六五頁、二〇〇四年）。賛成である。

われわれ、タイプフェイス・デザイナー等関係者は、ゴナU事件最高裁判決に不満でも、保護要件に外れたタイ

プフェイスについては、不法行為法による保護がある、と期待していたからであった。

ところが、北朝鮮映画事件において、最高裁平成二三年一二月八日判決判時二一四一号七九頁、判タ一三六六号九三頁は、著作権法が規律の対象とする著作物の利用による利益とは異なる法的に保護された利益を侵害するなどの特段の事情があれば不法行為の成立の余地があるとして、特段の事情がなければ、民法七〇九条の保護を否定した。

この判決は、佐藤佑介教授が言われるように、現行著作権法が保護すべき情報のすべてを保護しているわけでないから、知的財産を保護する観点から、支持するわけにはいかない。

佐藤教授のいうように「著作権法の保護から落ちこぼれた情報」を「不法行為法で保護することまで排除すべきでない」(「民事法の現代的課題――松本恒雄還暦記念」一一五一頁、二〇一三年)。

(5) ゴナU事件では、原告写研が被告モリサワを訴え、原告の請求が棄却された事件で、タイプフェイスを論じ、著作物たりうる基準を定め、原告のタイプフェイスは、著作物ではないとした。

一審判決文によれば、昭和五〇年(一九七五年)、タイプフェイス・デザイナーAに「ゴナU」を制作させ、写植機用文字盤(アナログフォント)として、販売し、昭和六一年(一九八六年)フロッピーディスクに収納し、商品化した。またファミリー書体であるゴナUを昭和五八年、写植用のものとして写真植字機文字盤とともに発売し、昭和六一年(一九八六年)、フロッピーディスクに記録し、商品化した。

一方、モリサワは、平成元年(一九八九年)、「新ゴシックU」という書体をフロッピーディスクに収め、商品化した。

先行者である写研のゴナUを見て、デッドコピーではなく、しかし、その流儀に属するタイプフェイスを被告モリサワが制作した。この事件以前、類似の事例はあったと思われる。タイプフェイスを制作し、これをベンダーへ譲渡する、譲渡を受けたベンダーは、タイプフェイスについて、物権的効力があるという「慣習法」があったし、今もあると考える。そこでは、先行者があるタイプフェイスを制作し、ベンダーが販売した場合、後行者が類似のタイプフェイスを制作することは、何年か後にするという慣習法があったのではないだろうか。

モリサワは、写研が、一九七五年に制作販売してから、一四年経過している、類似書体を発売してもいいと考えたのでないか。タイプフェイス業界の慣習法を調べることによって、事件を解決すべきであった。タイプフェイス制作者には、商品開発投資を回収させねばならず、一方、各人が、新作のタイプフェイス制作を激励、文化の発展に寄与するため、タイポグラフィ協会、デザイナーは、暗黙の内に、たとえば、先行者が発売してから、後行者は、たとえば、五年経過すれば、同じ流儀、同じ作風のタイプフェイスを制作して構わないという慣習法があったのではないだろうか。勿論デッドコピーは許されない、という慣習法もあったと思う。

ゴナU事件の最高裁判決において、慣習法について論じて欲しかった。

8．民法七〇九条による保護

現行の知的財産法は、相当に整備されたが、その網からはずれた「保護すべき知的財産」がまだある。タイプフェイスの保護問題は、そのうちの一つである。

この知的財産法の欠点を補完するべく、民法の不法行為により保護する判例が出ていた。

民法七〇九条は、平成一六年改正され、「故意又は過失によって他人の権利又は法律上保護される利益を侵害した者は、これによって生じた損害を賠償する責任を負う。」として、「法律上保護される利益」を明文化した。これは、従来もそう考えていたとする確認的な規定であると考える。

しかし、著作権法は、一般法である民法の「特別法」である。知的財産が保護されるか、されないかは、まず、特別法で考え、そこで、保護がされないとすれば、それは最終的なもので仕方がないという考え方である。

古くは桃中軒雲右衛門事件（大審院大正三年七月四日判決刑録二〇輯一三六〇頁）がそうで、著作権法が当時、「浪花節という実演」を保護していないならば、無断複製は自由であるとした。

しかし、わたくしは、知的財産法が、「保護すべき知的財産」を保護していない以上、民法七〇九条が、いわば、セーフティネットとして、裁判官が保護すべきと考えた「知的財産」を保護すべきであると考える。

ここで、民法七〇九条により、知的財産が保護された事例を見よう。

1　すなわち、原告翼システム株式会社は、自動車整備業用のデータベースを開発した。開発に五億円以上、維持管理に年間四、〇〇〇万円以上支出した。被告会社も同様のシステムを販売していたが、そのデータベースは、原告のそれを複製していた。

東京地裁森義之裁判長は、原告データベースは、創作性がなく著作権法一二条の二に当たらないが、これに収録されたデータを複製して作成されたデータベースを販売した行為が民法の不法行為に当たるとした（東京地裁平成一三年五月二五日判決判時一七七四号一三二頁）。これは中間判決で、終局判決である東京地裁平成一四年三月二八日判決は、原告翼システム（株）へ、五、六一三万二、一三五円の賠償を命じている。

2　読売オンライン事件（知財高裁平成七年一〇月六日判決平成七年（ネ）第一〇〇四九号。

原告読売新聞社の「ヨミウリオンライン（ＹＯＬ）」というウェブサイトは、ニュースを「見出し」および「記事」の構成でアップロードしていた。被告会社は、自己のウェブサイトにて、原告のニュースの「見出し」をそのまま、使用した。東京地裁平成一六年三月二四日判決は、見出しの著作物性を否定し、インターネット上で無償で公開されていることなどの理由をあげ、原告の請求を棄却した。知財高裁は、ＹＯＬが、有料で取引対象となっている、見出し作成に多大の労力をかけている等の理由を挙げて、記事の見出しのデッドコピーは、不法行為であるとした。

3　通勤大学法律コース事件（知財高裁平成一八年三月一五日判決平成一七年（ワ）第一〇〇九五号）一般人向け法律問題解説書について、これに依拠して執筆発行した後行の者の行為は、営利の目的をもって、先行の控訴人の執筆の成果物を不正に利用して利益を得た、後行の行為は、公正な競争として社会的に許容される限度を超える、として、民法七〇九条の不法行為に当たるとした。

4　木目化粧紙事件（東京高裁平成三年一二月一七日判決判時一四一八号一二一頁）

原告は、家具に天然の木目のようなデザインを施し、紙やフィルムに印刷し、これを家具の表面に添付、販売していた。被告は、原告製品を写真分解し、微妙な色調の差異を加えて、原告製品の模様と同一の木目化粧紙を作成、原告の販売地域と競合する地域で廉価で販売した。

一審は、本件原画の著作物性を否定し、原告の請求を棄却した。

二審の東京高裁は、他人が物品に創作的な模様を施してその創作的要素によって、商品としての価値を高め、この物品を製造販売することによって、営業活動を行っている場合において、当該物品と同一の物品に実質的に同一の模様を付し、その者の販売地域と競合する地域において、これを廉価で販売することによって、その営業活動を妨害する行為は、営業活動上の利益を侵害するものとして、不法行為を構成するとした。

このほか、民法七〇九条により保護した下級審判決はまだいくつかある。

私は、現在、タイプフェイスのような「知的財産法によって保護されるべきもの」が、未だ保護されていないこと、新たな立法により、これら知的財産の保護の立法が望めない状況下においては、民法七〇九条によって、保護すべきであると考える。

9．意匠法による保護

タイプフェイスは、文字のデザイン、意匠である。そこで、まず、特許庁の意匠課が所管する意匠法が考えられる[1]。

二〇〇〇年（平成一二年）、ゴナU事件判決がでて、ＮＰＯ法人日本タイポグラフィ協会、タイプフェイス関係者は、意匠法で保護できないか、陳情した。

二〇〇六年（平成一八年）、政府は「知的財産推進計画二〇〇六」に「タイプフェイスの保護を強化する」と明記した。

これを受けて、特許庁は、（財）知的財産研究所に委託し、意匠法での保護を検討した。

このことについて、財団法人知的財産研究所は、現行の意匠法になじまないとし、次のように述べた。

「タイプフェイスは、文字文化内での共通認識に基づき創作されることから、実用性の高いものほど既存の文字に類似してしまう性質があるところ、意匠権のように類似する意匠にまで権利が及び、さらに、侵害時に過失があったものと推定されると、特に実用的なタイプフェイスの開発を萎縮させる可能性が高く、意匠法の目的と相反するおそれがある。

さらに、タイプフェイスは、物品性の無い文字の形状であり、また、事業を営む上だけでなく日常生活でも様々な用途に利用されるものであるため、仮に、登録意匠とこれに類似する意匠を業として実施する排他的独占権である意匠権を無体物であるタイプフェイスに与えた場合、その権利は著しく広い範囲にまで影響することとなり、物品に係る意匠権に比べて強すぎる権利となり、これら権利間でのバランスを欠くだけでなく、円滑な情報伝達を阻害するおそれがある。さらに、実務面においても、タイプフェイス関連業界でさえタイプフェイスの類否判断の手法や基準が確立していない現状で、意匠制度で保護した場合にどのようにして新規性や創作非容易性について審査を行うのか、また、侵害時にどのようにして類否判断を行うのかという点等の多くの懸念が示された。[2]」

この意見に対して、私は、つぎのような感想をもつ。
（1）「実用性の高いもの程、類似判断が難しい。」「侵害時の過失推定は」「開発を萎縮させるおそれがある。」について。類否判断は、職能団体である日本タイポグラフィ協会の者の意見を聴する様にするとよい。不服の者には、裁判所もある。
（2）「無体物のタイプフェイスのみを意匠権で保護すると、強すぎる。」これについては、強すぎないように改正すればよい、と思う。要は、意匠権は、物品に係るもので、この原則を変えたくない、というのが特許庁や関係者の意見であったと考える。
（3）「タイプフェイス関連業界でさえタイプフェイスの類否判断の手法や基準が確立していない」という。だから、特許庁に期待したのである。「意匠制度で保護した場合にどのようにして新規性や創作非容易性について審査を行うのか」等という。これは、やる気を起こせば片づく問題と思う。

（4）二〇一一年（平成二三年）一二月二〇日開催の、産業構造審議会知的財産政策部会、第一四回意匠制度小委員会において、岩井特許庁長官は、画面デザインの保護について、諮問し、大淵委員長の司会のもと、議論がなされているが、この会合に、日本タイポグラフィ協会あるいは書体デザイナーから、一名参加させ、タイプフェイスの保護についても論じて欲しかったと思う。

注――

（1）スイス法に基づく国際タイポグラフィ協会（A. Type. I）は、世界知的所有権機関（ＷＩＰＯ）を動かし、一九六〇年から専門家委員会を開き会議を重ねたが、各国は当初、「意匠法」のみを念頭に置いており、各国著作権法関係者が招かれたのは一九七三年であった。大家重夫「タイプフェイスの法的保護と著作権」（成文堂・二〇〇〇年）一六五頁。世界知的所有権機関は、一九六〇年から一九七二年まで六回会合を開いているが、当初は、意匠法を念頭に置いていて、五回目ないし六回目の会合から著作権法による保護もありうると考えるようになった。

（2）（財）知的財産研究所「タイプフェイスの保護のあり方に関する調査研究報告書」xii頁（平成二〇年三月）。

10. 不正競争防止法による保護

１，事案によっては、不正競争防止法によって保護されるであろうが、一般的な保護は難しい。不正競争防止法二条一項一号および二号による保護および二条一項三号の保護規定に関係する。

タイポス書体事件において、東京地裁昭和五五年三月一〇日判決無体集一二巻一号四七頁、二審東京高裁昭和五七年四月二八日判決判時一〇五七号四三頁は、（当時の）不正競争防止法一条一項一号の「商品」は、有体物をいい、無体物であるタイポス四五は、「商品」に入らないとしていた。

写植機用文字盤について、東京地裁昭和六三年一月二二日判決判タ六六〇号五八頁、東京高裁平成元年一月二四日判決無体裁集二一巻一号一頁は、形態周知の請求を認めた。

不正競争防止法二条一項一号、二号、三号の「商品」には、「タイプフェイス」といった無形物も含まれるといった法改正を行うべきである。

2，不正競争防止法は、一九三四年（昭和九年）制定された法律であるが、一九九三年（平成五年）、法律第四七号により全面改正された。このとき、商品形態の模倣行為を不正競争の類型とする条項が導入された。すなわち、複製技術の進歩、流通システムの発展により、先行開発者の成果物の模倣によって、後行の模倣者はコストを削減でき、リスクを大幅に減少しうる、この先行者を保護するため置かれた条文である。現在の不正競争防止法第二条第一項第三号である（平成五年、第一条第一項第三号）。

不正競争防止法二条一項三号は、「他人の商品の形態（当該商品の機能を確保するために不可欠な形態を除く。）を模倣した商品を譲渡し、貸し渡し、譲渡若しくは貸渡しのために展示し、輸出し、又は輸入する行為」というものでこれを、「不正競争」であるとした。他人の商品が、著作物でなくても、「そっくりさん」、デッドコピーすると、この条文の「模倣」に当たるため、不正競争とされ、また、平成一七年改正から刑事罰も課せられている（不正競争防止法二一条二項三号）。

ただし、このデッドコピーの禁止は、三年間である。すなわち、先行者が、「日本国内において最初に販売された日から起算して三年を経過した商品について、その商品の形態を模倣した商品を譲渡し、貸し渡し、譲渡若しくは貸渡しのために展示し、輸出し、又は輸入する行為」は、不正競争防止法一九条一項五号により、適用が除外されている。

観光地で売られているキーホルダー、キャディバッグなどを巡る裁判において、不正競争防止法二条一項三号が主張されている。(1)

注――

（1）キーホルダーについて。東京地裁平成八年一二月二五日判決知的裁集二八巻四号八二一頁（先行者である原告が勝訴）。東京高裁平成一〇年二月二六日判決判時一六四四号一五三頁（後行の商品形態は、原告の商品に酷似しているとまで認めがたく模倣したものでない、として原判決を取消した）。キャディバッグについて、東京地裁平成一一年一月二八日判決判時一六七七号一二七頁（請求主体が独占的輸入業者であったため請求棄却）。

11．デジタルフォントの時代

ゴナU事件最高裁平成一二年九月七日判決が、極めて厳格な条件（「従来の印刷用書体に比して顕著な特徴を有するといった独創性を備えること」「かつそれ自体が美術鑑賞の対象となり得る美的特性」を備えること）を要求し、こういう書体にのみ、著作権法の対象となる「著作物」という判断を下した。（存在するのかしないのか分からない）いわばエリートである書体のみが保護される、というので、部外者は、一応、納得した。

だが、タイプフェイス・デザイナーや「権利」をもつ会社（ベンダー）は、困惑した。

タイプフェイス・デザイナーなど関係者の中で、この最高裁判決のもとで、自分の書体は、著作物であると主張する者は現われなくなった。

この判決前、日本タイポグラフィ協会、タイプフェイス・デザイナーやフォントの権利をもつ会社へ、書体をこう使いたいといった相談、問い合わせが多く寄せられていたが、この判決後、激減した。

当時のタイポグラフィ協会知的財産権委員長葛本京子は、次のようなことを広言する者が増え、非常に困惑していると「タイプフェイスの権利と現実」と題したパンフレットを作成した。(1)

すなわち、①最高裁判決によって、書体は全て保護されないことが判明した。自由に使えるのだ。②文字は公有財産、書体も公有財産である。③書体の使用許諾契約は、当事者間を縛るが、第三者が不正入手するフォントは、縛られないから、横流ししてほしい。④第三者がフォントを不正入手しても、デザイナーや権利をもつ会社は、恐らく立証できない。こういい、契約者に横流しや貸与を求める者がいる。⑤フォントの海賊版を入手して、使用するだけならば、何も問題はない……などと。

最高裁平成一二年判決の対象外のタイプフェイスは、民法七〇九条の「法律上保護される利益」に該当するか。一般のタイプフェイスは、何の保護もないのか。これを無断でコピーした場合、民法七〇九条により損害賠償を請求できるか。全く曖昧である。学者も研究しているが、結論が出ない。(2)

保護して欲しいのは、毎年、新作として発表され、流通している一般の書体である。

振り返ってゴナU事件は、平成五年に裁判が提起され、一審平成九年、二審平成一〇年最高裁平成一二年と七年かかった裁判であった。

原告は、アナログフォントで販売し、被告は、一八年後の平成元年、デジタルフォントで、ゴナUが開拓した分野に、もう、「許されるだろう」とモリサワが参入したと筆者は、推測する。また、筆者は、小塚昌彦と面識があり、その人柄から、業界の暗黙のルールで、許された範囲で、行っている、侵害していない、と思っていた。

写研が提訴の当時は、デジタルフォントは、まだ本格化していなかった。

この平成一二年最高裁判決が出た頃、デジタルフォントの時代に入り、いまや主流になった。タイプフェイスをコンピュータの画面上で制作し、タイプフェイス・デザイナーあるいは、ベンダー（権利者）は、新作のタイプフェイスを登載した「もの」を、1，CD－ROMのパッケージの形態で、販売もしくは使用を許諾する。2，インターネットで、送信する、ようになった。いずれも、権利者は、対価を払って契約をした相手方にのみ、使用させ、第三者への貸与禁止を要求している。

デジタルの時代とは、中間の業者が不要な時代でもある。タイプフェイスを制作、販売していた多くの会社――写植屋は勿論――は姿を消すか、大手の会社の傘下にはいっていった。

注――

（1）葛本京子「タイプフェイスの権利と現実」ＪＴＡタイポグラフィックス・ティ268別冊（二〇一二年）。

（2）宮脇正晴「不法行為法によるタイプフェイスの保護―ゴナＵ書体事件下級審判決の示す要件論を中心に」Ｌ＆Ｔ二二号五三頁（二〇〇四年）。
椙山敬士「フォント」（『著作権論』一五二頁、日本評論社）（二〇〇九年）。
駒田泰土「タイプフェイスの保護」著作権研究三六号五八頁（二〇〇九年）。

本稿は、マーチャンダイジングライツレポート二〇一三年一一月号四六頁に掲載したものである。巻末の第一二章「デジタルフォントを保護する法律」の提案は、ここでは省略し、本書「第七章　タイプフェイス保護のための新法制定の提案」として、掲載した。

第五章　ゴナU事件最高裁判決について

一．印刷用書体の著作物性――ゴナU事件最高裁判決

〔ゴナU事件 平成一二年九月七日最高裁第一小法廷判決（平成一〇年（受）第三三二号著作権侵害差止等請求本訴、同反訴事件）判例時報一七三〇号一二三頁、判例タイムズ一〇四六号一〇一頁）上告棄却〕

〔大阪地裁平成九年六月二四日判決（判例タイムズ九五六号二六七頁）、大阪高裁平成一〇年七月一七日判決〕

キーワード　タイプフェイス、印刷用文字書体、印刷用書体、美術の著作物、不法行為、応用美術

〈判決要旨〉

印刷用書体が、著作物に該当するためには、従来の印刷用書体に比して顕著な特徴を有するといった独創性及びそれ自体が美術鑑賞の対象となり得る美的特性を備えていなければならない。

〈事実〉

Xは、写真植字機及びそれに使用する書体等の制作・販売等を業とする会社である。

Xは、昭和五〇「ゴナU」という商品名の書体をタイプフェイス・デザイナーである訴外Aに委託して創作させ、創作完成と同時にAからXへ、「著作権」を移転した。Xは、「ゴナU」を昭和五〇年に写真植字機用文字盤（アナログフォント）に、昭和六一年にフロッピーディスク等（デジタルフォント）にそれぞれ記録、収容して商品化し現在に至っている。また、Xは、ゴナUのウエイト（縦線横線の線幅の比率あるいは線の太さ）を変更したファミリー書体として、「ゴナM」を自ら制作し（訴外AからXはゴナUのウエイト又は形状を変更する権利も譲り受ける契約を締結している）、昭和五八年、写真植字機用文字盤として販売、昭和六一年にフロッピーディスク等に記録、収容し商品化して現在に至っている。

Xが、ゴナUをアナログフォントとして商品化した昭和五〇年からこの書体は、雑誌広告テレビ看板等広範囲に使用されるようになった。昭和五〇年から一八年経過した平成元年、Xと同じく写真植字機及びそれに使用する書体等の制作・販売等を業とする会社Y1は「新ゴシック体U」という商品名の書体又は「新ゴシック体L」という商品名の書体を記録したフロッピーディスクを製造、販売しはじめた。

Y1の関連会社Y2は、「新ゴシック体U」又は「新ゴシック体L」を搭載した写真植字機用文字盤を製造し、Y1とともにこれを販売しはじめた。

一審判決

Xは、「新ゴシック体U」は、「ゴナU」を、「新ゴシック体L」は、「ゴナM」をそれぞれ複製したものであると主張し、主位的に著作権法一一二条、予備的に民法七〇九条に基づき、1、Y1に対し、「新ゴシック体U」「新ゴシック体L」の書体を記録したフロッピーディスクその他の記録媒体の製造、販売及び各書体を搭載した写真植字機用文字盤の販売の禁止、2、Y2は、一記載の写真植字機用文字盤の製造、販売の禁止、3、Y1は、その占有する一項記載の各書体の原字並びに同項記載のフロッピーディスク及び写真植字機用文字盤の廃棄、4、Y2は、その占有する一項記載の各書体の原字及び写真植字機用文字盤の廃棄、5、Y1らは連帯して一、六八〇万円、Y1は、七、八〇〇万円及び右金員に対する年五分の利息の金員を支払うよう請求した。

Y1らは、Xの「ゴナM」がY1らが昭和五六年に共同制作した「ツディL」に酷似しているとして、著作権侵害だとして反訴を提起し、1、Xは、「ゴナM」の書体を搭載した写真植字機用文字盤の製造、販売及び右書体を記録したフロッピーディスクその他の記憶媒体の製造、販売、賃貸の禁止、2、原告は、その占有する前項記載の書体の原字並びに同項記載の写真植字機用文字盤及びフロッピーディスクの廃棄、3、Xは、Yらにそれぞれ、一億一、三〇七万円と年五分の利息を支払うよう求めた。

一審の大阪地裁は、平成九年六月二四日、次のように述べて、Xの本訴請求を棄却し、Yらの反訴請求も棄却した。

一、Xの主位的請求である著作権に基づくXの書体の著作物性の主張とYらによる著作権侵害について

「美術の著作物は、絵画、版画、彫刻等……形状や色彩によって思想又は感情を創作的に表現した著作物であって、見る者の視覚に訴え、その美的感興を呼び起こし、審美感を満足させるものである。」「ゴナのような書体であってなお美術の著作物として著作権の保護を受けるものがあるとすれば、それは、文字が本来有する情報伝達機能を失うほどのものであることまでは必要ではないが、その本来の情報伝達機能を発揮するような形態で使用されたときの見やすさ、見た目の美しさとは別に、当該書体それ自体として美的鑑賞の対象となり、これを見る平均的一般人の美的感興を呼び起こし、その審美感を満足させる程度の美的創作性を持ったものでなければならないというべきである。」として、書体が美術の著作物として成立するための要件として、「当該書体それ自体として美的鑑賞の対象となり、これを見る平均的一般人の美的感興を呼び起こし、その審美感を満足させる程度の美的創作性を持った」ものであることを必要とした。

その上で、上述の要件を満たさない書体までが、著作物として保護されることになれば、出版された言語の著作物を複写利用する場合、言語著作物の著作権者と書体の著作権者の許諾が必要となり、言語著作物に著作権がない場合でも書体の著作権者の許諾が必要となり、言語の著作物の利用に重大な支障になり、著作権法の目的に反するとした。

判決は、Xの書体は、著作権法のいう「美術の著作物」に該当しないとし、これを前提としたその著作権侵害を

理由とするYらに対する製造販売等の禁止廃棄損害賠償を求める主位的請求は理由がないとした。

二、Xの予備的請求である不法行為について

「しかしながら、ゴナのように著作権法による保護を受けられない書体であっても、それが真に創作的な書体であって、過去の書体と比べて特有の特徴を備えたものである場合に、他人が、不正な競争をする意図をもって、その特徴ある部分を一組の書体のほぼ全体にわたってそっくり模倣して書体を製作、販売したときは、書体の市場における公正な競争秩序を破壊することは明らかであり、民法七〇九条の不法行為に基づき、これによって被った損害の賠償を請求することができる余地があるというべきである。」として、要件を列挙した上で、不法行為によって、保護しうる場合のあることを示唆した。

そして、「新ゴシック体は、形態がゴナとかなり似ている文字が存在し、被告らが新ゴシック体の製作に当たりゴナを参考にしたことが窺われるものの、新ゴシック体の制作に当たり小塚及び森を中心とするスタッフがゴナを手元においてこれを模倣したとの事実を直接認定できるだけの証拠はない」として、被告らの書体が基本的に従来のゴシック体の形態を踏襲、その枠内のものを目指したからある程度似た書体になるのは、避けられないとして、原告のゴナが従来のゴシック系のものと大きく異なる特徴をもつという点も傾向の延長線上のもので、ゴナ特有とはいえない、とした。すなわち、「ゴナが過去の書体と比べ特有の特徴を備えたものであるとは必ずしも言い難い上、被告らがゴナの特徴ある部分を一組の書体のほぼ全体にわたってそっくり模倣して新ゴシック体を製作、販売したとまではいうことができず、したがって、冒頭の説示に照らし、被告らによる新ゴシック体の製作、販売にて不法行為が成立するということはできない。」とした。

三、反訴について

被告らが昭和五六年に制作した書体ツディLは、被告らの共同著作物であることを前提に、原告の制作したゴナMは、ツディLを無断で複製したものであるとして、著作権法一一二条に基づきゴナM搭載の写真植字機用文字盤の製造、販売の差し止め廃棄を請求し、不法行為に基づく損害賠償を求めるものであるが、本訴に述べたようにツ

ディLも、著作物として保護されるものではないから、反訴は前提を欠き理由がない、とした。

二審判決

一審本訴原告Xは、控訴した。

二審大阪高裁平成一〇年七月一七日判決は、控訴人の被控訴人に対する本訴請求は、主位的請求、予備的請求とも理由がないとして、一審の判断を是認し、控訴を棄却した。

理由中、一審では、いわゆる応用美術の議論については、ふれず「美術の著作物は、絵画、版画、彫刻等……形状や色彩によって思想又は感情を創作的に表現した著作物であって、見る者の視覚に訴え、その美的感興を呼び起こし、審美感を満足させるものである。」「ゴナのような書体であってなお美術の著作物として著作権の保護を受けるものがあるとすれば、それは、文字が本来有する情報伝達機能を失うほどのものであることまでは必要でないが、その本来の情報伝達機能を発揮するような形態で使用されたときの見やすさ、見た目の美しさとは別に、当該書体それ自体として美的鑑賞の対象となり、これを見る平均的一般人の美的感興を呼び起こし、その審美感を満足させる程度の美的創作性を持ったものでなければならないというべきである。」としたが、次のように変更した。

すなわち、「著作権法上美術の範囲に属するといえるためには、純粋美術あるいは鑑賞美術の作品ということができる必要があり、実用品である美的創作物ないし応用美術作品については、原則として意匠法等工業所有権制度による保護に委ねられているのであって、これらも広く著作権法上の美術の著作物に当たると解することはできない。しかし、客観的、外形的にみて、純粋美術としての絵画等と何ら質的差異がなく、これらと同視し得るような創作物については、それが実用品であるからといって、およそ美術の著作物に当たらないとするのは相当ではない。創作の目的、創作後の現実の利用形態とは別に、その創作物を客観的にみた場合、社会通念上、実用性の面を離れて一つの完結した美術作品として、美的鑑賞の対象となり得ると認められるもの、純粋美術と同視し得るものについては、美術の著作物として保護されると解するのが相当である。」とした。

「ゴナのような印刷用書体であってなお美術の著作物として著作権の保護を受けるものがあるとすれば、それは、文字が本来有する情報伝達機能を失うほどのものであることまでは必要ないが、その本来の情報伝達機能を発揮するような形態で使用されたときの見やすさ、見た目の美しさ等とは別に、こうした実用性の面を離れてもなお当該書体それ自体が一つの美術作品として美的鑑賞の対象となり得ることが社会通念上認められるものでなければならないというべきであり、そのためには、一般的にいって、これを見る平均的一般人の美的感興を呼び起こし、その審美感を満足させる程度の美的創作性を持ったものである必要がある」とした。

そして、ゴナU、ゴナMについては、「その本来の情報伝達機能を発揮するような形態で使用されたときの見やすさ、見た目の美しさ、印象等の面で、タイプフェイスとしての新規性ないし創作性を有していることを肯定することはできるとしても、それとは別に、当該書体それ自体がタイプフェイスとしての実用性の面を離れてもなお一つの完結した美術作品として美的鑑賞の対象となり得ると社会通念上認められるほど、これを見る平均的一般人の美的感興を呼び起こし、その審美感を満足させる程度の美的創作性を持ったものというには未だ至っていないという外ない。したがって、ゴナは、現行著作権法上美術の著作物として、著作権の保護を受けるものということはできない。」とした。

二審では、予備的請求の不法行為の議論については、一審の文章を若干補正したが、大きな変更はなく、いずれも一審判決を相当とした。

控訴人は、上告した。

〈最高裁判決の判決理由〉

最高裁平成一二年九月七日第一小法廷判決は、上告人の申立理由に答えて、以下のように、述べた。

「一、著作権法二条一項一号は、『思想又は感情を創作的に表現したものであって、文芸、学術、美術又は音楽の範囲に属するもの』を著作物と定めるところ、印刷用書体がここにいう著作物に該当するというためには、それが従来の印刷用書体に比して顕著な特徴を有するといった独創性を備えることが必要であり、かつ、それ自体が印刷用書体について、独創性の要件を緩和し、又は、実用的機能の観点から見た美しさがあれば足りるとすると、一、小説論文等の印刷物について、印刷用書体の著作者の氏名表示、著作権者の許諾が必要となり、二、既存の印刷用書体に依拠して、類似の印刷用書体の制作改良ができなくなる、とした。また、印刷用書体を著作物とすると、わずかな差異を有する無数の印刷用書体の著作権が成立し、権利関係が複雑となり、混乱を招くとした。

「二、」「ゴナU」「ゴナM」の（上告人書体は）「従来の印刷用の書体として用いられていた種々のゴシック体を基礎とし、それを発展させたものであって、『従来のゴシック体にはない斬新でグラフィカルな感覚のデザインとする』とはいうものの、『文字本来の機能である美しさ、読みやすさを持ち、奇をてらわない素直な書体とする』という構想の下に制作され、従来からあるゴシック体のデザインから大きく外れるものではない」「右事情の下においては、上告人書体が、前記の独創性及び美的特性を備えているということはできず、これが著作権法二条一項一号所定の著作物に当たるということはできない。また、このように独創性及び美的特性を備えていない上告人書体が、文学的及び美術的著作物の保護に関するベルヌ条約上保護されるべき『応用美術の著作物』であるということもできない。」

こうして、原審の主位的請求に関する判断を正当とした。

また、予備的請求に関しては、上告申立の理由が上告受理の決定において排除された。

〔参考条文〕著作権法一条、二条一項一号、二条二項。

批　評

印刷用文字書体

タイプフェイスのことである。新聞雑誌書籍の「本文」を組む一揃いの書体である。商品名や企業名等の「ロゴタイプ」や特定分野用の「制定書体」ではない。後者は、一揃いある必要はなく、前者のタイプフェイスは、カタカナ、ひらかなは、すべて（約五〇字）、漢字は、最低約三、〇〇〇字用意する必要がある。以下、前者を印刷用書体あるいはタイプフェイスと呼ぶ。これについて出された本最高裁判決は、大きな意義をもつと考える。

タイプフェイスをめぐるトラブルの類型

まず、印刷用文字書体については、次のような類型のトラブルがあった。

1、印刷用文字書体の創作者（タイプフェイス・デザイナー又は職務著作により創作者とされる法人）あるいはその「権利」の譲渡を受けた者との間で、後発の書体が発売されると先行して発売されていた書体に類似しているとして、先発の会社等から訴えられる場合である。

活字、写植用文字盤等のアナログフォント、コンピュータのデジタルフォントの形態の違いがあるが、裁判にまでいかず、業界の内部で、一方が謝罪し、販売を中止して終わったケースや裁判所で和解がなされた例がいくつか報告されている（モトヤMI明朝体についての昭和五二年の活字事件。平成四年の写研の書体「ナール」についての事件。平成四年の写研対三井シグナム事件、平成四年の写研対日の丸ハリマなど。）

2、印刷用書体についての概観的、啓蒙的、あるいは入門的な書籍パンフレット等の出版物印刷物を、著者（多くはタイプフェイス・デザイナー）が発行した際、その書体の創作者の氏名の表示をしなかったため、訴えられたケースである。この事例としては、ヤギボールド書体無断掲載事件（東京地裁昭和五四年三月九日判決、東京高裁昭和五八年四月二六日判決）があり、最高裁で昭和六〇年四月一日和解がなされ、出版物に引用する場合、創作者の氏名を明記する慣行を作ることを努力せよ、掲載しなかった被告は創作者氏名を十分調査しなかったこと、氏名表示しなかったことについて、「遺憾の意」を表せよ、との内容であった（大家重夫「タイプフェイスの法的保護と著作権」（成文堂）八頁以下参照）。

3、一連の印刷用書体を創作した者あるいは、権利を有する者に無断で、その書体から、一〇字以内の文字を取り出して、あるいは、発表されてない文字について、発表された書体の流儀で、文字書体を創作し、会社名、商品名、バー、商店の看板等に使用するケースである。前掲拙著一二三頁には、デザイナー奥泉元晟氏、桑山彌三郎氏のケースを掲げた。

なお、「アサヒビール」の欧文文字「Ａｓａｈｉ」の文字デザインと殆ど同様の文字デザインで「Ａｓａｘ」を使用している業者をアサヒビールが訴えた事件がある（東京高裁平成八年一月二五日判決判時一五六八号一一九頁）。この場合は、原告側は、一組の文字書体の権利を有するのではなく、いくつかの文字（いわゆるロゴ）であるので、この類型からは、外れる。

この三つの類型のうち、圧倒的に多いのは1の場合で、これは、業界内の者同士の争い、プロ同士の争いである。2、については、一方はプロの作家であるが、一方はプロでない場合がある。3は、一方はプロであるが、他方は、広告代理店など一般の者である。

1、のケースについては、いままで、ア、著作権法によって訴えたケース、イ、不正競争防止法によって訴えたケース、ウ、民法の不法行為を訴訟の中で主張したケースがある。ア、の中には、一組のタイプフェイスを著作物とみるのが多いが、一字一字が文字の設計図であるとして、設計図の著作物として訴えたものもある（後述）。本件の最高裁判決は、1、の場合についてなされたものであり、この判決の意義は非常に大きい。

一　著作権法を厳格に適用

最高裁は、印刷用文字書体が、著作権法上の著作物かどうかという判定をするに当たって、著作権法を厳格に適用する姿勢を明らかにしたことである。

すなわち、印刷用書体が著作権法の著作物であるという主張は、1、著作権は、無方式で成立し、2、創作者にとっては、美術の著作物と同じく、思想感情を表現したもので、3、そのために、見本帳や印刷書体の一覧表が発行される場合に、創作者の氏名を表示してもらいたい欲求が強いこと、4、存続期間が死後五〇年又は発行後五〇年と長いことなどにより、タイプフェイス・デザイナーやこの事件の原告被告のような写植用書体のメーカーが希望していたところでもあった。

しかし、印刷用書体が著作物とすれば、著作権法をそのまま適用した場合、1、著作権（複製権）は、著作物が使用される都度、権利が働き、フォント（印刷用書体を表した物）を正規に購入した印刷者（組版業者）にだけ及ぼすのではなく、印刷者が印刷した書籍を購入した一般の市民などが複製する場合（権利制限の場合は別だが）にも及ぶこと、2、著作者には、氏名表示権があるから、雑誌書籍にその印刷用書体を使用した場合、文末か文初に小活字にしろ、書体の創作者の氏名表示をしなければならない。

そこで、印刷用書体が現行著作権法の著作物であると主張する者は、この上告理由にもあるように、書体の権利者は、フォントを購入して組版（印刷用書体で文章は固定）する者に対する権利主張で、あとの印刷出版には、昔の活字の時代からの慣行として、黙示の許諾ないし消尽（用尽）あるいは、権利濫用で対処できるとしていた。

最高裁判決は、こういう著作権法のうちの条項のうち、印刷用書体に適した部分のみの適用を認め、不都合な箇所は、何らかの手段で補うという解釈を退け、著作権法の条文全部の適用を厳格に行った。

そのため、もし、かりにこの最高裁判決の基準に合致する印刷用書体があった場合でも、その印刷用書体を用いて言語の著作物を組版した場合、最初の印刷用書体購入者は、その複製を当然許諾されていようが、あとの複製については、1、その書体の著作権者の許諾も要し、2、その書体を使用した箇所の近辺かどこかに書体の創作者の氏名を表示しなければならないことになる。このことについては、書体やフォントの制作販売会社、書体デザイナーなど業界のプロは誰一人要求していない状況下にある。

このことを考えると、著作権法を適用せず、紛争解決のためには、準用的に判決を下す途もあった。

上告理由において、原告側が述べているように、関係者は暗黙の承諾を取っていると解するか、用尽説をとるか、権利主張の場合権利濫用論で対処するのである。

フランス著作権法は、著作物の例示に「タイプフェイス」を入れているが、その行使について別段の規定はないと思われる（前掲・拙著二〇頁）。わが著作権法は、昭和六〇年著作権法改正により、コンピュータプログラムを著作物としたが、新潟鉄工事件において、職務著作の要件について、一五条の要件通りの解釈を裁判所は採用しなかった（のち、法改正がなされた。）。映画をビデオにしたものやビデオゲームソフトを劇場用映画と同じく映画の著作物と解するのが従来の多数説である。そうすると、これに頒布権を認めなければならない。これらのものに、頒布権を認めるのはおかしい。しかし、関係者は「自制」して対処している。著作物は広範なジャンルに及んでおり、全ての著作物を著作権法を厳格に、一律に適用するのは無理がある。弾力的に解釈すべきである。「本判決の基準によれば、著作物といえるタイプフェイスはほとんどないのではないかとも思われる。」（月刊民事法情報一七一号二九頁のコメント）との批評がある。筆者は、タイプフェイスが、著作権法の本来予定していた著作物ではないが、ある種の新書体について著作物として保護すべきであると考える。

印刷用書体の保護立法が困難な現状では、著作権法を厳格に解釈せず、紛争解決のために、必要部分のみ適用する姿勢で判決してもよかったのではないだろうか（新規立法の困難なことについては前掲・拙著四六頁）。

二　タイプフェイス（印刷用文字書体）

最高裁判決は、印刷用書体を単位として議論をし、個々の文字を単位としなかった。英語は二六文字で、カタカナ、ひらかなは五〇字、漢字は数が多く、一応三、〇〇〇字程度必要である。英国の「著作権・デザイン・特許法」（一九八八年）にいう「タイプフェイス」は、「一組のタイプフェイス・デザイン」を意味せず、個々の文字等のデザインである（前掲・拙著八〇頁）。

最高裁は、印刷用書体（タイプフェイス）は、ウィーン協定にいう「一組のタイプフェイス・デザイン」を意味するとした。今後の議論の前提として、有意義である。

三　応用美術のひとつとしてのタイプフェイス

最高裁判決は、「印刷用書体がここにいう著作物に該当するというためには、それが従来の印刷用書体に比して顕著な特徴を有するといった独創性を備えることが必要であり、かつ、それ自体が美術鑑賞の対象となり得る美的特性を備えていなければならないと解するのが相当である。」として、応用美術についての議論（著作権法二条二項は、美術の著作物に美術工芸品を含む、としているその解釈についての議論）を展開していない。しかし、フォントとして大量生産される、実用性のあるタイプフェイスについて、一定の要件が揃えば、著作物とする、つまり、応用美術について、渋谷達紀教授のいう最広義の説（著作物が属するジャンルにこだわることなく、保護対象が思想感情の創作的表現であるか否かに注目する著作物概念自体の緩和的解釈説）（判例評論四〇五号三頁、前掲・拙著一二頁引用）を採用したと考えられることである。タイプフェイスを応用美術のひとつとして取り扱ったことと応用美術についての控訴審判決の考え方を肯定したと考え、有意義である（ヤギボールド書体無断掲載事件控訴審判決〔東京高裁昭和五八年四月二六日判決無体集一五巻一号三四〇頁〕は、著作権法二条一項一号の解釈として実用に供されるものについて、一品製作の著作物をいうと解していた）。

四　最高裁の基準

最高裁判決は、印刷用書体が著作物に該当するというためには、「従来の印刷用書体に比して顕著な特徴を有するといった独創性を備えることが必要であり、かつ、それ自体が美術鑑賞の対象となり得る美的特性を備えていなければならない」という基準を打ち出した。一審判決は、「当該書体それ自体として美的鑑賞の対象となり、これを見る平均的一般人の美的感興を呼び起こし、その審美感を満足させる程度の美的創作性を持ったもの」とし、控訴審判決は、いわゆる応用美術としての印刷用書体であることを強調したが、一審同様「社会通念上、実用性の面を離れて一つの完結した美術作品として美的鑑賞の対象となり得ると認められるもの、純粋美術と同視し得るものについては、美術の著作物として保護される」とし、「一般的にいって、これを見る平均的一般人の美的感興を呼び起こし、その審美感を満足させる程度の美的創作性を持ったもの」が、著作物としていた。

要約すれば、一審二審は、「美的創作性」で、最高裁は、「独創性」と「美的特性」である。美的創作性という一つの基準に比して、最高裁判決は、二つの要件を要するから、一応より厳しいといえよう。

また、一般の美術の著作物としての基準ではなく、よりタイプフェイスに適した基準を提示したとして、評価しうる。

ともあれ、最高裁は、タイプフェイスが著作物たりうるためには、「独創性」と「美的特性」の二要件が必要であるとし、その上で、原告の「ゴナU」及び「ゴナM」については、「独創性」と「美的特性」を備えていないとした。私は、この二要件の下で、原告の「ゴナU」「ゴナM」は、著作物としてもよかったのではないかと考える。判決は、折角、ここまでの基準を出しながら、どういうタイプフェイスについて適用しようとするのであろうか。おそらく、絵文字のような「カタカナ」「ひらかな」しか著作物になりえないのではないか。

印刷用書体も他の創作物と同様に、その分野の今までの先人の遺産の上に、何らか創作性のあるものを附加して成り立つ。そういう意味で、「従来の印刷用書体に比して顕著な特徴を有するといった独創性を備えること」をもう一つの基準とすることは観念上は、理解できる。もっとも、この事件で、専門家、タイプフェイス・デザイナーに鑑定させた場合、一、美的特性は容易に認めるであろうし、二、原告のゴナUが、いままでの同種の系列、グループのもののうちでも、顕著な特徴がある、という鑑定はありうるであろう。しかし、平均的一般人や裁判官の感覚では、殆ど、保護されないと思う。

「顕著な特徴」との基準は、かつて東京地裁判決でも使われた。書体は、現在、コンピュータの画面の上で、作成されることが多い。書体デザイナーの創造力により文字書体が出来上がる。文字は正方形の基盤の目に描かれ、設計図でもあるという論法で、原告会社の印刷用書体と殆ど同じ書体を使用している被告会社を訴えた事件がある。(岩田書体文字設計図事件東京地裁平成五年四月二八日判決知的裁集二五巻一号一七〇頁判タ八三二号一六八頁)。この事件で東京地裁は、「以前から存在した文字に比べて顕著な特徴を有するものでない限り、作成した文字に著作物性を認めることはできない」という基準を出して、原告が「以前から存在した文字に比べて、いかなる特徴を有し、その創作性はどこにあるのか等を具体的に明らかにしなければ原告設計図の著作物性に関する主張立証がなされたものといえないところ」原告は、その点の具体的な主張立証をなしていないから、「以前から存在した文字に比べて顕著な特徴を有するものと認めることはできない」とした。

この最高裁判決の「美的特性」は、印刷用書体が著作権法の「美術の著作物」かどうかを論ずるために一応触れたもので、問題になるようなタイプフェイスは、ほとんどこの基準には達していると思われる。ただタイプフェイス業界が保護を要望する新書体には必ずしも「美的特性」のない書体も含まれているのではなかろうか。タイポグラフィティ二一七号五一頁の「笑点」、同五八頁の「雅楽M」には「美的特性」は感じられるだろうか。

五　基準の適用

しかし、最高裁の定義自体については、納得いくものの、問題はその適用である。最高裁判決は、「ゴナU」「ゴナM」について、「従来からあるゴシック体のデザインから大きく外れるものではない」とした。

問題は「以前から存在した文字に比べて顕著な特徴を有するもの」とは、どんなものか、どの程度のものを指すかである。筆者のような素人でも、東京高裁昭和五七年四月二八日判決無体集一四巻一号三五一頁のタイポス（創作者桑山彌三郎ら）、前掲拙著二二二頁以下に掲載したナール（中村征宏）、スーボ（鈴木勉）、タカハンドB（高原新一）といった書体は、「顕著な特徴」があると考える。また、篠M（篠原栄太）、若松太行（若松重信）といったものは、書の範疇に属する書体である。これらは「美的特性」もあると思う。

最高裁は、ある種の印刷用書体を著作物として遇する姿勢であり、現在流通している印刷用書体のうち、古い活字の復刻書体などコピーしてかまわないという書体、そういうものとの区別をつけたい気持は理解できる。しかし、この最高裁判決では、実際上殆ど、著作物である印刷用書体は存在しないのではなかろうか。

付言すると、特に顕著な特徴のないタイプフェイスでも、一応、業界で「商品」として販売されているタイプフェイスについて、丸々のコピーによるフォントなどのタイプフェイス商品は、違法性があり禁止すべきである（これについてはある程度不正競争防止法による保護が与えられている）。

六　情報伝達機能と文字の独創性。美的特性

文字の持つ情報伝達機能と印刷文字の「独創性」・「美的特性」は、両立可能と解した。この点は正しい。ヤギ・ボールド書体無断掲載事件控訴審判決（東京高裁昭和五八年四月二六日判決無体集一五巻一号三四〇頁）では、文字の「字体」（文字の骨格）と「書体」を混同し、同じように考えて、情報伝達の手段たる文字を他人が独自に創作し、著作権を取得することは考えられないとしていた。

七　このゴナＵ対新ゴシック体事件について

筆者は、この事件については、著作権法を弾力的に解し、タイプフェイスについての著作物の要件を最高裁判決より緩和し、著作物ないしそれに準じたものとして解釈して欲しかった。二要件はそのままでもいいが、実際のタイプフェイスが該当するかである。そして、この二要件に合致したタイプフェイスについても組版以降の、印刷やコピーには及ばず、書体デザイナー及び書体フォント販売会社にのみ及ぶ権利と考えたい。創作者の氏名表示権もデザイン帳、カタログ、一覧表等に限るという解釈をとるべきであった。そして、二要件をクリアしたタイプフェイスが、後発のタイプフェイスに対し、「複製権」の侵害として排斥力があるかどうか、を問題にしたい。

まず、後行のタイプフェイスが、丸々写したデッドコピーかどうかである。本件の場合、デッドコピーではない。とすれば、後発のタイプフェイスが、先発の書体に依拠、アクセスして創作したかどうかである。印刷用書体は販売されており、アクセスしようと思えば出来る状態にある（コンピュータ・プログラムの場合、後発の会社が、関係者を閉じこめ、先発のものにふれさせずに、独自に創作することもできるが、書体にはアクセスできこれは有り得ないであろう。）。

後発者が先発の書体に依拠――先発のものの範疇の分野に属するものを構想する――し、創作する場合、常に侵害になるともいえない。後発の書体が、先発のものを参考にしながらも、先行する書体の影響下にある二次的著作物か、それとも二次的著作物とはいえず、新規の著作物という境地に入っているか、どうかの判断の問題がある。一

審判決は「新ゴシック体は、形態がゴナとかなり似ている文字が少なからず存在し、被告らが新ゴシック体の制作に当たりゴナを参考にしたことが窺われるものの、新ゴシック体の制作に当たり小塚及び森を中心とするスタッフがゴナを手元においてこれを模倣したとの事実を直接認定できるだけの証拠はな」い、としている。

筆者の見解では、手元において模倣しても、あとで修正を加え、二次的なものとは見られなくなるほどのものにすれば、新規著作物であり、侵害は生じない。

本件の場合、先行の存在を知ってはいるが、これを下敷きにして作成したとは思えない。いわゆる「アクセス」はなく、被告は独自に作成したと考える。

ゴシック体の分野の中で、原告が新たな、新機軸のタイプフェイスを創作させ、販売したことは賞賛されるべきである。しかし、そのことと、原告が開拓したその分野において、後行の被告会社が新しいタイプフェイスを独自に作ったこと、その分野には作る余地があったこと、そこで被告が作成したことは両立する。

もし、ゴシック体の中の新分野というべきタイプフェイスを原告が作ったから、あと誰も作れないということであれば、その分野の最初の作成者に独占権を与えることになり、アイデアに独占権を与えることになり、不都合と考える。

いずれにしろ、筆者は、本件の場合、仮に原告のタイプフェイスが著作物であったとしても、原告の請求は以上のような理由で棄却されるべきであったと考える。

裁判所は、原告、被告の両者の弁護人、鑑定人の意見を聞くとともに、第三者である専門家の意見を徴して、二次的著作物かどうか、先行のものの影響下にあるかどうかを判断すべきである。

知的所有権法は、先行者に対して、要件に合致すれば一定の独占を認めるが、その要件の限界線を外れるものに対しては、自由を保障する。先行者に対し、全てを独占させるという制度ではない。そして、それでこそ、「文化的所産の公正な利用」と「著作者等の権利の保護」のバランスがとれ、「文化の発展」に資するのである。

最高裁判決が、「独創性」・「美的特性」の要件を緩和すると、「既存の印刷用書体に依拠して、類似の印刷用書体の制作改良ができなくなる」といっているが、もし、最高裁の基準に合致する印刷用書体が有り得ても、その他の書体が自由に模倣してもかまわないという事態になれば（不正競争防止法等により、ある程度の歯止めはあるが）、それこそ、「印刷用書体の制作改良ができなくなり」、ひいては、印刷文化の衰退をもたらすであろう。

八　民法不法行為による保護

この判決では、民法不法行為についての予備的請求に関しては、上告申立の理由が上告受理の決定において排除され、判断が示されていない。しかし、地裁判決が一事例を加えた。

著作権法は、民法の特別法であるとされ、著作権に関係した事件については、著作権法に委ねたのであり、本来は、民法の適用はない筈である。大審院の桃中軒雲右衛門事件判決（刑事）（大正三年七月四日法律新聞九五一号一三頁）は、浪花節が著作物でなく著作権法の適用がない以上無罪とし、当時の考えでは民法上も不法行為にならなかった。

ところが、悪質な行為については、特別法たる著作権法の適用がなくても、一定の要件をみたせば民法七〇九条の不法行為に当たるとする判例が出ている（前掲・拙著四〇頁以下）。

佐賀錦袋帯事件（京都地裁平成元年六月一五日判決判時一三二七号一二三頁）は、著作権のない袋帯の意匠についての事件である。1、原告の製造販売する袋帯を見てスケッチし、製作させ、2、原告の物に比して品質を落としたものを、3、原告に比して半額程度で販売し、4、原告は品質の劣る物を別途販売しているかのような誤解をされ苦情を受け、営業活動及び営業上の信用を落としたとして、不法行為の成立を認め謝罪広告を命じている。

木目化粧紙事件の控訴審判決（東京高裁平成三年一二月一七日判決判時一四一八号一二〇頁）は、木目化粧紙の模様は、著作物とは認められないが、1、Xが物品に創作的な模様を施し、営業活動をしている場合、2、Yが当該製品と同一の物品に実質的に同一の模様を付して、3、Xの販売地域と競合する地域において、4、Xよりはるかに廉価でYが販売することによって、Xの営業活動を妨害する行為は、営業上の利益を侵害するもので、不法行為である、とした。

そして、本件の一審判決は、1、著作権法の適用のないものでも、それが真に創作的な書体であって、過去の書体と比べて特有の特徴を備えたものである場合、2、他人が、不正な競争をする意図をもって、3、その特徴ある部分を一組の書体のほぼ全体にわたってそっくり模倣して書体を製作、販売したときは、書体の市場における公正な競争秩序を破壊することは明らかで、民法七〇九条の不法行為に当たるとする。

こうして、著作権は成立しないけれども、先行者の創作性のあるものについて、後行者がこれにアクセスし、丸々コピーするか、ほぼ全体をそっくり模倣し、後行者がこれを廉価で販売し、市場の競争秩序を破壊するような場合には、著作権法の著作権侵害に該当しなくても、民法不法行為に当たるとする理論が固まりつつある。

九　不正競争防止法

本件では、何故か原告側は、不正競争防止法によって、訴えていない。従って、このゴナU事件最高裁判決は、不正競争防止法の適用については、全く触れていない。類似する印刷用書体について、不正競争防止法による差止損害賠償を求めた事例は多い（前掲・拙著三二頁以下）。

十　慣習法による保護

筆者は、かつて、タイプフェイスについては、慣習法上の物権があり、制作とともに著作権類似の権利が発生し、第三者が盗用して制作し、販売する場合、権利者の対抗力禁圧力がある。これは、デザイナー、書体フォント制作販売会社のみに及ぶものであると考えた（前掲・拙著七二頁参照）。

本最高裁判決により、ある種の印刷用書体について保護されることが明らかにされたが、実際上は著作物とされる水準が高く、一定の限界があり、困難であることを示した。

筆者は、この最高裁判決に満足するものではない。今後、関係者はこの判決抜きには語れない。タイプフェイス・

デザイナーや書体フォント製造販売会社等の関係者は、この判決を出発点とし、法改正や新規立法の運動を進めるべきである。

参考文献――
佐藤恵太「デザイン書体・ゴナ書体事件」別冊ジュリストNo．一五七著作権判例百選〔第三版〕三〇頁（二〇〇一年五月）
大家重夫「タイプフェイスの著作物性―印刷用書体ゴナU事件」ジュリスト平成一二年度重要判例解説二七六頁（二〇〇一年六月）
タイポグラフィックスティ第二一七号、日本タイポグラフィ協会（二〇〇一年二月）
大家重夫「タイプフェイスの法的保護と著作権」成文堂（二〇〇〇年八月）

本稿は、二〇〇一年七月一七日発行の村林隆一先生古希記念論文集刊行会編「判例著作権法」（東京布井出版株式会社）四三五頁に掲載した文章に加筆した。

二．印刷用書体の著作権法改正による保護――最高裁平成一二年九月七日判決を契機に

平成一二年九月七日、最高裁判所第一小法廷は、印刷用書体が著作権法にいう「著作物」に該当するためには、「それが従来の印刷用書体に比して顕著な特徴を有するといった独創性を備えることが必要であり、かつ、それ自体が美術鑑賞の対象となりうる美的特性を備えていなければならないと解するのが相当である」とし、上告人の書体は、「従来からあるゴシック体のデザインから大きく外れるものではない」とし、前記の独創性及び美的特性を備え

ているといえず、著作権法二条二項一号所定の著作物に当たるということもできない、また、ベルヌ条約上保護されるべき「応用美術の著作物」でもないとした[1]。

本稿は、この最高裁判決の意味するところを解明し、印刷用書体の法的保護の必要性を述べ、印刷用書体を著作権法を改正することにより、保護すべしと論ずるものである。

1．最高裁判決の概要とその意味

この事件は、写真植字機とそれに使用する書体の制作・販売を業とする会社X（原告）が昭和五〇年、「ゴナU」を訴外Aに委託して創作させ、その権利を得、文字盤、フロッピーディスクに記録、搭載し商品化していたところ、一八年後の平成元年、同業のY（被告）が、「ゴナU」に類似した「新ゴシック体U」という書体を販売し始めたことから起こった。

一審大阪地裁平成九年六月二四日判決は、1、（主位的請求）著作権法に基づく原告の書体の著作物性の主張と被告による著作権侵害について、こう述べた。「ゴナのような書体であってなお美術の著作物として著作権の保護を受けるものがあるとすれば、それは、文字が本来有する情報伝達機能を失うほどのものであることまでは必要ではないが、その本来の情報伝達機能を発揮するような形態で使用されたときの見やすさ、見た目の美しさとは別に、当該書体それ自体として美的鑑賞の対象となり、これを見る平均的一般人の美的感興を呼び起こし、その審美感を満足させる程度の美的創作性を持ったものでなければならない」とし、書体は著作物に該当せずとした。2、（予備的請求）原告の民法不法行為の主張について。著作権法による保護を受けられない書体でも「それが真に創作的な書体であって、過去の書体と比べて特有の特徴を備えたものである場合に、他人が、不正な競争をする意図をもって、その特徴ある部分を一組の書体のほぼ全体にわたってそっくり模倣して書体を制作、販売したときは、書体の市場における公正な競争秩序を破壊することは明らかであり、民法七〇九条の不法行為に基づき、これによって被った損害の賠償を請求することができる余地がある」として、不法行為による保護のあることをのべた。そして、被告の新ゴシック体は、形態がゴナと「かなり似ている文字が少なからず存在し」「被告らが新ゴシック体の制作に当たりゴナを参考にしたことが窺える」としたが、「ゴナを手元に置いてこれを模倣したとの事実を直接認定」できないとした（これから見ると、「似ている文字が少なからず存在し」、被告らが原告のゴナを手元に置いてこれを模倣すれば、不法行為の成立をみとめたようである）[2]。

敗訴した原告は、控訴した。

大阪高裁平成一〇年七月一七日判決も原告・控訴人の請求を認めなかった。

まず、応用美術について、次のように言う。「客観的、外形的にみて純粋美術としての絵画等と何ら質的差異がなく、これらと同視し得るような創作物についてこそ、それが実用品であるからといって、およそ美術の著作物に当たらないとするのは相当ではない。」「その創作物を客観的にみた場合、社会通念上、実用性の面を離れて一つの完結した美術鑑賞の対象となり得ると認められるもの、純粋美術と同視し得るものについては、美術の著作物として保護される」とした[3]。

その上で、「書」の範疇に入るようなそれ自体が美的鑑賞の対象となるものは、別として、「ゴナのような印刷用書体であってなお美術の著作物として著作権の保護を受けるものがあるとすれば、それは、文字が本来有する情報伝達機能を失うほどのものであることまでは必要でないが、その本来の情報伝達機能を発揮するような形態で使用されたときの見やすさ、見た目の美しさ等とは別に、こうした実用性の面を離れてもなお当該書体それ自体が一つの美術作品として美的鑑賞の対象となり得ることが社会通念上認められるものでなければならない」「そのためには、一般的にいって、これを見る平均的一般人の美的感興を呼び起こし、その審美感を満足させる程度の美的創作性を持ったものである必要がある」とした[4]。そして、一審判決を是認した。

二審では、予備的請求の不法行為について、文章を補正したが、大きな変更はなく、一審判決を妥当とした。

こうして、最高裁判決が出され、印刷用書体が著作権法にいう「著作物」に該当するためには、「それが従来の印刷用書体に比して顕著な特徴を有するといった独創性を備えることが必要であり、かつ、それ自体が美術鑑賞の対象となりうる美的特性を備えていなければならないと解するのが相当である。」としたのである。

この最高裁判所について、あらためて意見感想を述べてみたい。

第一に、何故、（1）印刷用書体が従来のものに比し顕著な特徴を有することと（2）それ自体が美的鑑賞の対象となりうる美的特性の二要件を要するのか、その根拠が明らかでないことである。

いままでの判決例では、印刷用書体は、いわゆる応用美術のひとつとされ、（2）のみを要件としたが（たとえば大阪地裁平成元年三月八日判決判時一三〇七号一三七頁）、応用美術のひとつではなく、印刷用書体を著作物と考え、その基準を考えたのであろうか。しかし、何故、この二つの要件なのかわからない。

第二に、最高裁判決がこの二つの要件を満たした書体のみ著作物と認定することとしたため、現実に著作物とされる印刷用書体は殆どない、と考えられることである。役に立たないのである。

岡邦俊弁護士は、この判決について、「判決の論旨自体は理論的にはきわめて妥当である」がこの要件は「業界の現実からあまりに乖離し、紛争解決の指針になりえない」（ＪＣＡジャーナル四九巻三号五五頁）と批評されるが、全くその通りと思う。

第三に、最高裁は、「印刷用書体」という言葉を使ったが、文字が紙媒体にだけ使用されるのではなく、映画、街頭の大型テレビ画面やパソコンなど映像通信媒体として、表示媒体にも表現されることから、「組版用書体」の語が考えられる。しかし、本稿では、印刷用書体の語を用いることとする。

第四に、最高裁判決には、「印刷用書体」の定義を掲げるべきであった。

類似の概念として、「タイプフェイス」「印刷用書体」「書体」「デザイン書体」「フォント」がある。

本事件の一審大阪地裁平成九年六月二四日判決では、「書体」が、二審の大阪高裁平成一〇年七月一七日判決では、「タイプフェイス（印刷用書体）」が使われた。ヤギボールド事件の二審東京高裁昭和五八年四月二六日判決では、「デザイン書体」が使われた（デザイン書体は、通常、見出しや広告用の文字書体をいうであろう）。これらは、一応、主として印刷の本文用（題、見出しでなく）に使われる文字の書体のことを意味していた。フォントは、以上のものが、抽象的であるのに対し、これを形にし、具現化したもので、本来は印刷のための欧文活字一組のための欧文活字一組の意味をいい、また、活字フォント、写植フォントなどと呼ばれ、現在では電子処理用もフォントと呼ぶようになった。

最高裁判決では、二審とおなじく「タイプフェイス（印刷用書体）」とするべきであった。定義が掲げられていなくても、タイプフェイスは、関係者間では一応の合意があり、国際協定（未発効）に定義があるからである。ウィーンの国際協定は、独、仏二ヶ国しか批准せず発効しなかったが（五ヶ国で発効）、「タイプフェイス」について定義があり、保護の内容に規定があった。（「タイプフェイスの保護及びその国際寄託に関するウィーン協定」第二条、第八条）。タイプフェイスは、アルファベットの一組のデザインで、保護の内容は「複製物」の作成の禁止である（日本は、協定作成会議で letters and alphabets には、漢字、ひらかな、カタカナがふくまれることを主張し、議事録に記載された）。

第五、最高裁判決は、著作権法を適用するにあたり、あまりに、機械的に適用した。

最高裁判決は、印刷用書体の印刷の都度、権利者の複製の許諾が必要なこと、作者の氏名表示の必要なことを列挙し、不都合であるとし、これが大方の印刷用の書体に権利を認めない大きな根拠になった。しかし、「印刷用書体」の「複製」とは、一式のものの複製で、活字フォント、写植フォント、電子フォントの中から必要な文字を拾い出して、組版に組むことは、「使用」ではあっても、「複製」ではないのではないか。勿論、成文法がないから、最高裁判決が直ちに誤りというわけではないが、定義いかんで、結論は変わる。最高裁判決に定義があればよかった。（なお、「書体」には「一組」の意味がなく、「タイプフェイス」と「印刷用書体」には一組のデザインの意味が含まれる。）

しかしながら、最高裁判決を次の点で、評価したい。

第一に、現行の著作権法のもとで、「著作物」たりうるとし、その要件を掲げたことである。[5]

第二に、応用美術という中間概念を入れることなしに、「著作物」たりうる要件をあげたことである（私は、はじめ最高裁判決もタイプフェイスは応用美術の一つとして取扱っていると考えたが、そうではなくこのように解する。）。最高裁は、「また、このように独創性及び美的特性を備えていない上告人書体が、文学的及び美術的著作物の保護に関するベルヌ条約上保護されるべき『応用美術の著作物』であるということもできない。」としたが、これは、印刷用書体を直接、著作物かどうかと判断したため、あえて条約上の応用美術の著作物かどうか、との検討を追加したものと解される。

第三に、最高裁が、理論上にせよ、現行著作権法のもとで、「著作物」たりうる要件を明示したことは、最高裁が現行著作権法のもとで、印刷用書体を保護できるとすれば、これが、可能なぎりぎりの線だと発したメッセージと受け取ることができることである。つまり、この二要件に合致するもの以外のある種の印刷用書体を保護したいのであれば、それに相応しい法律の新設が法改正をするべし、とのメッセージと解する。

「印刷用書体」という新しい事象を「著作物」の対象に加えるかどうかについて、最高裁平成一二年判決は、「著作物」たる基準を設定したが、具体的に提示された印刷用書体を著作物と認めなかった。また、最高裁は、著作権法を厳格に適用した（このことについては、拙稿「印刷用書体の著作物性」「判例著作権法―村林隆一先生古稀記念」四四四頁）。

ここで、私は、コンピュータ・プログラムの事案の場合と比較したい。

「コンピュータ・プログラム」という新しい事象に直面した東京地裁は、昭和五七年一二月六日判決（判時一〇六〇号一八頁）で、コンピュータ・プログラムを著作物として、その複製権侵害を認めた。三年後の昭和六〇年、著作権法が改正され、コンピュータ・プログラムは、著作物とされた。

2. コンピュータ・プログラムの場合

ゲーム・マシーンのコンピュータ・プログラムについて、東京地裁昭和五七年一二月七日判決が、初めてこれを著作物とする判断を下した時、著作権法には、コンピュータ・プログラムを著作物と規定もしくは想定した条文はない。

当時の通産省は、「プログラム権法案」により、コンピュータ・プログラムを保護しようとしたが、著作権法で保護するとなれば、ベルヌ条約等のネットワークのある著作権法が便利であること、米国が提唱したこと、等の理由で、昭和六〇年（一九八五年）六月七日の著作権法改正となった（米国はベルヌ条約に一九八九年加盟）。

次の条項が入った。

1　プログラムの定義を定めた。二条一項十の二。

2　著作物の例示にプログラムの著作物を加え、プログラム言語、規約、解法は保護しないこととした。一〇条一項九号、三項。

3　職務著作の要件で、法人等がプログラムの著作者となる場合、法人等の著作名義での公表を不要とした。一五条二項。

4　プログラムの改変について、同一性保持権の例外を定めた。二〇条二項三号。プログラムを利用しやすくするためである。

5　プログラムの著作物の複製物の所有者が電子計算機において利用するために必要な場合に行う複製、翻案について、著作権を制限した。四七条の二。

6　プログラムの著作物の創作年月日登録の制度を設けた。七六条の二。七八条の二。

7　プログラムの著作物が侵害行為によって作成されたものである場合、これを業務上電子計算機で使用する行為は、当該複製物の使用の権原を取得時に情を知っている場合に限り、著作権侵害行為とみなすとした（著作権法は『使用』の規定がなかった）。一一三条二項。

東京地裁判決で著作権法の適用を認めても、これだけの改正は必要であった。逆に言えば、これだけの条文の整備が必要なのに、あえてコンピュータ・プログラムを著作物とした。

印刷用書体の場合は、コンピュータ・プログラムほどの保護の緊迫性がないからか、あるいは、障害になる条文がコンピュータ・プログラムより少ないとしても、厳格に解すれば「複製」「氏名表示権」など障害になる条文が重要な条文であるためからか、殆どあり得ないような印刷用書体のみが著作物とされた。

3. 印刷用書体保護の必要性

まず、印刷用書体が、財産権として売買、取引の対象となっていることを指摘しなければならない。

このゴナU事件では訴訃A（タイプフェイス・デザイナー）が原告・控訴人・上告人である会社へ「権利」を譲渡している。印刷用書体の制作者（会社を含む）、書体の「権利」を購入する会社である。これらの「書体」は、「フォント」の形態をとり、デジタルソフトウェアとしてCD－ROM等に収容され、あるいは電子的交換技術によってフォントは、印刷会社、看板屋、パソコン製造会社、テレビ放送会社、一般人等にも商品として販売されている。譲渡され、売買される「権利」とは何か。

一般に、書体の段階では、プロのデザイナー、書体制作会社だけの話であるが、フォントの形態になると、関係は一般の印刷会社、一般人に及ぶ。

しかし、書体（タイプフェイス）の「複製」ということは、「一組の書体原字デザイン」から「フォント（組版用の一組）」の工程のみと考える。

まず、抽象的な保護が重要である。

これらの相互間の紛争を解決するために、印刷用書体保護の法律が必要である。印刷用書体の「権利」を定め、印刷用書体がどういう場合、どの程度類似すれば、違法とするか、ギルド的な同業者からなる組織では解決できない。

その意味で、最高裁判決で、上告人のゴナ書体と被上告人の書体を共に著作物とし、その上で、侵害かどうかを論じてほしかった。[6]

その点、第一審が、民法七〇九条の不法行為の適用を検討したことは、結論はいずれにせよ評価できる。

書体の一覧表を発行した際、創作者氏名を明示しなかったという争いのヤギボールド事件で、一審二審とも、印刷用書体が著作物でないという理由で原告・控訴人敗訴であったが、最高裁の矢口洪一裁判官が職権和解をさせたことを想起すべきである。(7)

この印刷用書体を保護するのに、民法の不法行為法では、不十分で、排他的な差止権をもち損害賠償請求権をもつ物権的構成の権利にすべきである。

考えられるのは、著作権か意匠権である。(8)

このゴナ事件で、原告が訴外の制作者から「権利」の譲渡を受けているが、このことを説明できる必要がある。

不正競争防止法、民法の不法行為法は、補完的に役立つとしても、著作権法か意匠法の考え方の法が主となるべきである。

不正競争防止法は、書体対書体、フォント対フォントの係争に役立ったが（東京高裁平成五年一二月二四日決定判時一五〇五号一三六頁は無形の書体対書体）、書体対フォントの争いには役立たない。

不正競争防止法は、フォント対フォントの争いに有用であろう。

繰り返すが、印刷や表示を行うためには、「一組の書体」を組版できるようにした「一組フォント」を用いて、必要とする文字を「一組」から選んで、一字ずつ「使用」し、文章を作成する「組版」が不可欠である。組版では、「一組」を「使用」する。

「複製」は、「書体」対「書体」の場合と「書体」対「フォント」の場合に限定して考えたい。

4. 印刷用書体保護の特殊性

1、ここで強調したいのは、ア、印刷用書体の保護は、組版までの段階の問題であること、イ、一組の書体のものので、個々の文字デザイン保護の問題ではないということである。従って、行為の都度、複製権が及ぶ構成は必要ない。最高裁判決は、印刷物に「許諾」が必要になるのは困る、というのであるが、どの書体制作者も「許諾」権を欲していない。書体の「複製」と「使用」の概念を峻別する必要がある。

2、印刷用書体の制作者の氏名を、その書体を用いた文章の版面上の目立つ場所に氏名表示権に基づいて記載する必要はないし、制作者は望んでもいない。ただ、一組の内容を表記する書体デザイン集やフォントのカタログに掲載の場合には、制作者に氏名表示権を与えるべきで、ヤギボールド事件昭和六〇年最高裁和解は、これが主たる内容であった。書籍の奥付や、TV番組のエンドロールなど目立たぬ箇所に、小さな文字で使用した印刷用書体名、その書体作成者名が表記されることは、望ましいが、これは検討課題であろう。

3、保護を必要とする印刷用書体は、「美的」とは限らない。可読性、可視性を前提として、必ずしも「美的」とはいえないが、個性的な、ある種の思想感情を表現したものもある。

現に、公表され、必要とされ、使用されている印刷用書体では、これら全てが、必ずしも、「美的」とはいえない。

5. 印刷用書体の保護は、著作権法がよいか

ア、印刷用書体の制作者は、その制作した書体は、「書」の延長上にあり、書と同じく人の思想又は感情を創作的に表現したものと考えている。たしかに、著作権法は、印刷用書体を著作物と想定していなかったし、一般人には、一組として見る機会がないため、著作物と受け取れないが、一組の文字を子細にみれば、それぞれの書体に「個性」があり、著作権法と親近性がある。最高裁判決が理論上、一定のものを「著作物」としたのは、理解できる。フランスは、著作権法の著作物の例示に掲げる。イギリスは、個々の文字の書体デザインも美術の著作物として保護する。[9] これは日本でも「書」を一字でも保護することに似ている。

イ、中華人民共和国、台湾、韓国、香港などの東アジアにおいて、漢字を用いるし、それぞれ保護制度を用意しはじめているが、わが国でも著作権法で保護すれば、相互に内国民待遇で保護でき便利である。

ウ、先にヤギボールド事件の和解について述べたが、書体制作者に印刷用書体が、カタログ、書体一覧などに掲

載される際、氏名表示権を認めるべきである。それには、著作権法がよい。

エ、印刷用書体を保護しようと今まで、1、(社)日本機械工業連合会・(社)日本印刷産業機械工業会の「書体(タイプフェイス)の法的保護に関する調査研究報告書」(平成元・二年)、2、(財)知的財産研究所から「タイプフェイスの保護制度に関する調査研究報告書」(平成二・三年)が出された。多くは、登録主義をとる意匠権かそれに類似する権利を想定し、関係者の賛成を得ることが出来なかった。

オ、著作権法が、無方式主義をとり、また保護期間が長くなりやすい。これも関係者にとって魅力である。

6．著作権法に何を規定するか

著作権法の中に、「出版権」「著作隣接権」のように「書体著作権」という章を起こすか、「印刷用書体の保護に関する法律」といった著作権法の特別法を制定すべきである。

次の内容の事柄を規定すべきである。

1、印刷用書体の定義

ア、まずワンセットの書体をいうこと。仮名はカタカナ、ひらかな、拗促音(ヨウソクオン)、句読点などをいれて、百五十字程度だが、漢字は、常用漢字(一、九四五字)[10]英字は大文字小文字記号を入れて一〇〇字程度であること。

日本文の表記には、ＪＩＳ規格にも定められているように仮名、漢字、英字が必要で、それぞれワンセットが組合わされて使用される。

2、無方式主義

一定の数の字数が完成した時、書体著作権が無方式で成立すると定める。

半田正夫教授は、「字数に制限のない漢字圏に属する」日本では、完成の時点が不明で、保護期間の終了時点も不明確な欠点があり、無方式主義に反対される(「タイプフェイスの法的保護」「転機にさしかかった著作的制度」

八三頁)。

3、著作物としての要件として、創作性をあげる。

印刷用書体は、新規性があるか、創作性があることをあげる方法もある。ウィーン協定七条は、新規性(novel)独創性(original)を挙げている。

著作権法の中か著作権法の特別法で規定するとすれば、創作性でいいと考える。

最高裁判決は、一、従来の印刷用書体に比して顕著な特徴を有するといった独創性、二、それ自体が美的鑑賞の対象となりうる美的特性、をあげているが、これは、現行法の下での解釈であり、新規の立法をするとすれば、保護すべき現に流通している印刷用書体を対象としなければならない。印刷用書体には、「笑点」「雅楽M」「タカラインR」[11]のように必ずしも「美的特性」を感じさせないものがある。

4、書体著作権の内容

かりに印刷用書体と名づけると(組版用書体がより適切かも知れぬが、印刷用書体を用いる。本論文一、参照。)、この権利は、許諾権の性質をもつ物権的なもので、その内容は、ア、権利者の承諾なしに印刷用書体(タイプフェイス)の「複製物」を作成することを禁止し、イ、権利者の承諾なしに、当該複製物を販売し、又は輸入することを禁止することを規定する(ウィーン協定八条)。

5、複製権の意味の明確化

組版までの権利であることを明確化する。印刷用書体とは、ワンセットのことをいうのであるから、印刷物や表示(ディスプレイ)に用いられた時、すでに複製権は動かないということも出来る。最高裁はその議論をとっていない。

ともかく、正当に入手した印刷書体を用いた印刷物や表示には及ばないことを明確にする必要がある。

なお、(社)日本印刷産業機械工業会発行「タイプフェイスの法的保護に関する調査研究報告書」(平成二年五月)(半田正夫委員長)二一頁の「定義」では、「使用」とは、「そのタイプフェイス(当該タイプフェイスを組み込んだ物品を含む）を用いて文字組みを行い、出力機器、印刷用原版等に文字像を表示し、又は固定する行為をいう。」とある。

また、（財）知的財産権研究所発行「タイプフェイスの保護制度に関する調査研究報告書」（平成三年三月）一四頁の「タイプフェイスの開発・実施工程」の表において、フォントについて、「正当に入手した書体の文字組固定・複製のための使用は、別段の定めがない限り黙示的許諾又は用尽される」との記述がある（布施茂（当時、写研常務）執筆）。

イギリス法は、「通常の方法で、タイプしたり、文を作成したり、植字したり、印刷する行為は、タイプフェイスのデザインからなる美術作品に関する著作権侵害にならない」と定めるが、こういう表現でもよい。

6、一覧表等への氏名表示権。先にふれたが、一組の内容を明記するカタログ、見本帳、書体一覧等への掲載時な場合のみの氏名表示権があることを明記する。

7、保護期間・翻案等

著作権法であれば、創作者の死後五〇年だが、産業上のもので大量生産のものであるから、創作時ないし公表時から起算し、たとえば五〇年の議論もあろう。しかし、コンピュータ・プログラムと同じ著作物と考えれば、創作者の死後五〇年とすべきであろう。

印刷用書体は、のちに、追加改良を加えられることが多い。元の原字セットから起算するか、改良セット時からかの問題がある。ポパイ腕カバー事件判決（最高裁平成九年九月七日判決民集五一巻六号二七一四頁）は、連載漫画の漫画の絵の著作物の保護期間の起算点を最初の公表時とした。連載中のあとの漫画の絵は、翻案物であり、「新たに付与された創作物部分のみ」がそこから起算されるとした。ワンセットの印刷用書体の場合、「新たに付与された」が分離できないし、改良の場合一斉に、改良されるであろうから、改良の時点から起算すべきである。

また、現に流通している印刷用書体の保護期間をどうするかという経過措置の問題がある。

翻案権を認めるか、認めるとしてどう認めるかは問題である。

8、裁判へ専門家を招致すること

印刷用書体の著作物性の判断、同一性の判断については、専門家を呼ぶよう義務づけるか、望ましいことを明記すべきである。このことは、外国でも同様で、専門家を関与させるべきとの声が多い。タイプフェイス協定の作成会議において、「第七条（2）タイプフェイスの新規性と独創性は、タイプフェイスのスタイルや全体のアピアランスについても、もし必要であれば権限のある職能団体が認定した基準を考慮して決定する。」との条文作りの際、「もし必要であれば（if necessary）」の挿入をある国の代表が主張したが、その代表は、印刷会社の書体専門家で、判事などの無理解を嘆いて、「必ず」裁判に専門家を入れるよう主張していた。

私は、ワン・レニイ・ナイト・イン・トウキョー事件の一審のように行われればよいと考える。

ワン・レニイ・ナイト・イン・トウキョー事件[12]は、原告 インターナショナル・ミュージック・パブリッシャーズで、被告は、鈴木道明であった。被告の曲は、原告の曲の著作権侵害という訴えである。原告側の諸井三郎鑑定人は「偽作である」といい、被告側の、鑑定人池内友次郎、服部正、服部良一は「偽作ではない」とのべ、裁判官が判断した。

9、いわゆるロゴ文字との関係

タイプフェイスは、ワンセットの文字一式を単位とする。この中の数文字を使い、ロゴを作成したり、逆にロゴから一組の印刷書体作成の場合について、規定する必要はないだろうか。[13]

ア、ある人の数文字のロゴをヒントとして、同じか類似の印刷用書体ワンセットを他人が完成した場合、どう考えるか。道義上はともかく問題にすべきではあるまい。

イ、ワンセットの書体の中から、いくつかの文字を選び使用し、ロゴを作成した場合、どうか。前述のように、印刷用書体の「複製」は、ワンセットの複製であるから、これまた自由である。

ウ、あるロゴの書体がいいので、似たようなローマ字の名称の会社が同じ印刷用書体を使用した場合どうか。不正競争防止法の問題である。紛らわしいものは、不正競争防止法に委ね、解決すべきである。

印刷用書体の保護法制は、書体制作者、書体制作会社、書体フォント権利者、書体フォント使用者にとって、必要である。この法制は、文字の組み版以前の、印刷用書体（抽象的なもの。知的財産である。）、具体化したフォントの法律関係、取引関係を律するため必要である。

原則として、これら以外の印刷業界、一般人には関係がない。ただ、フォントの使用者は極めて多い。直接関係する人々の数は少ないが、これを理由に立法化しないことは、妥当ではない。

わが国の知的財産の保護を全うするため、速やかに、印刷用書体保護の法制を著作権法改正か、著作権法の特別法で立法する事が望ましいと考える。

注――

（1）判時一七三〇号一二三頁。

（2）佐賀錦袋帯事件（京都地裁平成元年六月一五日判決判時一三二七号一二三頁）は、ア、被告は、原告の袋帯を問屋の展示会でスケッチし、イ、図案家に類似のものを制作させ、イ、原告のものが正絹であるのに被告はクラフト加工剤を入れて、品質を落とし、ウ、しかし正絹の証紙を貼付し、エ、廉価で販売した（原告のは一二万円ないし一三万円、被告のは、六万二、〇〇〇円）。これにより、原告の営業上の信用を毀損したとした。

木目化粧紙事件（東京高裁平成三年一二月一七日判決判時一四一八号一二〇頁）は、ア、他人が物品に創作的模様を施し、その創作的要素で商品としての価値を高め、イ、当該製品と同一の物品に実質的に同一の模様を付し、ウ、販売地域が競合する地域で、エ、廉価で販売することで、原告・控訴人の営業活動を妨害する行為は、営業活動上の利益を侵害するものとして、民法七〇九条の不法行為を構成するとした。

渋谷達紀教授は、一、被侵害利益が創作的である、二、被侵害利益が不正競争防止法や著作権法の保護要件を満たしている必要はない、三、模倣盗用行為の存在、四、模倣の結果が原作と実質的に同一、五、営業妨害の事実が認められること、を列挙される（「財産的成果の模倣盗用行為と判例理論」判時一四三〇号一五四頁）。

このゴナU事件で、被告側は、原告のそれを知っていた。ゴナの評判がよく、ああいうものを作成してほしい、という要望があったこと、しかし、一、被告らは、原告のそれに、依拠せず独自に作成したこと、二、明朝体、ゴシック体と別の、新書体が出る可能性があること。もし、ゴナに「権利」をみとめれば、独占権を認めることになる。三、被告制作者側のリーダー、小塚昌彦は、毎日新聞の活字を作成し、かねて書体著作権確立に熱心であった。四、不正競争防止法は、三年間、デッドコピーを禁止しているが、この場合、一八年である。拙著「タイプフェイスの法的保護と著作権」二一頁。私は、最高裁が小塚昌彦（一九二九―）を尋問し、被告側はどういう理由で「新ゴシック体U」などの制作、販売が許されると信じたか、などについて、詳しく問いただしてほしかったと思う。

（3）これは、応用美術についての美術概念を緩和した説である。大家重夫「タイプフェイスの保護と著作権」（以下、「前掲書」という。）一三頁。

（4）大阪地裁平成元年三月八日判決（モリサワ対エヌ・アイ・シー事件）（判タ七〇〇号九頁に似ている。このゴナU事件でも、一審の大阪地裁判決は、文字が有する情報伝達機能を失う必要はないが、見やすさ、見た目の美しさとは別に、書体それ自体として、美的創作性が必要とした。大阪高裁も同じである。

（5）いままで、印刷用書体は、著作物か、という問題に判例は、次のようにいい、これについて、肯定した判例はなかった。

東京地裁昭和五四年三月九日判決（ヤギボールド事件）では、「デザインされた文字の書体は著作物性を有しない」「デザイン書体が著作物性を有するといえるためには、それが著作権法上美術の範囲に属するものでなければならない」「著作権法上の『美術』とは、原則として鑑賞の対象たるべき純粋美術のみをいい、応用美術でありながら著作権法により保護されているのは同法二条二項にいう美術工芸品に限られる」とした（無体集一一巻一号一一四頁）

大阪地裁平成元年三月八日判決（モリサワ対エヌ・アイ・シー事件）（判タ七〇〇号九頁）では、文字の書体が著作物に当たると言えるためには「右文字が持っている本来の情報伝達機能を失わせるほどのものである必要はないが、右文字が右の機能を発揮するような形態で使用されたときの見やすさや見た目の美しさだけでなく、それとは別に、右書体それ自体が、これを見る平均的一般人の美的感興を呼び起こし、その審美感を満足させる程度の美的創作性を持ったものでなければならない」とした。

（6）大家重夫・ジュリスト一二〇二号二七八頁、「判例著作権法―村林隆一先生古稀記念」四五一頁。
（7）大家重夫・前掲書一一頁。
（8）書体の保護を欲するあまり、国内外で商標権を取得している例は多い。
ヘルベチカ事件（東京高裁平成一三年七月一八日判決判時一七六六号七〇頁は、活字等を指定商品として申請し、拒絶査定された。審決に不服で訴えたところ、商標法三条一項三項の品質表示、同法四条一項一六号品質誤認表示にあたるとされた。

ヘルベチカは、スイスの国名のラテン語表記に由来し、可読性に優れた欧文書体として関係者間に有名である。東京高裁は、商標法が保護するのは、商標であること、指定商品中の活字、文字盤に使用しても、指定商品の活字・文字盤との関係では、書体はその品質を表わしていること、上記以外の指定商品に使用するときは、商品の品質に誤認を生じさせるおそれがあること、ドイツ、フランス、イタリー、ベネルックス三国、イギリス、アメリカなどで商標登録がなされていても、直ちに日本で認められるものではないとした。正当である。なお、（株）写研は、ヘルベチカについて、Ｈａａｓと利用許諾契約をむすび、日本でフォントを制作し、「ヘルベチカ」の名称で販売している（（株）写研発行「写植」四一号三八頁）。
（9）大家重夫「タイプフェイスの法的保護と著作権」（成文堂・二〇〇〇年）八〇頁。
著作権情報センター「外国著作権法令集（４４）―英国編」（二〇一〇年）五七頁によると、「一九八八年の著作権、意匠及び特別法」（大山幸房訳）は、次のようである。

「第一条（著作権及び著作権のある著作物）（１）（ａ）」の「美術の原著作物」の中にタイプフェイスは含まれていると解されている。

タイプフェイスの保護期間は、五五条二項により、「最初の物品が発売されてから二五年」とされている。

タイプフェイスについて五四条（印刷の通常の過程におけるタイプフェイスの使用）、五五条（特定のタイプフェイスにより資料を作成するための物品）、一七八条には、「タイプフェイス」は、「印刷に使用される装飾的文様を含む」とある。
（10）日本のタイプフェイス八頁「募集するタイプフェイス」参照。
（11）日本のタイポグラフィ協会機関紙ＴＹＰＯＧＲＡＰＨＩＣＳ二一七号五一頁、五八頁、六五頁にみるように、これらの書体は、個性、独創性、独特の癖は感じられるが、美的特性を必ずしも感じない。

(12) 東京地裁昭和四三年五月一三日判決下民集一九巻五・六号二五七頁判タ二二二号二二七頁。

(13) ロゴに関して、次の事件がある。

アサヒビール対アサックス事件(東京地裁平成六年三月二八日判決判時一四九八号一二一頁)

アサヒビール対アサックス事件(東京高裁平成八年一月二五日判決判時一五六八号一二一九頁)

ポパイ事件(東京地裁平成二年二月一九日判決判時一三四三号三頁)ロゴは、著作物でない。

本稿作成に当っては、半田正夫「タイプフェイスの法的保護」、日本タイポグラフィ協会の小塚昌彦及び布施茂氏の多大な御教示にあずかった。感謝する次第である。)(「久留米大学法学」(四三号二六五頁・二〇〇二年九月)掲載の論文に加筆した。

三．ゴナU事件判決を再考する(二〇一八年)

1．最高裁の判断

この判決を下した裁判官、井嶋一友(検察官出身)、遠藤光男(弁護士出身)、藤井正雄(裁判官出身)、大出峻郎(内閣法制局出身)、町田顕(裁判官出身)の五人全員が「すべてのタイプフェイスは、著作物でない」といえば、そういう判決になった筈である。ところが、一人以上の裁判官が、(ある種の)タイプフェイスは、やはり美術の著作物ではないか、著作物性があると発言した、と推測する。

この事件の前審大阪高裁平成一〇年七月一七日判決は、「実用面を離れて一つの完結した美術鑑賞の対象となりうると認められるもの、純粋美術と同視しうると認められるもの」は、美術の著作物であるとし、その上で、これを見る平均的一般人の美的感興をその審美感を呼び起こし、その審美感を満足させる程度の美的創作性をもったものである必要がある、本件の原告・控訴人のゴナUは、これに当たらないとした。

大阪地裁の判決には、たとえば、「文字の持つ本来の情報伝達機能を失わせるほどのものである必要はないが」「見やすさや見た目の美しさだけでなく」「それとは別に、右書体それ自体が、これを見る平均的一般人の美的感興を呼び起こし、その審美感を満足させる程度の美的創作性を持ったもの」（大阪地裁平成九年六月二四日判決）として、文字の実用的機能があり、かつ、美的創作性があれば、これを保護するという判決があった。
最高裁の五人の裁判官は、大阪高裁平成一〇年判決を踏襲し、「上告棄却」という判決を下してもよかった。
ところが、ここで、「文字」という「実用品」に施す「装飾」について、大阪高裁の要件でいいだろうか、という議論が始まった。

この程度で、「著作物」とすれば、権利関係が複雑になり、混乱する、印刷用書体を用いた小説、論文等の印刷物に、印刷用書体の著作者の氏名を表示しなければならない、複製の都度、印刷用書体の著作者の許諾が必要である、また、既存の印刷用書体に依拠して類似の印刷用書体を制作し、又はこれを改良、翻案できなくなりそうだ、との議論が優勢になった。著作物と認めるタイプフェイスを絞り込みたい、そのためには、ハードルを高くしたい、という点で意見の一致を見た。（ちなみに、筆者は、印刷物の上に、自分の氏名を表示をしたい、というタイプフェイス・デザイナーには一人も会ったことはない。そもそも、そういうことを思ってもいないようだ。）

「著作権法二条一項一号は、『思想又は感情を創作的に表現したものであって、文芸、学術、美術又は音楽の範囲に属するもの』を著作物と定めるところ、印刷用書体がここにいう著作物に該当するというためには、それが従来の印刷用書体に比して顕著な特徴を有するといった独創性を備えることが必要であり、かつ、それ自体が美術鑑賞の対象となり得る美的特性を備えていなければならない」としたのである。

2．最高裁判決への疑問

（1）わたしの疑問は、五人の裁判官は、「従来の印刷用書体に比して顕著な特徴を有するといった独創性」及び「それ自体が美術鑑賞の対象となり得る美的特性」を備えているタイプフェイスを、それぞれ知っていた、ひそかにあの書体は、二要件を備えた著作物というものを想定していたのだろうか、ということである。あるいは、こういう要件を課していても、二要件を満たすタイプフェイスはある、と思っていたのだろうか。

（2）「従来の印刷用書体に比して顕著な特徴を有する」という判断であるが、五人の裁判官とタイプフェイス・デザイナーや正木香子氏らとは、必ずしも一致しないと思う。最高裁では、デザイナーの意見を聴取したのであろうか。

裁判官が「わずかな差異」として、問題にしていない箇所を、プロのデザイナー達は、「大きな差異」あるいは、「従来の印刷用書体に現れなかった顕著な特徴」とみることがあるのではないだろうか。

（3）次に、二要件を満足させたタイプフェイスが、あるとすれば、（印刷用書体を用いた小説、論文等の印刷物に、印刷用書体の著作者の氏名を表示しなければならない、複製の都度、印刷用書体の著作者の許諾が必要である、また、既存の印刷用書体に依拠して類似の印刷用書体を制作し、又はこれを改良、翻案できなくなる）が、これを世間は、我慢せよ、覚悟せよ、ということであろう。

そうであれば、どのくらいの数のタイプフェイスならば、いいと考えたのであろうか。

五書体、一〇書体程度であろうか、知りたい。

（4）ゴナU事件では、原告は、ゴナUが、著作権法の「著作物」であることを前提に、著作権を主張し、大阪地裁、大阪高裁、最高裁は、いずれも著作物であることを否定した。

原告の書体を真似たが、これは、許された行為か、許されない行為か、を原告は問いただすため、起こした裁判であると思う。

タイプフェイスが著作物であるかどうかの判断で終わったが、非著作物同士であっても被告の行為は、許されない、あるいは、正当な行為である、との判決を下すか、あるいは、地裁か、高裁へ、タイプフェイス・デザイナーを呼び、審理せよと差し戻し判決をさせるべきだったと思う。なぜなら、上級審に行くほど理論面の整合性にこだわり、事実関係の本質追及が不十分になる。

（5）講学上の話であり、実益があるかどうか分からないが、タイプフェイスの保護問題は、応用美術の一つの問題、場面の問題か、それとも別個独立の問題かということである。

トリップ・トラップ椅子事件（知財高裁平成二七年四月一四日判決平成二六年（ネ）第一〇〇六三号判時二二六七号九一頁）において、応用美術としてであるが、清水節裁判長は、「表現に作成者の何らかの個性が発揮されていれば、創作性があるものとして著作物性を認めてよい」とされたが、ゴナU事件の最高裁平成一二年九月七日判決を引用されていない。これは、文字書体の問題は、応用美術の〝先輩〟の判例ではない、という意思表示であろうか。

清水節判決は、大量生産の実用品でも、「著作物性」があれば、これを著作物として保護する考え方である。とすれば、将来、タイプフェイスを最高裁が判決を変更して保護することも視野に入れ、ここでは、ゴナU事件判決をあえて、引用しなかった、と考えられる。もっとも、タイプフェイスの保護は、「応用美術」の一分野でなく、「応用美術」と同格の一分野である、と考え、ここで引用しなかったとも考えられる。

その点、ファッションショー事件の控訴審で、設楽隆一知財高裁裁判長は、「応用美術に関するこれまでの多数の下級審裁判例の存在とタイプフェイスに関する最高裁の判例（最高裁平成一〇年（受）第三三二号）同一二年九月七日第一小法廷判決・民集五四巻七号二四八一頁）によれば、まず、二条二項は、単なる例示規定であると解すべきであり」として、応用美術の中の判例とみている。ゴナ最高裁判決は、応用美術についての「唯一の最高裁判例」という栄光を背負っている。

設楽隆一判決は、ゴナ事件最高裁判決を「応用美術」の一分野のものとして捉えているから、トラップ・トリップ椅子事件のような事案が廻ってきた場合、ゴナU事件最高裁判決を信奉するから、厳しい要件を課し、保護されない可能性が大きい。

（6）筆者は、裁判官は、著作物を「絞り込むため」に二要件を掲げたとみたが、別の方法は考えなかったのであろうか。
下級審判例では、「そのままの複製」すなわち、デッドコピーについては、複製権侵害でのぞみ、そうでなければ、問題にしなかった判決例がいくつかある。

この考えをとれば、デッドコピーした印刷用文字書体については、速やかに判決を下すことができ、「権利関係が複雑になる」といった事態は避けられる。

「デッドコピーでない複製」について、裁判官の判断に任せるのである。
（7）最高裁は、原告ゴナUを著作物でないとし、また、被告の「新ゴシック体L」も著作物ではないとした。
（著作権のないもの）同士の事件として、モリサワの行為を許すべきか、許されないかという判断をしてほしかった。許される模倣か、許されない模倣か、約一四年の後の発売はどう評価すべきか、触れてほしかった。著作物でない商品の模倣行為について、不正競争防止法二条一項三号、同法一九条五項イは、三年間保護している。明治二〇年から明治二六年まで施行された版権条例、明治二六年から明治三二年まで施行された版権法には、「版権ヲ所有セサル文書図画ト雖之ヲ改竄しテ著作者ノ意ヲ害シ又ハ其ノ表題ヲ改メ又ハ著作者ノ氏名ヲ隠匿シ又ハ他人ノ著作ト詐称シテ翻刻スルヲ得ス違フ者ハ二円以上百円以下ノ罰金ニ処ス」とある。
（8）最高裁は、「絞り込みたい」ために、二要件を課したとすれば、二要件の解釈は厳密でなくてもいいと思われる。大橋正氏のカレンダーのための数字のデザインについては、絵画的要素が大きく、「美的特性」を備えているが、「従来の印刷用書体に比して顕著な特徴」があるか、といえば、両論あろうが、「顕著」と見て、著作物性があるということになる（大橋正の書体は、大家重夫「タイプフェイスの法的保護と著作権」二〇五頁掲載）。
一般人に数多くの印刷用書体を見せて、どれが、「著作物性」かを投票させ、上位の一〇位までは、「二要件」を満足している、と読み替えることも考えられる。

わたくしは、「ナール」という書体は、上位一〇に入ると思われるが、いかがであろうか。

ちなみに、ナールの制作者は、中村征宏氏で、ゴナUの制作者でもある。

ところで、ゴナUすら、最高裁は、著作物と認めなかった。最高裁は、どういう書体を想定していたか、していないのか、という問いに戻る。書体デザイナー、ベンダーは、最高裁や一般人へ向かって、「文字書体の著作物性」を説き、説得しなければ、保護は得られない。
(9) 刑事事件であるが、こういう文面で要約される判例がある。
大審院昭和一二年九月一六日判決（昭和一二年(れ)第一〇三五号）(刑集一六巻一二六五頁、著判集二集一号七一〇頁）は、「他人ノ書風ニ倣ヒ書画ヲ作成スル場合ニ於テモ特定ノ原著作物ニ対スル著作権ヲ侵害シタル事実ナキ以上ハ著作権法ニ所謂偽作ニ該当セザルモノトス」という判決である。これを引用し、被告側は、原告の書風、画風を模倣したもの、すなわちアイデアの盗用で、著作権法のいう著作権侵害に当たらない、と判断してもよかったのでないだろうか。

3．最高裁判決でよかった点

(1) 二要件があるものの最高裁判例として、タイプフェイスが保護されているとされたことである。最高裁判例は、法律と同じ、と世間では受け止められている。
(2) 日本のタイプフェイスは、外国でも使用されている。多くの国は、ベルヌ条約加盟国である。外国で、無断複製された場合、日本の権利者は、日本人のタイプフェイスは、二要件はあるものの、当該外国で、日本では、タイプフェイスは保護されている、と主張できることである。

4. 最高裁判決で困った点

（1）最高裁判決が、想定する「二要件を充足したタイプフェイス」が明らかになっていないことである。

（2）多くのタイプフェイスは、二要件を充足していないとみて、タイプフェイス・デザイナーや権利をもつベンダーの権利を侵害するケースが増えてきたことである。

（3）二要件はあるもののゴナU事件最高裁判決が、「著作権法」で保護することになり、意匠法あるいは寄託制度によるタイプフェイスを保護しようという動きが緩慢になったことである。

タイプフェイス・デザイナーだけでなく、デザイナーにとって、現在の法的保護は、明確でない。著作権法、意匠法その他の法律で重複して保護されることが望ましい。

第六章　民法七〇九条と最高裁北朝鮮映画事件判決

一・知的財産権法は、不完全である

ある商品を開発し売り出した先行者は、まもなく後行者により、「真似をされて」あるいは、デッドコピー（そのままの複製）されて、あるいは、これをヒントに新製品を販売する事業者が現れ、先行の事業者は投下資本を回収できないかも知れない。

ただ、日本では、ある程度、著作権法、特許法、意匠法、商標法、不正競争防止法などの知的財産法が整備され、先行者に、知的財産法が与える「権利」が付与されており、先行者は、この知的財産法によって、（守られるべき権利）は、建前上、守られている。

ところが、知的財産法の体系が、これらの、それぞれの法律が制定された時点のもので、全く予想しなかった新商品が出現した場合等、適切に対応できない。また、知的財産法で、保護されるべきであると関係者が考えても、種々の事情から、法制化できず、知的財産法の網の外に放置されている事例もある。

日本の知的財産法の体系は、十全でなく、網の外にある（守られるべき知的財産権）が存在することを私は指摘しておきたい。

タイプフェイス（印刷用文字書体）の保護は、「守られるべき知的財産権」である、と私はいいたい、のである。

データベースについて、日本では、「その情報の選択又は体系的な構成によって創作性を有する」データベースは、著作物として、日本の著作権法は保護した。

逆に、「その情報の選択又は体系的な構成によって創作性を有しない」データベースは、著作物でなく、日本の著作権法は保護しない。

しかし、何とか保護したい、そう考えた裁判官は、「その情報の選択又は体系的な構成によって創作性を有しない」データベースは、これを民法の不法行為として、保護した。

二．すべてのデータベースが保護されるわけではない

「著作権法一二条の二（データベースの著作物）
データベースでその情報の選択又は体系的な構成によって創作性を有するものは、著作物として保護する。
1　前項の規定は、同項のデータベースの部分を構成する著作物の著作者の権利に影響を及ぼさない。」
このように、「その情報の選択又は体系的な構成によって創作性を有する」データベースが著作権法によって保護される。

データベース一般を保護する法制度を作ろうという動きがあってもいいが、そういう動きはなかったし、あったとしても実現しなかった。

三．自動車データベース（翼システム）事件

原告は、費用と労力をかけて自動車整備用のデータベースを作成し、販売したところ、被告が、相当数の原告の

データを複製し、競合する地域で販売した。

原告は、自動車整備用のシステムのデータベースの無断複製であるとして、損害賠償を請求した。

東京地裁平成一三年五月二五日判決（中間判決）は、開発に五億円以上、維持管理に年間四、〇〇〇万円の費用のかかる原告のデータベースは、創作性がなく、著作物性がないが、民法七〇九条によって保護されるというものであった（判時一七七四号一三二頁）。

ついで、終局判決として平成一四年三月二八日判決は、被告販売による原告逸失利益四、八八四万余円、システム保守契約の逸失利益一二八万余円、弁護士費用六〇〇万円合計五、六一三万二、一三五円の損害賠償を命じた（判時一七九三号一三三頁）。

(1) 事件の概要

原告Xは、コンピュータ・ソフトウエアである自動車整備業用システム「スーパーフロントマン」を開発し、製造販売している。このシステムは、自動車整備業者において、見積書、作業指示書、納品書等の作成が容易に出来、顧客、車両等に関する入力データをデータベース化し、顧客管理、ダイレクトメール発送等に構成されたものである。

これは、日本国内に実在する４輪自動車等に関する一定の情報を収録したデータベース「諸元マスター」を構成要素としている。

原告は、平成六年頃、諸元マスターの平成六年版（本件データベース）を作成、販売を開始した。

被告は、自動車整備業用システムである「トムキャット」を製造販売している。

この被告システムは、自動車整備業者において、見積書、作業指示書、納品書等の作成が容易に出来るほか、顧客、車両等に関する入力データをデータベース化し、顧客管理、ダイレクトメール発送等に構成されたもので、日本国内に実在する４輪自動車等に関する一定の情報を収録したデータベースが構成要素となっている。

原告は「被告は、本件データベースを複製しているところ、この複製は、本件データベースの著作権を侵害するか又は不法行為を構成する」と主張して、被告システムの製造等の差し止めおよび損害賠償を求めて訴えた。

(2) 中間判決（東京地裁平成一三年五月二五日判決（中間判決）判時一七七四号一三二頁）

ア，本件データベースの著作物性

「本件データベースは、原告が、日本国内に実在する国産又は国内の自動車メーカーの海外子会社によって日本国内販売向けに海外で製造された四輪自動車であると判断した自動車のデータ及び代表データを収録したものであると認められるが、以上のような実在の自動車を選択した点については、国内の自動車整備業者向けに製造販売される自動車のデータベースにおいて、通常されるべき選択であって、本件データベースに特有のものとは認められないから、情報の選択に創作性があるとは認められない。」

イ，被告が本件データベースないしその車両データを複製したかどうか

「被告が、本件データベースのデータを上記件数分複製して、これを被告データベースに組み込み、顧客に販売していたことは明らかであるというべきである。」

ウ，「民法七〇九条にいう不法行為の成立要件としての権利侵害は、必ずしも厳密な法律上の具体的権利の侵害であることを要せず、法的保護に値する利益の侵害をもって足りるというべきである。」

「そして、人が費用や労力をかけて情報を収集、整理することで、データベースを作成し、そのデータベースを製造販売することで営業活動を行っている場合において、そのデータベースのデータを複製して作成したデータベースを、その者の販売地域と競合する地域において販売する行為は、公正かつ自由な競争原理によって成り立つ取引社会において、著しく不公正な手段を用いて他人の法的保護に値する営業活動上の利益を侵害するものとして、不法行為を構成する場合があるというべきである。」

「以上の事実によると、被告が本件データベースのデータを被告データベースに組み込んだ上、販売した行為は、

取引における公正かつ自由な競争として許される範囲を甚だしく逸脱し、法的保護に値する原告の営業活動を侵害するものとして不法行為を構成するというべきである。」

(3)　終局判決（東京地裁平成一四年三月二八日判決、判時一七九三号一三三頁）

著作権侵害でなく、一般の不法行為によることとなったため、不法行為の逸失利益の有無が問題となった。

原告は、原告のそれと被告のシステムが市場で競合したため、1，本来売れるべきはずの原告システムが売れなくなったこと、2，原告のシステムについて値引きを余儀なくされたこと、を逸失利益と主張した。

判決は、次のように判断した。

ア，顧客はどのような自動車整備用システムを購入するかを自動車に関する情報収録データベースだけでなくソフトウエア機能、ハードウエア仕様、サービス等いろいろな事情を総合して決するから、原告のマーケットシェアに基づいて、原告が原告システムを販売することができなかった数を算定することは出来ない。

イ，原告システムと被告システムとの実際の競合件数による逸失利益

（1）五八件のうち四〇％（民事訴訟法二四八条による）は、被告システムを販売していなかったならば、原告が原告システムを販売できたと認められるから、競合件数は、二三件である。

一台当たり利益額（粗利益二三三万六、二六七円—搬入設置料二一万二、五〇〇円）＝二一二万三、七六七円

逸失利益　二一二万三、七三六円×二三台＝四、八八四万六、六四一円

（2）システム保守契約

多くのユーザーは保守契約を締結する。この逸失利益。

六年間のシステム保守契約五三万二、二九六円÷二（原告利益）×二三台×〇・二一（保守料支払い継続件数）＝一二八万五、四九四円

（3）値引きによる損害　　認めない。

（4）弁護士費用　　六〇〇万円

合計　四八八万六、六四一円＋一二八万五、四九四円＋六〇〇万円＝五、六一三万二、一三五円

（4）研究

このような創作性のないデータベースについて、同じ知的財産権法の領域で保護されないか、考える。

まず、不正競争防止法が考えられる。刑事事件だが「チャタレー夫人の恋人」偽本版事件（最高裁昭和三二年三月二七日判決判時一四六号五頁）は、著作権法で保護されるからといって、不正競争防止法の適用もあることを明らかにした（旧不正競争防止法一条一号、ほぼ現行法二条一項に当たる）。

原告データベースが不正競争防止法二条一項の「需要者の間で広く認識されて」いないと思われ、適用は無理である。

平成五年の不正競争防止法改正で、二条三項「他人の商品（最初に販売された日から起算して三年を経過したものを除く。）の形態（当該他人の商品と同種の商品［同種の商品がない場合にあっては、当該他人の商品と同種の商品とその機能及び効用が同一又は類似の商品］が通常有する形態を除く。）を模倣した商品を譲渡し、貸し渡し、譲渡若しくは貸し渡しのために展示し、輸出し、若しくは輸入する行為」を「不正競争」とした。

しかし、原被告のシステムに内蔵されたデータベースを「商品」と考えるのは無理であり、不正競争防止法のこの条文の適用はできない。

平成五年改正以前は、不正競争防止法上、商品の形態が商品表示性を獲得できない場合、他人の商品を完全に模倣しても、差止損害賠償等の措置をとれなかった。

なお、平成四年産業構造審議会知的財産政策部会中間答申は「データベースの模倣行為の規制のありかたについては、情報処理技術の進展、諸外国における規制の方向について見極めつつ、今後更に検討していくことが必要である」としていた(1)。

四．民法七〇九条によって「知的財産」が論ぜられた事例

1，著作権法で保護されなければ民法でも保護はない

大審院大正三年七月四日判決新聞九五一号一三頁（刑事）（桃中軒雲右衛門事件）

大審院大正七年九月一八日判決民録二四輯一七一〇頁（蓄音器音譜複写製造販売停止損害賠償請求事件）

「著作権者なき以上は、他人が創製者の承諾を得ずして其音譜を複写し之を販売することは、何等法令の禁止する所に非ざるを以て各人の自由なりと云ふべく、之に依りて利益を営み創製者の営業上に損失を被らしむるも、為に複製者の行為を目して法律上所謂不正競争と云う能わざるは勿論、公序良俗に反するものと云うを得ざると同時に、創製者の人格権その他の権利を侵害する不法行為なりと云うを得ざるを以て創製者は複製者に対して複写販売の差止並びに損害の賠償を求むる権利なきものと云はさるへからす。」

著作権法という特別法で、著作権侵害にならない以上、不法行為ではないとした。

2，民法で保護するという事例

大審院大正一四年一一月二八日判決民集四巻六七〇頁（大学湯事件）

「侵害の対象は或いは夫の所有権地上権債権無体財産権名誉権等所謂一の具体的権利なることあるべく或いは此と同一程度の厳密なる意味に於いては未だ目するに権利を以てすへからさるも而も法律上保護せらるる一の利益なることとあるへく」「吾人の法律観念上其の侵害に対し不法行為に基づく救済を与ふることを必要とすると思惟する一の利益なることとあるへし」。

この大審院判決は、著作権、特許権というような〇〇権という具体的な権利を侵害しなくても、「法律上保護される利益」を侵害すれば、不法行為であるというものであった。

平成一六年法律第一四七号による民法七〇九条改正を先取りしたような判決であった。

3，最近の、民法不法行為による「知的財産」保護を論じた判例

その後、次のように、「知的財産」が問題となった場合、民法七〇九条を適用し、その「知的財産」を保護する、あるいは違法性がない、損害が発生していない、などの理由で、請求を棄却する判例が出た。

まず、文字書体の事件を取り上げる。

モリサワ対エヌ・アイ・シー事件（大阪地裁平成元年三月八日判決判時一三〇七号一三七頁）。

写植用文字盤に搭載する文字書体、「亜細亜中明朝体文字」及び「亜細亜ゴシック体文字」合計八、四〇〇文字を制作した（株）モリサワが、同業の（株）エヌ・アイ・シーに対し、二、四一一字が同一であるとして訴えた事件である。

大阪地裁上野茂裁判長は、①「文字書体が、著作物に当たるというためには、文字が持っている本来の情報伝達機能を失わせるほどのものである必要はないが、右文字が右の機能を発揮するような形態で使用されたときの見やすさや見た目の美しさだけでなく、それとは別に、右書体それ自体が、これを見る平均的一般人の美的感興を呼び起こし、その審美感を満足させる程度の美的創作性を持ったもの」としてこの基準に合致すれば、著作物であるとした。②「著作物性の認められない書体でも、真に創作性のある書体が、他人によって、そっくりそのまま無断で使用されているような場合」には、「これについて不法行為の法理を適用して保護する余地がある」とした。

この①はゴナU最高裁判決に影響を与えたと思うが（最高裁の方が厳しい）、具体的にいえば、平均的一般人が、例えば「ナール」という書体を見て審美感を満足するかどうか、言及してほしかった。②は、先にのべた翼システム・データベース事件中間判決のように、著作権法では保護されないが、「真に創作性のある書体」であれば、そのデッドコピーは、民法の不法行為で保護される、という基準を示したことである。

著作権ではダメだが、それよりレベルの低い、しかし「真に創作性のある書体」であれば、そのデッドコピーは、不法行為で保護するというのである。

タイポグラフィ協会の会員であるプロの書体デザイナーは「真に創作性のある書体」を制作していると主張する

であろう。ここでも、たとえば、具体的な書体を列挙してほしかった。著作権法、不正競争防止法等により保護されなくても、民法七〇九条によって、保護される、という判例を挙げてみる。

（1）京都地裁昭和三二年九月三〇日下民集八巻九号一八三〇頁（輸出機械カタログ事件）
競争業者の宣伝用カタログを自社のカタログに転載する行為は、自由競争の範囲逸脱として違法性肯定。ただし、財産上の損害なしとして、損害賠償請求棄却した。

（2）大阪地裁昭和五八年一〇月一四日無体集一五巻三号六三〇頁（建物修理チラシ事件）
「原告の宣伝方法は、その宣伝の方法及びこれに用いた原告チラシの構成のいずれの点からみても、これを対世的に独占し得るだけの独創性を認めることは困難」とし、「対世的に独占し得るだけの創作性を認め得る」ときは、行為の違法性を認める。

（3）東京地裁平成元年三月八日判決判時一三〇七号一三七頁（モリサワ対エヌ・アイ・シー事件）
前掲の事件である。

著作物性が認められなくても、真に創作性がある書体が、他人によりそっくりそのまま無断で使用される場合は、不法行為は成立する。

本件は、原告のものの創作性は明らかでない。そっくりそのまま流用とまではいえない、として不法行為成立を認めなかった。

（4）京都地裁平成元年六月一五日判決判時一三二七号一二三頁（佐賀錦袋帯事件）[2]
「本件図柄甲は、帯の図柄としてはそれなりの独創性を有するものとはいえるけれども、帯の図柄としての実用性の面を離れてもなお一つの完結した美術作品として美的鑑賞の対象となりうるほどのものとは認めがたい。」

被告が、原告の袋帯の図柄と類似する図柄で、かつ、品質の劣る袋帯を、安価で販売した行為が、原告の営業上の信用を害する行為にあたる。不法行為に基づく謝罪広告請求を認めた。

1，被告の図柄は、原告のそれに類似している。

2，原告のは正絹で、被告のはクラフト加工剤をいれているが、正絹の証紙を貼っている。

3，被告の販売価格は不当廉売とまではいえない。

4，原告は、被告の（廉価、品質の劣る製品の）製造販売により原告が別途販売していると誤解され苦情を受け、営業妨害、信用上の信用を毀損されている。

（5）東京高裁平成三年一二月一七日判決知的裁集二三巻三号八〇八頁（木目化粧紙事件）

「木目化粧紙の模様を完全に模倣して木目化粧紙を製造し、元の木目化粧紙の販売地域と競合する地域で、これを廉価で販売する行為は、取引における公正かつ自由な競争として許されている範囲を甚だしく逸脱し、元の木目化粧紙の販売者の法的保護に値する営業活動上の利益を侵害するものとして、不法行為を構成するとした事例」（知的裁集掲載の判示事項）。

1，被控訴人・被告のものは、控訴人・原告のものの完全な模倣（デッドコピー）。

2，被控訴人は、控訴人の販売地域と競合する地域で販売した。

3，被控訴人は、控訴人より廉価で販売した。

この事件では、袋帯事件のような、被告の（廉価、品質の劣る製品の）製造販売により原告が苦情を受け、営業妨害、信用上の信用を毀損されていることは問題になっていない。

（6）東京地裁平成一三年九月六日判決判タ一一〇七号二九七頁（宅配鮨事件）

「商品の形態が共通する点については、市場における競争は本来自由であるべきところ、一定の範囲の行為についてのみ、不正競争防止法による規制の対象とならない行為については、当該行為が市場における利益追求の観点を離れ、殊更に相手方に損害を与えることのみを目的としてなされない限り、民法七〇九条の一般不法行為を構成することもない」とした。

（7）大阪地裁平成一四年七月二五日判決（大斗有限会社対有限会社富士測機事件）

1，被告は、原告が労力、費用をかけて作成したコンピュータ・ソフトウエアを無断コピーし、これを販売し、又は競合地域で無償頒布した。

裁判所は、まず、民法七〇九条に言う不法行為の成立要件としての権利侵害が、必ずしも厳密な法律上の具体的権利の侵害であることを要せず、法的保護に値する利益の侵害を以て足りるとした。

次に、他人のプログラムの著作物から、プログラムの表現として創作性を有する部分を除去し、誰が作成しても同一の表現とならざるを得ない帳票のみを抜き出してこれを複製し、もとのソフトウエアとは構造、機能、表現において同一性のないソフトウエアを製作することは、プログラムの著作物に対する複製権又は翻案権の侵害に当たらない、とした。

しかし、帳簿部分は、高知県の制定書式により近い形式のワークシートを作るため、作成者がフォント、セル数について試行錯誤を重ね、相当の労力及び費用をかけて作成したもので、そのようにして作成された帳票部分をコピーし、作成者の販売地域と競合する地域で無償頒布する行為は、他人の労力及び資本投下により作成された商品の価値を低下させ、投下資本等の回収を困難ならしめるもので、著しく不公正な手段を用いて、他人の法的保護に値する営業上の利益を侵害するものとして、不法行為を構成するとした。

（8）知財高裁平成一七年一〇月六日判決（平成一七年（ネ）第一〇〇四九号）（読売オンライン事件）（東京地裁平成一六年三月二四日判決平成一四年（ワ）第二八〇三五号判時一八五七頁）

原告X（読売新聞）は、運営するウェブサイト「ヨミウリ・オン・ライン（［以下「YOL」）に短くまとめたニュースと記事本文と記事見出しを掲載し、ヤフーにYOLの主要ニュースを有償で提供し、ヤフーのニュースには、YOLの見出しが表示され、YOLの記事にリンクされていた。

被告Yは、インターネット上で、「ライントピックスサービス」を提供し、ヤフーニュースの中からニュースを選んで掲載し、ヤフーニュースの当該ニュースにリンクをはり、そのリンクボタンを、Xに無断でYOL見出しを含む当該ニュース記事見出しと同一又は実質的に同一の語句（LTリンク見出し）にし、被告の登録ユーザーに送信した。

Xは、（1）YOL見出しは、著作物であり、Yは、複製権侵害及び公衆送信権侵害である（主位的請求）、（2）Yの行為は、民法の不法行為に当たる（予備的請求）、と主張した。

一審は、（1）YOL見出しの著作物性を否定し、（2）著作権法等により排他的な権利が認められない以上、特段の事情がない限り、インターネット上に公開された情報を利用することは、合法であるとし、Xの請求を棄却した。

控訴審では、（1）の主位的請求は、控訴を棄却したが、（2）の予備的請求の一部を認容した。「不法行為（民法七〇九条）が成立するためには、必ずしも著作権など法律に定められた厳密な意味での権利が侵害された」場合に限らず、法的保護に値する利益が違法に侵害がされた場合であれば不法行為が成立するものと解すべきである。」「本件YOL見出しは、Xの多大の労力、費用をかけた報道機関としての一連の活動が結実したものといえること、著作権法による保護の下にあるとまでは認められないものの、相応の苦労・工夫により作成されたものであって、簡潔な表現により、それ自体から報道される事件等のニュースの概要について一応の理解ができるようになっていること、YOL見出しのみでも有料での取引対象とされるなど独立した価値を有するものとして扱われている実情があることなどに照らせば、YOL見出しは、法的保護に値する利益となり得る」「一方」「Yは、Xに無断で、営利の目的をもって、かつ、反復継続して、しかも、YOL見出しが作成されて間もないいわば情報の鮮度が高い時期に、YOL見出し及びYOL記事に依拠して、特段の労力を要することもなくこれらをデッドコピーないし実質的にデッドコピーして」LT見出しを、Yホームページ及びYの登録ユーザーに配信しており、「XのYOL見出しに関する業務と競合する面がある」「そうすると、Yのライントピックスサービスとしての一連の行為は、社会的に許容される限度を超えたものであって、Xの法的保護に値する利益を違法に侵害したものとして不法行為を構成する」とした。

（9）知財高裁平成一八年三月一五日判決（通勤大学法律コース事件）（平成一七年（ネ）第一〇〇九五号、平成一七年（ネ）第一〇一〇七号、同一〇一〇八号同附帯控訴事件）（東京地裁平成一七年五月一七日判決平成一五年（ワ）第一二五五一号）

原告Xは、「図解でわかる債権回収の実際」を含む①債権回収、②署名・捺印、③手形・小切手に関する法律問題を一般向けに解説した三冊を著作した弁護士である。

Xは、被告Y1（総合法令出版株式会社）、執筆者Y2、Y3らは、Xの三冊に類似する「通勤大学コース」という三冊を発行販売したとして、著作権を根拠に、訴えた。

すなわち、第一事件として、被告Y1と被告Y2（弁護士）、第二事件として、被告Y1と被告Y3（税理士）、被告Y4、被告Y5（司法書士）を相手に、次の請求をした。

Y等に対し、1，第一事件被告ら及び第二事件被告らは、Yらの三冊の発行販売頒布の差止、2，第一事件被告Yらは、Xに対し、新聞四紙へ謝罪広告をせよ、3，第二事件被告Y等は、Xに対し、新聞四紙へ、謝罪広告をせよ、4，第一事件被告Yら及び第二事件被告Yらは、Xに対し、連帯して金八〇八万円の損害賠償を求めて訴訟を提起した。

一審（民事四七部高部眞規子裁判長、東海林保、熊代雅音裁判官）は、1，第一事件被告Y1、第二事件被告Y3、被告Y4は、別紙目録記載の文献を発行頒布することの禁止、2，第一事件Y1，第二事件被告Y3及びY4は、別紙目録記載の文献の発行、頒布することの禁止、3，第一事件Y1、第二事件Y3及びY4は、各自金二六万九、八八一円及びこれに対する平成一五年二月五日から支払い済みまで年五分の割合の金員を支払うよう命じた。

二六万九，八八一円の内訳は、著作権（財産権侵害）一万九、八八一円、著作者人格権侵害一五万円、弁護士費用一〇万円である。

控訴審（知財高裁四部塚原朋一裁判長、田中昌利、清水知恵子裁判官）は、控訴人（一審原告X）が、被控訴人らが故意又は過失によって、控訴人が多大な労力をかけて作成した控訴人各文献のデッドコピーを行い、控訴人に無断で発行・頒布した「一般不法行為」が成立するか、について検討した。

その結果、「被控訴人らは、控訴人各文献に依拠して、記述自体の類似性や構成・項目立の全体に照らして控訴人各文献に酷似している被控訴人各文献を、控訴人各文献と同一の読者層に向けて、特に被控訴人文献1及び3については控訴人文献1及び3の出版後極めて短期間のうちに、執筆・発行したものであるから、控訴人の執筆の成果物を不正に利用して利益を得たものというべきである。」

「したがって、被控訴人らが控訴人各文献に依拠して被控訴人各文献を執筆・発行した行為は、営利の目的をもって、控訴人の執筆の成果物を不正に利用して利益を得たものであるから、被控訴人らの行為は公正な競争として社会的に許容される限度を超えるものとして不法行為（民法七一九条一項による不真正連帯責任）を構成する」とした。

なお、一審が複製権侵害、翻案権侵害を認めた三ヶ所（一－一四、二－二－六六、二－二－七六）は、非侵害と判断を変更した。

財産的損害二四万二、六三八円、弁護士費用二万円、合計二六万二、六三八円及び遅延損害金を認めた。

［判決主文］

被控訴人らは、控訴人に対し、連帯して二六万二、六三八円及びこれに対する平成一五年二月五日から支払い済みまで年五分の割合の金員を支払え。

控訴人のその余の請求をいずれも棄却する。（省略）

五．北朝鮮映画事件（最高裁平成二三年一二月八日判決）の衝撃

二時間を超える北朝鮮の映画の著作物の一部（約二分八秒）を、平成一五年一二月一五日、被告フジテレビが放送した。

北朝鮮文化省の一機関である朝鮮映画輸出入社及び有限会社カナリア企画は、原告として、日本著作権法の著作権（公衆送信権）に基づいて、映画の放映の差し止めを求めるとともに、不法行為（著作権ないし著作物の利用許諾権の侵害）に基づきフジテレビへ損害賠償五〇〇万円及び弁護士費用五〇万円を請求し、フジテレビ及びフジ・メデイア・ホールデイングス（のち脱退）を訴えた。

一審である東京地裁平成一九年一二月一四日判決は、原告二者の当事者能力を認め、北朝鮮の国民の著作物は、著作権法六条三号の日本が「保護の義務を負う著作物」に当たらないとして、原告らの請求を棄却した。

二審知財高裁平成二〇年一二月一四日判決は、カナリア企画のみに当事者能力を認め、1，北朝鮮がベルヌ条約国であっても、著作権法六条三号の「条約によりわが国が保護の義務を負う著作物」に当たらないとし、差し止めを認めなかった。しかし、2，この映画の著作物が著作権法の保護対象でなくても控訴人カナリア企画は、一般不法行為により保護を受けうるとして、民事訴訟法二四八条（損害額の認定）により、金一〇万円及び弁護士費用二万円を認めた。

最高裁（裁判長櫻井龍子、宮川光治、金築誠志、横田尤孝、白木勇裁判官）は、次の判決を下した。

1　日本は、ベルヌ条約三条（1）（a）に基づき北朝鮮の国民の著作物を保護する義務を負うのでなく、本件各映画は、著作権法六条三号所定の著作物には当たらない。

2　著作権法六条に定める著作物に該当しない著作物の利用行為は、著作権法が規律の対象とする著作物の利用による利益とは異なる法的に保護された利益を侵害するなどの特段の事情がない限り、民法の不法行為を構成しない。この事件で、原告が主張する映画を利用する行為により享受する利益は、著作権法が規律の対象

とする日本国内における独占的な利用の利益をいうものであるから、映画の放送によって、上記の利益が侵害されたとしても、本件放送が一審原告カナリア企画に対する不法行為を構成しない。

六．最高裁判決の再考、変更を期待する

「著作権法六条に定める著作物に該当しない著作物の利用行為は、著作権法が規律の対象とする著作物の利用による利益とは異なる法的に保護された利益を侵害するなどの特段の事情がない限り、民法の不法行為を構成しない。」とした。

これは、四、モリサワ対エヌ・アイ・シー事件（大阪地裁平成元年三月八日判決）が、判示した「著作権法にいう著作物」にあたらない、「著作物性の認められない書体でも、真に創作性のある書体が、他人によって、そっくりそのまま無断で使用されているような場合」には、「これについて不法行為の法理を適用して保護する余地がある」とした判例を否定するものであった。

判例の考えには、背後に 民法七〇九条が、不法行為を定めているが、これは、一般法で、特許法、著作権法、不正競争防止法などの特別法で、それぞれ対象とする不法行為について、詳しく、不法行為の類型とそれに応じた損害賠償などを定めている。また、特別法では、差し止めも規定しているが、一般法である民法では、差し止めを規定していない。

「特別法に任せた以上、ここで、どういう結論が出ようと民法七〇九条は関係がない」こういう考えであると思う。

私は、一般法と特別法という考え方が間違っていると思う。

この考え方は、特許法、著作権法など、知的財産法が、「保護すべき知的財産」を完全に保護している、網に穴はない、という前提に立っている。

現実には、タイプフェイスのような「保護すべき知的財産」を、著作権法も意匠法も保護できていない。

この現実を見れば、一般法、特別法の考えは否定されるべきである。

新しく法律を作り保護すべき知的財産もあると考えれば、北朝鮮映画事件判決の結論は、タイプフェイスの制作者、権利者にとり非常に困った判決であった。

ゴナU事件最高裁判決は、平成一二年九月である。われわれは、ゴナU事件判決が示した非常にハードルの高い「著作物」に該当しなくても、民法の不法行為には、該当する、として、タイプフェイス関係者に、完全ではないにせよ、保護されていると考え、聞かれれば、民法七〇九条というセーフティネットがあると、答えていた。

約一一年三ヶ月しか、民法の保護はなかったようなものであった。

最高裁平成二三年一二月八日判決により、タイプフェイス制作者、権利者は、「著作物に該当しない著作物の利用行為は、著作権法が規律の対象とする著作物の利用による利益とは異なる法的に保護された利益を侵害するなどの特段の事情」とはどういう場合か、考えねばならなくなった。そのケースとは、殆どないと思われる。

平成二三年の北朝鮮映画事件以来、わたくしは、著作権法やその外の知的財産法には当たらないが、民法七〇九条により保護された判例を発見していない。

最高裁が、判例変更されることを希望する。

注――

（1）この自動車データベース（翼システム）事件は、著作権法が保護するデータベースには、該当しないが、民法の一般不法行為に該当するとして、保護した事案であった。

民法は、一般法で、著作権法は、特別法であり、この判決は、間違いであるという論者もいたであろうが、松村信夫弁護士は「基本的に判決の判旨に賛成」された（知財管理五三巻六号九八一頁）。田村善之教授は「民法の一般不法行為法による著作権法の補完の可能性について」（二〇一一年月一七日著作権情報センター講演）、上野達弘教授（判例評論五二九号一八三頁、「サイバー判例解説」一九四頁）。

(2)(4)、佐賀錦帯事件、(5)、木目化粧紙事件は、著作権法による侵害には該当しないが、民法不法行為法による侵害を認めた。この判決に対して、多くの法学者は好意的であった。

参考文献——

渋谷達紀「財産的成果の模倣盗用行為と判例理論」判時一四三〇号一四八頁。

松村信夫・知財管理五三巻六号九八一頁。

平嶋竜太・L&T一五号六一頁。

宮脇正晴「不法行為法によるタイプフェイスの保護」L&T二二号五三頁。

手嶋豊・「営業形態の模倣と不法行為法―東京地裁二〇〇一年九月六日判決を素材にして」L&T一七号三二頁。

蘆立順美・コピライト二〇〇一年一〇月号二五頁。

蘆立順美・データベース(1)「自動車データベース(翼システム)事件:中間判決」著作権判例百選[第四版]五〇頁。

蘆立順美・データベース(1)「自動車データベース(翼システム)事件:中間判決」著作権判例百選[第五版]五〇頁。

上野達弘・「サイバー法判例解説」一九四頁。

上野達弘・判評五二九号一八三頁(二〇〇三年)。

椙山敬士「データベースに関する最近の判例の分析」(『知的財産権―その形成と保護―秋吉稔弘先生喜寿記念論文集』三六二頁)二〇〇二年一一月。

安江邦治「著作物性のないデータベースの保護と法的諸問題」(『知的財産権―その形成と保護―秋吉稔弘先生喜寿記念論文集』四六九頁)二〇〇二年一一月。

佐藤祐介「著作権法によって保護されない場合の一般不法行為法による保護」(松本恒雄先生還暦記念『民事法の現代的課題』一一五一頁)。

駒田泰土「タイプフェイスの保護」著作権研究三六号五八頁(二〇〇九年)。

第七章　タイプフェイス保護のための新法制定を提案する

一・デジタルフォント保護法の制定を提案する（二〇一六年）

ゴナU事件最高裁平成一二年九月七日判決が、極めて厳格な条件（「従来の印刷用書体に比して顕著な特徴を有するといった独創性を備えること」「かつそれ自体が美術鑑賞の対象となり得る美的特性」を備えること）を要求し、こういう書体にのみ、著作権法の対象となる「著作物」という判断を下した。

この最高裁平成一二年判決は、タイプフェイス・デザイナー、ベンダーにとって、「使いづらい判例」であると考える。今後、タイプフェイスを巡って、書体デザイナーやベンダーが当事者となって、訴訟が提起された場合、ゴナU事件最高裁判決を問題に出来るような事案の裁判であれば、是非、ゴナU最高裁判決を変更するよう、タイポグラフィ協会あるいは日本グラフィックデザイナー協会（ＪＡＧＤＡ）が応援するよう動いて貰うというのが一案である。

もう一つの案は、タイプフェイス・デザイナー、ベンダーにとって有用なタイプフェイス保護法を作ることである。現代は、デジタルフォントの時代であるから、デジタルフォントを保護する法律という単独法を作成してはいかがであろうか。

1．「デジタルフォントを保護する法律」の提案

日本では、通常、法律を作るには、政府の各省庁が、関係者の意見を聞き、関係業界、関係省庁に根回しをし、政府の提案により、国会に提出する。

非常に少ないが、議員による法律の提案もある。

今は、実現の可能性は低くても、これから国会議員に呼びかけて、法律を作ってはどうであろうか。

その法律案であるが、「コンピュータに搭載のデジタルフォントを保護する」ということにしてはどうであろうか。

いままで、タイプフェイス一般、あるいはフォント一般をどう保護するかについて議論がなされた。デジタル・フォントの時代を迎え、いままでの議論を白紙にしたい。

筆者が、この法律案を思いついたのは、大阪地裁平成一六年五月一三日判決（平成一五年（ワ）第二五五二号（モリサワ対ディー・ディー・テック事件）を読んだからである。

大阪地裁二一部民事部（小松一雄裁判長、守山修生、田中秀幸裁判官）は、印刷用文字書体が著作物に該当するかどうかを全く問題にせず、原告のデジタル・フォントに係るプログラムを被告が無断でインストールし、これは、著作権侵害であるとの原告の主張に対し、以下の原告の主張を全て認めた。

1，被告が顧客に販売したパーソナル・コンピュータに原告のフォント・プログラムの無断複製版を恒常的にインストールしていたこと、2，原告のフォント・プログラムの差し止め請求及び消去請求の必要性、3，損害額の算定について、被告のコンピュータ販売実績（台数）、被告が原告から正規に購入した原告のフォント・プログラムの数及び被告所有の無断複製フォント数から、被告が顧客に販売したパーソナル・コンピュータにインストールした原告プログラムの無断複製の累積数を推計し、原告プログラムの販売価格から推定される一書体当たりの逸失利益を基礎に、原告の被った損害額を算定した。

Ⅰ、「コンピュータに搭載したデジタルフォントを保護する法律」A案

1，法律の名前は、「コンピュータに登載したデジタルフォントを保護する法律」とする。

2，法律の目的は、「印刷用文字書体がデジタルフォントの形式で、コンピュータ・プログラムによって、作成、販売、貸与される時代になり、コンピュータに搭載したデジタルフォント（印刷用文字書体）をめぐる紛争が多発しているにもかかわらず、現在行われている法律や判決例では、原告、被告、裁判所でも十分に対処できず、正義、公平にかなった解決が望めない。したがって、ここにデジタルフォント形式の文字書体を保護するための法律案を作成する。

3，デジタルフォント（文字書体一式）に「著作権類似の権利」を与えて、無断複製の海賊版に対して、契約当事者以外の第三者に対しても主張できる「著作権類似の権利」を付与し、これを基軸として法律を作成する。

4，内容。
（1）タイプフェイスは、一連の印刷用文字書体を意味するが、この法律では、コンピュータ搭載され、コンピュータ、インターネットによって、権利者から使用する者へ譲渡、貸与される「印刷用文字書体」である「デジタルフォント」を対象とする。
（2）デジタルフォントは、一連のセットの文字書体である。
（3）このデジタルフォントは、取引の対象となる印刷用文字書体で、一応の創作性、独創性、新規性が一つでも認められればよい。コンピュータ・プログラムによって、コンピュータに搭載され、取引の対象になっている書体は、すべて保護の対象になる。
この法律は、保護対象が「創作性、独創性、新規性のいずれかがあればよい」とすれば、著作権法の特別法として位置づけることになる。

「取引の対象になっている文字書体」でよい、とすれば、単なるデジタルフォント保護法となる。

コンピュータ・プログラムの形式で固定ないし顕現され、ダウンロードされる「文字書体」の全てを

保護することを企図するものである。

五〇年以上前の書体でも、コンピュータに搭載されれば、保護するか、しないかは、これからの議論で決める。だが、五〇年前の文字書体に改良を加えれば、これは保護する。

活字フォント、写植フォントの形式で表される文字書体は、この法律の対象外である。

「従来の印刷用書体に比して顕著な特徴を有するといった独創性及びそれ 自体が美的鑑賞の対象となり得る美的特性」（最高裁平成一二年九月七日判決）を備えていても活字フォント、写植フォントであれば、保護対象外である。

数種類のコンピュータ・プログラムによって固定され、紙媒体へのプリントアウトないしコンピュータ画面、テレビ画面へ映し出せる文字書体であるデジタルフォント全てを保護対象とする。
（4）デジタルフォントの制作者は、タイプフェイスの年鑑、見本帳、学術書に掲載する場合、氏名表示権を有する（ヤギボールド事件（東京地裁昭和五四年三月九日判決判時九三四号七四頁、東京高裁昭和五八年四月二六日判決判時一〇七四号二五頁、最高裁昭和六〇年四月一日矢口洪一裁判官のもとでの和解。昭和六〇年一〇月一六日和解は、書体デザイン集といった「出版物」に引用、掲載する場合に、書体の「1，創作者の氏名を明記する慣行を努力せよ、2，創作者の調査が不十分だったので、上告人（原告）創作者の氏名の表示がなかったことについて遺憾であったとの意を表するべし」であった）。
（5）デジタルフォントの制作者は、その作成したデジタルフォントについて、次の権利をもつ。
（ア）無断複製への禁止権。
（イ）無断インストールへの禁止権。
（ウ）無断送信への禁止権。
（エ）無断複製物を販売し、輸入することの禁止権。

（オ）以上の権利を含んだ地位を譲渡し得る。譲渡を受けた者を権利者という。
要するに、「そのままの複製＝デッドコピー」を保護する。縦、横の文字の太さに一定の数字を乗じた文字書体＝ファミリー書体は、複製とみなす。

翻案権は認めない。「そのままの複製」ではないが、侵害かどうか極めて疑わしい場合、裁判官が、書体デザインの専門家の意見を聞き判断する。

（6）従って権利者は、デジタルフォントを「複製」、「インストール」「インターネット送信（送信可能化を含む）」することを禁止できる。

（7）デジタルフォントからロゴマーク又はロゴタイプを作成することについては、権利者の許諾を得ることが必要である（書体の制作者、権利者の中で、意見が分れているため、一応、請求できるとした）。

（8）デジタルフォントが権利者から使用する者へ、譲渡、貸与など契約により使用が許諾され、その使用がなされた場合、権利者は、以後、その複製を禁止できるか（従前の活字や写植の時代、タイプフェイスの活字フォント、写植フォントが印刷所や市井の名刺店に販売ないし貸与され、そこで紙媒体に印刷されたとき、タイプフェイス制作者、権利者は、紙媒体の印刷を含め、それ以降について権利主張はしなかった。印刷所、名刺屋に販売ないし貸与した時点で、権利は「消尽」したと考えていた。デジタルフォントの場合、権利は消尽するかどうか今後の検討課題である。

（9）デジタルフォントが権利者から使用する者へ、譲渡、貸与など契約により使用が許諾され、その使用がなされた場合、制作者及び権利者は、複製に際して、制作者名、権利者名の表示は省略できる。ただし、タイプフェイスの年鑑、見本帳、学術書に掲載する場合は、制作者名、権利者名を表示しなければならない。

（10）デジタルフォントが権利者から使用する者へ、譲渡、貸与など契約により使用が許諾された場合、契約により、制作者名、権利者名を紙媒体、テレビ画面へ表示することはできる。

契約者以外の第三者が当該デジタルフォントを使用していることが発見された場合、第三者は、その複製ないし使用について、その根拠である権原があることを、権利者へ立証する責任がある。

（11）5，の無断複製については、デジタルフォントを技術的手段によって、本質的な特徴が認識できる程度に改変することも含まれる。

（12）デジタルフォントの保護期間について。

著作権法五一条は、著作物を創作した時から著作者の死後五〇年間、著作権が存続するとし、団体名義であれば、著作物の創作後五〇年と定めている。

また、映画の著作物については、「五〇年」でなく、「七〇年」である。

三つの考え方がある。

1，一般の著作物と同じく、死後五〇年というもので、もし、今後、著作権法が七〇年に改正されれば、七〇年という考えである。

2，一九七〇年著作権法改正時にとられた考えで、「文芸」「美術」「音楽」という伝統的な著作物は、「死後五〇年」「公表後五〇年」だが、著作物をいわば「伝達する媒体」である「実演」「レコード」「放送」「有線放送」の著作隣接権は、著作権と同じでなく、これに準じた「三〇年」と決められた。（その後、著作隣接権者の運動により、同じになった。）

著作物の媒体である文字のデザインであるから、三〇年という説である。もっとも、著作隣接権が一般の著作権と同じになった以上、三〇年説は、少数かも知れない。[1]

3，写研の創業者石井茂吉（一八八七－一九六三）が、一九三二年当時、制作した石井中明朝、石井楷書など八〇年後、九〇年後でも評価が高く、使用されている。これを思うと、一般の著作権保護期間五〇年より、むしろ長い方が適切という考えもある。映画の著作物と同じ七〇年という案もあるかも知れない。

これも今後の議論してほしい問題である。

（13）デジタルフォント保護法の公布の時に、公表され流通しているデジタルフォントは、公布日の翌年から五〇年間保護する。

（14）デジタルフォントが保護されるべきかどうかについて、裁判において問題になったとき、専門的職能団体である日本タイポグラフィ協会に意見を述べる機会を与えるべきである。文字書体の類否の判断は難しい。

一九七三年六月、ＷＩＰＯ（世界知的所有権機関）は、「タイプフェイスの保護及びその国際寄託に関するウィーン協定」を採択した。この協定は、加入国が五ヶ国に達せず、効力は生じなかった。筆者は、この会議に参加し、ヨーロッパ諸国のタイプフェイス制作者、権利をもつ会社の代表が、「各国の裁判所で、ぜひ、職能団体の意見を聞く機会を与えよ」と発言していた。筆者自身、日本のカタカナ、ひらかな、漢字について、著作権法における「美術」や「応用美術」の基準と異なる、タイプフェイスの業界の意見によって判断するのがいいと思った。タイプフェイス協定では、「七条（２）タイプフェイスの新規性と独創性は、タイプフェイスのスタイルや全体のアピアランスについても、もし必要であれば、権限のある職能団体が認定した基準を考慮して決定する。」である。

Ⅱ、「コンピュータに搭載したデジタルフォントを保護する法律」Ｂ案

書体搭載のコンピュータ・プログラムに著作物類似の権利を与える。

Ｉの「コンピュータに登載したデジタルフォントを保護する法律Ａ案」は、「デジタルフォント」に契約当事者以外の第三者に対しても、主張できる「著作権類似の権利」を付与し、これを基軸とした。

これは、タイプフェイスを搭載した「コンピュータ・プログラムの著作物」を基軸として、デジタルフォントを保護しようとするものである。

無断複製（海賊版）や無断インストールに対する差し止めや損害賠償請求は、このコンピュータ・プログラムの著作権を根拠として差し止める。

そのため、現行著作権法の「プログラムの著作物」の規定を強化してはどうか、という提案である。

コンピュータ・プログラムは、「電子計算機を機能させて一つの結果を得ることができるようにこれに対する指令を組み合わせたものとして表現したものをいう。」（著作権法二条一項十の二）。

ところで、デジタルフォントは、汎用ソフトも含め多くのプログラムで構成されている。

従来、日本の著作権法の下で、コンピュータ・プログラムは、著作物として扱われたものと、著作物でないとされたものがあった。

コンピュータ・プログラムの著作物性については、1，プログラムが創作性を有すること、具体的記述において作成者の個性が表現されていること、2，誰が作成してもほぼ同一になるような記述は、作成者の個性が発揮されてなく、創作性がないとされていた。

「文字書体」は、プログラムであり、著作物である、と言い切ってよいか、「データ」であり、著作物でないという議論もある。

ア、著作物でないとした判例

東京地裁平成三年二月二七日決定（知的裁集二三巻一号一三八頁）は、ＩＢＦファイルは、プログラムとしても創作性を有していない、著作物でない、とした。二審の東京高裁は、ＩＢＦファイルといって市販アプリケーション・プログラム等のファイルをコンピュータのハードディスクに自動的に組み込み、組み込んだファイルをメニュー形式で呼び出したりする管理プログラムは、「環境設定や転送操作のための本体プログラムに組み込まれる情報を記載した単なるデータファイル」にすぎず、「電子計算機に対する指令を組み合わせたものではない」として、「プログラム」（著作権法二条一項一〇号）ではないとした。

イ、著作物とした判例

東京地裁平成一五年一月三一日判決判時一八二〇号一二七頁（製図プログラム、ワイビーエム対佐鳥電機（株）事件）。

東京地裁平成一三年一月二八日判決判時二一三三号一一四頁（『ＮＥＷ増田足』という名称のソフトウエアに係るプログラム」は、著作物である。

ウ、（書体を搭載した）プログラムを著作物として扱い、被告販売のパソコンに被告が無断インストールした事例。

大阪地裁平成一六年五月一三日判決（平成一五年（ワ）第二五五二号）

原告モリサワは、米国アドビシステムズ社と日本語ポストスクリプトフォント開発契約を結び、マッキントッシュ用の日本語フォントプログラムを開発したが、原告モリサワは、「三一種類のＯＣＦフォントプログラム、二六種類のＣＩＤフォントプログラム及び四八種類のＮｅｗＣＩＤフォントプログラム」が含まれている（本件プログラム）という。これを電子計算機及び周辺機器を販売する被告会社が、顧客のために原告モリサワの本件プログラムを無断でインストールした事件である。

判決は、被告会社が、平成一〇年一一月から平成一四年一〇月までの間、顧客に販売したパーソナルコンピュータは、一、二七二台とした。

被告会社は、平成一〇年一一月から平成一四年一〇月まで、少なくとも四分の一の台数のハードディスクにＯＣＦフォントプログラムの海賊版をインストールした。四分の一は、三一八台である。したがって、ハードディスクにインストールした本件フォントプログラムの海賊版は、二三書体×三一八台とした。

この事件では、大阪地裁は、文字書体の著作物性、プログラムの著作物性については格別の議論をせず、いずれも著作物であることを認めている。

このモリサワ対ディー・ディー・テック事件（大阪地裁平成一六年五月一三日判決平成一五年（ワ）二五五二号）では、原告モリサワが販売しているフォントプログラムの中には、「三一種類のＯＣＦフォントプログラム、二六種類のＣＩＤフォントプログラム及び四八種類のＮｅｗＣＩＤフォントプログラム」（訴訟の対象である本件プログラム）があるというが、全てモリサワがプログラムの著作権者ではない。

この本件プログラムを被告が無断でインストールした事案は、次の特徴をもつ。
1　搭載したフォントの著作物性に触れていない。
2　プログラムの著作権者は誰かも触れていない。
私は、これでいいと思う。

だが、このフォントの著作権者は誰か、フォントについてのプログラムはデータの集積であり、著作物でないとの意見もありうる。

したがって、「コンピュータに搭載したデジタルフォントを保護する法律」B案は、モリサワ対ディー・ディー・テック事件判決を条文化すればよい。

すなわち、
1「フォント搭載のコンピュータ・プログラムはすべて、著作物で、これを搭載したコンピュータ・プログラムも著作物である」と明言する。
2　デジタルフォント保護法の公布の時に、公表され流通しているデジタル・フォント登載のコンピュータ・プログラムは、公布日の翌年から五〇年間保護する。
3　無断使用者へのペナルテイ規定の創設
モリサワ対ディー・ディー・テック事件において、モリサワは、どういう経緯で、被告の無断インストールを知ったのであろうか。

東京リーガルマインド事件（東京地裁平成一三年五月一六日判決判時一七四九号一九頁）は、アドビ、マイクロソフト、アップルなどが著作権をもつコンピュータ・プログラムを一本購入し、一三六台に無断インストールした事件であるが、内部告発により訴訟を提起された事件であった。

前述A案の、「(10) デジタルフォントが権利者から使用する者へ、譲渡、貸与など契約により使用が許諾された場合、契約者以外の第三者が当該デジタルフォントを使用していることが発見された場合、第三者は、その複製ないし使用について、その根拠である権原があることを、権利者へ立証する責任がある。」は、このB案でも採用されなければならない。損害賠償額についても、懲罰的な三倍賠償の規定をおくべきである。

Ⅲ、コンピュータに搭載したデジタル作品を保護する法律（C案）

Ⅰは、デジタルフォントに「著作物類似の権利」を与え、Ⅱは、文字書体搭載のコンピュータ・プログラムに物権的権利を与えるというものであった。

Ⅲのこの案は、現行の知的財産法の中で、現在保護されていないが、保護されるべき「知的財産」、そのうち、コンピュータ、インターネット関連の「デジタル」作品をひとまとめにして保護する法律を作るべし、というものである。

保護する対象は、

（1）まず、デジタルフォント。

（2）創作性を有しないデータベース（著作権法一二条の二参照）（翼システム事件参照）。

（3）テレビ、パソコン画面上で流れるロゴマークの「動き」、「音程」、「色彩」、見る角度によって色や形の変わる「ホログラム」なども検討する（日本経済新聞二〇一一年一二月一三日参照）。

注――

（1）椙山敬士「著作権論」（日本評論社・二〇〇九年）一五四頁は、「書体としての創作性（美的創作性でなくてもよい）を要求する。保護期間は一五～二〇年位が妥当であろう。侵害となるのは、フォントをセットとして、コピー（または酷似といえる程度の類似性あるもの）をする場合である。」という。

本稿がきっかけとなって、議論が活発になされ、法律案が固まり、これによって立法が実現することを期待したい。間違った記述、誤解も多々あると思う。御指摘頂けると幸いである。

本稿は、マーチャンダイジングライツレポート二〇一二年四月号五六頁掲載の文章に若干加筆した。

第八章　ピクトグラムの保護

一．ピクトグラム事件（大阪地裁平成二七年九月二四日判決）について

1．ピクトグラム

ピクトグラム＝ＰＩＣＴＯＧＲＡＭ、とは絵文字のことである。たとえば、公衆トイレ入り口の男子、女子の表示である。

町や駅、百貨店には、公衆トイレがある。男性と女性は別々であるが、男性、女性と文字ではなく、シルエット、影絵で描かれている。よく見ると、男性は帽子をかぶったり、ステッキを持つのもあり、女性はスカート姿が多い。

今まで、イラスト、カット、キャラクターデザインの事件として取り扱われていたものと相当重複する。

筆者は、美術関係判例として、イラスト、キャラクターデザインなどの判例を「美術作家の著作権」（里文出版・二〇一四年）に取り上げているので、参照してくだされば幸いである。[1]

2．大阪地裁判決の要旨

大阪地裁平成二七年九月二四日判決（平成二五年（ワ）第一〇七四号、ピクトグラム事件）が、ピクトグラムについて、著作権があると判断した。

〔事案の概要〕

原告Xは、株式会社仮説創造研究所である。Xは、企業や商品のイメージを統一するため、企業名や商品をある書体を選び、あるいは創作し、その企業、商品の認知度を高め、他企業との差別化を図ること、デザイン制作、販売を主たる目的とする株式会社である。

被告Y1は、大阪市である。

被告Y2は、財団法人大阪市都市工学情報センター（以下、都市センター）は、大阪市の計画的な町作り推進に寄与するため設立され、平成二五年四月一日解散し、清算手続きを行っている。

アートディレクター・デザイナー（P）がデザインするビジュアルアイデンティティの著作権は、板倉デザイン研究所（Q）（Pが代表取締役）に譲渡された。このQと被告Y2が業務委託契約をした。Qは、平成一九年六月一日、原告Xに統合された。

原告Xは、大阪城、水族館「海遊館」、WTCコスモタワー、ATCなどの施設を表すピクトグラム及び地図デザインの著作権者であると主張し、使用許諾期間外の被告らの使用について、著作権侵害として訴えた。

▲請求の趣旨一項

ア、（1）被告Y2の都市センターは、本件ピクトグラムについての使用許諾契約、本件地図デザインに本件ピクトグラムを配した大阪市観光案内図についての使用許諾契約の各期間満了による原状回復義務として、

（2）被告Y1大阪市については、被告都市センターから許諾を受けた者である以上、同様の原状回復義務を負う、民法六一三条を類推して、被告らに対し、各使用許諾期間内に作成した大阪市内の案内表示に用いている本件ピクトグラムの撤去・抹消請求を行う。

イ、被告らに対し、被告Y1大阪市が、前記アの各使用許諾期間満了後に新たなピクトグラムを複製したとして、著作権法一一二条一項に基づく本件ピクトグラムの 抹消・消除請求を行う。

▲請求の趣旨二項

被告らに対し、上記（1）アの各使用許諾期間内に作成した案内表示に用いている本件ピクトグラムについての原状回復義務違反、

及び上記（1）イの各使用許諾期間満了後の本件ピクトグラムの著作権侵害の不法行為に基づく損害賠償請求として、以下の金員の支払い請求を行う、

ア、本件ピクトグラムに関し、使用許諾期間満了の平成二二年三月三一日から平成二六年三月三一日までの四年分の使用料相当損害金四〇〇万円、うち二五八万円に対する不法行為日後の訴状送達の日の翌日から、うち一四二万円に対する訴えの変更申立書送達の日の翌日から、各支払済みまで年五分の割合による遅延損害金。

イ、ピクトグラム、平成二六年四月一日以降、月額八万三、三三三円。

ウ、ピクトグラムを配した案内図。八六万円と不法行為日後である訴状送達の日の翌日から支払済みまで年五分の割合による遅延損害金。

▲請求の趣旨三項

公益社団法人大阪観光コンベンション協会が無断で本件ピクトグラムの複製使用、公衆送信を行ったとして、被告Ｙ１、被告Ｙ２へ六九八万二、五〇〇円の損害賠償。

▲請求の趣旨四項

被告Ｙ１に対し、被告Ｙ１が原告に依頼した本件ピクトグラムの一部修正について、商法五一二条（報酬請求権）に基づき、相当額四〇万五、〇〇〇円。

▲請求の趣旨五項ないし七項

被告Ｙ１が、平成二四年八月一日以降、本件地図デザインを用いた案内図を複製又は翻案したとして、複製権侵害、翻案権侵害であるとして、1，案内図の複製の差し止め、2，同案内図の抹消、消除、3，ア、同日から平成二六年三月三一日までの使用料相当額として七五万二、五〇〇円の損害賠償、イ、平成二四年四月一日から前記案

内図が抹消、消除されるまでの使用料相当損害金として月額三万七、六二五円の支払い請求を行う。

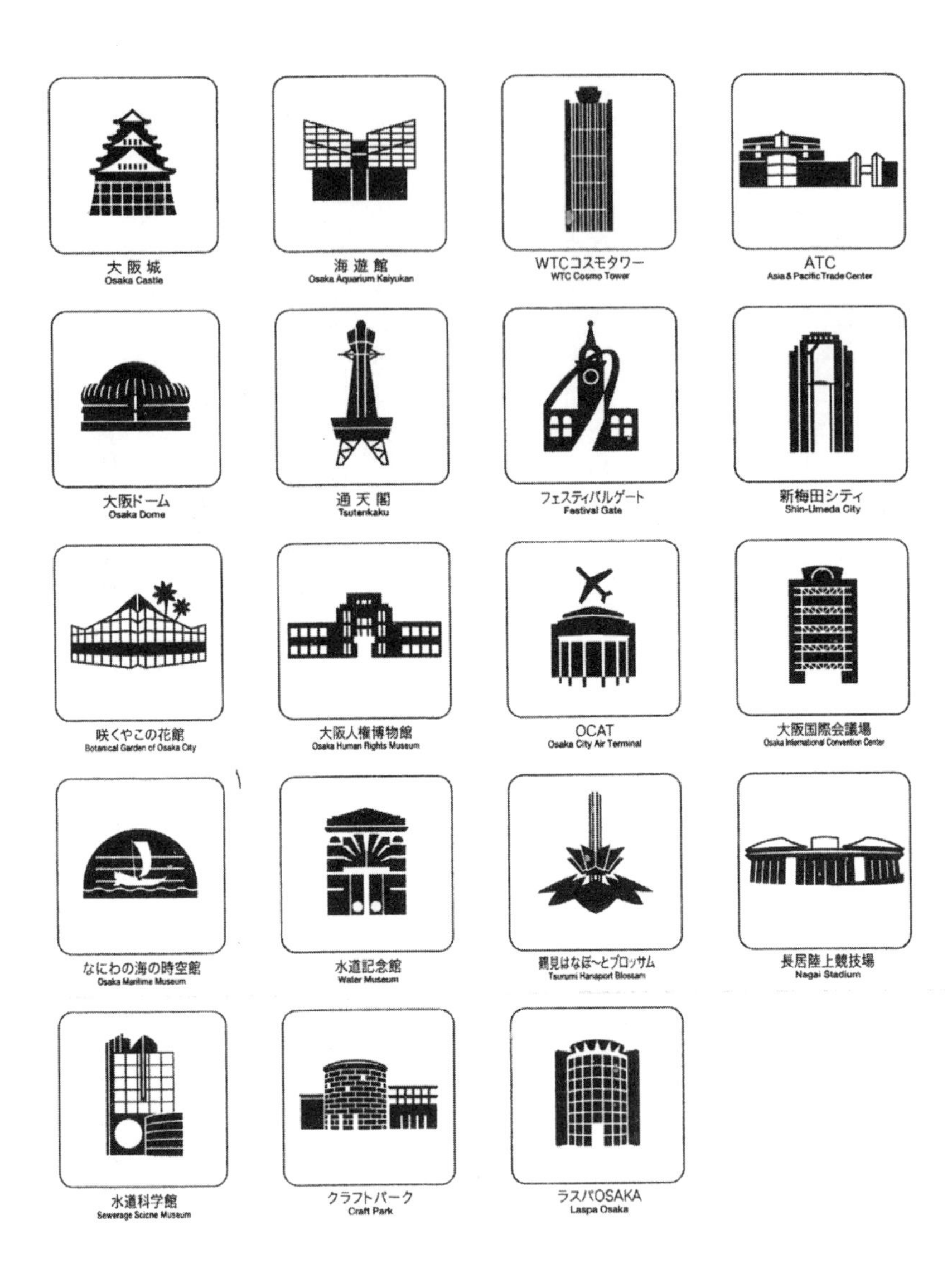

大阪地裁平成27年9月24日判決が著作物と認定したピクトグラム

［裁判所の判断］

大阪地裁第二六民事部（高松宏之裁判長、田原美奈子裁判官、中山知裁判官）は、次のように判断した。

（1）争点一－一、被告らは、本件各使用許諾契約における有効期間の満了により、有効期間内に作成した本件ピクトグラム等についての原状回復義務を負うか。

被告都市センターは本件ピクトグラム等の抹消・消除義務を負う。

被告大阪市は、本件各使用許諾契約の当事者でないが、民法六一三条を類推適用し、本件ピクトグラム等の抹消・消除義務を直接負うと解される。

（2）争点一－二、原告は、被告らに対し、板倉デザイン研究所から本件各使用許諾契約の許諾者たる地位を承継したとして、同契約上の権利をもつ。主張し得るか。

原告は、被告らに対し、著作権の登録なしに本件各使用許諾契約上の地位を主張することはできない。本件各使用許諾契約の有効期間内に作成された本件ピクトグラム等について、原告の被告らに対する、本件各使用許諾契約による現状回復義務及びその違反に基づく請求は理由がない。

（3）争点二－二（被告大阪市による有効期間満了後に作成された本件ピクトグラムの使用による著作権侵害の有無）及び争点三（原状回復義務及び著作権に基づく本件ピクトグラムの抹消・消除の必要性）について。

被告大阪市が本件ピクトグラム等を用いた案内板等を新たに作成したことを認めるに足る証拠はない。被告大阪市による本件ピクトグラムの使用による著作権侵害に基づく請求は理由がない。

（4）争点五－一（本件ピクトグラムの著作物性について）

本件ピクトグラムは、その美的表現において、制作者であるＰの個性が表現されており、実用的機能を離れて美的鑑賞の対象となり得る美的特性を備えているから、それぞれのピクトグラムは著作物である。

（5）争点五－二、本件冊子において本件ピクトグラムが「複製」されているか。複製に当たる。

（6）争点五－三、本件冊子における本件ピクトグラムの掲載が「引用」に当たるか。引用に当たらない。

（7）争点五－四、本件冊子の頒布及びＰＤＦファイルのホームページへの掲載は、本件使用許諾契約一により許諾されたものか。

本件冊子が有効期間内に作製されたものである以上、その頒布は許諾されている。

本件冊子のホームページへの掲載は、原告の著作権（公衆送信権）を侵害する行為である。

（8）争点五－五、被告らは共同不法行為責任を負うか。

被告大阪市は共同不法行為責任を負うが、被告都市センターは、共同不法行為責任を負わない。

（9）争点五－六、原告は、本件ピクトグラムの著作権を取得したとしてその著作権を被告らに対して主張できるか。

著作権を取得した者は、著作権侵害の不法行為者に何ら対抗要件なしに自己の権利を対抗できるから、原告は、被告大阪市に対し、著作権侵害に基づく損害賠償を請求することができる。

（10）争点五－七、損害額

ホームページへの掲載は、ピクトグラムのうち一八個の絵部分で期間は長く見て二年程度で、七〇万円を超えることはない。コンベンション協会が解決金として原告へ七〇万円支払っており、被告大阪市に支払うべき損害はない。

（11）争点六－一、被告大阪市の商法五一二条に基づく報酬支払い義務の有無について。

被告大阪市は、商法五一二条に基づき、原告に対して報酬を支払う義務を負う。

（12）争点六－二、相当報酬額

原告の被告大阪市に対する相当報酬額は、合計二二万六、五〇〇円である。

（13）争点七－一、本件地図デザインの著作物性について

本件地図デザインは、Ｐの制作した著作物である。

（14）別紙四案内図は、本件地図デザインの複製又は翻案か。

別紙四案内図は、本件地図デザインの複製又は翻案ということはできない。原告の本件地図デザインの著作権及び著作権侵害に基づく請求は理由がない。

［判決主文］

1　被告大阪市は、原告に対し、二二万六、五〇〇円及びこれに対する平成二五年二月一四日から支払い済みまで年六分の割合による金員を支払え。

2　原告の被告大阪市に対するその余の請求及び被告財団法人大阪市都市工学情報センターに対する請求をいずれも棄却する。

3　訴訟費用は、原告と被告大阪市との間に生じた費用はこれを五〇分し、その四九を原告の、その余を被告大阪市の各負担とし、原告と被告財団法人大阪都市工学情報センターとの間に生じた費用は原告の負担とする。

4　この判決は、第一項に限り、仮に執行することができる。

［コメント］

1　判決の批評として、次のものがある。

青木大也「著作物の使用許諾契約の許諾者たる地位の移転・観光案内図用ピクトグラムの著作物性」Law & Technology 七三号六五頁（二〇一六年）。

渕麻依子「ピクトグラム（大阪市観光案内）事件」著作権研究四三号一九九頁（二〇一七年）。

私は、結論から言えば、ピクトグラムは、次の三種類あると思っている。

（1）著作物性があるもの。

著作権法（昭和四五年五月六日法律第四八号）第二条の「著作物　思想又は感情を創作的に表現したものであって、文芸、学術、美術又は音楽の範囲に属するものをいう。」に当たる。

（2）著作物性はあるが、事柄の性質上、著作者、著作権者の権利を制限し、原則として、誰でも自由に使用できる、とすべきもの。
私が想定するのは、非常口を指示するピクトグラムである。地震、豪雨などの災害情報を知らせるピクトグラムもあればこれに入れたい。

もし、新規にピクトグラムを著作権類似の立法を行うならば、非常口への矢印などのピクトグラムは、「著作物ではない」あるいは「制限規定」に例示する。

立法以前に裁判になったとき、「条理」か何らかの理由をつけて、裁判官が著作権を制限することを期待したい。訪日外国人、外国人住民が増加することを考えると、ピクトグラムの需要は大きい。
（3）ピクトグラムの多くは、法律家、一般人から見て、単純である、ありふれている、著作物性がない、と判断されるものである。
ただ、裁判官によって判断が分かれるし、一般人がありふれていると思っても、デザイナーは、これこそ保護すべきだということもある。裁判官に委ねたい。

なお、性同一性障害者のことを考えると、東京駅、新宿駅には、第三のトイレットを設置し、そのピクトグラムを作成し掲示して貰う必要がある。

2
太田幸夫「ピクトグラム［絵文字］デザイン・普及版」（柏書房・二〇〇三年四刷（普及版三刷）一七七頁）には、図のような男女二組のシルエットが掲載されている。
よく見ると、女性のスカートの横線は、右の方は、波打ち、左は、横の直線である。（図1）
ピクトグラムの専門家にとって、この両者は、別の作品であろうが、一般人法律

図1

関係者にとっては、両者は、同一であり一方は複製と判断することになると思う。

このことは太田幸夫著書一八七頁にも掲げられ、ピクトグラムの専門家の間では、重要な論点と思われる。

法律関係者とピクトグラム関係者の対話が望まれる。

3　ピクトグラムが著作物の場合の問題点

（1）氏名表示権

ピクトグラムに著作権があれば、著作者の死後五〇年まで、著作権法は、保護する。

これを複製、利用する者は、著作権者が金銭を要求するならば、支払わなければならない。ピクトグラムが掲示された近くに、ピクトグラムの著作者の氏名が掲示されていれば便利である。

特に公衆トイレの男女の「絵文字」の場合、作者氏名を表示する場所がなく、管理人に問い合わせても不明であろう。氏名表示を省略するのが慣行で許されるが、明らかに著作物性のある「男女のシルエット」を見て複製したい希望者のために、何らかの手段で、著作者の所在の手がかりを記してほしい。

地方から東京にやってきた人が、東京の一流企業の入っている建物にある公衆トイレの「男女のシルエット」が気に入り、同じものを使いたい、と思ったとき、この絵文字の著作者、権利者の所在は、管理人にも通常、不明である。

日本グラフィックデザイナー協会、日本タイポグラフィ協会が、刊行物、年鑑に、発表年月日、制作者、権利者の氏名を記録、公表すべきである。

（2）「非常口」などのピクトグラムには著作権を認めないことにしたい。

ピクトグラムは、日本語を知らない外国人、こどもには、便利なツールである。

火事、地震、災害の際に役立つ「非常口」などのピクトグラムは、公共財であり、著作権を認めないか、制限すべきである。

ピクトグラム制作者もまた、「一回限りの適正な報酬」を得れば、満足すると思う。

ピクトグラム保護法、イラスト保護法あるいは文字書体保護も含めた法律を立法すべきであろうか。

4 ピクトグラムの著作者、著作権者、公表年

デザイナーがピクトグラムの著作権を主張するならば、少なくともピクトグラムについて、この三点を表示した登録制度が必要である。

日本グラフィックデザイナー協会が発行する定期刊行物・年鑑などに新作のピクトグラムを掲載することも考えられる。

5 グラフィックデザイナーの村越愛策氏[2]は、昭和三九年（一九六四年）の東京オリンピックの際、外国人が大勢来日する、そのため、ピクトグラムをデザイナーが、創作し、協力したと述べておられる（朝日新聞二〇一四年一〇月一〇日三四面村越愛策氏の意見）。

この新聞記事によると、デザイン評論家勝見勝のもと、「若手デザイナーらが三ヶ月かけて記号化し、勝見さんが『社会に還元しよう』と呼びかけ、著作権を放棄した」という。

昭和三九年東京オリンピックの際、ピクトグラムをつくり、権利を持っていることを自覚しながら、使用料を請求する、制作者の氏名を機関誌に掲載するという運動は行わなかったようである。

ピクトグラムの制作者の権利、保護について、日本グラフイックデザイナー協会の方々は、意見を述べるべきである。

もし、著作物であるとして、どの程度の使用料が適正か、公表すべきである。あるいは、過去にこのピクトグラムで、これだけの報酬を得たという事実を公表してほしい。

6 日本経済新聞二〇一八年一〇月四日夕刊は、経済産業省が一〇月三日に、東京五輪・パラリンピックに向けた外国人案内用の図記号の検討委員会を開いたと報じた。

これによると、温水洗浄便座、和式トイレ、洋式トイレの三案を決定した。公共機関や商業施設での利用を促す。パブリックコメント（意見公募）を行い、二〇一九年三月に国内規格に正式に加える予定という。検

討会は、自動体外式除細動器（ＡＥＤ）や授乳室の図記号――すなわちピクトグラムの追加を検討するという。

注――

（１）最近次の判例がある。

⑴ 東京地裁平成三〇年六月七日判決（平成二九年（ワ）第三九六五八号）

これは、原告イラストレーターのイラストを被告（株）スタークラウンが、無断でそのウェブサイトに掲載した行為について、イラストの掲載を許諾していたかが争われ、東京地裁民事四六部柴田義明裁判長は、送信可能化権侵害を認め、被告は原告に三〇万円支払うよう命じた。

⑵ 東京地裁平成二九年一一月三〇日判決（平成二八年（ワ）第二三六〇四号）

食品の包装デザインについて、原告デザイナーが制作した絵画（イラスト）を、被告会社（朋和産業株式会社）が、一部改変あるいは複製したとして争われた事件で、東京地裁民事第四六部の柴田義明裁判長は、「原告デザインの被告による使用及び改変につき原告が承諾していたと認められるから、その余の点を判断するまでもなく、原告デザインに係る著作権侵害がない」とした。

（２）村越愛策氏の連絡先は、〒一五〇－〇〇〇一　東京都渋谷区神宮前六－二五－八－七〇八　株式会社　アイ・デザイン

3．「電話受話器」ピクトグラムの福岡地裁の判例

判決文を入手していない。

いずれも平成二三年に福岡地裁で判決が下されている。

以下週刊新潮二〇一一年一一月三日号五一頁以下によると次のようである。

「電話受話器のマーク」（図２）の著作権を有し、これを侵害されたと主張する原告徳川高人氏が、ドコモグループ各社、ソフトバンクグループ各社、ＫＤＤＩ、ＪＲ各社、京セラ、シャープを相手に、二三〇〇億円以上の損害

を被ったとして訴えた。

福岡地裁は、被告の業種により、七群に分け、裁判した。

判決が下された順に判決という結論を述べる。

A群（JR関係）

平成二三年六月三〇日、福岡地裁は原告の請求を棄却した。

「送話部分及び受話部分の線の有無、把手部分の膨らみの程度、受話器全体の傾きの程度等により構成される受話器全体の表現について創作性を認めうる。」従って著作物である。しかし、「その権利侵害は、表現全体をそのままデッドコピーの場合にしか成立しない。」

D群（携帯メーカー関係）

平成二三年六月三〇日、福岡地裁は原告の請求を棄却した。

「送話部分及び受話部分の線の有無、把手部分の膨らみの程度、受話器全体の傾きの程度等により構成される受話器全体の表現について創作性を認めうる。」

「その権利侵害は、表現全体をそのままデッドコピーの場合にしか成立しない。」

C群（エレベータ関係）

平成二三年七月一五日、福岡地裁は原告の請求を棄却した。

この電話受話器のマークについて、創作性が認められず著作物ではないとした。

E群（高速道路関係）

平成二三年七月二一日、福岡地裁は原告の請求を棄却した。A群、D群と同じく、受話器マークは、著作物だが、デッドコピーでないから、著作権侵害でないとした。

B群（NTT関係）

図2

平成二三年八月二日判決は、「敢えて著作物か否かの判断を避けて門前払いした。」

G群（道路公社関係）

平成二三年九月一二日判決は、「知的活動を見出すことができる。」「著作権法上の保護が与えられる。」

F群（携帯キャリア関係）

平成二三年一〇月五日判決は、著作物性を否定した。

①A群の判決、D群の判決、G群の判決は、著作物であるとし、デッドコピーの場合、侵害を認めるとした。

②C群の判決、F群の判決は、著作物性なしというものであった。

③B群の判決は、著作物か否かの判断を避けて、「門前払い」した。

私は、①の著作物である、ただし、そのままの複製（デッドコピー）の場合しか著作権侵害を認めない、という結論でいいと思う。

原告は、もう少し、低い金額の損害賠償額を請求し、デザイナーの団体や新聞雑誌に理解を求める文書を配布すべきであったと思う。

なお、この電話受話器の著作権を著作権法七七条一項に基づき文化庁の移転登録申請を行ったが、これを受け付けた文化庁長官の行為に違法があり、損害賠償として四、一〇五億五、六二六万円の一部である一、六二六万円及び遅延損害金の支払いを求めた事案がある。

東京地裁平成二五年一月三一日判決（平成二三年（ワ）第四〇一二九号）（三井大有裁判長）は、請求を棄却した。この控訴審、知財高裁平成二五年六月二〇日判決（平成二五年（ネ）第一〇〇一五号）（土肥章大裁判長）も控訴を棄却した。

文化庁への登録制度は、著作権法（明治三二年三月四日法律第三九号）を昭和九年改正の際、導入された。著作権保護の著作物であることを公証するためであるが、登録主義をとるわけでなく（裁判所が最終決定である）、一応のもので、もちろん任意制度である。

昭和九年改正を担当された小林尋次「再刊　現行著作権法の立法理由と解釈―著作権法全文改正の資料として」（第一書房・二〇一〇年）三五頁、三八頁を参照されたい。

資料　判決文――文字デザイン・デザイン書体に関する判例一覧

資料1　ゴナU事件一審判決（大阪地裁平成九年六月二四日判決判タ九五六号二六七頁）
資料2　ゴナU事件控訴審判決（大阪高裁平成一〇年七月一七日判決民集五四巻七号二五六二頁）
資料3　ゴナU事件最高裁判決（平成一二年九月七日判決民集五四巻七号二四八一頁判時一七三〇号一二三頁判タ一〇四六号一〇一頁）
資料4　モリサワ対ディー・ディー・テック事件（大阪地裁平成一六年五月一三日判決平成一五年（ワ）第二五五二号）
資料5　テレビ朝日・文字書体無断使用事件（大阪地裁平成二五年七月一八日判決平成二二年（ワ）第一二二一四号）
資料6　テレビ朝日・文字書体無断使用事件（大阪高裁平成二六年九月二六日判決平成二五年（ネ）第二四九四号）
資料7　大阪観光施設ピクトグラム事件（大阪地裁平成二七年九月二四日判決）
資料8　北朝鮮映画事件（最高裁平成二三年一二月八日第一小法廷判決）

資料1　ゴナU事件一審判決（大阪地裁平成九年六月二四日判決判タ九五六号二六七頁）

〔**大阪地裁**平五(ワ)第二五八〇号、平五(ワ)第九二〇八号、著作権侵害差止等請求事件、**平9・6・24第二一民事部判決**、請求棄却・控訴〕

【参照条文】
（一につき）著作権法二条一項一号・一〇条一項四号、文学的及び美術的著作物の保護に関するベルヌ条約二条(1)項・(6)項・(7)項、
（二につき）民法七〇九条

原告（反訴被告）　株式会社写研
右代表者代表取締役　石井裕子
右訴訟代理人弁護士　花岡巖
　　　　　　　　　　新保克芳
　　　　　　　　　　木崎孝
被告（反訴原告）　株式会社モリサワ
右代表者代表取締役　森沢嘉昭
被告（反訴原告）　モリサワ文研株式会社
右代表者代表取締役　森澤公雄
右両名訴訟代理人弁護士　小林秀正
　　　　　　　　　　渡邉幸博

主　文

一　原告（反訴被告）の本訴請求及び被告（反訴原告）らの反訴請求をいずれも棄却する。

二　訴訟費用は、本訴、反訴を通じこれを二分し、その一を原告（反訴被告）の、その余を被告（反訴原告）らの各負担とする。

事　実

第一　請求の趣旨

一　本訴

1　被告株式会社モリサワ（反訴原告。以下、単に「被告モリサワ」という）は、別紙目録(一)及び(二)記載の各書体を記録したフロッピーディスクその他の記録媒体の製造、販売及び右各書体を搭載した写真植字機用文字盤の販売をしてはならない。

2　被告モリサワ文研株式会社（反訴原告。以下、単に「被告モリサワ文研」という）は、前項記載の写真植字機用文字盤を製造、販売してはならない。

3　被告モリサワは、その占有する第1項記載の各書体の原字並びに同項記載のフロッピーディスク及び写真植字機用文字盤を廃棄せよ。

4　被告モリサワ文研は、その占有する第1項記載の各書体の原字及び写真植字機用文字盤を廃棄せよ。

5　原告（反訴被告。以下、単に「原告」という）に対し、

(一)　被告らは連帯して金一六八〇万円、

(二)　被告モリサワは金七八〇〇万円

及び右各金員に対する平成五年三月二六日（訴状送達の日の翌日）から支払済みまで年五分の割合による金員を支払え。

6　仮執行の宣言

二　反訴

1　原告は、別紙「反訴被告書体目録（ゴナM）」記載の書体を搭載した写真植字機用文字盤の製造、販売及び右書体を記録したフロッピーディスクその他の記憶媒体の製造、販売、賃貸をしてはならない。

2　原告は、その占有する前項記載の書体の原字並びに同項記載の写真植字機用文字盤及びフロッピーディスクを廃棄せよ。

3　原告は被告らそれぞれに対し、金一億一三〇七万円及びこれに対する平成五年一〇月二日（反訴状送達の日の翌日）から支払済みまで年五分の割合による金員を支払え。

4　仮執行の宣言

第二　当事者の主張

一　本訴請求の原因

1　当事者の地位

原告及び被告らは、いずれも写真植字機及びそれに使用する書体等の制作・販売等を業とする会社である。

2　書体の著作物性

(一)　点画の組合せによって個々の文字を他の文字と観念的に区別するもの（観念的な記号そのものであって、具体的な形を有しないもの）を字体というのに対し、書体は、その字体を具体的に印刷などに使用できるように、統一的なコンセプトに基づいて創作された文字や記号の一組のデザインをいう。

㈡　書体は、骨格、骨格を装飾するためのエレメント、装飾された骨格を組み合わせた空間（ふところ）の処理、縦線と横線の線幅の比率あるいは線の太さ（ウエイト）、これらの総合のバランス、更に各文字を組み合わせたときの文字間の大小と位置、字画の多少によるウエイトの調整等の様々な要素からなるものであり、統一された書体であるためには、対象となるすべての文字について、それらが一定のコンセプトに従ってデザインされていなければならない。

書体の制作においてはこのコンセプトの表現が最も重要かつ困難な問題であり、具体的に書体を制作するためには、一字ずつ多大の時間と費用をかけて、デザインしていく必要がある。

こうした創作活動の末に創り出される新たな書体は、まさに知的、文化的精神活動の所産に外ならず、制作者の思想又は感情を創作的に表現したものであって、美術の著作物（著作権法二条一項一号、一〇条一項四号）に該当する。

㈢⑴　書体は実用に供されるものではあるが、実用に供されるものでもコンピュータ・プログラムのようにすでに著作物とされているものもあり、実用性が高いという理由でその著作物性を否定する理由はない。

すなわち、美術工芸品を保護することを明らかにした現行著作権法は、その制定の際の著作権制度審議会の答申1及び答申2のうち、答申2によるものであるところ、右答申2が、「図案その他量産品のひな型または実用品の模様として用いられることを目的とするものについては、著作権法においては特段の措置は講ぜず、原則として意匠法等工業所有権制度による保護に委ねるものとする。ただし、それが純粋美術としての性質をも有するものであるときは、美術の著作物として取り扱われるものとする。」としていることからすると、実用に供され、あるいは産業上の利用を目的とするという理由で著作物としての保護を与えられないとは考えられていないのであるから、書体が実用に供されるから美術の著作物に該当しないなどという考えは誤りである。このように工業所有権による保護の対象とならないもので美術の分野に属するものであれば、実用に供されあるいは産業上の利用を目的とするものであっても、著作物として保護するというのが現行著作権法の立法関係者の考えである。「書」が美術の分野に含まれることは右審議会でも当然のこととされているから、書体が美術の分野に属することは明らかである。しかし、書体は意匠法等の工業所有権法によっては保護されない（甲四八）から、現行の著作権法の立法経過に照らせば、書体が著作物として保護されるのは当然のことなのである。

なお、書体に著作権による保護を与えても、字体の使用は自由であるから、何ら文字の独占になるわけではなく、他の人が表現の自由を奪われるということはない。ただ、新たに創作された当該書体を使用できないというだけのことである。その書体は、その創作者がいなければこの世に存在しなかったものであり、たとえ創作者等にその独占排他的な複製権を与えても、第三者は何も奪われないのである。字体は情報伝達機能のエッセンスであり、万人共通の財産であるが、書体はそうではないのである。

⑵　美術（応用美術を含む）が著作権法又は意匠法で保護されなければならないことは、我が国が加盟する文学的及び美術的著作物の保護に関するベルヌ条約（以下「ベルヌ条約」という）によって規定されているところである。すなわち、同条約は、保護を受ける著作物を「『文学的及び美術的著作物』には、…素描、絵画、建築、彫刻、版画及び石版画の著作物、…のような文芸、学術及び美術の範囲に属するすべての製作物を含む。」（二条⑴項）と定義し、「前記の著作物は、すべての同盟国において保護を受ける。この保護は、著作者及びその承継人のために与えられる。」（同条⑹項）とその基本原則を定めている。

現行の著作権法が制定される際の国会審議において、担当の政府委員は、著作権法の保護対象が原則的にベルヌ条約で定める著作物と内容的には同様であること、同条約は応用美術を著作物として保護するが、その応用美術の著作物として保護するものの範囲等、すなわち意匠法等との関係についての立法的規律は各加盟国に委ねられていること、各国の例として応用美術は著作権法又は意匠法のいずれかで保護されていることを示し、応用美術について美術工芸品を保護の対象にすることを明らかにするにとどめた理由として、染色図案等専ら工業用の意匠及びひな型として使用することを目的とするものについては意匠法による保護との関係が問題になると説明した。このように、ベルヌ条約で保護の対象とされている応用美術のうち、我が国において意匠法による保護の与えられないものについて、著作権法により保護されないということは全く考えられていないから、書体が美術の著作物として保護されるのは当然である。

仮に、書体が応用美術であって、著作権法にいう美術の著作物として保護されないとしても、少なくとも著作権法五条、ベルヌ条約二条⑴項、⑹項及び⑺項に基づき同条約により保護されることになる。すなわち、ベルヌ条約は、前記基本原則（二条⑴項、⑹項）のもとに、応用美術については、「応用美術の著作物及び意匠に関する法令の適用範囲並びにそれらの著作物及び意匠の保護の条件は、第七条⑷の規定に従うことを条件として、同盟国の法令の定めるところによる。」（二条⑺項）と定め、国内法の整備により意匠法による保護をすることでもよいこととしている。そして、その国内法の整備は同条約三六条⑵項により批准前になされていなければならないところ、我が国は、昭和四九年にベルヌ条約のブラッセル改正条約（更に昭和五〇年にパリ改正条約）を留保なしに批准したものの、これに伴う特別の立法は行っていないから、仮に著作権法（昭和四六年一月一日施行）が純粋美術及び美術工芸品に限り保護しているとしても、それ以外の美術（応用美術を含む）が意匠法により保護されないのであれば、昭和四九年に批准したベルヌ条約により保護されるのである。その保護の内容として、同条約は、複製権（九条）、追及権（一四条の三）、差押権（一六条）を定めているが、その他の保護のための具体的な方法は国内法に委ねられていると解されているところ、差止請求、損害賠償請求が可能であることはもちろんというべきである。

3　原告書体の特徴

㈠　別紙目録㈢記載の書体を含む一組の書体（商品名「ゴナU」。以下「ゴナU」という）は、原告の委託によりタイプフェイス・デザイナーの訴外中村征宏（以下「中村」という）により、次のようなデザインコンセプトに基づき昭和五〇年に創作された書体である。

⑴　いわゆるゴシック体（線の太さが一様な肉太の書体）ではあるが、漢字、平仮名ともに、従来のゴシック体にはない斬新でグラフィカルな感覚のデザインとする。

⑵　文字本来の機能である美しさ、読み易さをもち、奇をてらわない素直な書体とする。

⑶　印字されたものの字間のバランスと行としての美しさを保つためには、本来詰め組が必要とされるが、その作業を短縮するべく、ベタ組（字並びを規制するために便宜上その文字が占有すると仮想される領域を仮想ボディと呼ぶが、隣り合った文字の仮想ボディの間を詰めないこと）で印字しても同様の効果が出るような書体とする。

⑷　縦組、横組にかかわらず、右⑴ないし⑶の特徴をもつ書体とする。

⑸　エレメント（縦線、横線、たすき、はね、点等の文字を構成する要素）が互いに重なり合わないようにデザインされた最大のウエイト（線の太さ）の見出し用超特大書体とする。

㈡　右㈠のようなデザインコンセプトを実現するため、ゴナUは、従来のゴシック系の書体と次の点で大きく異なった特徴を有する書体となっている。

〔漢字、仮名に共通の特徴〕

⑴　文字のふところ（文字の中で線に囲まれた部分。ふところの広い書体は、一般に大きく見えるので、見やすい）は、従来のゴシック体にはないほど広くとられている。

⑵　エレメントは、互いに重なり合わない範囲で極力太く、あるいは大きくなっている。

⑶　仮想ボディをいっぱいに使用し、可能な限り最大に字面（文字の外寸）をとってデザインされている。仮想ボディに対する字面の寸法比率は、従来のゴジック体の代表例である原告の石井太ゴジック体が平均約九〇％であるのに対し、ゴナUは平均約九五％となっている。更に、右寸法比率の各文字間でのばらつきが従来のゴシック体より少なく、各文字の大きさはほぼ均等になっている。

⑷　一つの文字の中での縦線同士、横線同士の長さは、文字として識別できる範囲でほぼ揃えられている。また、従来の書体では縦長や横長であった文字も、ほぼ正方形になっている。そして、文字を文章として組んだとき、縦組、横組ともに、並び線（縦組の場合並んだ文字の左右に、横組の場合並んだ文字の上下に仮想される線）の凹凸が少なく、視覚的に美しく見えるデザインとなっている。

〔漢字に特有の特徴〕

⑸　「たすき」のようなエレメントの角度は立てられており、「たすき」の先の「はね」の角度は鋭角にデザインされている。

⑹　「かぎ」の角部は切り取られ、横線や斜線が長くデザインされている。

⑺　筆押さえ等の飾りはすべて取られており、文字のエレメントが大きく見えるようになっている。

〔平仮名に特有の特徴〕

⑻　従来のゴシック体の平仮名は、明朝体平仮名の影響がみられ、筆書体的なエレメントとなっているのに対し、ゴナUの平仮名は、直線で処理できるところはできるだけ直線とし、曲線を使用する場合も、図形的な大きな円弧の曲線を使い、シンプルなデザインとなっている。

⑼　従来のゴシック体にはみられない全く新しいデザインの文字がある。

書体の特徴は、個々の文字の骨格やエレメントの形状、大きさ等の特徴の組合せ、その相互作用により表れてくるものであり、右の⑴ないし⑼のような特徴がすべて備わっているところにゴナUの書体としての特徴、創作性があるのである。右⑴ないし⑼の中には新規なデザイン処理とはいえないものも含まれているが、だからといってゴナUの特徴、創作性が否定されるものではない。

㈢　別紙目録㈣記載の書体を含む一組の書体（商品名「ゴナM」。以下「ゴナM」という）は、ゴナUのいわゆるファミリー書体として、ゴナUのコンセプトに従いながら、文字サイズが一二Q（三ミリメートル角。一Qは〇・二五ミリメートル）程度の本文用に適したウエイトの書体として昭和五八年に創作されたものである（ウエイトを細くするといっても、ただ機械的に線の太さを何分の一かにしたのではバランスが悪くなるため、書体としてのデザインの統一性を保つためにやはり一字ずつ時間と費用をかけてデザインをする必要があるから、ファミリー書体は、基本書体をベースにしてはいるものの、新たな創作活動の末に創り出されるものであり、基本書体とは別個のいわば二次的著作物である）。

したがって、ゴナMの特徴は、原則としてゴナUの特徴と同様であるが、ウエイトについては、標準線幅が仮想ボディ寸法の約五・三％と小さくなっている。

4　原告によるゴナU、ゴナMの著作権の取得と商品化

㈠　原告は、中村にゴナUの創作を委託した際、中村との間で、同人

が創作したゴナUに関する権利の譲渡を受ける旨の契約を締結した。したがって、ゴナUに関する権利は、創作完成と同時に中村が取得し、直ちに原告に移転した。

原告は、ゴナUを、昭和五〇年に写真植字機用文字盤（アナログフォント）に、昭和六一年にフロッピーディスク（デジタルフォント）にそれぞれ記録、収容して商品化し、現在に至っている。

(二)　ゴナMは、ゴナUのウエイトを変更して原告が創作したファミリー書体であるが、原告は、前記委託の際、中村との間で、ゴナUのウエイト又は形状を変更する権利は原告が同人から譲り受ける旨の契約を締結したから、ゴナMに関する権利は、創作完成と同時に原告が取得したものである。

原告は、ゴナMを、昭和五八年に写真植字機用文字盤に、昭和六一年にフロッピーディスクにそれぞれ記録、収容して商品化し、現在に至っている。

(三)　ゴナU及びゴナM（以下、総称するときは単に「ゴナ」という）は、その美しいデザインが好評を博し、雑誌、カタログ、広告、ポスター等の商業印刷物はもとより、テレビの字幕スーパー、看板、サインディスプレイ等に至るまで広範囲にわたって、種々のゴシック書体の中から特に選ばれて利用されている。

5　被告らによる著作権の侵害

(一)　被告モリサワは、平成元年から、「新ゴシック体U」という商品名の別紙目録(一)記載の書体を含む一組の書体（以下「新ゴシック体U」という）又は「新ゴシック体L」という商品名の別紙目録(二)記載の書体を含む一組の書体（以下「新ゴシック体L」という）を記録したフロッピーディスクを製造、販売している（以下、新ゴシック体U及び新ゴシック体Lを総称するときは単に「新ゴシック体」という）。

また、被告モリサワ文研は、新ゴシック体U又は新ゴシック体Lを搭載した写真植字機用文字盤を製造し、被告モリサワとともにこれを販売している（右フロッピーディスク及び写真植字機用文字盤を合わせて、以下「被告ら商品」という）。

(二)　新ゴシック体UはゴナUを、新ゴシック体LはゴナMを、それぞれ複製したものである。

(1)　このことは、別紙目録(一)記載の新ゴシック体U二四六文字（国立国語研究所の調査による、新聞における使用頻度順に並べた漢字二〇〇字と平仮名四六字）と別紙目録(三)記載のゴナUの各対応文字、別紙目録(二)記載の新ゴシック体L二四六字と別紙目録(四)記載のゴナMの各対応文字をそれぞれ対比してみると明らかである。このように酷似した書体が独自に創作されることはありえない。

(2)　書体の制作方法には、大きく分けて以下の四種があるところ、ゴナUは、既存書体とは全く別個に制作されたもので、①に該当し、ゴナMは、ゴナUのバリエーションとして制作されたもので、②に該当するのに対し、新ゴシック体は、ゴナを真似て制作されたものであって、少なくとも③に該当するものである。

①　全く新しいコンセプトに基づき一から制作する。

②　一から制作するが、既存書体のバリエーションとして太さ等を変えて制作する。

③　既存書体を真似たり、あるいはその一部に手を加えて既存書体とほぼ同じ書体を制作する。

④　既存書体をそのままデッドコピーする。

(3)　何をもって書体の複製というかについては種々の考え方があるが、書体としての基本的な特徴を変えずに微細な変更をすることは極めて容易であるから、細かく見て個々の字に違う点があるか否かではなく、全体として判断することになるのである。被告らは、ゴナと新ゴシック体との個々の文字における細かな差異を取り上げるが、それはゴナに対する新ゴシック体の変更部分に外ならず、書体としてみるとき、新ゴシック体はゴナの複製といわざるをえないのである。

被告らは、「全体として判断する」とは、書体が複製であるか否かの判断の基準でも方法でもなく、いわば判断の結果を示すものにすぎないと主張するが、国際タイポグラフィ協会のジョン・ドレエファス会長が「タイプフェイスは、言葉にして植字された場合の全体としての効果によって判断されなければならない。…専門家が、該当する二種の書体の組み合わせに同一のタイプフェイスが使われているかどうかを決定するのが非常に困難な場合には、その二つのタイプフェイスのうちの一は、他の一の模倣であると考えられる…」と述べているとおり（甲三四）、細かな差を問題とせずに「全体として判断する」ことが、書体が他の書体の模倣であるか否かを判断するについての最も普遍的な比較方法である。我が国の著名な書体デザイナーである桑山弥三郎も、書体の類似度は、文章に組んだ際の「全体の印象の異同」に五〇%の重みを置いて判定すべきであるとしている（甲三五の3）。

被告らはまた、ゴナと新ゴシック体とは、文字の骨格あるいはエレメントの形状において相違すると主張するが、被告らが乙第一三号証において指摘する点は、文字の骨格あるいはエレメントの形状の差といえるようなものではない。

(三)　被告らの右著作権侵害は故意によるものである。

6　不法行為

仮に、著作権法ないしベルヌ条約に基づく本訴請求が理由がないとしても、書体デザイナーの中村の独創によって創作されたゴナは法的に保護されるべきものであり、ゴナと区別し難いほど類似し、これを土台にしたとしか考えられない新ゴシック体を製造、販売する被告らの行為は、原告がゴナについて有する法的利益を故意に侵害するものとして民法七〇九条の不法行為を構成するものである。

そして、被告らの右製造、販売行為は、精神的創造物の侵害という点で人格的利益を侵害するものに外ならないから、その製造、販売の差止請求も認められるべきであり、また、原告の被った損害の額については、著作権法一一四条一項に準じて、被告が得た利益の額をもって損害額と推定すべきである。

7 損害

㈠ 被告ら商品の現在までの販売数は、左記の数を下回ることはない。

(1) 新ゴシック体Uを搭載した手動式写真植字機用文字盤 三〇〇個

(2) 新ゴシック体Lを搭載した手動式写真植字機用文字盤 三〇〇個

(3) 新ゴシック体Uを記録したフロッピーディスク 一五〇個

(4) 新ゴシック体Lを記録したフロッピーディスク 一五〇個

㈡ 右手動式写真植字機用文字盤の平均単価は一四万円を、右フロッピーディスクの平均単価は一三〇万円をそれぞれ下回ることはなく、その利益率はいずれも二〇パーセントを下回ることはない。したがって、手動式写真植字機用文字盤の製造、販売により被告らが共同不法行為者として得た利益は、一六八〇万円を下回ることはない。また、フロッピーディスクの製造、販売により被告モリサワが得た利益は七八〇〇万円を下回ることはない。

8 結論

よって、原告は、主位的に著作権法一一二条、予備的に民法七〇九条に基づき、被告モリサワに対し、別紙目録㈠及び㈡記載の各書体を記録したフロッピーディスクその他の記録媒体の製造、販売及び右各書体を搭載した写真植字機用文字盤の販売の差止め並びにその占有する右各書体の原字及び右フロッピーディスク、写真植字機用文字盤の廃棄を、被告モリサワ文研に対し、右写真植字機用文字盤の製造、販売の差止め並びにその占有する各書体の原字及び写真植字機用文字盤の廃棄を求めるとともに、被告らに対し、共同不法行為に基づく損害賠償として、連帯して一六八〇万円、被告モリサワに対し、不法行為に基づく損害賠償として、七八〇〇万円及び右各金員に対する訴状送達の日の翌日である平成五年三月二六日から支払済みまで民法所定年五分の割合による遅延損害金の支払を求める。

二 本訴請求の原因に対する被告らの認否

1 請求原因1(当事者の地位)の事実は認める。

2 請求原因2(書体の著作物性)㈠の主張は、書体及び字体の一般論として認める。

同㈡の主張は、書体についての一般論として概ね認める。

同㈢の(1)の主張は創作にかかる書体についての一般論として認める。

同㈣の主張は概ね認める。

3 請求原因3(原告書体の特徴)㈠及び㈡の事実は知らない。

但し、後記反訴請求の原因記載のとおり、ゴナMは被告らの共同著作物である別紙「反訴原告ら書体目録(ツデイL)」記載の書体(以下「ツデイL」という)の無断複製物であるから、創作物ではなく、したがって、原告がゴナMについて著作権を取得することもない。

同㈢の事実中、ゴナMのウエイトについて、標準線幅が仮想ボディ寸法の約五・三%であることは知らない。その余の事実は否認する。

4 請求原因4(原告によるゴナU、ゴナMの著作権の取得と商品化)㈠の事実は知らない。

同㈡の事実中、ゴナMがゴナUのウエイトを変更して原告が創作したファミリー書体であることは否認する。原告がゴナMを昭和五八年に写真植字機用文字盤に、昭和六一年にフロッピーディスクにそれぞれ記録、収容して商品化し、現在に至っていることは認める。その余の事実は知らない。

同㈢の事実は知らない。

5 請求原因5(被告らによる著作権の侵害)㈠の事実は認める。但し、被告モリサワ文研が新ゴシック体U又は新ゴシック体Lを搭載した写真植字機用文字盤の製造を開始した時期は平成二年であり、また、その販売に当たっては、被告モリサワが全商品を被告モリサワ文研より買い受け、これを一般に販売する形式をとっている。

同㈡(1)の事実中、別紙目録(一)記載の新ゴシック体U二四六文字のうち漢字二〇〇字が国立国語研究所の調査による新聞における使用頻度順に並べたものであることは、出典が同研究所昭和五一年二月発行の「国立国語研究所報告56現代新聞の漢字」であるならばこれを認め、その余の事実は否認する。(2)及び(3)の主張は争う。

新ゴシック体は、いずれも被告らが独自に創作した書体であり、ゴナの複製物ではない。被告らが新ゴシック体を創作した経緯及びそのデザインコンセプトは、後記三被告らの主張記載のとおりである。

原告は、書体が複製であるか否かの判断の方法について、書体としての基本的な特徴を変えずに微細な変更をすることは極めて容易であるから、細かく見て個々の字に違う点があるか否かではなく、「全体として判断する」と主張し、個々の文字の比較は必要でないとするかのようであるが、書体が個々の文字の集合体であること、書体のデザインコンセプトは個々の文字の字形に表現されることに鑑みるならば、複製か否かを判断する上で、個々の文字の比較対照は必要不可欠であって、「全体として判断する」とは、およそ書体が複製であるか否かの判断の基準でも方法でもなく、いわば判断の結果を示すものにすぎない。一般に、書体の同一性、類似性の判断は、書体のデザインコンセプトの外、書体デザインの基本に属する事項である文字の骨格、エレメントの形状の比較によるものとされているところ、ゴナと新ゴシック体とは、右のような文字の骨格あるいはエレメントの形状において相違し、この点をもって原告主張のように「細かな差異」ということはできないから、別個の書体であることは明らかである(乙一一ないし一三)。

原告のいう「書体としての基本的な特徴」は、本件のゴナについていえば前記本訴請求の原因3㈡において原告書体の特徴として記載された事項であると思料されるが、そのうち〔漢字、仮名に共通の特徴〕として掲げられた(1)ないし(4)の内容は、はなはだ抽象的であり、これらをもって判断基準とすることは不適当であり、〔漢字に特有の特徴」として掲げられた(5)ないし(7)、「平仮名に特有の特徴」として掲げられた(8)、(9)の内容も、必ずしも一義的に明白であるとはいい難いのみならず、ゴナの特徴とはいうことができない内容のものが掲げられているから、これらを判断基準とすることはできない。そして、原告は、甲第二七号証を援用して、新ゴシック体Lの漢字はゴナMの特徴を備えていてこれと極めて類似していると反論するが、同号証にゴナMの特徴として記載されている点は、以下のとおり、ゴナの特徴とはいえないものであるか、普遍化したデザイン処理であってゴナ特有のものとはいえないものである。

(1)　「仮想ボディをいっぱいに使用し」ているとの点については、一〇〇％使用しているのではない（本訴請求の原因3(二)(3)では約九五％としている）。文字の仮想ボディに占める比率は、昭和三〇年代には概ね九〇％程度であったが、時代が下るにつれて拡大してきているから、字面が大きいということは時代的傾向としてありふれたものであって、ゴナに特有のものとはいえない。

(2)　「とめ」と「はらい」のデザインを共通にして左右対称にしているとの点は、ゴナの特徴ではない。ゴナには、左を「はらい」とし、右を「とめ」としてデザインされた文字が多数存在しており（示、斎、省、赤、跡、途、蛮、変、歩、涼、劣、恋、湾、称、鯨、嚇、源、述、選、内、肉、病、丙、柄）、左右とも「はらい」のデザインのものと左「はらい」・右「とめ」のデザインのものが混在している。一方、新ゴシック体は、左右とも「はらい」でデザイン上統一されており、ゴナとは基本的特徴が異なる。

(3)　「かぎ」部を直角に切り取っているとの点は、ゴナの特徴ではない。ゴナの「かぎ」部は必ずしも直角に切り取るデザインとはなっていない（暇、又、久、搬、友、努、怒、飲、欧、歌、款、歓、次、撮、皮、彼、披、疲、被、欺、欠、鼓、諮、吹、炊、軟、波、破、抜、反、夜、返、野、欲）。

しかも、書体の特徴という場合、当該デザインが各文字に共通しているだけでなく、各文字を際立たせる程度に顕著なものでなければならないところ、「かぎ」部の直角処理はウエイトの太いUクラスの文字においては比較的認識しやすいが、M、Lクラスの文字ではよほど注意しなければ見逃してしまう程度であるから、「かぎ」部の直角処理はこの意味でもゴナMの特徴ということはできない。

なお、「かぎ」部を直角に処理した書体の例としては、昭和三七年に発表された「タイポス」書体が挙げられる。

(4)　「飾りはすべて取られており、文字のエレメントが大きく見えるようになっている」との点については、飾りの有無と文字のエレメントが大きく見えるかどうかとは関連性がない。「八」（はちがしら）の筆押さえを省くデザインは、ゴナが最初ではなく、既に「じゅん一〇一」などが発表されており、目新しいデザインではなかった。

(5)　平仮名の一部を直線でデザインすることは、前記タイポスのデザイン上の特徴であり、ゴナ制作当時既に特に目新しいものではなくなっていた。平仮名のデザインの基本はカーブラインの処理にあり、この点において新ゴシック体とゴナとでは全く異なる（乙一三）。また、「き」「さ」の文字は、ゴシック体としては新しいデザインであるとするが、教科書体をはじめゴシック体以外の書体においてはありふれたデザインであり、ゴシック体においても、ゴナが最初ではなく、昭和三六年に草刈順也らによって制作された「新聞見出用活字」（乙二二）などの例がある。

このように、原告の主張する判断基準の曖昧さとその具体的適用の恣意性は明白である。被告らは、書体に著作権法上の保護が付与されるべきであると考えるものであるが、原告の主張するような不明確な基準の恣意的な適用によって他の創作書体が不当に排斥されることになれば、書体の自由な創作活動を阻害し、書体の発展を妨げることになることは明らかである。

同(三)の事実は否認する。

6　請求原因6（不法行為）の主張は争う。

7　請求原因7（損害）(一)の事実は認める。

同(二)の事実中、被告らの手動式写真植字機用文字盤の平均単価が一四万円を下回らないものであることは認め、その余の事実は否認する。

三　被告らの主張

1　新ゴシック体の創作に至る経緯

(一)　被告モリサワは、大正一三年七月に現会長森澤信夫の個人事業として創業され、昭和二三年一二月に法人組織化され設立されたものである。

被告モリサワは、昭和二〇年代後半から書体の開発に着手し、昭和三〇年二月被告モリサワの創作に係る「中ゴシック体BB1」を発表した。昭和三五年には被告モリサワの文字盤製作部門を独立させて被告モリサワ文研が設立され、以後、被告らが共同して書体の創作をすることとなり、昭和三八年以降の「見出しゴシックMB」シリーズ、昭和四五年以降の「じゅん」シリーズ、昭和五四年以降の「ツデイ」ファミリー、平成元年の新ゴシック体等を発表し、今日に至っている。

(二)　書体メーカーが新たに書体を創作する場合、当該書体メーカーが過去に創作した書体を基礎としてこれを発展させ、あるいは何らかの形で参考とするのが通常であり、新ゴシック体もそのようにして創作された書体である。すなわち、新ゴシック体は、昭和四七年発表の「太ゴシック体直B一〇一」に起源を有し、昭和五四年以降に順次発表されたツデイファミリー書体を更に発展させた書体と位置付けることができる（なお、後記四1において原告の指摘する被告ら制作の「アローG」は、「太ゴシック体直B一〇一」及びツデイと同一線上にある書体ではない）。その詳細は、以下のとおりである。

(1)　被告らは、昭和四七年、「太ゴシック体直B一〇一」を発表した。同書体は、文字の始筆、終筆を意識的に直線的に処理した書体という点で当時画期的なものであったが、当初その用途を看板、ポスター用の書体としていたので文字数が少なかった。「太ゴシック体直Ｂ一〇一」創作の経緯等の詳細は、後記五被告らの反訴請求の原因１(一)記載のとおりである。

(2)　そこで、被告らは、右「太ゴシック体直Ｂ一〇一」の文字数を増やすとともに、ウエイト展開して、数種類のファミリー書体を創作することとした。その際、定立されたコンセプトは、概ね次のとおりである。

①　画線については直線処理を主体とすることにより、スピード感あふれるシャープな書体とする。

②　セリフを全部取ることによりモダンなイメージの書体とする。

③　ふところを広くとった仮名と組み合わせることにより、漢字と仮名のバランスをとり、またベタ組でも美しい詰め組のイメージが得られる書体とする。

(3)　被告らは、昭和五四年、従前の「太ゴシック体直Ｂ一〇一」に右のデザインコンセプトをもって創作した文字を加えて「ツデイＭ」（Ｍはミディアムの意）を完成させると同時に、「ツデイＭ」をウエイト展開した「ツデイＢ」（Ｂはボールドの意）を完成させて発表した。また、被告らは昭和五六年に「ツデイＬ」（Ｌはライトの意）を、昭和五九年に「ツデイＲ」（Ｒはレギュラーの意）を完成させ、順次発売した。ツデイＬ（別紙「反訴原告ら書体目録（ツデイＬ）」記載の書体）の創作に至る経緯、デザインコンセプト及び形態的特徴の詳細は、後記五被告らの反訴請求の原因１ないし３記載のとおりである。

(4)　ツデイは、見出し、本文双方に利用できる書体として創作されたものであるが、実際に発売してみると、見出し用書体としては若干の弱さを指摘されるようになった。

そこで、被告らは、昭和六一年二月、ツデイの思想を承継しつつも見出し用書体としても十分に対応しうる新書体の創作に着手し、その名称も「新ゴシック体」として、ツデイ同様数種類のファミリー書体をほぼ同時に発表することを目指した。

(5)　被告らは、新書体開発の社内体制として、タイプディレクター小塚昌彦（以下「小塚」という）を中心として、被告モリサワ東京支店制作課のスタッフ、本社タイプスタジオ及び開発室のスタッフ、被告モリサワ文研のタイプデザイナー数名で構成される新ゴシック書体開発プロジェクトチームを設けた。このように、プロジェクトチームを設け、書体のデザインの決定、原字の創作を数名のデザイナーが担当する体制は、小塚の提案により、被告らが新ゴシック体開発に当たって初めて採用したシステムである。書体開発をこのようなプロダクションシステムにより行うことは、従来のように一人のデザイナーによって書体の創作が行われるのに比べ、開発に要する期間を大幅に短縮することができ、その結果として個々の文字のデザインの統一性が確保されるとともに、早期の販売が可能になるという利点がある。その反面、複数のデザイナーのコンセプトを統一するために、デザイナー間での十分な打合せと作業全体を統括するタイプディレクターが必要となる。

そこで、小塚と被告モリサワ文研のタイプデザイナーらは、右社内体制の整備等と並行して、デザインコンセプト、文字の形態等についての基本構想の打合せを繰り返し行い、後記２(一)記載のデザインコンセプト及び同(二)記載の形態的特徴を決定した。なお、被告らは、新書体のファミリー展開を想定して、フォント・プロダクション・システム（イカルス方式によるコンピュータ処理）によって文字データを作成することとし、正確な直線構成、カウンター（空間）のバランスを綿密に取り、調整を行いつつ、細・中・太の三つの基本書体を制作し、その後、右基本書体のデータ処理によって、七ないし八書体にコンピュータによって展開することとした（このことによって本文用からディスプレイ見出し用まで統一のとれたファミリー書体の制作が可能となる。これに対し、ゴナＵは、そもそもファミリー化を予定せずに制作された書体であって、原告はゴナＵとゴナＭがファミリー書体であると主張するものの、その制作方法は新ゴシック体ファミリーの場合とは全く異なる）。

(6)　右の基本構想に基づき、小塚を中心とする被告モリサワ東京支店制作課のスタッフは、ツデイのデザイン分析を行うとともに、新書体の主に各エレメントの基本パターンの特徴づけを行い、偏・旁・冠・脚など字形の基本的なパターンの分類とグルーピングによるデザイン方式を研究・提案し、被告モリサワ文研のタイプデザイナーのスタッフ六名は、右提案を受けて、主に新書体の各文字の骨格、空間のバランス、重心の高さ、ふところの広さ、ストロークの深さ等、偏と旁の比率や画線の太さ、はらいの先の方向感及びカットの角度を検討の対象として、サンプル文字約二〇字を試作した。その後、次のとおり三回にわたって「新ゴシック体書体開発プロジェクト会議」が開催された。

①　第一回（昭和六一年八月二〇日、二一日開催）

小塚から、ツデイをベースにした新ゴシック書体の制作につき、使用目的、デザインコンセプト、デザイン要素等の詳細な説明がなされた後、試作したサンプル文字をもとに新書体のファミリー展開、イカルス方式に関連する原字制作方法と開発体制等が検討されるとともに、今後の制作スケジュールの作成、デザインマニュアルの作成、開発要員の作業分担、文字データ化方式等全般的な内容に及ぶ討議が行われた。また、原字は、一書体六七〇〇字制作することが決定され、漢字の原字は、被告モリサワ文研のデザイナースタッフがツデイの原字をベースに新書体のデザインコンセプトに従ってデッサンし、小塚がすべてチェックし、小塚に修正を指示された文字については右スタッフが書き直しを行うものとされた。

②　第二回（昭和六一年九月二五日開催）

文字のデジタイジングの手段が議論された外、被告モリサワ本社のタイプスタジオのスタッフから、ファミリー展開のテスト結果について中間報告等がされた。

③　第三回（昭和六一年一〇月一四日開催）

新ゴシック書体の基本書体をL、M、Uの三書体とすること、仮想ボディを六〇㎜×六〇㎜とすることが決定された。また、小塚から原字パターン制作のデザイン要素について細部にわたり説明があり、制作の省力化と作業効率を考慮して、原字は鉛筆書きデッサンのアウトラインフォントとし、原字の墨入れを行わないことが決定された。

(7)　昭和六一年一〇月、被告モリサワ文研のデザイナースタッフは、新ゴシック体Lの定型文字（部首、エレメントの定型別に整理された当該新書体の特徴を端的に表している原字で、他の原字をデザインするに当たって見本となる原字）五〇〇字のデッサンを開始し、書き上がったデッサンは前記作業手順に従って小塚に送付されてチェックを受け、修正の必要なものについては同人の修正指示により書き直しをされ、同年一二月に漢字の定型文字のデッサンが完了した。

この定型文字を見本に、被告モリサワ文研のタイプデザイナー六名は、新ゴシック体Lの原字デッサンを開始し、原字デッサンが二〇〇ないし三〇〇字できる都度、小塚を中心とする被告モリサワ東京支店制作課の四名のスタッフによるチェックを受け、必要があればその修正指示により書き直しをし、再度小塚らのチェックを受けた。合格した原字については、被告モリサワ文研においてデジタイズ用原図（一二〇×一二〇サイズのコピー）を三名で作成し、被告モリサワ本社開発室のデジタイズスタッフ六名が文字の輪郭線を形成する必要な点の位置をデジタイザーを使って入力してフロッピーディスクのファイルに保存し、次いで被告らのスタッフ一七、八名がこの文字データを編集機のCRT画面に文字表示して修正作業を行い、更に再修正作業を行って文字データを完成した。

仮名文字については、タイプディレクターである小塚自身が「見出しゴシック体MB三一」の骨格及び筆運びを参考にして、デッサンのすべてを行い原字を制作する作業を進めた。

(8)　以上のような工程を経て、被告らは、平成元年に新ゴシック体L、新ゴシック体M、新ゴシック体Uを各六七〇〇文字制作し、その後、右三書体をもとに、コンピュータによるデータ補間処理によってそれぞれの文字データについて一文字ずつデザインの修正をデータ上で行い、EL・R・DB・B・Hの五書体を完成させた。そして、被告らは、同年六月に新ゴシック体Lを発売し、以後、同年九月に新ゴシック体H、一〇月に新ゴシック体B、一一月に新ゴシック体M、一二月新ゴシック体U、平成二年一月に新ゴシック体R、三月に新ゴシック体DB、七月に新ゴシック体ELを順次発売した。

このように、新ゴシック体ファミリー書体計画は、当初からコンピュータによる中間書体の制作を組み込んだプロジェクトであり、デザインも、一字一字の、一点一画の細部にわたってすべてファミリー展開を想定したトータルな独自の創作である。

2　新ゴシック体のデザインコンセプト及び形態的特徴

㈠　新ゴシック体のデザインコンセプトは、次のとおりである。

(1)　ツデイ書体の思想を継承しつつも、現代の社会の時流に沿うよう、直線を主体とすることにより斬新な感覚を備えたモダンサンセリフとする。

(2)　同一書体、同一ファミリーの書体で見出し、本文を組むというユーザー側のニーズを受けて、数種の太さのファミリー書体を並行して創作し、同時に発表できるよう、ウエイトの違いを念頭においた総合的なデザインとする。

(3)　個々の文字のカウンターのバランスに配慮しつつも、文字のふところはツデイ書体より広がりを大きくとり、組版した際に縦組、横組ともに天地左右のラインが揃う構成とする。

㈡　新ゴシック体の形態的特徴は、次のとおりである。

(1)　漢字・仮名共通の特徴

①　新ゴシック体の各ファミリー書体のウエイトは、原則としてツデイに準じてウエイト展開したものとなっている。縦画は横画よりやや太く、その太さの比率は一〇対九の割合でほぼ統一されている。

②　とりわけ漢字に顕著な特徴として、文字の重心をツデイを含む従来のゴシック体の重心よりも若干高めにして統一してある。これによって、他の形態的特徴と相まって読み手に軽快な印象を与える効果を生じ、デザインコンセプトとして掲げた斬新な感覚を表現することができる。

③　文字のふところはツデイより広くとっている。

このことは、被告らが昭和四六年に発表した「じゅんゴシック体」で既に実践しているところでもある。文字のふところを広くとることにより、組版上で字間のスペースが狭く感じられる効果を生じる。その結果として、主として組みラインの揃うバランスのよい組版効果をもたらすことができ、また詰め組のイメージも生じる。

④　新ゴシック体は、被告らが右「じゅんゴシック体」で成功を収めた右の成果を更に進めた書体ということができる。すなわち、文字のふところの広さに加えて、字面を仮想ボディいっぱいに構成した。このことにより、詰め組のイメージがより強化されることとなった。

仮想ボディに対する字面の大きさの比率は新ゴシック体ファミリーの各書体によって異なるが、九一％から九五％までの範囲内である。

⑤　水平、垂直の画線は直線で作られ、画線の両端は直角にカットされている。末端のラッパ型のアクセントは付かないサンセリフ型である。カーブ線も、その末端は原則としてストロークの筆勢方向に対し視覚的に直角にカットされている。但し、太めのファミリー書体においては、画線の間隔の狭い部分が生じるためカット角度の処理について工夫がなされている。

(2)　仮名の特徴

① 仮名文字の骨格及び筆運びは、被告らが昭和三六年に発表した「見出しゴシック体MB三一」を参考としている。その上で、水平、垂直方向に近いストロークは、ほとんど水平、垂直の直線又は緩やかなカーブとして、組版した際に縦組、横組とも組みラインが揃うようデザインされている。

② 組版した際に漢字のふところの広さを更に生かすため、豊かなカーブで仮想ボディいっぱいに広がりを持つデザインとなっている。

③ 右①②の特徴を有しつつも、図案文字的なデザインに陥ることのないような工夫がされている。すなわち、仮名文字本来の形が持つ美しさを失わないよう、とりわけ平仮名においては、その字源に当たる漢字の草書体の構成を尊重して、一文字の中では筆使いのストロークの連続性を感じさせている。

④ 片仮名は、四角い文字、例えば「コ」「ヨ」「ロ」などの下部すなわち脚の部分がつかず、モダンサンセリフの特徴が強調されている。このことはまた、片仮名が主として西欧風固有名詞、地名、人名に用いられることから、漢字の同系文字である「当」「口」などと区別することにもなっている。

四 被告らの主張に対する原告の認否・反論

1 被告らの主張1（新ゴシック体の創作に至る経緯）(一)の事実中、被告モリサワと被告モリサワ文研が共同して書体の創作をしていることは知らない。その余の事実は認める。但し、「じゅん」シリーズはタイプフェイスデザイナーの三宅康文が創作したものであり、また、新ゴシック体はゴナを複製したものである。

同(二)の冒頭の事実については、書体メーカーが新たに書体を創作する場合、現存する書体を参考にしたり、発展させたりすることもあることは認めるが、ゴナUは全く新しく創作した書体である。そして、新ゴシック体は、ゴナを複製したものである。

同(二)の(1)の事実中、被告らが昭和四七年に「太ゴシック体直B一〇一」を発表したことは認めるが、その余の事実は知らない。(2)の事実は知らない。(3)の事実中、被告らがその主張の各時期に主張のとおりの商品名の各書体を発表したことは認めるが、被告らが右各書体を完成させた（創作した）ことは知らない。(4)ないし(7)の事実は知らない。(8)の事実中、被告らがその主張の各時期に主張のとおりの商品名の各書体を発売したことは認めるが、その余は知らない。

被告らは、新ゴシック体の漢字はツデイファミリー書体を更に発展させた書体である旨主張する。しかし、原告のゴナMと被告のツデイL及び新ゴシック体Lを並べて見ると、新ゴシック体Lの漢字は、ツデイLとは基本的に相違している一方、ゴナMの特徴を備えていてこれと極めて類似している（甲二七）。新ゴシック体の開発当時は、ゴナが市場で最も高く評価されていたから、被告ら主張のようにツデイが「見出し用書体としては若干の弱さを指摘されるようになった」というのは、当然ゴナという比較対象物があってなされた評価に外ならず、被告らが新ゴシック体の制作に当たりゴナを参考にしなかったとは考えられない。また、被告らは、ゴナに対する対抗策と評価されていたアローGという、ツデイより新しい書体を有していたのであるから、新ゴシック体の制作に当たりアローGとの関係でどのような特徴を出すかについて検討しないということは考えられないのに、このような検討がされた形跡はない。新ゴシック体とツデイのコンセプトは、被告らの主張によれば結局新ゴシック体がツデイよりふところを広くするという点以外には差がないから、ツデイを土台に新ゴシック体を制作したのであれば、ツデイのその他の特徴（例えば「不」にみられるように左右対称になっていないこと、「野」にみられるように「かぎ」の角部が斜めに切り取られていること、「公」にみられるように筆押さえ等の飾りが残っていること）はそのまま残るはずであるにもかかわらず、新ゴシック体はこれらの特徴を有しておらず、ゴナと酷似する結果になっている。このことは、新ゴシック体がゴナを見ながらそれを土台に制作されたことを何より示唆するものである。

また、被告らは、新ゴシック体の仮名文字については、ツデイではなく、被告らが昭和三六年に発表した「見出しゴシック体MB三一」の骨格及び筆運びを参考にした旨主張する。確かに、ツデイLの仮名と新ゴシック体Lの仮名とは全く異なる（甲二七）から、被告らが新ゴシック体の仮名の起源をツデイLに求められなかったのは当然であるが、それでは新ゴシック体Lの骨格及び筆運びが被告らのいうように「見出しゴシック体MB三一」を参考にしているかというと、両者は全く異なり（甲二六）、新ゴシック体の仮名文字の骨格及び筆運びが「見出しゴシック体MB三一」の流れを汲むとは到底いえない。これに対し、新ゴシック体LとゴナMとは極めて類似しており、ゴナMと全く異なる書体である「見出しゴシック体MB三一」を参考にしながら、このようにゴナMと区別し難い書体ができるとは考えられない。

したがって、新ゴシック体の制作の経緯についての被告らの主張は、漢字についても仮名についても到底真実とは考えられない。被告らが前記のような奇異ともいえる説明をしてでもゴナより前から存在する書体に新ゴシック体の起源があると主張せざるをえなかったことは、被告らがゴナとそっくりの書体を制作しようとしたことを端的に物語っている。被告らは、好評を博したゴナUに対抗する必要を感じてアローGあるいはツデイを発表し、それでも足りず、新ゴシック体の制作に至ったが、新ゴシック体は、アローG、ツデイとは別系統の書体であり、ゴナUの真似以外の何物でもない。

2 被告らの主張2（新ゴシック体のデザインコンセプト及び形態的特徴）の事実はいずれも知らない。

但し、新ゴシック体の仮名の特徴について、仮名文字の骨格及び筆運びは被告らが昭和三六年に発表した「見出しゴシック体MB三一」を参考にしているとの主張が真実でないことは、前記1記載のとおりである。

また、被告らは、とりわけ平仮名においては、その字源に当たる漢字の草書体の構成を尊重して一文字の中では筆使いのストロークの連続性を感じさせていると主張するが、新ゴシック体の例えば「き」「さ」「け」「に」「は」「ほ」などの文字では、「見出しゴシック体MB三一」でみられた筆使いのストロークの連続性がなくなっている。

五　被告らの反訴請求の原因

1　被告らの書体（ツデイL）の創作に至る経緯

（一）　被告らは、訴外株式会社乃村工芸社の依頼により、看板、ポスターに使用するに適した書体を共同で創作し、昭和四七年「太ゴシック体直B一〇一」の商品名をもって販売した。

看板やポスターの文字について、従来のゴシック体で一般の印刷物に印字される文字を拡大して用いると、見栄えの悪いものしかできないが、その原因は、従来のゴシック体では文字の画線の端がラッパ形に処理されており、拡大した時にこれが目立って、現代的な看板やポスターの画面に違和感を与えるところにあった。そこで、被告らが従来のゴシック体の概念を払拭して、文字の画線を直線的に処理することとして創作したのが「太ゴシック体直B一〇一」である。

「太ゴシック体直B一〇一」は、創作の動機が右のように看板、ポスター用の書体の制作ということにあったために文字数が少なかったものの、その画線とりわけ文字の始筆、終筆を意識的に直線的に処理したデザインは、当時画期的であり、モダンなイメージを持つものであった。

（二）　そこで、被告らは、後記2（一）ないし（三）のような統一的なデザインコンセプトのもとで「太ゴシック体直B一〇一」の文字数を増やすことにより一般の印刷物にも対応できるようにし、かつ、ウエイト展開をして、見出し用から本文用まで四種類のファミリー書体を創作することとした。

（三）　被告らは、昭和五四年、右ファミリー書体のうちの一書体を完成させ、その商品名を今の時代を綴るにふさわしく「ツデイM」と命名して発表した。

以後、被告らは、昭和五四年に「ツデイB」を、昭和五六年に「ツデイL」を、昭和五九年に「ツデイR」を順次完成させて発表した。

2　ツデイLのデザインコンセプト

ツデイLを含むツデイファミリー書体は、次のデザインコンセプトに基づき、被告らが創作した書体である。

（一）　「太ゴシック体直B一〇一」のデザインを継承する。すなわち、画線については縦線・横線とも直線処理を主体とし、また、セリフを全部取る（モダンサンセリフとする）。このことにより、シャープでスピード感あふれる現代的イメージの書体とする。

（二）　「太ゴシック体直B一〇一」の文字数を増やして主として見出し用の書体であるツデイMを制作する。

その一方で、ツデイMのウエイトを変化させてファミリー展開し、主として本文用の書体であるツデイL、ツデイRを制作する。したがって、これらについては、本文組をすることを念頭におき、縦組、横組いずれの場合もラインが揃うように配慮された書体とする。

（三）　従来のゴシック体よりも漢字及び仮名のふところを広くして、漢字と仮名の大きさがほぼ同率となるようにする。このことにより漢字と仮名が混じった文字組（見出し、本文とも）のバランスをとり、ベタ組でも美しい詰め組のイメージが得られる書体とする。

3　ツデイLの形態的特徴

（一）　漢字、仮名に共通の特徴

(1)　画線は直線主体で、入筆・終筆のカットは直線でシャープな線質となっている。

(2)　文字の重心が字枠（仮想ボディ）の中心に置かれていながらも、字枠内における文字の位置取り（天地左右のスペース）を調整することにより、組版した際に縦組、横組ともラインが揃うようになっている。

(3)　バランスのとれた書体でありながら、文字の字枠に占める割合は極力大きく、ふところは広く、直線は長く、カーブストローク（曲線、右はらい、左はらいなど）は長く、曲率も大きい。

（二）　漢字に特有の特徴

(1)　線と線の間が広くとられているため、一二級サイズ（三ミリメートル角の大きさ）程度の小さな文字で本文組した場合でも読み易い。

(2)　前記（一）(3)の特徴を有しつつも、伝統的に存在する各文字相互間の相対的な大小関係も保っている。

（三）　仮名に特有の特徴

(1)　本文組をした場合、仮名文字の占める比率が高くなるので、縦組、横組いずれにおいてもラインが揃うよう、仮名文字相互間の相対的な大小は極めて僅かなものとなっている。

(2)　カーブストロークは大きな真円の一部を利用することを基本とし、そのふくらみの流れは垂直あるいは水平方向にゆるやかな図形的ストロークを描いている。

4　ツデイLの商品化

被告らは、ツデイLを、昭和五六年に写真植字機用文字盤に、昭和六一年にフロッピーディスクにそれぞれ搭載、記録して販売し、今日に至っている。

5　原告による著作権の侵害

（一）　原告は、昭和五八年にゴナM（別紙「反訴被告書体目録（ゴナM）」記載の書体）を写真植字機用文字盤に搭載して販売を始め、また、昭和六一年にゴナMをフロッピーディスクに記録してユーザーに対する賃貸を始め、今日に至っている。

（二）　別紙「反訴被告書体目録（ゴナM）」記載の書体と「反訴原告ら書体目録（ツデイL）」記載の書体との各文字の対比からも明らかなとおり、ゴナMはツデイLに酷似している。

したがって、原告は、故意をもって被告らに無断でツデイLを複製し、これにゴナMの商品名を付して販売等をし、被告らがツデイLについて有する著作権を侵害したものである。

原告は、ゴナMはゴナUのファミリー書体であると強調してツデイLの複製物であることを否定するが、ゴナMは、ゴナUと同じ商品名が付されているものの、その制作者、制作時期が異なるだけでなく、ツデイLに対抗しようとして制作したその制作動機、そして何よりもその字形に照らして、ゴナUのファミリー書体とすることはできない。

6 損害

被告らは、原告の右著作権侵害行為により、次のとおり、少なくとも合計二億二六一四万円の損害を被った。

(一) 原告が現在までに販売したゴナMの搭載された手動式写真植字機用文字盤の個数は、九〇〇個を下回ることはない。その平均単価は三二万三〇〇〇円を、利益率は二〇%をそれぞれ下回ることはない。

したがって、原告が右文字盤の製造、販売により得た利益は五八一四万円を下回ることはない。

(二) 原告が賃貸しているゴナMが記録されているフロッピーディスクの個数は、現在二〇〇〇個を下回ることはない。その賃貸料は、ゴナM一書体当たり一か月一万円を、利益率は二〇%をそれぞれ下回ることはない。そして、原告は、昭和六一年から反訴提起時（平成五年九月二八日）までの七年間に直線的に賃貸個数を増加させて右二〇〇〇個に至ったものである。

したがって、原告が右フロッピーディスクの製造、賃貸により得た利益は一億六八〇〇円を下回ることはない。

(三) 原告の得た利益の合計額は、右(一)及び(二)の合計額二億二六一四万円を下回らないから、著作権法一一四条により、被告らは右と同額（各被告につき一億一三〇七万円）の損害を被ったものと推定される。

7 結論

よって、被告らは原告に対し、著作権法一一二条に基づき、別紙「反訴被告書体目録（ゴナM）」記載の書体を搭載した写真植字機用文字盤の製造、販売及び右書体を記載したフロッピーディスクその他の記憶媒体の製造、販売、賃貸の差止め並びにその占有する右書体の原字及び右写真植字機用文字盤、フロッピーディスクの廃棄を求めるとともに、不法行為に基づく損害賠償として、それぞれ一億一三〇七万円及びこれに対する反訴状送達の日の翌日である平成五年一〇月二日から支払済みまで民法所定年五分の割合による遅延損害金の支払を求める。

六 反訴請求の原因に対する原告の認否

1 請求原因1（被告らの書体「ツデイL」の創作に至る経緯）(一)の事実中、被告らが昭和四七年に「太ゴシック体直B一〇一」という商品名の書体を販売したことは認めるが、その余の事実は知らない。

同(二)の事実は知らない。

同(三)の事実中、被告らがその主張の各時期に主張のとおりの商品名の各書体を発表したことは認めるが、被告らが右各書体を完成させた（創作した）ことは知らない。

2 請求原因2（ツデイLのデザインコンセプト）及び3（ツデイLの形態的特徴）の各事実は知らない。

3 請求原因4（ツデイLのフロッピーディスクの商品化）の事実中、フロッピーディスクの販売開始時期は知らない。その余の事実は認める。

4 請求原因5（原告による著作権の侵害）(一)の事実は認める。但し、賃貸については、フロッピーディスク自体を賃貸しているのではなく、ユーザーのフロッピーディスクにインストール（書込み）する形で行っており、また、一書体のみではなく、二〇ないし三〇書体を一括して賃貸している。

同(二)の主張は争う。

原告は、市場で好評を博したゴナUのファミリー化の要望に応えてファミリー化を行いゴナMを制作したものであって、ツデイをわざわざ真似る必要は存しない。もし原告が複製せざるをえないほどにツデイが優れていて市場で評価されていたのなら、被告らがわざわざツデイに代わる新ゴシック体を開発する必要はなかったはずである。

5 請求原因6（損害）の事実中、原告が現在までに販売したゴナMの搭載された手動式写真植字機用文字盤の個数が九〇〇個を下回ることがないことは認めるが、その余の事実は否認する。

第三 証拠

本件記録中の書証目録及び証人等目録記載のとおりであるから、これを引用する。

理 由

第一 本訴について

一 請求原因1（当事者の地位）について

請求原因1（当事者の地位）の事実は、当事者間に争いがない。

二 請求原因2（書体の著作物性）、3（原告書体の特徴）、4（原告によるゴナU、ゴナMの著作権の取得と商品化）及び5（被告らによる著作権の侵害）について

1 証人中村征宏の証言及び弁論の全趣旨によれば、ゴナUは原告の委託によりタイプフェイス・デザイナーの中村が制作した書体であり、右委託の際、原告は、中村との間で同人が制作したゴナUに関する権利の譲渡を受ける旨の契約を締結したこと、ゴナMは原告が制作した書体であることが認められ、被告モリサワが平成元年から新ゴシック体U又は新ゴシック体Lを記録したフロッピーディスクを製造、販売しており、被告モリサワ文研が新ゴシック体U又は新ゴシック体Lを搭載した写真植字機用文字盤を製造、販売し、被告モリサワがこれを販売していること（請求原因5(一)の事実）は当事者間に争いがないところ、原告は、ゴナは美術の著作物に該当し、著作権の保護を受ける旨主張し、被告らも、一般論としては創作性のある書体が著作権法によって保護を受けるものであることについて争わないが（むしろ、反訴においては、被告らの制作した書体が著作物であると主張している）、いわゆる書体が美術の著作物として著作権の保護を受けるか否かは著作権法二条一項一号、二項、一〇条一項四号の解釈適用の問題であるから、このような事項については、裁判所は当事者の主張に拘束されずに判断できることはいうまでもないところである。

2　美術の著作物は、絵画、版画、彫刻等（著作権法一〇条一項四号）、形状や色彩によって思想又は感情を創作的に表現した著作物であって、見る者の視覚に訴え、その美的感興を呼び起こし、審美感を満足させるものである。

書体は、それ自体が美的鑑賞の対象となるいわゆる「書」の範疇に入るものは格別、本件で問題とされるゴナ等のようなタイプフェイスに関する限り、個々の漢字、仮名、アルファベット等の字体を実際に印刷などに使用できるように、統一的なコンセプトに基づいて制作された文字や記号の一組のデザインであって、大量に印刷、頒布される新聞、雑誌、書籍等の見出し及び本文の印刷に使用される実用的な印刷用書体であり、その性質上、万人にとって読解可能で読み易いといった文字が本来有する情報伝達機能が何よりも重視されるものであるから、その形態も、右情報伝達機能を十全に発揮させるために、字体としての制約を受けることはもちろん、従来の規格化された書体の形態に相当部分依拠せざるをえず、その枠内で制作されるものであるということができる。したがって、ゴナのような書体であってなお美術の著作物として著作権の保護を受けるものがあるとすれば、それは、文字が本来有する情報伝達機能を失うほどのものであることまでは必要でないが、その本来の情報伝達機能を発揮するような形態で使用されたときの見易さ、見た目の美しさとは別に、当該書体それ自体として美的鑑賞の対象となり、これを見る平均的一般人の美的感興を呼び起こし、その審美感を満足させる程度の美的創作性を持ったものでなければならないというべきである。

なお、原告は、書体に著作権による保護を与えても、字体の使用は自由であるから、何ら文字の独占になるわけではなく、他の人が表現の自由を奪われるということはない旨主張する。しかし、右のような要件を満たさない書体までが一般的に著作物として保護されることになれば、言語の著作物を印刷により出版することが一般的である今日、出版された言語の著作物を複写によって利用する場合、当該言語の著作物の著作権者の許諾だけではなく、印刷に使用された書体の著作権者の許諾をも受ける必要があり、また、出版された言語の著作物自体は著作権による保護の対象とならないもの（著作権法一三条）であるときでも、使用された書体の著作権者の許諾を受ける必要があることになり、著作権の存続期間が長期にわたることもあって、言語の著作物の利用に対する重大な支障になることは明らかであり、著作物等の「文化的所産の公正な利用に留意しつつ、著作者等の権利の保護を図」るという著作権法の目的（一条）に反することにもなるといわなければならない（玉井克哉「文字の形と著作権」ジュリスト九四五号七六頁、田村善之「著作権法講義ノート3」発明九二巻六号七三頁参照）。

3　そこで、かかる観点から検討するに、原告は、ゴナUは前記本訴請求の原因3（原告書体の特徴）(一)の(1)ないし(5)記載のコンセプトに基づき創作され、同(二)の(1)ないし(9)記載の各特徴を有する書体であり、ゴナMはゴナUのファミリー書体としてゴナUのコンセプトに従いながら、ウエイトを変更して創作された書体であり、原則としてゴナUと同様の特徴を有するものである旨主張する。しかしながら、原告の右主張によっても、ゴナは、従来から印刷用の書体として用いられていた種々のゴシック体を基礎とし、それを発展させたものであって、「従来のゴシック体にはない斬新でグラフィカルな感覚のデザインとする」とはいうものの、「文字本来の機能である美しさ、読み易さをもち、奇をてらわない素直な書体とする」というコンセプトの下に制作されたというのであるから、従来からあるゴシック体のデザインからそれほど大きく外れるものではなく、別紙目録(三)（ゴナU）及び同(四)（ゴナM）記載の各書体のデザインに徴しても、その本来の情報伝達機能を発揮するような形態で使用されたときの見易さ、見た目の美しさとは別に、当該書体それ自体として美的鑑賞の対象となり、これを見る平均的一般人の美的感興を呼び起こし、その審美感を満足させる程度の美的創作性を持ったものというには未だ至っていないという外ない。したがって、ゴナは、現行著作権法上美術の著作物として著作権の保護を受けるものということはできない。

4　原告は、現行の著作権法が制定される際の国会審議において担当の政府委員は、著作権法の保護対象が原則的にベルヌ条約で定める著作物と内容的には同様であること、同条約は応用美術を著作物として保護するが、その応用美術の著作物として保護するものの範囲等、すなわち意匠法等との関係についての立法的規律は各加盟国に委ねられていること、各国の例として応用美術は著作権法又は意匠法のいずれかで保護されていることを示し、応用美術について美術工芸品を保護の対象にすることを明らかにするにとどめた理由として、染色図案等専ら工業用の意匠及びひな型として使用することを目的とするものについては意匠法による保護との関係が問題になると説明したのであり、このようにベルヌ条約で保護の対象とされている応用美術のうち、我が国において意匠法による保護の与えられないものについて著作権法により保護されないということは全く考えられていないから、書体が美術の著作物として保護されるのは当然である旨主張する。

しかし、ベルヌ条約は、保護を受ける「文学的及び美術的著作物」として応用美術の著作物を掲げるが（二条(1)項）、「応用美術の著作物及び意匠に関する法令の適用範囲並びにそれらの著作物及び意匠の保護の条件は、第七条(4)の規定に従うことを条件として、同盟国の法令の定めるところによる。」（二条(7)項）と規定しており、応用美術の著作物に関する法令の適用範囲及び応用美術を著作物として保護する条件については基本的に締約国の国内法の定めるところに委ねているのであり、応用美術のうち意匠法による保護の与えられないものはすべて著作権法により保護されるものとするとの趣旨であるとは解されない。そして、本件のようなタイプフェイスとしての書体が美術の著作物といえないことは前示のとおりである（著作権法二条二項にいう「美術工芸品」にも該当しないことが明らかである）。

　更に原告は、仮に書体が応用美術であって著作権法にいう美術の著作物として保護されないとしても、少なくとも著作権法五条、ベルヌ条約二条(1)項、(6)項及び(7)項に基づき同条約により保護されることになる旨主張する。しかし、前示のとおり、ベルヌ条約は、応用美術の著作物に関する法令の適用範囲及び応用美術を著作物として保護する条件については基本的に締約国の国内法の定めるところに委ねているのであって、応用美術のうち意匠法による保護の与えられないものはすべて著作物として保護されると解すべき根拠はない。

　5　したがって、ゴナが著作権法所定の美術の著作物に当たることを前提に、その著作権侵害を理由に、被告らに対し、別紙目録(一)及び(二)記載の各書体を記録したフロッピーディスク等の製造、販売の差止め及び廃棄並びに損害賠償を求める原告の主位的請求は理由がないというべきである。

　三　請求原因6（不法行為）について

　しかしながら、ゴナのように著作権法による保護を受けられない書体であっても、それが真に創作的な書体であって、過去の書体と比べて特有の特徴を備えたものである場合に、他人が、不正な競争をする意図をもって、その特徴ある部分を一組の書体のほぼ全体にわたってそっくり模倣して書体を制作、販売したときは、書体の市場における公正な競争秩序を破壊することは明らかであり、民法七〇九条の不法行為に基づき、これによって被った損害の賠償を請求することができる余地があるというべきである。

　なお、原告は、被告らの新ゴシック体の製造、販売行為は精神的創造物の侵害という点で人格的利益を侵害するものに外ならないから、その製造、販売の差止請求も認められるべきである旨主張する。しかし、前記のような場合に認められる余地のある不法行為については、これを人格的利益の侵害とすることはできず、営業上の利益の侵害とする外はない。したがって、明文の規定がないのに、民法七〇九条の不法行為に基づく差止請求権を認めることはできないから、被告らに対し民法七〇九条に基づき別紙目録(一)及び(二)記載の各書体を記録したフロッピーディスク等の製造、販売の差止め及び廃棄を求める原告の予備的請求は、その余の点について判断するまでもなく理由がないというべきである。

　以下、かかる観点から被告らの新ゴシック体の制作、販売につき不法行為が成立するか否かを検討することとする。

　1　原告主張のゴナの特徴について、証拠及び弁論の全趣旨によれば、次のようにいうことができる。

　(一)　ゴナUは、昭和五〇年に中村によって主として新聞、雑誌の見出し用に制作された超極太のゴシック体書体であり、現在、新聞広告、雑誌等にかなり広く使用されている。ゴナMは、昭和五八年に原告によって制作、発売された書体である（甲二七、証人中村征宏、弁論の全趣旨）。

　(二)　原告がゴナUのデザインコンセプトであるとする本訴請求原因3（原告書体の特徴）(一)の(1)ないし(5)の点のうち、(1)にいう「従来のゴシック体にはない斬新でグラフィカルな感覚のデザイン」とは、従来の原告の写植ゴシック体（例えば石井特太ゴシック）には毛筆で書かれたような感覚が残されていたが、ゴナUにおいては、基本的な形態を四角形、円、楕円という基本的な図形にできる限りあてはめるものとし、直線は均等で完全な直線に、曲線は全くのフリーハンドで書くのではなく、円や楕円などにできる限り近い線にするという趣旨であるが（証人中村征宏）、同時に、(2)「文字本来の機能である美しさ、読み易さをもち、奇をてらわない素直な書体とする」とされているところからすると、ゴナUは、基本的に従来のゴシック体の形態を踏襲するものであって、それから大きく逸脱しない書体を目指したものであり、あくまでもその枠内において「グラフィカルな感覚のデザインとする」ことを追求した書体であるということができる。現に、昭和五二年一一月一七日発行の「写研」四三号（乙三二）に掲載された中村執筆の「新書体を語る。」という小文に、「ゴナUはスーボよりやや細い程度の角ゴシック体ですが、スーボのようなファンタジータイプの書体ではなく、いわゆる普通の角ゴシック体の超特太文字ということになります。…ゴナUは、アイデアの面白さを持つという書体ではなく、標準的な角ゴシック体を特に太くして、線質を以前のものよりシャープな直線を用いた書体です。」との記載があり、中村自身がゴナUは標準的な角ゴシック体の流れの中にある書体であるとの考えを示している。

　(三)　中村は、右のようなデザインコンセプトを採用した結果として、ゴナUは、従来のゴシック系の書体と大きく異なる本訴請求原因3（原告書体の特徴）(二)の(1)ないし(9)の特徴、及び(10)横線、縦線の線質がセリフのない均等でほぼ完全な直線であり、(11)はらいを切った先端部分が直線的であるという特徴を有するとしている（証人中村征宏）。

　(1)　漢字、仮名に共通の特徴(1)の、文字のふところは従来のゴシック体にはないほど広くとられているとの点及び同(3)の、仮想ボディをいっぱいに使用し、可能な限り最大に字面をとってデザインされているとの点については、昭和四八年一一月一日発行の被告モリサワの広報誌である「写植45」（乙二九）に、同被告が開発した書体である「じゅんNo.4」の紹介として、「《じゅんNo.4》は見出し用の書体です。…従来の見出丸ゴシックよりも、ふところを広く、字枠いっぱいに設計してありますので、字面を大きく見せ、読み易く詰め打ちも殆んど不要です。」との記載、昭和四九年八月二〇日発行の「写植48号」（乙六）に「じゅんNo.3、No.4」の特徴として「ふところを広くとり読みやすくする。」「字枠をいっぱいに生かす。のびのある文字にする。」との記載があり、また、昭和四七年八月三一日発行の佐藤敬之輔著「日本のタイポグラフィ　活字・写植の技術と理論」（乙二〇）に「活字の表面積に対して、漢字もかなもその字面が大きくなった。」との記載がある。これらの記載にも表れているように、昭和二〇年代から三〇年代、四〇年代、五〇年代と時代が下るにつれて文字のふところは広くとられ、字面は仮想ボディいっぱいにとられる傾向にあり、これによって字詰め作業の短縮、見た目の美しさを追求するようになった（証人中村征宏、同小塚昌彦）。

したがって、ゴナが文字のふところを広くとり、かつ、仮想ボディをいっぱいに使用し、可能な限り最大に字面をとってデザインされているとしても、かかる点は、ゴナの制作前から、時代の推移に伴って次第に強調されてきている書体制作上の一般的傾向といえるのであり、ゴナもこのような一般的傾向の延長線上にあるというべきであるから、この点をもってゴナに特有の特徴であるということはできない。

原告は、甲第三七号証添付の資料7―1・2において「石井中ゴシック体」「中ゴシックBBB」との比較においてゴナM、新ゴシック体Lの文字のふところの広さを、「新聞特太ゴシック体」「石井特太ゴシック体」との比較においてゴナU、新ゴシック体Uのふところの広さを強調し、同資料9―1・2において「石井中ゴシック体」「中ゴシックBBB」との比較においてゴナM、新ゴシック体Lの字面の大きさを、「新聞特太ゴシック体」「石井特太ゴシック体」との比較においてゴナU、新ゴシック体Uの字面の大きさを強調しているが、弁論の全趣旨によれば、原告が比較の対象にしているこれらの書体は、いずれもゴナよりもかなり以前に（「石井中ゴシック体」は昭和二九年、「中ゴシックBBB」は昭和三七年）制作されたものと認められ、前記のとおり、時代が下るにつれて文字のふところは広くとられ、字面は仮想ボディいっぱいにとられる傾向にあり、現にそのような特徴を有する書体である「じゅんNo.3、No.4」等の書体がその後に制作されているのであるから、右「石井中ゴシック体」等の書体は、右特徴に関する比較の対象とすることは適当でないというべきである。

(2)　漢字に特有の特徴(6)の、「かぎ」の角部は切り取られているとの点は、昭和三七年に発表されたタイポスの漢字にもみられる特徴である（乙二一）。

したがって、この点をもってゴナに特有の特徴ということはできない。しかも、ゴナMにおいては、線がゴナUに比べて細いため、この特徴は目立ちにくいものである。

(3)　平仮名に特有の特徴(8)の、直線で処理できるところはできるだけ直線とし、曲線を使用する場合も、図形的な大きな円弧の曲線を使い、シンプルなデザインとなっているとの点について、ゴナの平仮名とりわけ「き」「け」「せ」「そ」「ち」「は」「ほ」「ま」「も」の横線（甲三七・資料10―1）は直線的に処理されているところ（但し、ゴナUでは必ずしも明確でないが、原告がゴナUのウエイトを変更して原告が創作したファミリー書体であって原則として同様の特徴を有するとするゴナMでは、「け」「せ」「そ」「ち」「は」「ほ」の横線は水平な直線であるが、「き」「ま」「も」の横線はわずかに右上がりに湾曲している）、タイポス（甲三八・七五頁）のそれらの横線は、両先端部にわずかのふくらみが付けられている点を別とすれば、ほぼ水平ともいえる、ごくわずかに右上がりの直線である。

したがって、この点をもってゴナに特有の特徴ということはできない。

(4)　平仮名に特有の特徴(9)の、従来のゴシック体にみられない全く新しいデザインの文字があるとの点について、原告が甲第三七号証・資料11―1・2においてゴナの平仮名で新しいデザイン処理を施したとして挙げる次の①ないし⑤の文字の特徴は、それのみで捉える限り、それぞれ各項掲記のアないしウの各書体にも表れているのであって、これらが「従来のゴシック体にはみられない全く新しいデザイン」の文字といえないことは明らかである。

①　「あ」の第二画の終端及び第三画の始端が突き出ていないという特徴

ア　タイポス（甲三八）

イ　昭和三八年佐藤敬之輔制作の「太丸ゴシック体」、「メカニカル・角ゴシック体」「太角ゴシック体」（乙三〇）

ウ　昭和四七年スタヂオG2制作の「チャイルド」（乙三一）

②　「き」「さ」の斜めの縦線とその下のカーブの線が連続していないという特徴

ア　昭和四六年から昭和四八年にかけて制作された奥泉元晟の「ハード・タイプⅠ・Ⅱ」、桑山弥三郎の「えほん」、「コンパス15R」、水井正の「ボキット」、大町尚友・増渕信之の「マジック73」（乙二五）

イ　昭和三六年草刈順外六名制作の「新聞見出用活字」（乙二六）

ウ　前記「チャイルド」（乙三一）

③　「な」の第三画の横線を第一画の横線の水平延長線上に置き、第四画の縦線の始端を第三画の横線の始端とつなげているという特徴

ア　前記「太丸ゴシック体」、「メカニカル・角ゴシック体」「太角ゴシック体」（乙三〇）

イ　タイポス（甲三八。但し、第三画の横線は第一画の横線と平行ではあるが、水平延長線上にはない）

④　「ね」「れ」の第一画の縦線の左上の横線が、直線であって縦線の右側に突き出ておらず、かつ、縦線の左下から右上にはね上げられる線とつながっていないという特徴

ア　タイポス（甲三八）

イ　前記「太丸ゴシック体」、「メカニカル・角ゴシック体」「太角ゴシック体」（乙三〇）

⑤　「ふ」の第一画の中央上の線が上方にわずかに湾曲した曲線であり、第二画とつながっているという特徴

ア　タイポス（甲三八。但し、第一画はわずかに右上がりの直線である）

イ　前記「太角ゴシック体」（乙三〇。但し、第一画はわずかに右下がりの直線である）

(5) 前記(10)及び(11)の点は、いずれも「ユニバース」という欧文書体（乙二七）の特徴を参考にし、これを漢字、仮名といった和文に応用したものである（証人中村征宏）。昭和六一年六月一日発行のクリエーター情報誌「B・U・N」掲載の中村のインタビュー記事（乙二八）には、「ゴナの発想」という小見出しの下に、「まず発想として、とにかく太い書体をと思ったんです。以前から、石井書体にも特太ゴシック体はあったんですけど、筆法を元にしていますから、線にカーブがあるんですよね。まあ、それでまっすぐでもいいんじゃないかと。まっすぐだと、英字のユニバースに近くなると考えたんです。線自体をシンプルにする。不自然に曲げない。あるスピードに乗ったリズム、流れを大事にした書体ですね。」との記載がある。

また、「ユニバース」と同様、直線的な印象を与える欧文書体には「ヘルベチカ」（乙三七）がある。

したがって、右(10)及び(11)の点をもって従来のゴシック体には全くなかった特徴として強調するのは相当ではないというべきである。

2 新ゴシック体の制作、発売の経緯について、証拠（乙三三、三四、三五、三六の1・2、四三の1～3、四五、証人小塚昌彦）及び弁論の全趣旨によれば、次の(一)ないし(四)の事実が認められる。

(一) 被告らは、昭和四七年に看板、ポスター用の書体として、文字の始筆、終筆を意識的に直線的に処理した書体「太ゴシック体直B一〇一」を発表した後、昭和五四年、次の(1)及び(2)のようなデザインコンセプトのもとで「太ゴシック体直B一〇一」の文字数を増やすことにより主として見出し用の書体であるツデイMを完成させて発表し、以後、これをウエイト展開したファミリー書体として、同年ツデイBを、昭和五六年ツデイLを、昭和五九年ツデイRを順次完成させて発売した。

(1) 画線については直線処理を主体とし、また、セリフを全部取ることにより、シャープでスピード感あふれる現代的なイメージの書体とする。

(2) ふところを広くとった仮名と組み合わせることにより、漢字と仮名のバランスをとり、ベタ組でも美しい詰め組のイメージが得られる書体とする。

(二) 更に被告らは、ツデイは見出し用書体としては若干の弱さが感じられるとして、昭和六一年二月、これを発展させた新書体を開発することを決定し、「新ゴシック体」との名称を付して、数種類のファミリー書体をほぼ同時に発表することとした。

被告らは、新書体開発の社内体制として、タイプディレクターである小塚を中心とし、被告モリサワ東京支店制作課のスタッフ、本社タイプスタジオ及び開発室のスタッフ、被告モリサワ文研の森輝（以下「森」という）を中心とするタイプデザイナー数名で構成される新ゴシック書体開発プロジェクトチームを設けた。右のように新書体開発のためのプロジェクトチームを設けたのは、一人のタイプデザイナーが制作する場合と比べて、新書体の開発に要する期間を短縮し、その結果として個々の文字のデザインの統一性を確保し、早期に販売することを可能にするためであった。

なお、小塚は、昭和二二年から昭和五九年までの間毎日新聞社に在職した後、昭和六〇年から被告モリサワの顧問タイプディレクターの地位にあった者であるが（平成四年退職）、これまで多種類の毎日新聞書体等を制作しており、また伊藤勝一ら四名によるタイポスの制作に際しアドバイザーとして協力したことがあり、現在日本タイポグラフィ協会及び国際タイポグラフィ協会の会員である。

(三) まず、小塚及び被告モリサワ文研の森は、打合せを繰り返して、新ゴシック体のデザインコンセプト、形態的特徴等についての基本構想を決定するとともに、新書体のファミリー展開を想定して、フォント・プロダクション・システム（イカルス方式によるコンピュータ処理）によって文字データを作成することとし、細・中・太の三つの基本書体を制作し、その後右基本書体のデータ処理によって、七ないし八書体にコンピュータによって展開することとした。

右の基本構想に基づき、被告モリサワ文研の森を中心とするタイプデザイナー六名は、小塚と協議しながら、新書体の各文字の骨格、空間のバランス、重心の高さ、ふところの広さ、ストロークの深さ等、偏と旁の比率や画線の太さ、はらいの先の方向感及びカットの角度を検討の対象として、サンプル文字約二〇字を試作した。その後、昭和六一年八月二〇日・二一日、同年九月二五日、一〇月一四日の三回にわたって「新ゴシック書体開発プロジェクト会議」が開催され、プロジェクトチームのメンバー全員に対する新書体のデザインコンセプト等についての説明、制作スケジュールの決定、デザインマニュアルの作成、基本書体L・M・Uにつき各三〇字のテスト原字の制作等がなされた。同年一〇月、被告モリサワ文研のタイプデザイナーが新ゴシック体Lの定型文字（乙四三の3）五〇〇字のデッサンを開始し、小塚のチェックを受けて、必要なものは修正を加えて同年一二月デッサンを完了し、直ちにこれを見本として原字デッサンを開始し、小塚を中心とする被告モリサワ東京支店制作課のスタッフによるチェックを受けた。合格した原字については、被告モリサワ文研においてデジタイズ用原図を作成した上、被告モリサワにおいて文字の輪郭線を形成する必要な点の位置をデジタイザーを使ってフロッピーディスクのファイルに保存し、この文字データを編集機のCRT画面に文字表示して修正作業を行い、更に再修正作業を行って文字データを完成した。

なお、仮名文字については、小塚自身がデッサンのすべてを行い原字を制作した。

(四) こうして、被告らは、平成元年に新ゴシック体L、新ゴシック体M、新ゴシック体Uを各六七〇〇文字制作し、その後、右三書体をもとに、コンピュータによるデータ補間処理によってそれぞれの文字データについて一文字ずつデザインの修正をデータ上で行い、EL・R・DB・B・Hの五書体を完成させた。そして、被告らは、同年六月に新ゴシック体Lを発売し、以後、同年九月に新ゴシック体H、一〇月に新ゴシック体B、一一月に新ゴシック体M、一二月に新ゴシック体U、平成二年一月に新ゴシック体R、三月に新ゴシック体DB、七月に新ゴシック体ELを順次発売した。以上の事実が認められ、右認定を覆すに足りる証拠はない。

新ゴシック体の制作、発売の経緯は右認定のとおりであり、そのいずれかの段階で小塚及び森を中心とする被告らのスタッフがゴナを手元においてこれを模倣したとの事実を直接認定できるだけの証拠はない。

3(一)　例えば次の各文字の書体に関し、甲第二七号証（原告従業員作成の報告書）を参照しつつ、ゴナU、ゴナM、新ゴシック体U、新ゴシック体L、ツデイLを比較すると、次のとおり認められる。

(1)「日」「自」「凡」「昔」「百」「景」の各文字について、その仮想ボディに対する字面の面積比は、ゴナ及び新ゴシック体はほぼ同程度に大きく、ツデイLが一番小さい。また、各文字毎の右面積比のバラツキは、ゴナ及び新ゴシック体は小さく、ツデイLは比較的大きい。

(2)「不」「否」「宗」「県」「火」「炎」の各文字について、ゴナ及び新ゴシック体は、それぞれ左右とも「はらい」のデザインとするなどにより左右対称になっているのに対し、ツデイLは、左「はらい」・右「とめ」のデザインとするなどにより左右対称になっていない。

(3)「野」「色」「多」「各」「経」「格」の各文字について、ゴナ及び新ゴシック体はその「かぎ」の角部が直角に切り取られているのに対し、ツデイLは、「かぎ」の角部が斜めに切り取られている。

(4)「公」「分」「粉」「雰」「穴」「沿」の各文字について、ゴナ及び新ゴシック体は、「八」（はちがしら）の筆押さえがないのに対し、ツデイLは、筆押さえが残っている。

(5)「あ」「け」「せ」「ち」の各文字について、ゴナ及び新ゴシック体は横線が水平な直線であるのに対し、ツデイLは横線が緩やかに右上がりに湾曲した曲線（「あ」「け」「ち」）あるいは右上がりの直線（「せ」）である。

(6)「き」「さ」の各文字について、ゴナ及び新ゴシック体は斜めの縦線とその下のカーブの線が連続していないのに対し、ツデイLはこれらが連続している。

(二)　このように、新ゴシック体は、右(一)の(1)ないし(6)の点において、ゴナと共通する反面、被告らがその思想を継承したと主張するツデイLと異なっているのであり、その結果、新ゴシック体は、その全体の印象においてゴナとかなり似ていることは否定できず、ゴナとの差異は、ツデイLとの差異よりも小さいということができる。したがって、被告らが、新ゴシック体を制作する際、専らツデイのみを参考にし、ゴナを全く参考にしなかったとの証人小塚昌彦の証言は必ずしも信用できないというべきである。

(三)　しかしながら、まず、右(一)の(1)の点については、前記のとおり、昭和二〇年代から三〇年代、四〇年代、五〇年代と時代が下るにつれて字面は仮想ボディいっぱいにとられる傾向にあり、ゴナもこのような時代の推移に伴って次第に強調されてきている書体制作上の一般的傾向の延長線上にあるというべきであって、この点をもってゴナに特有の特徴であるということはできない。

(2)の点については、同所掲記の六文字に関しては、ゴナは左右とも「はらい」のデザインとするなどにより、左右対称になっているといえるが、「示」「斎」「省」「赤」「跡」「途」「蛮」「変」「歩」「涼」「劣」「恋」「湾」「称」「鯨」「嚇」「源」「述」「選」「内」「肉」「病」「丙」「柄」という多数の文字に関しては、「ツデイL」と同様、左「はらい」・右「とめ」のデザインとすることにより左右対称になっていないことが認められるから、この点がゴナの一貫した特徴とはいえないことが明らかである。逆に新ゴシック体は、左右とも「はらい」のデザインとすることにより左右対称性を貫いていることが認められる。

(3)の点については、前記1(三)(2)認定のとおり、「かぎ」の角部が直角に切り取られているとの点は、昭和三七年に発表されたタイポスの漢字にもみられる特徴であり、ゴナに特有の特徴とはいい難い上、「暇」「又」「久」「搬」「友」「努」（但し、ゴナM）「怒」「飲」「欧」「歌」「款」「歓」「次」「撮」「皮」「彼」「披」「疲」「被」「欺」「欠」「鼓」「諮」「吹」「炊」「軟」「波」「破」「抜」「反」「夜」「返」「野」「欲」という多数の文字に関しては、「かぎ」の角部が直角に切り取られていないことが認められるから、この点もゴナの一貫した特徴とはいえないことが明らかである。

(4)の点については、昭和三四年一〇月二〇日発行の社団法人日本新聞協会発行「新聞活字字体統一に関する資料」（乙二二）によれば、同協会工務委員会において当用漢字の字体の標準を示す当用漢字字体表（昭和二四年四月二八日内閣訓令第一号、同告示第一号）の活字体を統一することについて研究を行い、「八」及び「八」を構成要素とする文字（公、分、松等）に関しては、当用漢字字体表では横棒のカザリ（筆押さえの飾り）がないが、「横棒を短かくしてカザリをのこすものとした。ただしカザリの全然ない『八』の字体も使用して差支えない」との結論に達したこと、昭和四八年四月三〇日発行の佐藤敬之輔著「漢字上　文字のデザイン　第5巻」（乙二三）によれば、昭和三〇年に制作された「新聞見出し用ゴシック体　7倍（新）　小塚昌彦・広瀬行信・加賀谷薫設計（毎日新聞社）」の「八」には筆押さえの飾りがあるものの、昭和四四年に制作された「新聞見出し用ゴシック体　7倍（新）　小塚昌彦・加賀谷薫（毎日新聞社）」の「八」には筆押さえの飾りがないことが認められ、「八」に筆押さえの飾りがないことがゴナに特有の特徴であるということはできない。

(5)の点については、このように横線が水平な直線であるという特徴は、前記1㈢(3)認定のとおり、両先端部にわずかのふくらみが付けられていてごくわずかに右上がりである点は別として、ほぼ水平ともいえる直線であるタイポス（甲三八・七五頁）の特徴と共通するものである。

(6)の点については、この「き」「さ」の斜めの縦線とその下のカーブの線が連続していないという特徴は、前記1㈢(4)②認定のとおり、昭和四六年から昭和四八年にかけて制作された奥泉元晟の「ハード・タイプI・II」、桑山弥三郎の「えほん」、「コンパス15R」、水井正の「ボキット」、大町尚友・増渕信之の「マジック73」（乙二五）、昭和三六年草刈順外六名制作の「新聞見出用活字」（乙二六）、昭和四七年スタヂオG2制作の「チャイルド」（乙三二）の書体にも表れているところである。

㈣　一方、乙第四四号証（被告ら作成の新ゴシック体とゴナの部首系統別比較表）を参照しつつ、新ゴシック体とゴナの部首を比較すると、次のとおり認められる。

(1)　「道」「通」「還」「途」「返」等の「しんにゅう」について、ゴナは、右はらいがごくわずか右上がりに湾曲した曲線であり、左打込み部の下端と段差がついていないのに対し、新ゴシック体は、右はらいが水平であり、左打込み部の下端よりわずかに位置が高くなっていて段差がついている（段差がついていないと、錯視により右下がりに見える）。

(2)　「径」「徒」「待」「徳」「街」等の「ぎょうにんべん」について、ゴナは、上はらいの角度が下はらいの角度よりやや寝ているのに対し、新ゴシック体は、二本のはらいの並びがほぼ平行である。また、新ゴシック体Uは、二本のはらいの上端の角度がゴナUと比べて水平に近く、新ゴシック体Lは、上はらいの始端がゴナMと比べて左寄りにある。

(3)　「狼」「狩」「猶」「猫」「獲」等の「けものへん」について、ゴナは、縦の線の下半分が直線に近いのに対し、新ゴシック体は、縦の線が自然なカーブになっている。

(4)　「極」「橋」「機」「械」「相」等の「きへん」について、ゴナMは、第二画、第三画、第四画の各線が集中する中央部分において各線が重なり合わないように斜めに細くなっているのに対し、新ゴシック体Lは、右のはらいの始端の位置が下げられている。

(5)　「活」「済」「沢」「治」「法」等の「さんずい」について、新ゴシック体は、第三画のはらい上げの角度がゴナより寝ており、この傾向は新ゴシック体UとゴナUとではより顕著である。

(6)　「恋」「忘」「忌」「忠」「患」等における「心」の字について、新ゴシック体は、中の点がゴナと比べて寝ていて中心位置にあり、下部の鍵形の縦線はゴナと比べて始端位置が低くて短い。

(7)　「皮」「破」「被」「波」「披」等における「皮」の字及び「虚」「慮」「虎」「虞」「虜」等における「とらがしら」について、ゴナは右端が直角の縦線になっているのに対し、新ゴシック体は右端が左下へはらいの形になっている。また、「皮」等における「又」の字について、ゴナは、右はらいが横線とくっついているのに対し、新ゴシック体は、右はらいが横線と離れている。

(8)　「分」「公」「兌」「盆」「貧」等における「八」について、新ゴシック体は、ゴナと比べて左はらいの始端と右はらいの始端との間隔が広い。

(9)　「儲」「奢」「曙」「偖」「屠」等における「者」の旧字「者」の点「、」の位置について、ゴナは外側にはみ出しているのに対し、新ゴシック体は内側に納まっている。

(10)　「去」「弁」「参」「允」「畚」等における「ム」について、新ゴシック体は、ゴナと比べて左はらいが左寄りであるため、右の点「、」の始端との間隔が広い。

(11)　「今」「念」「稔」「矜」「吟」等における「今」の「フ」について、ゴナは左はらいの先端が左方へ長く延びているのに対し、新ゴシック体は左はらいの先端が左右の中心に近いところで止まっている。

(12)　「然」「黒」「煎」「熱」「照」等における「れんが」について、ゴナは第一点ないし第四点の下端がほぼ水平であるのに対し、新ゴシック体は中の第二点及び第三点の下端が少し上がっている。

㈤　また、乙第一九号証（被告ら作成の「ゴナMと新ゴシック体Lのデザインの特徴比較」「ゴナUと新ゴシック体Uのデザインの特徴比較」）及び乙第三八号証（小塚昌彦作成の「新ゴシック体ひらがなデザインの考え方」）を参照しつつ、新ゴシック体とゴナの平仮名を比較すると、次のとおり認められる。

(1)　「う」「え」について、ゴナは第一画の点「、」が下向きにやや湾曲しているのに対し、新ゴシック体は上向きに湾曲している。

(2)　「お」について、新ゴシック体は、ゴナと比べて第三画の点「、」が角度が立っていて長い。

(3)　「た」「に」について、新ゴシック体は、ゴナと比べて第四画（た）又は第三画（に）の始端が第三画又は第二画の終端に向けて大きく右方にカーブしている。

(4)　「ふ」について、ゴナは、中央上の線が上向きにわずかに湾曲しているが全体としてほぼ水平であるのに対し、新ゴシック体は、中央上の線が上向きにわずかに湾曲しながら右下がりになっている。

(5)　「む」について、ゴナは、縦画から続くループ部の終端の右払い上げが比較的小さく、垂直に近く、先端が右下がりの直線でカットされているのに対し、新ゴシック体は、縦画から続くループ部の終端の右払い上げが大きく、左方に傾いており、先端が左下がりの直線でカットされている。

(6)　「も」について、新ゴシック体は、ゴナと比べて縦線の終端のはらい上げが大きく、下側横線の位置を越えるところまで延びている。

(7)　「や」について、ゴナは点「、」が下に突き出ていないのに対し、新ゴシック体は点「、」が下に突き出ている。

(8) 「ゆ」について、ゴナは、ループ部の終端が比較的短く、左斜め上を向いているのに対し、新ゴシック体は、ループ部の終端が比較的長く、ほとんど上方を向いている。

(9) 「り」について、ゴナは左縦線の始端と右側縦画の頂点の位置がほぼ同じであるのに対し、新ゴシック体は左縦線の始端より右側縦画の頂点の位置が下がっている。

(10) 「れ」について、ゴナは「つくり」の終端をはね上げているのに対し、新ゴシック体は終端を下方に払っている。

(六) 右(四)認定の新ゴシック体にみられる部首の特徴は、当該部首を構成要素とする新ゴシック体の漢字においてほぼ統一的にみられるのであり、しかも、これらの部首が「しんにゅう」「ぎょうにんべん」「きへん」「さんずい」というような漢字の基本的な部首であることに鑑みると、右各部首を構成要素とする漢字は新ゴシック体のかなりの割合を占めるものと推認することができる。そして、ゴナ及び新ゴシック体がともにゴシック体の範疇に属する書体である以上、その形態もある程度似たようなものにならざるをえないことをも考慮すると、右(四)認定の新ゴシック体とゴナとの各部首の形態上の相違は、決して些細な相違とはいえないというべきである。字数の少ない平仮名においても、新ゴシック体とゴナとは、右(五)認定のように細部の差異とはいえない差異が少なからず存在するということができる。

4 以上によれば、新ゴシック体は、形態がゴナとかなり似ている文字が少なからず存在し、被告らが新ゴシック体の制作に当たりゴナを参考にしたことが窺われるものの、新ゴシック体の制作に当たり小塚及び森を中心とするスタッフがゴナを手元においてこれを模倣したとの事実を直接認定できるだけの証拠はなく、ゴナは、そのデザインコンセプト自体からして基本的に従来のゴシック体の形態を踏襲するものであって、それから大きく逸脱しない書体を目指したものであり、あくまでその枠内において「グラフィカルな感覚のデザインとする」ことを追求した書体であるということができ、したがって、ゴナと同じ範疇に属するゴシック体の書体を制作した場合、ある程度ゴナと似た書体になることは避けられないというべきところ、原告がそのデザインコンセプトを採用した結果として従来のゴシック系の書体と大きく異なる特徴であると主張する各点も、文字のふところを広くとり、かつ仮想ボディをいっぱいに使用し可能な限り最大に字面をとってデザインされているとの点がゴナの制作前から時代の推移に伴って次第に強調されてきている書体制作上の一般的傾向の延長上にあり、その主要な点がタイポス等のゴナ制作前に制作、発表されたゴシック体の範疇に属する各種書体にみられるものであるなど、ゴナに特有の特徴ということはできず、また、新ゴシック体をゴナと対比しても、新ゴシック体がゴナと共通していて、かつ（新ゴシック体が思想を継承したと被告らの主張する）ツデイLとは異なると認められる点は、ゴナに特有の特徴とはいえないか、ゴナの一貫した特徴であるということ自体ができないのであり、反面、新ゴシック体とゴナの漢字の各部首には些細とはいえない形態上の相違があり、字数の少ない平仮名においても細部の差異とはいえない差異が少なからず存在するのであるから、ゴナが過去の書体と比べて特有の特徴を備えたものであるとは必ずしも言い難い上、被告らがゴナの特徴ある部分を一組の書体のほぼ全体にわたってそっくり模倣して新ゴシック体を制作、販売したとまでいうことはできず、したがって、冒頭の説示に照らし、被告らによる新ゴシック体の制作、販売につき不法行為が成立するということはできない。

以上に反する原告の主張は採用することができない。

5 そうすると、被告らに対し不法行為に基づき損害賠償を求める原告の予備的請求も理由がないといわなければならない。

第二 反訴について

一 被告らの原告に対する反訴請求は、被告らの制作した書体であるツデイLが被告らの共同著作物であることを前提に、原告の制作した書体であるゴナMはツデイLを無断で複製したものであると主張して、著作権法一一二条に基づきゴナMを搭載した写真植字機用文字盤の製造、販売等の差止め、廃棄を求めるとともに、不法行為に基づく損害賠償を求めるものであるところ、本訴請求に対する判断（前記第一の二(一)）において説示したところ及び別紙「反訴原告ら書体目録（ツデイL）」記載の書体のデザインに照らせば、ツデイLは著作物として保護されるものでないことが明らかであるから、被告らの反訴請求は前提を欠き、理由がないといわなければならない。

二 右のとおり、ツデイLは著作権法による保護を受けられないものであるが、念のため、前記第一の三冒頭に説示したところに従い、ゴナMの制作、販売につき被告らに対する不法行為が成立するか否かを検討するに、被告らが昭和五六年に制作、発売したツデイLのデザインコンセプトとして主張するところ（前記事実欄第二の五2の(一)ないし(三)）及びツデイLの形態的特徴として主張するところ（同3の(一)ないし(三)）によっても、ツデイLが昭和三七年に発表されたタイポスや昭和五〇年に発売されたゴナU等の従来のゴシック書体との関係でどの程度特有の特徴を有するのか明らかではなく、その形態（別紙「反訴原告ら書体目録（ツデイL）」）からして、基本的に従来のゴシック体の形態を踏襲したものという外なく、ゴナM（別紙「反訴被告書体目録（ゴナM）」）をツデイL（別紙「反訴原告ら書体目録（ツデイL）」）と対比しても、前記第一の三3(一)の(1)ないし(6)認定の相違点があり、その他かなり顕著な相違がみられるのであって、原告がツデイLの特徴ある部分を一組の書体のほぼ全体にわたってそっくり模倣してゴナMを制作、販売したとは到底いえないから、原告によるゴナMの制作、販売につき被告らに対する不法行為が成立するものでないことは明らかである。

第三　結論

よって、原告の被告らに対する本訴（主位的・予備的）請求及び被告らの原告に対する反訴請求をいずれも棄却することとし、主文のとおり判決する。

（裁判長裁判官水野　武　裁判官田中俊次　裁判官小出啓子）

別紙〈省略〉

資料2　ゴナU事件控訴審判決（大阪高裁平成一〇年七月一七日判決民集五四巻七号二五六二頁）

平成10年7月17日
判決言渡
平成10年7月17日
原本交付
大阪高等裁判所
裁判所書記官

平成九年(ネ)第一九二七号　著作権侵害差止等本訴・同反訴請求控訴事件（原審・大阪地方裁判所平成五年(ワ)第二五八〇号、第九二〇八号）

［当審口頭弁論終結日　平成一〇年五月二〇日］

判　決

東京都豊島区南大塚二丁目二六番一三号

控訴人（一審本訴原告）　株式会社写研

右代表者代表取締役　石井裕子

右訴訟代理人弁護士　花岡巖

同　新保克芳

同　木﨑孝

大阪市浪速区敷津東二丁目六番二五号

被控訴人（一審本訴被告）　株式会社モリサワ

右代表者代表取締役　森沢嘉昭

兵庫県明石市人丸町三番一八号

被控訴人（一審本訴被告）　モリサワ文研株式会社

右代表者代表取締役　森澤公雄

右両名訴訟代理人弁護士　小林秀正

同　渡邊幸博

主　文

一　本件控訴を棄却する。

二　控訴費用は控訴人の負担とする。

事実及び理由

第一　当事者の求めた裁判

一　控訴人

1　原判決中控訴人敗訴部分を取り消す。

2　被控訴人株式会社モリサワは、原判決別紙目録(一)及び(二)記載の各書体を記録したフロッピーディスクその他の記録媒体の製造及び販売並びに右各書体を搭載した写真植字機用文字盤の販売をしてはならない。

3　被控訴人モリサワ文研株式会社は、前項記載の写真植字機用文字盤を製造、販売してはならない。

4　被控訴人株式会社モリサワは、その占有する第2項記載の各書体の原字並びに同項記載のフロッピーディスク及び写真植字機用文字盤を廃棄せよ。

5　被控訴人モリサワ文研株式会社は、その占有する第2項記載の各書体の原字及び写真植字機用文字盤を廃棄せよ。

6　被控訴人らは、控訴人に対し、連帯して、一六八〇万円及びこれに対する平成五年三月二六日から支払済みまで年五分の割合による金員を支払え。

7　被控訴人株式会社モリサワは、控訴人に対し、七八〇〇万円及びこれに対する平成五年三月二六日から支払済みまで年五分の割合による金員を支払え。

8　訴訟費用は第一・二審とも被控訴人らの負担とする。

9　仮執行宣言

二　被控訴人ら

主文と同旨

第二　当事者の主張

当事者の主張は、以下に付加訂正するほか、原判決の「事実」のうち「第二当事者の主張」の一ないし四に記載するとおりであるから、これを引用する。

一　原判決七頁一〇行目と一一行目との間に、改行して次の文章を挿入する。

「なお、著作権法で要求される美術の著作物の要件は、「思想又は感情を創作的に表現したもの」ということだけであり、幼児が描いた絵であっても著作物とされるように、成果物の巧拙や見る者にどのような印象を与えるかということによって、著作物性の有無が左右されることはない。たとえ美的感興を呼び起こさなくても、審美感を満足させなくても、思想又は感情を創作的に表現した美術の範囲に属するものであれば、美術の著作物として保護されるのである。書体が美術の著作物と言えるためには「見る者の視覚に訴え、その美的感興を呼び起こし、審美感を満足させるもの」という特別の要件が必要であるとするのは誤りである。書体は、書体デザイナーが、デザインコンセプトを決めて、これを実現するために、一文字ずつ多大の時間と費用をかけてデザインしていくものであり、こうした創作活動の末に創り出される新たな書体は、デザイナーの思想又は感情を創作的に表現したものであり、著作物性を備えたものであることは明らかである。」

二　原判決一〇頁七行目と八行目との間に、改行して次の文章を挿入する。

「書体には、情報伝達機能が不可欠であるから、美術の著作物の代表である絵画などと比較して創作の自由度が狭いということはあるが、そのことは、著作物性の判断において書体のみに加重な要件を要求する根拠となるものではない。書体は、創作性の幅が絵画などよりも狭いために、既存の書体と類似した新書体が出てきたときに、これが、既存書体を複製したものか、それとも独自に一から創作したものかを判定するのが、絵画などに比べて難しいといった問題はあり得るかもしれない。しかし、真に創作性のある書体であれば、結果的に既存書体と酷似するということは起こらないのであり、具体的な書体に即して書体の創作性は判定し得るものである。

書体は、印刷業界、出版業界、サインディスプレー業界、コンピュータ業界等では、著作物であると理解され、そのように扱われている(甲九～一九)。そして、書体利用の実際は、印刷業者等が、書体の著作権者から書体を購入したり、あるいは有償で使用許諾を受け、この書体を利用して文字組として固定することにより「言語の著作物」が制作される。それ以後は、印刷機等によって大量に印刷されるが、その段階で書体の複製使用が問題にされることはない。これは、売買あるいは使用許諾契約によって印刷業者が正当に入手した書体で文字組固定した後の複製又は改変については、書体の著作権者が使用許諾(明示あるいは黙示の)を与えていると考えて良い(「用尽」と言っても良い)。以上のことは、業界の商慣行として古くから定着しており、何の混乱も起こっていない。したがって、出版された言語の著作物を複写によって利用する場合には、その言語の著作物が正当に入手された書体を用いて作成されたのであれば、書体著作権者の承諾を得ないで言語の著作物をそのままコピーしたとしても、書体自体のコピーについては少なくとも黙示の許諾があったものとみなすことができ、書体に著作権を認めたとしても、言語の著作物の利用に対する重大な支障になることはない。」

三　原判決一三頁六行目の「ている。」の次に「ここで同条約二条(7)項が締約国の国内法の定めるところにゆだねているのは、応用美術を著作物として保護するか意匠として保護するかという選択及び応用美術を著作物として保護した場合の具体的条件設定についてだけである。同条(6)項にいう「前記の著作物」には応用美術も当然含まれ、何らの限定も付されていないのであるから、同条約は、応用美術が同盟国において何らの保護も受けられないというようなことは認めていないのである。」を加える。

四　原判決一六頁五行目「特徴を有する」の次に「画期的な」を加える。

五　原判決二〇頁一〇行目と一一行目との間に、改行して次の文章を挿入する。

「(四)　ゴナは、前述のとおり、既存のゴシック書体を基礎にしてそれを発展させたというものではなく、中村が、独自のデザインコンセプトで一から創作した極めて独創的な書体である。ゴシック体の範疇に属するものでも、多数の書体デザイナーが多数の書体を創作しており、書体デザイナーが、既存の書体を複製せず、一から自分の手で創作していけば、それぞれ個性の違った書体ができあがるものである。特に、中村が創作したゴナは、デザインコンセプトの一つとして挙げられているように、広い範疇でいえばゴシック体の中には入るが「従来のゴシック体にはない斬新」な書体を創ろうとして、一から創作したものであるため、それ以外の多数のゴシック体とは一線を画する極めて独創的な書体として高い評価を受けて、広く利用されているのである。独創性があったからこそ「ゴナ系」という言葉が生まれ、被控訴人らを初めとする各書体メーカーがゴナに追随する書体を次々と発表しているのである。

(五)　書体の特徴は、個々の文字の骨格やエレメントの形状、大きさ等の特徴の組み合わせ、その相互作用により表れてくるものである。前記(二)の(1)ないし(9)ほかの特徴がすべて備わっているというところにゴナの書体としての特徴、創作性があるのであって、個々の特徴を一つ一つ切り離して既存書体と比較検討するような分析方法では、書体としてのトータルの特徴を把握することはできない。ゴナの個々の特徴の中に過去の書体でみられたデザイン処理もあるとしても、だからといってゴナの特徴、創作性が否定されるものではない。ゴナは、甲第五一号証で「ゴナはグラフィック的に完成された無性格な「記号」的書体と言えます」と評価されているが、それ故にこそ、他の書体とは一線を画した特徴があり、独特の気分、ムード、思想、感情が表現されていると評価され、従来の書体とは全く異なる独創性のあるものとユーザーに認められて、数ある書体の中から特に選択され、広く利用されているのである。

したがって、仮に美術の著作物に当たるためには「美的感興を呼び起こし、その審美感を満足させる程度の美的創作性」を必要とすると解するとしても、ゴナはこれを有するものである。」

六　原判決二二頁四行目の「は、」の次に「前記のとおり、画期的な書体であり、従来の角ゴシック体と明確に一線を画すものと理解されているのであって、」を、同頁六行目の「もとより、」の次に「大企業の社名や商品名の表示、」をそれぞれ加える。

七　原判決二七頁七行目と八行目との間に、改行して次の文章を挿入する。

「(4)　乙第四四号証で被控訴人が指摘するゴナと新ゴシック体の部首形態の相違は、極めて些細なものである。新ゴシック体を制作した小塚は、新ゴシック体のへんやつくりのデザインは自分が統一化したと証言し、また乙第四四号証の作成にも関与し、その部首ごとの両書体の差は大変大きな差であると証言しているのであるが(同人の証人調書四六丁裏四七丁表)、その大きな違いがあるはずの部首の文字が示されても、書体名の表示がなければ、当の本人でさえ、ゴナであるのか新ゴシック体であるのか全く区別できないのである（甲三九、右証人調書四七丁裏）。

(5) ゴナは、中村が既存の書体を参考とせず創作的に一文字ずつ作っていったものであるため、新規とは言えないデザイン処理が一部にあったとしても、書体全体として見れば、既存のゴシック体とは全く印象も骨格も異なるものとなっており、だからこそ、ユーザーから高い評価を得て、広く利用されているのである。これに対し、新ゴシック体は、ゴナに対抗する書体を作ろうという制作意図のもとに、ゴナを基にして、これに微細な改変を加えて制作されたものであるため、部分的にはゴナと異なるところもあるが、一般人をして、また、制作者である小塚をしても区別が不可能なまでに全体として極めて酷似した書体となっているのである。

(6) 新ゴシック体はゴナに対抗する書体として制作されたものであること、実際に出来上がった新ゴシック体の印象及び骨格が、極めてゴナに酷似している一方、他のゴシック書体とは大きく異なるものであること、そうであるにもかかわらず、被控訴人は、新ゴシック体を制作する際、専らツデイのみを参考にし、ゴナは全く参考にしなかったなどと強弁し、新ゴシック体制作の過程については極めて不自然な主張・立証に終始していること、乙第四四号証に挙げるような書体制作者自身にも区別できない部首の形態上の微細な相違点ばかり強調していること、などから、新ゴシック体が、ゴナを基にして、これに微細な改変を加えて制作されたものであることは、容易に認定できるものと言わざるを得ない。」

八　原判決三一頁八行目を削除する。

九　原判決三二頁四行目と五行目との間に、改行して次の文章を挿入する。

「同㈣の主張のうち、ゴナが独創的な書体であるとの主張は否認する。ゴナはありふれた書体である。乙第三二号証にみられる中村の文章は、次の三点を意味している。(1) ゴナの基本的なデザインコンセプトは、従来から存在する標準的な角ゴシック体を超特太にすることにあった。したがって、文字のふところの取り方、字面の大きさなどは、ゴナの制作以前から時代の推移に伴って次第に強調されてきている書体制作上の一般的傾向に倣ったものである。(2) ゴナの制作は、従来から存在する標準的な角ゴシック体を参考としてこれを太くすることによりされたものである。(3) その結果できあがったゴナは、右書体制作上の一般的傾向の流れの中の一書体として印象付けられるものである。

また、ゴナ系なる分類は、ゴナが制作された当時もその後も一般的にされておらず、控訴人の提出する甲第四九号証、第五〇号証の記事は、特異というよりむしろ奇異な存在である。

右のとおり、ゴナはその制作当時における書体制作上の一般的傾向に倣い制作されたものであって、控訴人の主張するゴナの特徴とは、右の一般的傾向そのものを指しているにすぎない。」

一〇　原判決三五頁五行目の文章に続けて次の文章を加える。

「また、新ゴシック体のデザインの基本は、人間の文字を書く動作の軌跡の尊重であり、ゴナのそれは面の処理であって、両書体はこの点で大きく相違している。前記のとおり、書体のデザインの基本は、書体を構成する個々の文字に端的に表現されているのであるから、書体の類否の判断はそれぞれの書体に属する個々の文字の比較によって初めて可能であると同時に、それが唯一の方法である。」

第三　証拠関係

本件原審記録及び当審記録中の書証目録及び証人等目録記載のとおりであるから、これを引用する。

第四　当裁判所の判断

一　当裁判所も、控訴人の被控訴人らに対する本訴請求は、主位的請求、予備的請求とも理由がないものと判断する。その理由は、以下に付加訂正するほか、原判決の「理由」第一に説示するところと同一であるから、これを引用する。

控訴人の当審における主張・立証をふまえて検討しても、右の判断を左右するには足りない。

二　原判決八〇頁三行目から八三頁四行目までを次のとおり改める。

「2　美術の著作物は、絵画、版画、彫刻等、思想又は感情を創作的に表現した著作物であって美術の範囲に属するものをいう（著作権法二条一項一号、一〇条一項四号）。そして、著作権法二条二項の規定や同法制定の経緯等に照らせば、著作権法上美術の範囲に属するといえるためには、純粋美術あるいは鑑賞美術の作品ということができる必要があり、実用品である美的創作物ないし応用美術作品については、原則として意匠法等工業所有権制度による保護にゆだねられているのであって、これらも広く著作権法上の美術の著作物に当たると解することはできない。しかし、客観的、外形的にみて純粋美術としての絵画等と何ら質的差異がなく、これらと同視し得るような創作物については、それが実用品であるからといって、およそ美術の著作物に当たらないとするのは相当ではない。創作の目的、創作後の現実の利用形態とは別に、その創作物を客観的にみた場合　社会通念上、実用性の面を離れて一つの完結した美術作品として美的鑑賞の対象となり得ると認められるもの、純粋美術と同視し得るものについては、美術の著作物として保護されると解するのが相当である。

本件で問題とされるゴナ等のようなタイプフェイス（印刷用書体）は、個々の漢字、仮名、アルファベット等の字体を実際に印刷などに使用できるようにするために、統一的なコンセプトに基づいて制作された文字や記号の一組のデザインであって、大量に印刷、頒布される新聞、雑誌、書籍等の見出し及び本文の印刷に使用される実用的な印刷用書体であり、その性質上、万人にとって読解可能で読みやすいといった文字が本来有する情報伝達機能を備えることが最低限必要であるとともに、何よりも重視されるものである。したがって、その形態については、そこに美的な表現があるとしても、情報伝達という実用的機能を十全に発揮し、特定の文字として認識され得るように、字体を基礎とする基本的形態を失ってはならないという制約を受けるものである。このような書体における創作性は、情報伝達機能を発揮するような形態で使用されたときの見やすさ、見た目の美しさ、読み手に与える視覚的な印象等の実用的な機能を発揮させることを目的とし、その目的にかなう手段として一定の特性を持たせるという側面が大きい。すなわち、このような書体は、字体を表現する具体的形態であり、印刷文字として人々の日常生活に利用されるものであるから、書体の制作者（デザイナー）は、その表現しようとする文字形態を、まず読者に読みやすく、分かりやすく、かつ、見た目にも美しいものとなるように、特定のコンセプトの下に制作しようとするものである。その制作において、制作者は、骨格の決定、文字を形成する縦線・横線等のウエイト、へん・つくりのバランス、はらい等のエレメントのバランス、字画の多少によるウエイトの調整等の工夫を行うものであり、それにはかなりの労力・時間・費用を要するものであることは推察するに難くない。しかしながら、書体は、右のとおり、字体を分かりやすく、読みやすいものとして表現しなければならないということから来る大きな制約があり、骨格の決定においても、字体から遊離することは許されないはずであり、文字を形成する縦線・横線等のウエイト、へん・つくりのバランス、はらい等のエレメントのバランス、字画の多少によるウエイトの調整等を工夫する面においても、その裁量の幅は大きくなく、また、過去に成立した各種書体からの大きな差異を創出する余地も余りないものといわなければならない。このような書体に内在する制約や書体の実用的機能にかんがみると、書体は、純粋美術として成立する「書」とはかなり趣を異にし、一般的に、知的・文化的活動の所産として思想又は感情を創作的に表現する美術作品としての性質まで有するに至るものではなく、これに著作権の成立を認めることは困難といわなければならない。

また、仮に書体に著作権の成立を肯定すると、類似した著作権が、成立時期も不明確なまま、数多く、かつ、権利者が法人であれば五〇年、個人であれば更に長期にわたって成立し得ることとなり、その登録制度もない我が国においては、著しい混乱を誘発するおそれがあり、結果的に、広く利用されるべき文字の使用自体にも支障をもたらすおそれがある。さらに、このような書体が印刷物等における言語の著作物に常に伴う関係にあることからして、言語の著作物の利用にも支障を生ずる事態も考えられる。このような観点からも、書体について著作物性を肯定し得る余地があるとしても、相当の制約を受けざるを得ない。

したがって、先に説示したとおり、それ自体が美的鑑賞の対象となるいわゆる「書」の範疇に入るようなものは格別、ゴナのような印刷用書体であってなお美術の著作物として著作権の保護を受けるものがあるとすれば、それは、文字が本来有する情報伝達機能を失うほどのものであることまでは必要でないが、その本来の情報伝達機能を発揮するような形態で使用されたときの見やすさ、見た目の美しさ等とは別に、こうした実用性の面を離れてもなお当該書体それ自体が一つの美術作品として美的鑑賞の対象となり得ることが社会通念上認められるものでなければならないというべきであり、そのためには、一般的にいって、これを見る平均的一般人の美的感興を呼び起こし、その審美感を満足させる程度の美的創作性を持ったものである必要があるといえる。

なお、控訴人は、書体に著作権による保護を与えても、字体の使用は自由であるから、何ら文字の独占になるわけではなく、他の人が表現の自由を奪われるということはない旨主張する。しかし、右のような要件を満たさない書体までが一般的に著作物として保護されることになれば、言語の著作物を印刷により出版することが一般的である今日、言語の著作物を出版する際に、書体の著作者の氏名を逐一表示しなければならないなどの対応を余儀なくされるばかりでなく、出版された言語の著作物を複写によって利用する場合、当該言語の著作物の著作権者の許諾だけではなく、印刷に使用された書体の著作権者の許諾をも受ける必要があり、また、出版された言語の著作物自体は著作権による保護の対象とならないもの（著作権法一三条）であるときでも、使用された書体の著作権者の許諾を受ける必要があることになり、著作権の存続期間が長期にわたることもあって、言語の著作物の利用に対する重大な支障になることは明らかであり、著作物等の「文化的所産の公正な利用に留意しつつ、著作者等の権利の保護を図」るという著作権法の目的（一条）に反することにもなるといわなければならない。

控訴人は、出版された言語の著作物を複写によって利用する場合には、その言語の著作物が正当に入手された書体を用いて作成されたのであれば、書体著作権者の承諾を得ないで言語の著作物をそのまま複写したとしても、書体自体の複写については少なくとも黙示の許諾があったものとみなすことができるから、書体に著作権を認めたとしても、言語の著作物の利用に対する重大な支障になることはないと主張するが、常に黙示の許諾があったとみなすことができるかどうかも問題であるばかりでなく、このような解釈を当然のようにする必要があるということは、それ自体、書体が、一般的に著作権による保護の対象になると解することを適当とせず、むしろ、そのような制限を伴った権利として法的保護の対象とすることを相当とするような性質のものであることを示すものということができよう。

したがって、タイプフェイスが前記のとおり多くの労力、時間、費用を費やして制作されること等に照らしてこれに対する何らかの法的保護を与えることは検討に値するところであるとしても、前記のような限定もなく一般的に、現行著作権法による美術の著作物として保護の対象となるものと解することは困難である。」

三　原判決八四頁五行目の「外れるものではなく、」から同頁末行までを、「外れるものではない。別紙目録㈢（ゴナU）及び同㈣（ゴナM）記載の各書体のデザインに徴しても、その本来の情報伝達機能を発揮するような形態で使用されたときの見易さ、見た目の美しさ、印象等の面で、タイプフェイスとしての新規性ないし創作性を有していることを肯定することはできるとしても、それとは別に、当該書体それ自体がタイプフェイスとしての実用性の面を離れてもなお一つの完結した美術作品として美的鑑賞の対象となり得ると社会通念上認められるほど、これを見る平均的一般人の美的感興を呼び起こし、その審美感を満足させる程度の美的創作性を持ったものというには未だ至っていないという外ない。したがって、ゴナは、現行著作権法上美術の著作物として著作権の保護を受けるものということはできない。」と改める。

四　原判決八八頁六行目の「ても、」の次に「前記のとおり、このような書体が多くの労力、時間、費用を費やして制作されること等にかんがみると、」を加える。

五　原判決九二頁一行目の「ファンタジータイプ」を「ファンシータイプ」に改め、同九四頁三行目の「記載がある。」の次に「また、現代デザイン事典一九九七年版（乙五一の2）には、「字面の大きなゴシック体も一九七〇―八〇年代（昭和四五年から五五年）の写植書体の流行であった。」との記載がある。」を、同一〇一頁一〇行目と一一行目との間に改行して「ウ　前記「マジック73（乙二五。ただし、第一画はわずかに右下がりの直線である）」を、同一〇六頁四行目の「繰り返して、」の次に「本訴被告らの主張2記載のような」を、同一一四頁八行目の「関しては、」の次に「ゴナでは、」を、同頁一〇行目の「明らかである。」に続けて「一方、右に掲げた各文字について、新ゴシック体では、「かぎ」の角部が直角に切り取られている。」をそれぞれ加える。

六 原判決一二一頁六行目と七行目との間に、改行して次の文章を挿入する。

「⒀ なお、甲第二八号証等を参照しつつ、ゴナ、新ゴシック体、ツデイを比較すると、右のほかに、例えば、① 「四」や「西」の右のかぎが、ゴナでは直角に右縦線とつながっているのに対し、新ゴシック体では跳ね上がっていて右縦線と接していない、② 「下」の点が、ゴナでは、縦線と離れているか(ゴナM)、一部離れている(ゴナU)のに対し、新ゴシック体では縦線と完全に重なっている、③ 「家」の右側の左はらいと右はらいのつながり方がゴナと新ゴシック体とで異なる、④ 「外」の「ト」の右はらいの始筆が、ゴナでは「夕」と重なっているのに対し、新ゴシック体では離れている、⑤ ゴナMでは「来」の点とはらいが下の線とつながっているのに対し、新ゴシック体Lでは離れている、⑥ ゴナMでは「町」の「丁」が「田」とつながっているのに対し、新ゴシック体Lでは離れているなどの相違点がある。これらの点は、いずれも新ゴシック体とツデイとでは共通又は類似する点である。」

七 原判決一二五頁一行目から二行目にかけて「ならざるをえないこと」とあるのを「ならざるを得ず、そもそも、ゴシック体は、字形が同一の太さの線によって構成され、線に強弱がないため目に安定した感じを与えるなどの特徴を有する(乙五一の1)ところ、文字のふところを広くとり、かつ、仮想ボディの中で可能な限り最大に字面をとるといった当時の書体制作上の一般的傾向に従い、直線を主体とするモダンサンセリフという共通のデザインコンセプトに基づいて制作する以上、書体から受ける印象も類似せざるを得ないこと、これらの点が共通していても、骨格やエレメントの相違、例えば、斜めの線の角度や曲げ方などで書体の印象は変わり得るものであること(甲五一)、」に改める。

八 原判決一二五頁七行目の「新ゴシック体は、」の次に「直線を主体とすることにより斬新な感覚を備えたモダンサンセリフとするなどのデザインコンセプトの下で、文字のふところを広くとり、字面を仮想ボディいっぱいに構成するなどの形態を採ったこともあって、」を、同頁八行目の「存在し、」の次に「そのデザインコンセプトの設定自体からしても、」を加える。

第五 結論

以上によれば、原判決は相当であり、本件控訴は理由がない。よって、主文のとおり判決する。

大阪高等裁判所第八民事部

裁判長裁判官 小林茂雄

裁判官 小原卓雄

裁判官 川神裕

資料3　ゴナU事件最高裁判決

（平成一二年九月七日判決民集五四巻七号二四八一頁判時一七三〇号一二三頁判タ一〇四六号一〇一頁）

（著作権侵害差止等請求本訴、同反訴事件、最高裁平一〇(受)三三二号、平12・9・7一小法廷判決、上告棄却、民集登載予定
一審大阪地裁平五(ワ)二五八〇号ほか、平9・6・24判決、二審大阪高裁平九(ネ)一九二七号、平10・7・17判決）

〈参照条文〉　著作権法二条Ⅰ1・Ⅱ・一〇条Ⅰ4

〈当 事 者〉　上 告 人　株式会社　写研
右代表者代表取締役　石 井 裕 子
右訴訟代理人弁護士　花 岡 巖
新 保 克 芳
木 﨑 孝
被上告人　株式会社　モ リ サ ワ
右代表者代表取締役　森 沢 季公生
〈ほか一名〉

【主文】　本件上告を棄却する。
上告費用は上告人の負担とする。

【理由】　上告代理人花岡巖、同新保克

芳、同木﨑孝の上告受理申立て理由第一点及び第二点について

一　著作権法二条一項一号は、「思想又は感情を創作的に表現したものであって、文芸、学術、美術又は音楽の範囲に属するもの」を著作物と定めるところ、印刷用書体がここにいう著作物に該当するというためには、それが従来の印刷用書体に比して顕著な特徴を有するといった独創性を備えることが必要であり、かつ、それ自体が美術鑑賞の対象となり得る美的特性を備えていなければならないと解するのが相当である。この点につき、印刷用書体について右の独創性を緩和し、又は実用的機能の観点から見た美しさがあれば足りるとすると、この印刷用書体を用いた小説、論文等の印刷物を出版するためには印刷用書体の著作者の氏名の表示及び著作権者の許諾が必要となり、これを複製する際にも著作権者の許諾が必要となり、既存の印刷用書体に依拠して類似の印刷用書体を制作し又はこれを改良することができなくなるなどのおそれがあり（著作権法一九条ないし二一条、二七条）、著作物の公正な利用に留意しつつ、著作者の権利の保護を図り、もって文化の発展に寄与しようとする著作権法の目的に反することになる。また、印刷用書体は、文字の有する情報伝達機能を発揮する必要があるために、必然的にその形態には一定の制約を受けるものであるところ、これが一般的に著作物として保護されるものとすると、著作権の成立に審査及び登録を要せず、著作権の対外的な表示も要求しない我が国の著作権制度の下においては、わずかな差異を有する無数の印刷用書体について著作権が成立することとなり、権利関係が複雑となり、混乱を招くことが予想される。

二　これを本件について見ると、原審の確定したところによれば、第一審判決別紙目録(三)の書体を含む一組の書体（ゴナU）及び同目録(四)の書体を含む一組の書体（ゴナM。以下、ゴナUと併せて「上告人書体」という。）は、従来から印刷用の書体として用いられていた種々のゴシック体を基礎とし、それを発展させたものであって、「従来のゴシック体にはない斬新でグラフィカルな感覚のデザインとする」とはいうものの、「文字本来の機能である美しさ、読みやすさを持ち、奇をてらわない素直な書体とする」という構想の下に制作され、従来からあるゴシック体のデザインから大きく外れるものではない、というのである。右事情の下においては、上告人書体が、前記の独創性及び美的特性を備えているということはできず、これが著作権法二条一項一号所定の著作物に当たるということはできない。また、このように独創性及び美的特性を備えていない上告人書体が、文学的及び美術的著作物の保護に関するベルヌ条約上保護されるべき「応用美術の著作物」であるということもできない。

三　結論

以上のとおり、上告人書体が著作物とはいえないとした原審の主位的請求に関する判断は、正当として是認することができ、その過程に所論の違法はない。論旨は採用することができない。

なお、予備的請求に関しては、上告受理申立ての理由が上告受理の決定において排除された。

よって、裁判官全員一致の意見で、主文のとおり判決する。

（裁判長裁判官　井嶋一友　裁判官　遠藤光男　藤井正雄　大出峻郎　町田　顯）

上告代理人花岡巖、同新保克芳、同木﨑孝の上告受理申立て理由

はじめに《略》

第一点　書体の著作物性についての法令解釈の誤り

一　原判決は、書体が美術の著作物として保護されるための要件について、「ゴナのような印刷用書体であってなお美術の著作物として著作権の保護を受けるものがあるとすれば、それは、文字が本来有する情報伝達機能を失うほどのものであることまでは必要ではないが、その本来の情報伝達機能を発揮するような形態で使用されたときの見やすさ、見た目の美しさ等とは別に、こうした実用性の面を離れてもなお当該書体それ自体が一つの美術作品として美的鑑賞の対象となり得ることが社会通念上認められるものでなければならないというべきであり、そのためには、一般的にいって、これを見る平均的一般人の美的感興を呼び起こし、その審美感を満足させる程度の美的創作性を持ったものである必要があるといえる。」と述べ、ゴナについてはこ

の要件を満たさないとして著作物性を否定した。

しかし、書体が美術の著作物として保護される要件を右のように極度に限定的に解して、ゴナの著作物性を否定した原判決は、著作権法二条一項一号、一〇条一項四号の解釈適用を誤った違法なものであり、この違法が原判決に影響を及ぼすことは明らかである。

以下、理由を詳述する。

二　まず、原判決は、最高裁判所の先例の処理における判断（最高裁昭和五八年（オ）第七九九号（ヤギ・ボールド事件））と相反するものである。

右ヤギ・ボールド事件は、「ヤギ・ボールド」等四つのアルファベット書体の創作者が、これらの書体を無断で書体見本帳に創作者名も付さずに掲載するなどしたのは書体の著作権侵害であるとして、その書体見本帳の発行差止、損害賠償等を求めた事案である。第一審（東京地裁昭和五四年三月九日判決、判例タイムズ三八三号一四九頁）、第二審（東京高裁昭和五八年四月二六日判決、判例タイムズ四九五号二三八号）はいずれも、書体の著作物性を否定して請求を棄却したが、最高裁において、裁判官の強い和解勧告により、左のような和解が成立している。

「一　上告人は、被上告人柏書房株式会社に対する本件上告を取り下げる。

二1　上告人及び被上告人桑山は、今後創作されたタイプフェイスを出版物に引用する場合には、創作者の了解を得た上、その氏名を明記する慣行を作ることに努力する。

2　被上告人桑山は、上告人に対し、本件出版物に上告人が創作した本件タイプフェイスを引用する際、その創作者が上告人であることの調査が不十分であったため、その引用につき上告人の承諾を得なかったこと及び引用部分に上告人の氏名を表示しなかったことについて本日遺憾の意を表示する。

3　上告人の被上告人桑山に対するその余の請求を放棄する。

三　訴訟費用は各自弁とする。」

「ヤギ・ボールド」等の右各書体はいずれも、いわゆる「書」や「花文字」のようなものではなく、普通に情報伝達のために印刷、使用される形態の書体である。右ヤギ・ボールド事件の東京高裁判決も、「本件各文字にはデザインが施されているとはいえ、各文字、数字、その他の記号などは、本来的にそれらの組合わせによって、情報伝達という実用的機能を期待されたものであり、それがため、そこに美の表現があるとしても、文字等についてすべての国民が共通に有する認識を前提として、特定の文字なり、数字なりとして理解されうる基本的形態を失ってはならないという本質的制約を受けるものである。この点からしても、本件各文字を美術鑑賞の対象として絵画や彫刻などと同視しうる美的創作物とみることはできない。」と判示している。

本件の原判決のように書体の著作権成立を極めて限定的に解する立場を採れば、右「ヤギ・ボールド」等の著作物性も否定されるであろう。しかし、そのような書体であっても、最高裁は、右のとおり実質的には書体に著作権を認める形で和解を成立させたのである。

したがって、原判決には最高裁の先例の処理における判断と相反する判断があるものと評価できるのであり、法令の解釈に関する重要な事項を含むものとして、本件上告受理申立が受理決定されるべきことは明らかである。

三　原判決は、書体が美術の著作物として保護される要件を右のように極めて限定的に解する理由として、「本件で問題とされるゴナ等のようなタイプフェイス（印刷用書体）は、……その性質上、万人にとって読解可能で読みやすいといった文字が本来有する情報伝達機能を備えることが最低限必要であるとともに、何よりも重視されるものである。したがって、その形態については、そこに美的な表現があるとしても、情報伝達という実用的機能を十全に発揮し、特定の文字として認識され得るように、字体を基礎とする基本的形態を失ってはならないという制約を受けるものである。……（そのため書体の創作性の）裁量の幅は大きくなく、また、過去に成立した各種書体からの大きな差異を創出する余地も余りないものといわなければならない。このような書体に内在する制約や書体の実用的機能にかんがみると、書体は、純粋美術として成立する「書」とはかなり趣を異にし、一般的に、知的・文化的活動の所産として思想又は感情を創作的に表現する美術作品としての性質まで有するに至るものではなく、これに著作権の成立を認めることは困難といわなければならない。」と述べている。

確かに、原判決の言うとおり、書体の形態は、情報伝達という実用的機能を十全に発揮し、特定の文字として認識され得るように、字体を基礎とする基本的形態を失ってはならないという制約があるため、その創作性の裁量の幅が、美術の著作物の代表である絵画などと比較すると狭いのはその通りである。しかし、だからといって、書体の著作権成立を原則として否定するのは誤りである。

例えば、ある景勝地で、何人かのカメラマンが、同じ地点から同じ方向で写真を撮った場合、その写真は自ずと似たようなものとならざるを得ず、その創作性の範囲は書体以上に狭いものである。しかし、そのような写真であっても、すべて何ら限定なく、それぞれ別個の著作物として保護されることに異論は唱えられていない。字体という制限のために創作性の幅が狭いからといって、書体についてだけ、著作物として保護される範囲を極端に限定する原判決の法解釈は明らかに誤っていると言わざるを得ない。

なお、右のような字体という基本的制約がある中においても、毎年多くの新書体が数多くのデザイナーによって創作され、上告受理申立人あるいは相手方を初めとする書体制作会社によって商品化されているのが実状である。原判決は、「過去に成立した各種書体から〈大きな差異を創出する余地も余りない」などというが、書体に関する素人的な認識に基づく誤った判断と言わざるを得ない。

　書体は、書体デザイナーが、デザインコンセプトを決めて、これを実現するために、一文字ずつ多大の時間と費用をかけてデザインしていくものであり、こうした創作活動の末に創り出される新たな書体は、デザイナーの思想又は感情を創作的に表現したものであり、著作物性を備えたものであることは明らかである。そして、創作されたものが社会的にどのように利用されるかは、著作物性の判断とは関係ないものであり、創作されたものが実用目的で利用されようとも、そのことは著作物性に影響を与えるものではない。原判決は、「タイプフェイスが前記のとおり多くの労力、時間、費用を費やして制作されること等に照らしてこれに対する何らかの法的保護を与えることは検討に値する」としながら、後記四、五のような消極的理由から、書体についてのみ、著作物として保護されるためには、「思想又は感情を創作的に表現したもの」という明文の要件以外にも、「これを見る平均的一般人の美的感興を呼び起こし、その審美感を満足させる程度の美的創作性」という特別の要件が必要であるとして、事実上その保護を全面的に否定しているが、極めて不当な判断である。

　四　原判決は、書体が美術の著作物として保護される要件を右のように極めて限定的に解する理由として、「仮に書体に著作権の成立を肯定すると、類似した著作権が、成立時期も不明確なまま、数多く、かつ、権利者が法人であれば五〇年、個人であればさらに長期にわたって成立し得ることとなり、その登録制度もない我が国においては、著しい混乱を誘発するおそれがあり、結果的に、広く利用されるべき文字の使用自体にも支障をもたらすおそれがある。」ということも述べている。

　しかし、書体以外の著作物性に争いがないものであっても、類似した著作権が成立する場合も多いこと、著作権の成立時期が不明な場合も多いこと、登録制度がないことは、書体の場合と同じであり、現に、書体以外の著作物についても多くの著作権侵害に関する紛争が起こっており、裁判にまで発展している事案も多い。著しい混乱を誘発する「おそれ」を理由に、書体についてのみ、著作物として保護されるために加重な要件を要求する原判決の判断は、法令の解釈を誤った違法なものである。

　また、原判決は、右のとおり、書体に著作権を認めた場合「結果的に、広く利用されるべき文字の使用自体にも支障をもたらすおそれがある」というが、これも失当である。書体について類似した著作権が数多く成立したとしても、それら数多くの書体は、数多くのデザイナーの創作活動の末できあがったものであり、もともとこの世には存在しなかったものである。そのような書体についてどのような使用を認めるかは、本来書体創作者が自由に決めることができるはずのものであり、「広く利用されるべき文字の使用に支障をもたらす」などと言って、書体の著作物性を原則的に否定するのは、書体創作者の知的・文化的活動の努力を全く無視したもので、到底容認できない判断である。

　五　原判決は、さらに、書体が美術の著作物として保護される要件を右のように極めて限定的に解する理由として、「右のような要件を満たさない書体までが一般的に著作物として保護されることになれば、言語の著作物を印刷により出版することが一般的である今日、言語の著作物を出版する際に、書体の著作者の氏名を逐一表示しなければならないなどの対応を余儀なくされるばかりでなく、出版された言語の著作物を複写によって利用する場合、当該言語の著作物の著作権者の許諾だけではなく、印刷に使用された書体の著作権者の許諾をも受ける必要があり、また、出版された言語の著作物自体は著作権による保護の対象とならないもの（著作権法一三条）であるときでも、使用された書体の著作権者の許諾を受ける必要があることになり、著作権の存続期間が長期にわたることもあって、言語の著作物の利用に対する重大な支障になることは明らかであり、著作物等の「文化的所産の公正な利用に留意しつつ、著作権者等の権利の保護を図」るという著作権法の目的（一条）に反することにもなる。」とも述べている。

　印刷業界、出版業界、サインディスプレー業界、コンピュータ業界等では、真に創作された書体はすべて、著作物であると理解され、印刷業者等の書体ユーザーは、書体の著作権者から書体を購入したり、あるいは有償で使用許諾を受けている。しかし、書体は、出版物等に文字組として固定して使用するのが通常の方法であり、文字組固定された出版物が複写によって利用されることも通常予想されるので、右書体の売買あるいは使用許諾契約の際、その書体を使用して言語の著作物を印刷により出版したり、文字組固定された出版物等を複写によって利用することについては、書体の著作権者は許諾（明示あるいは黙示の）を与えているのである。これは業界の商慣行として古くから定着しており（業界の慣習法として成立していると言ってもよい）、何の混乱も起こっていない。

　したがって、書体に著作権を認めたとしても、言語の著作物の利用に対する支障が出ることは考えられない。もし仮に、書体の著作権者が、正当に入手した書体を用いての印刷出版、あるいはその出版物の複写等についてまで、書体の著作権侵害であると主張するようなことが起こったとしても、前述の黙示の許諾を認めたり、書体が販売（あるいは使用許諾）された時点で当該書体の著作権は消尽（用尽）したと解したり、あるいは権利濫用であるとして、そのような主張を封じ、妥当な結論を導くことが十分可能である。

また、書体に著作権を認めると、言語の著作物の利用が制限され、「文化的所産の公正な利用に留意しつつ、著作権者等の権利の保護を図る」という著作権法一条の目的に反することになるとの原審の判断もまた失当である。書体一般に著作権成立を認めてその権利保護を図ったとしても、国民の言語の著作物の公正な利用は、前述のとおり、黙示の許諾、消尽（用尽）、権利濫用といった構成で十分に守ることができるのである。原判決のように、ほとんどあり得ない心配を理由に、書体の著作物性を事実上否定することこそ、著作権法一条の趣旨に反するものである。

六　以上のとおり、書体が美術の著作物として認められるためには、「文字が本来有する情報伝達機能を失うほどのものであることまでは必要ではないが、その本来の情報伝達機能を発揮するような形態で使用されたときの見やすさ、見た目の美しさ等とは別に、こうした実用性の面を離れてもなお当該書体それ自体が一つの美術作品として美的鑑賞の対象となり得ることが社会通念上認められるものでなければならないというべきであり、そのためには、一般的にいって、これを見る平均的一般人の美的感興を呼び起こし、その審美感を満足させる程度の美的創作性を持ったものである必要がある」として、書体のみに加重な要件を課した原判決は、判決に影響を及ぼす法令の解釈の誤りがあり、それは最高裁判所の先例の処理における判断と相反する判断、その他法令（著作権法二条一項一号、一〇条一項四号）の解釈に関する重要な事項を含むものであるから、上告受理申立の受理決定がなされるべきことは明らかである。

第二点　ベルヌ条約の解釈の誤り

仮に、書体が応用美術であって、著作権法にいう美術の著作物として保護されないとしても、少なくとも著作権法五条、ベルヌ条約二条(1)項、(6)項及び(7)項に基づき同条約により保護されることになるという上告受理申立人（原告）の主張に対し、第一審判決は、ベルヌ条約は、保護を受ける「文学及び美術的著作物」として応用美術の著作物を掲げるが（二条(1)項）、二条(7)項で、応用美術の著作物に関する法令の適用範囲及び応用美術を著作物として保護する条件については基本的に締約国の国内法の定めるところに委ねることとされているのであるから、応用美術のうち意匠法による保護の与えられないものはすべて著作権法により保護されるものとの趣旨であるとは解されないと判示した。

これに対し、上告受理申立人（控訴人）は、控訴審において、「ベルヌ条約二条(7)項が締約国の国内法の定めるところに委ねているは、応用美術を著作物として保護するか意匠として保護するかという選択、並びに応用美術を著作物として保護した場合の具体的条件設定についてだけである。ベルヌ条約は、二条(6)項で「前記の著作物は、すべての同盟国において保護を受ける」と定めているが、この「前記の著作物」には応用美術も当然含まれ、何らの限定も付されていない。したがって、ベルヌ条約は、応用美術が同盟国において何らの保護も受けられないというようなことは認めていないのである。日本は、このベルヌ条約を何らの留保なく批准しているのであるから、書体（書体が少なくとも応用美術であることには争いはない）が日本の著作権法や意匠法で保護されないのであれば、ベルヌ条約そのものによって保護されることとなるのである。原判決の右判断は誤りである。」旨反論した。

しかし、原判決は、この反論を当事者の主張の事実摘示に追加したものの、これについて何ら判断を示さないまま一審判決の判断をそのまま維持しており、原判決には法令（著作権法五条、ベルヌ条約二条(1)項、(6)項及び(7)項）の解釈を誤った違法があり、この違法が原判決の結論に影響を及ぼすことは明らかである。

よって、この点からも、原判決は、法令（著作権法五条、ベルヌ条約二条(1)項、(6)項及び(7)項）の解釈に関する重要な事項を含むものであり、上告受理申立の受理決定がなされるべきことは明らかである。

第三点　《略》

資料4　モリサワ対ディー・ディー・テック事件（大阪地裁平成一六年五月一三日判決平成一五年（ワ）第二五五二号）

平成１５年（ワ）第２５５２号　著作権侵害に基づく差止等請求事件
口頭弁論終結の日　平成１６年３月５日

判　　　　決

原　　　　告	株式会社モリサワ
訴訟代理人弁護士	廣川浩二
同	溝上哲也
被　　　　告	株式会社ディー・ディー・テック
被　　　　告	Ａ
被告ら訴訟代理人弁護士	芝原明夫
同	寺尾 浩
同	莚井順子
同	渡部孝雄

主　　　　文

１　被告株式会社ディー・ディー・テックは、その事務所に設置されたコンピュータの内部記憶装置であるハードディスクに存し、又は同事務所内に保管するフロッピーディスク、コンパクトディスク、光磁気ディスク若しくはハードディスクに存する別紙プログラム目録⑵記載のプログラムを使用してはならない。
２　被告株式会社ディー・ディー・テックは、その事務所に設置されたコンピュータの内部記憶装置であるハードディスクに存し、又は同事務所内に保管するフロッピーディスク、コンパクトディスク、光磁気ディスク若しくはハードディスクに存する別紙プログラム目録⑵記載のプログラムを消去せよ。
３　被告らは、原告に対し、各自８０５５万５５００円及びこれに対する平成１４年１１月１日から支払済みまで年５分の割合による金員を支払え。
４　訴訟費用は被告らの負担とする。
５　この判決は仮に執行することができる。

事実及び理由

第１　請求
　　主文第１ないし第３項と同旨
第２　事案の概要
　　本件は、パーソナルコンピュータ用フォントのプログラムの著作権を有する原告が、被告株式会社ディー・ディー・テック（以下「被告会社」という。）がそのプログラムを違法に複製して原告の著作権（複製権）を侵害したと主張して、被告会社に対し、その事務所内に存する当該プログラムの複製物の使用差止め及び廃棄と、被った損害の賠償を求め、さらに、被告Ａ（以下「被告Ａ」という。）に対し、被告会社の代表者として自ら上記複製を行っていたなどとして、被告会社と連帯して損害賠償債務を負うと主張して、損害賠償を求めた事案である。
１　前提となる事実（当事者間に争いがない。）
⑴　原告は、ソフトウエアの開発及び販売等を業とする株式会社である。
　　被告会社は、電子計算機及び周辺機器の販売等を業とする株式会社である。
　　被告Ａは、被告会社の設立当初から現在まで、その代表取締役であり、自ら被告会社の営業活動をもしている。
⑵　原告は、米国アドビシステムズ社と日本語ポストスクリプトフォント開発に関する契約を締結し、米国アップル社製の「マッキントッシュ」と称されるパーソナルコンピュータ（本件において以下「パーソナルコンピュータ」というのはすべてマッキントッシュの意である。）用の日本語フォントプログラムを開発して、平成元年からこれを販売している。
　　原告が作成し、過去に販売し又は現在販売しているフォントプログラムの中には、別紙プログラム目録⑴記載のとおり、３１種類のＯＣＦフォントプログラム、２６種類のＣＩＤフォントプログラム及び４８種類のＮｅｗＣＩＤフォントプログラムがある（これらを総称して以下「本件フォントプログラム」という。また、特に断りなく「ＯＣＦフォントプログラム」、「ＣＩＤフォントプログラム」又は「ＮｅｗＣＩＤフォントプログラム」というときは、本件フォントプログラムのうちそれぞれ該当するプログラムを指す。）。原告は、本件フォントプログラムの著作権を有しており、これらのうち１種類又は複数種類を格納したフロッピーディスクを入れたパッケージとして、別紙製品目録記載の各製品を販売している。
⑶　被告会社は、パーソナルコンピュータの小売りをしているが、その販売台数は、平成１０年１１月から平成１１年１０月までの間で２７０台、平成１１年１

１月から平成１２年１０月までの間で３４６台、平成１２年１１月から平成１３年１０月までの間で４１５台、平成１３年１１月から平成１４年１０月までの間で２４１台であり、これらの全期間（平成１０年１１月から平成１４年１０月まで）を通算すると１２７２台である。

(4)　原告は、被告会社を相手方として、証拠保全としての検証を申し立て、平成１４年１１月２８日に被告会社事務所における検証が実施された（当庁平成１４年(モ)第７２８８号事件）。

上記検証において、被告会社がその業務に使用しているパーソナルコンピュータのハードディスクの内容を確認したところ、１台のパーソナルコンピュータのハードディスクに、ＯＣＦフォントプログラム１６書体分及びＮｅｗＣＩＤフォントプログラム２６書体分の、いずれも原告の許諾を得ていない複製品（複製防止機能が解除されたいわゆる「海賊版」である。以下「海賊版」という。）がインストールされ、他の１台のパーソナルコンピュータのハードディスクに、ＯＣＦフォントプログラム２３書体分の海賊版がインストールされていた。

２　争点及び当事者の主張

(1)　被告会社は、恒常的に、顧客に販売したパーソナルコンピュータのハードディスクに本件フォントプログラムの海賊版をインストールしていたか

〔原告の主張〕

被告会社は、前記「前提となる事実」(4)のとおり、その業務に使用しているパーソナルコンピュータ２台のハードディスクに本件フォントプログラムの海賊版をインストールしている。さらに、被告会社は、その顧客に対してパーソナルコンピュータの販売を行うに際して、本件フォントプログラムを無料でインストールする旨述べて勧誘を行っている。その一例として、被告Ａは、営業の肩書の名刺を使用し、自己が代表取締役であることを秘して、「海賊版ですがモリサワフォントもすぐ使えるようにします。」などと述べて、著作権侵害を認識した上で、株式会社Ｂ（以下「Ｂ」という。）に販売したパーソナルコンピュータのハードディスクに２３書体分のＯＣＦフォントプログラムを無断複製した。また、本件フォントプログラムの原告から被告会社への販売本数が、平成１０年度（平成１０年１１月から平成１１年１０月まで）以降はそれ以前の３分の１程度に著しく減少している。これらの事実からすれば、被告会社が、遅くとも平成１０年１１月以降は、恒常的に顧客に販売したパーソナルコンピュータのハードディスクに本件フォントプログラムの海賊版をインストールしていたことは明らかである。

〔被告らの主張〕

被告会社が顧客に販売したパーソナルコンピュータのハードディスクに恒常的に本件フォントプログラムの海賊版をインストールしたことはない。

被告会社の従業員が、前記「前提となる事実」(4)のとおり、被告会社が業務に使用しているパーソナルコンピュータ２台のハードディスクに、本件フォントプログラムの海賊版をインストールしたことはあるが、これは顧客からの本件フォントプログラムの海賊版についての相談に応じるため、被告Ａに無断でしたことであり、被告会社の顧客へのパーソナルコンピュータの販売とは関わりがない。

被告会社がＢに販売したパーソナルコンピュータのハードディスクに本件フォントプログラムの海賊版をインストールしたことがあるが、これは、被告Ａが同社から執拗に要求され、やむなくこれに応じたものであり、本件フォントプログラムの海賊版をインストールする旨述べて勧誘したものでもない。

被告会社がＣに販売したパーソナルコンピュータのハードディスクに本件フォントプログラムの海賊版をインストールしたことがあるが、これは、Ｃに被告会社を紹介したのが被告会社担当従業員の元同僚であり、同人から依頼されたため、被告会社の担当従業員が好意から行ったものであり、本件フォントプログラムの海賊版をインストールする旨述べて勧誘したものでもない。

被告会社がＤに販売したパーソナルコンピュータのハードディスクに本件フォントプログラムの海賊版をインストールしたことがあるが、これは、Ｄに被告会社を紹介した者から、同人が使用しているパーソナルコンピュータのハードディスクにインストールしてあるフォントをインストールして欲しいと依頼されたため、被告会社の担当従業員が言われたとおりにしたものであり、本件フォントプログラムの海賊版をインストールする旨述べて勧誘したものでもない。

被告会社がＥに販売したパーソナルコンピュータのハードディスクに本件フォントプログラムの海賊版をインストールしたことがあるが、これは、買い換え前にＥで使用していたパーソナルコンピュータのハードディスクにインストールし

てあった本件フォントプログラムの海賊版を、新しく買ったパーソナルコンピュータのハードディスクにインストールして欲しいと依頼されたため、被告会社の担当従業員が言われたとおりにしたものであり、本件フォントプログラムの海賊版をインストールする旨述べて勧誘したものでもない。

被告会社がパーソナルコンピュータのハードディスクに本件フォントプログラムの海賊版をインストールしたのは、上記の５件だけであり、本件フォントプログラムの海賊版をインストールする旨述べてパーソナルコンピュータの購入を勧誘したこともないし、恒常的に顧客に販売したパーソナルコンピュータのハードディスクに本件フォントプログラムの海賊版をインストールしたこともない。

そもそも、ＣＩＤフォントプログラム及びＮｅｗＣＩＤフォントプログラムは市場において人気がなく、需要が小さいから、これらの海賊版をインストールする旨述べても顧客に対する有効な勧誘とはならない。ＯＣＦフォントプログラムに対する需要はあるが、人気があって需要があるのは「新ゴ」の４書体だけであり、このうち２書体を購入すれば、太さを変えて４書体として使えるため、ほとんどのユーザーは「新ゴ」の２書体しか購入しないのが実情であるし、既に海賊版プログラムもユーザー間に普及し、広く用いられているから、この海賊版をインストールする旨述べても有効な勧誘とはならない。しかも、被告会社の顧客のほとんどは正規品を購入している。このように、本件フォントプログラムの海賊版をインストールする旨述べても、顧客に対する有効な勧誘にはならないのであるから、このような勧誘をしたこともないし、当然、顧客に販売したパーソナルコンピュータのハードディスクに本件フォントプログラムの海賊版を恒常的にインストールしたこともない。

本件フォントプログラムの原告から被告会社への販売本数が、平成１０年度以降減少したのは、ＯＣＦフォントプログラム（とりわけその海賊版プログラム）がユーザー間に普及し、新たな需要が小さくなったこと並びにＣＩＤフォントプログラム及びＮｅｗＣＩＤフォントプログラムの人気がなかったことによるものであって、被告会社が恒常的に顧客に販売したパーソナルコンピュータのハードディスクに本件フォントプログラムの海賊版をインストールしたことによるものではない。

(2)　被告会社によって顧客に販売されたパーソナルコンピュータのハードディスクにインストールされた本件フォントプログラムの海賊版の数

〔原告の主張〕

ア　被告会社によって顧客に販売されたパーソナルコンピュータのうち、何台のハードディスクに本件フォントプログラムの海賊版がインストールされたかについて、厳密な立証は事実上不可能であるから、合理的な推計によって認定されるべきである。

原告から被告会社に対する本件フォントプログラムの販売本数が、平成６年度から平成９年度まで（平成６年３月から平成１０年２月まで）は毎年３７５本から５９８本の間を推移していたのに対し、平成１０年度から平成１４年度まで（平成１０年３月から平成１５年２月まで）は毎年１２３本から１７８本の間に止まっており、特に被告会社によるパーソナルコンピュータの販売台数は平成１０年度から平成１２年度（平成１０年１１月から平成１３年１０月まで）にかけて毎年度増加しているにもかかわらず、原告から被告会社に対する本件フォントプログラムの販売本数が増加していないこと、本件フォントプログラムはパーソナルコンピュータを業務用として用い、アドビシステムズ社のソフトウエアを利用するためにはほとんど必須のものであるから、被告会社において購入されるべき本件フォントプログラムの数が減少するはずがないことに照らせば、被告会社によって平成１０年１１月から平成１４年１０月までに販売されたパーソナルコンピュータ1272台のうち、少なくとも3分の１に相当する４２４台のハードディスクには、被告会社によって本件フォントプログラムの海賊版がインストールされたと認定されるべきである。

イ　さらに、被告会社によって顧客に販売されたパーソナルコンピュータのハードディスクに、合計何本の本件フォントプログラムの海賊版がインストールされたかについても、厳密な立証は事実上不可能であるから、これも合理的な推計によって認定されるべきである。

被告会社が販売してハードディスクに本件フォントプログラムの海賊版をインストールしたことが明らかになっているＢ、Ｃ、Ｄ及びＥについて、それぞれのハードディスクにインストールされた本件フォントプログラムの海賊版の本数は、少なくとも２３書体であった。この事実に照らせば、被告会社によって販売されたパーソナルコンピュータのハードディスクで、本件フォントプログラムの海賊版がインストールされたものについては、１台当たり平均して２３書体分がインストールされたものと認定されるべきである。

ウ　上記ア、イを総合すれば、被告会社は、その販売したパーソナルコンピュータのうち４２４台のハードディスクに、１台当たり平均して２３書体分の本件フォントプログラムの海賊版をインストールしたものと認定すべきことになるから、これによって計算すると、被告会社は、合計９７５２書体分の本件フォントプログラムの海賊版を、その販売したパーソナルコンピュータのハードディスクにインストールしたものと認定されるべきである。

〔被告らの主張〕

被告会社が顧客に販売したパーソナルコンピュータのハードディスクに本件フォントプログラムの海賊版をインストールしたのは、上記(1)の被告らの主張のとおり４件（Ｂ、Ｃ、Ｄ及びＥ）だけであり、このうちＣに販売したパーソナルコンピュータのハードディスクにインストールした本件フォントプログラムの海賊版の書体数は、２３書体分に止まる。

(3)　使用差止請求及び消去請求の必要性

〔原告の主張〕

ア　前記(1)の原告の主張のとおり、被告会社は、その業務に使用しているパーソナルコンピュータ２台のハードディスクに本件フォントプログラムの海賊版をインストールし、その顧客に対してパーソナルコンピュータの販売を行うに際して、本件フォントプログラムを無料でインストールする旨述べて勧誘を行っている。

イ　確かに、前記「前提となる事実」(4)の証拠保全においては、被告会社事務所内において、その業務に使用しているパーソナルコンピュータ２台のハードディスクに本件フォントプログラムの海賊版がインストールされている事実しか確認されなかったが、上記証拠保全においては、被告会社事務所内に保管されているフロッピーディスク、コンパクトディスク、光磁気ディスク及びハードディスクの記録内容は時間的制約から検証されなかったものである。

前記アの事実に鑑みれば、本件フォントプログラムの海賊版が複写されているフロッピーディスク、コンパクトディスク、光磁気ディスク又はハードディスクが被告会社事務所内に存在する蓋然性は高い。

〔被告会社の主張〕

前記(1)の被告らの主張のとおり、被告会社は、その業務に使用しているパーソナルコンピュータ２台のハードディスクに本件フォントプログラムの海賊版６５書体分をインストールしていたが、これらは既に削除しており、その顧客に対して本件フォントプログラムの海賊版をインストールする旨述べてパーソナルコンピュータの購入を勧誘したこともない。

被告会社従業員が本件フォントプログラムの海賊版が複写されたＣＤ－ＲＯＭを所持していたことはあるが、被告会社はこれを廃棄させている。

(4)　被告Ａが被告会社と連帯して責任を負うか

〔原告の主張〕

ア　被告Ａは、被告会社の代表者として、被告会社の業務に使用しているパーソナルコンピュータ及び被告会社がその顧客に販売したパーソナルコンピュータのハードディスクに本件フォントプログラムの海賊版をインストールし、あるいは被告会社従業員にインストールさせていたのであって、これらの行為は被告らの共同不法行為であり、被告Ａは被告会社と連帯して責任を負う。

イ　仮に上記アの主張が認められないとしても、被告Ａは、被告会社の代表取締役であり、被告会社の従業員数名は、被告Ａと同じ部屋で被告会社の業務に従事していたのであるから、被告Ａとしては、被告代表取締役としての職務上、被告会社がその業務に使用し、若しくはその顧客に販売するパーソナルコンピュータに本件フォントプログラムの海賊版がインストールされていないことを確認し、又は、被告会社の従業員をして、これらのパーソナルコンピュータに本件フォントプログラムの海賊版をインストールさせず、また、本件フォントプログラムの海賊版のインストールを前提とするパーソナルコンピュータの販売や勧誘をさせないように注意し、指導すべき義務があったのにこれを怠り、かえって、自ら本件フォントプログラムの海賊版のインストールないしこれを前提とするパーソナルコンピュータの販売や勧誘を行い、若しくは被告会社従業員に命じてこれを行わせ、又は被告会社従業員がこれらを行うのを明確に知り得る立場にありながらこれを漫然と放置していた。

このように、被告Ａには、故意又は少なくとも重過失があったのであるから、被告会社従業員が、被告会社が業務上使用し又は販売したパーソナルコンピュータのハードディスクに本件フォントプログラムの海賊版をインストールしたことで原告に生じた損害について、不法行為ないし商法２６６条の３に基づく株式会社の取締役の第三者に対する損害賠償責任を負う。

〔被告Ａの主張〕

原告の主張は否認ないし争う。

前記(1)の被告らの主張のとおり、被告Ａが本件フォントプログラムの海賊版のインストールに関与したのは、Ｂの件だけである。その余は被告会社の従業員が被告Ａに無断で行ったことであり、被告Ａはこのことを知らなかった。被告Ａが被告会社がその業務に使用しているパーソナルコンピュータのハードディスクに本件フォントプログラムの海賊版がインストールされているのを知ったのも、Ｂから本件フォントプログラムの海賊版をインストールするよう要求されたことをきっかけに知ったのが初めてである。前述のＣ、Ｄ及びＥの件に至っては、被告Ａは本件訴訟になって調査した結果初めてこれを知った。

被告Ａは、被告会社従業員に対し、いかなるプログラムも無断複製して販売しないよう常々言うなどして、被告会社の業務について、本件フォントプログラムを含め違法な海賊版プログラムを扱わないよう注意義務を尽くしており、原告主張の責任を負う理由はない。

(5)　損害

〔原告の主張〕

ア　逸失利益　　　　　　　　　　　　　　７６５５万５５００円

被告会社が本件フォントプログラムの海賊版を複製したことにより、原告はその書体数と同数の正規品を販売することができたはずであるのに、その販売をすることができず、その結果、販売することができれば得られたはずの利益を失った。

本件フォントプログラムの実際の販売価格は、平均して１書体当たり１万３６５０円以上であり、製造原価は、１書体当たり３１１７円であるから、被告会社の上記行為による原告の逸失利益は、１書体当たり１万０５００円を下らない。

そして、被告会社によって顧客に販売されたパーソナルコンピュータのハードディスクにインストールされた本件フォントプログラムの海賊版の数は、上記(2)の原告の主張のとおり９７５２書体分である。

したがって、被告による本件フォントプログラムの海賊版の複製により、原告は１億０２３９万６０００円（10,500×9,752）の損害を被った。

本件では、このうち７６５５万５５００円を請求する。

イ　弁護士費用　　　　　　　　　　　　　　　　　　４００万円

ウ　合計　　　　　　　　　　　　　　　　８０５５万５５００円

〔被告らの主張〕

原告の主張は否認ないし争う。

ア　前記(1)の被告らの主張のとおり、ＣＩＤフォントプログラム及びＮｅｗＣＩＤフォントプログラムは市場において人気がなく、需要が小さい。ＯＣＦフォントプログラムに対する需要はあるが、人気があって需要があるのは「新ゴ」の４書体だけであり、このうち２書体を購入すれば、太さを変えて４書体として使えるため、ほとんどのユーザーは「新ゴ」の２書体しか購入しないのが実情である。

そして、被告会社の顧客のほとんどは正規品を購入しているし、既に海賊版プログラムもユーザー間に普及しており、広く用いられているのが現状である。

さらに、フォントプログラムとしては、原告のものを用いなくても他社のものを用いることもできる。

このような状況に照らせば、仮に被告会社が本件フォントプログラムの海賊版を複製しても、原告がその書体数と同数の正規品を販売することができたという関係は存在しないから、原告に逸失利益は存在しない。

イ　被告会社が顧客に販売したパーソナルコンピュータのハードディスクに本件フォントプログラムの海賊版をインストールしたのは、上記(1)の被告らの主張のとおり４件（Ｂ、Ｃ、Ｄ及びＥ）だけである。しかも、このうちＢの件は、原告がＢに依頼して、同社から被告会社に対して執拗に本件フォントプログラムの海賊版のインストールを求めたことによるものであるから、この件において原告に損害は発生していない。

ウ　ＮｅｗＣＩＤフォントプログラムの１書体分の定価は２万円であるが、卸値が１万円であり、原価はその約４割であるから、原告が販売によって得るべき１書体当たりの利益は約６０００円である。

ＯＣＦフォントプログラムの１書体分の定価は２万２０００円であるが、卸値が1万１０００円であり、原価はその約４割であるから、原告が販売によって得るべき１書体当たりの利益は約６６００円である。

第３　当裁判所の判断

１　争点⑴（被告会社は、恒常的に、顧客に販売したパーソナルコンピュータのハードディスクに本件フォントプログラムの海賊版をインストールしていたか）について

⑴　前記「前提となる事実」と後掲各証拠によれば、以下の各事実を認めることができる。

ア　Ｂは、原告からの依頼を受け、被告会社が顧客に販売したパーソナルコンピュータのハードディスクに本件フォントプログラムの海賊版をインストールしていることを確認するため、平成１４年８月、同社からパーソナルコンピュータを購入した。被告会社とＢとの商談は同年７月ころ行われたが、被告会社の担当者は被告Ａであり、Ｂの代表取締役からすぐに使える環境にしてもらえるかと問われたのに対し、自ら進んでＯＣＦフォントプログラムの海賊版をインストールする旨を述べて商談をまとめた。被告会社がＢに納入したパーソナルコンピュータのハードディスクには、ＯＣＦフォントプログラムの海賊版が２３書体分インストールされていた（甲第３、第８号証、第２０号証の１・２、第３１号証）。

イ　Ｃは、平成１２年９月、被告会社からパーソナルコンピュータを購入した。被告会社がＣに納入したパーソナルコンピュータのハードディスクには、ＯＣＦフォントプログラムの海賊版がビットマップ書体として２３書体分インストールされていた（甲第２９、第３０号証）。

ウ　Ｄは、平成１３年５月、被告会社からパーソナルコンピュータを購入した。Ｄがパーソナルコンピュータを被告会社から購入することにしたのは、見積もりを依頼してからの対応が速かったことと、ソフトやフォントを無料で付けてくれると言われたことが理由であった。被告会社がＤに納入したパーソナルコンピュータのハードディスクには、ＯＣＦフォントプログラムの海賊版が２３書体分インストールされていた（甲第２７、第２８号証）。

エ　Ｅは、平成１３年８月及び平成１４年２月、被告会社からパーソナルコンピュータを４台購入した。Ｅが被告会社からパーソナルコンピュータを購入した理由の一つには、ソフトやフォントを無料で入れてやると言われたことがあった。被告会社がＥに納入したすべてのパーソナルコンピュータのハードディスクには、それぞれＯＣＦフォントプログラムの海賊版が２３書体分インストールされていた（甲第３２号証、第３３号証の１ないし５）。

オ　平成１４年１１月２８日時点において、被告会社が事務所において業務に使用しているパーソナルコンピュータのハードディスクには、１台にＯＣＦフォントプログラムの海賊版１６書体分及びＮｅｗＣＩＤフォントプログラムの海賊版２６書体分が、もう１台にはＯＣＦフォントプログラムの海賊版２３書体分がインストールされていた。上記のうち、ＮｅｗＣＩＤフォントプログラムの海賊版がインストールされていたパーソナルコンピュータのハードディスク内には、フォルダ表示画面に、「モリサワＮｅｗＣＩＤフォントのノンプロテクト版です。」、「フォントのアウトライン及びAcrobat4によるエンベットに対応」、「ただし現在の（Ｋ）バージョン（９／１４）共存で問題あり（ＣＩＤが優先する。）」、「ちょっぴり頑張り中.....情報を乞う！！」と記されたフォルダがあった（検証）。

⑵ア　上記⑴アについて、被告らは、Ｂから本件フォントプログラムの海賊版をインストールすることを執拗に要求されたため、やむなくこれに応じたものであると主張し、被告Ａの陳述書である乙第１３号証にもこれに沿う記述がある。

しかしながら、Ｂ代表取締役と被告Ａとの商談を録音したＭＤ（ミニディスク）である甲第２０号証の１によれば、被告Ａが進んでＯＣＦフォントプログラムの海賊版をインストールすることを申し出たことが認められ、被告らが主張するようにＢから執拗に要求された形跡はうかがわれない。また、甲第２０号証の１に録音されている会話は、その内容から明らかに日を変えて２回にわたって行われ

たと認められるものであるが、乙第１３号証の記述は１日の商談で被告らが主張するすべての会話がされたものとなっており、上記明らかに認められる事実と矛盾するものであるから、乙第１３号証の記述を採用することはできない。

なお、被告らは、上記甲第２０号証の１は、確かにＢ代表取締役と被告Ａとの商談を録音したものであるが、商談の現場でＢの従業員がカセットテープレコーダーを操作し、録音を進めたり停止したりを繰り返して、原告の都合の良いように録音をしたものであり、時々録音されている大きな音はその機械操作音であると主張する。しかし、甲第２０号証の１には、原告が平成１４年7月２５日に録音したと主張する部分と、同月３１日に録音したと主張する部分が存在するところ、前者には確かに被告らが主張するように所々に大きな音が録音されているものの、その音質や当該大きな音の背景に会話の声が録音されていること、また当該大きな音の前後で会話が自然に続いていることに照らせば、これらの大きな音は商談が行われた部屋かその近くで全く別個に生じた音が録音されたものと認めるべきであるし、会話に不自然な断絶があるなどの事情はなく、むしろ自然に流れた会話が録音されていると認められるから、被告らが主張するような方法により録音されたとは認め難い。また、後者には商談の背後に別の音楽が継続して録音されているところ、この事実に照らせば被告らが主張するような方法により録音されたとは認められない（なお、被告らが主張するような方法で録音した後に、別の音楽を合成して録音することは勿論可能であるが、それよりは商談の様子を中断なく録音した後に商談部分も編集する方が容易であるから、結局被告らが主張するような方法によって録音されたとは認め難いというべきである。）。そして、後者の商談においても会話に不自然な断絶があるなどの事情はなく、録音された会話は自然なものと認められるから、結局、甲第２０号証の１には被告らが主張するような編集等の作為は加えられていないと認めるべきである。

上記のとおりであるから、この点についての被告らの主張は採用することができず、他に上記⑴アの認定を左右するに足りる証拠はない。

イ　被告らは、上記⑴ウについて、Ｄに被告会社を紹介した者から、同人が使用しているパーソナルコンピュータのハードディスクにインストールしてあるフォントをインストールして欲しいと依頼されたため、被告会社の担当従業員が言われたとおりにしたものであり、本件フォントプログラムの海賊版をインストールする旨述べて勧誘したものではないと主張し、また上記⑴エについて、買い換え前にＥで使用していたパーソナルコンピュータのハードディスクにインストールしてあった本件フォントプログラムの海賊版を、新しく買ったパーソナルコンピュータのハードディスクにインストールして欲しいと依頼されたため、被告会社の担当従業員が言われたとおりにしたものであり、本件フォントプログラムの海賊版をインストールする旨述べて勧誘したものではないと主張するが、いずれもこれらを裏付ける証拠はなく、かえって、Ｄ及びＥの各代表者の陳述書である甲第２７号証、第３２号証によれば、被告会社がフォントを無料でインストールする旨を述べて勧誘していたことが認められるところであるから、これらの点についての被告らの主張は採用することができない。

⑶　上記⑴で認定した各事実によれば、被告会社が、少なくとも平成１２年ころ以降、顧客に対して、恒常的に、本件フォントプログラムの海賊版をハードディスクにインストールする旨述べてパーソナルコンピュータの購入を勧誘し、販売したパーソナルコンピュータのハードディスクにＯＣＦフォントプログラムの海賊版をインストールしていたことを推認することができる。

そして、原告から被告会社への本件フォントプログラムの販売本数が、平成6年度から平成９年度（年度は同年３月から翌年２月まで。以下同じ。）までは書体ライセンス数では平成６年度３７５本、平成７年度４８５本、平成８年度５９８本、平成９年度４３７本という推移であり、ＡＴＭ版（画面表示用）書体本数では平成６年度３７７本、平成７年度４９２本、平成８年度６１３本、平成９年度４３７本と推移していたのに対し、平成１０年度から平成１４年度までは書体ライセンス数では平成１０年度１７８本、平成１１年度１７５本、平成１２年度１３８本、平成１３年度１２３本、平成１４年度１４７本と、ＡＴＭ版書体本数では平成１０年度１７８本、平成１１年度１５２本、平成１２年度９５本、平成１３年度１１１本、平成１４年度１２８本と推移しており（甲第１５号証、第４２号証の１、第４４号証の１・２）、平成１０年３月以降の販売本数が同年２月までに比べて数分の１と半分以下に極端に減少していることに照らせば、被告会社が、恒常的に本件フォントプログラムの海賊版をパーソナルコンピュータのハードディスクにインストールして販売することを開始したのは平成９年３月から平成１０年２月までの間であったと推認することができる。

(4)ア　被告らは、被告会社が顧客に販売したパーソナルコンピュータに本件フォントプログラムの海賊版をインストールしていないことを裏付ける証拠として、その旨を記載した顧客の証明書である乙第１０号証の１ないし１０１及び第１７号証の１ないし７０を提出する。

しかしながら、上記の１７１枚のうち、作成者である顧客の住所及び氏名ないし社名の双方が記されたものは乙第１０号証の１ないし７及び第１７号証の１ないし３の合計１０枚にすぎず、他は作成者の住所（一部は氏名も）が塗りつぶされている。これら作成者の住所が塗りつぶされている書証は、これらが真正に成立したものであると認めるには足りないから、これらを証拠とすることができず、少なくともこれらによる証明力は皆無であるといわざるを得ない。

そして、平成１０年１１月から平成１４年１０月までに被告会社が販売したパーソナルコンピュータが１２７２台に上ることに鑑みると、乙第１０号証の１ないし７及び第１７号証の１ないし３の合計１０枚の証明書によっては、仮にその記載内容が事実であるとしても、上記(3)で認定した事実を覆すには足りない。

イ　上記(1)オについて、被告らは、顧客からの本件フォントプログラムの海賊版についての相談に応じるため、被告Ａに無断でしたことであり、被告会社の顧客へのパーソナルコンピュータの販売とは関わりがないと主張する。

しかし、上記(1)オのとおり、インストールされていたＮｅｗＣＩＤフォントプログラムの海賊版に実用上の問題があり、その解消に向けて被告会社の他の従業員ないし役員に情報提供が呼びかけられていること及び被告会社の事務所には被告Ａの他５名程度の従業員が勤務していることにすぎない（被告らが自認している。）ことに照らせば、被告会社の事務所で業務に用いられるパーソナルコンピュータのハードディスクに本件フォントプログラムの海賊版をインストールしていたのは、被告会社が顧客に販売するパーソナルコンピュータのハードディスクに本件フォントプログラムの海賊版をインストールする準備のためであり、被告Ａもこれを知っていたと推認するのが相当であって、この点についての被告らの主張は採用することができない。

ウ　被告らは、ＣＩＤフォントプログラム及びＮｅｗＣＩＤフォントプログラムは人気がなく、これらの海賊版をインストールする旨述べても顧客に対する有効な勧誘にはならないと主張する。

しかしながら、上記(3)のとおり、被告らが勧誘に用い、顧客に販売したパーソナルコンピュータのハードディスクにインストールしたのはＯＣＦフォントプログラムの海賊版であると認められるのであるから、被告らの上記主張は上記(3)の認定を左右するものではない。

エ　被告らは、ＯＣＦフォントプログラムのうち、人気があるのは「新ゴ」の４書体だけであり、このうち２書体を購入すれば、太さを変えて４書体として使えるため、ほとんどのユーザーは「新ゴ」の２書体しか購入しないのが実情であるし、既に海賊版プログラムもユーザー間に普及し、広く用いられていると主張する。

しかし、仮に被告らの主張のとおりであるとしても、ＯＣＦフォントプログラムを無料でインストールするということ自体が勧誘の手段となり得ることには変わりがないというべきであるから、これも上記(3)の認定を左右しない。

オ　被告らは、被告会社の顧客のほとんどは正規品を購入していると主張し、これを裏付ける証拠として乙第７号証（被告会社顧客の本件フォントプログラム購入の有無一覧表）を提出する。

しかしながら、乙第７号証は被告会社において作成した表にすぎず、十分な客観的な裏付けを欠く（この裏付けに乙第１０号証の８ないし１０１及び第１７号証の４ないし７０を用いることができないのは上記アで述べたとおりである。）ものであるから、これによって上記被告ら主張の事実を認めることはできず、他に被告ら主張の上記事実を認めるに足りる証拠はない。

カ　被告らは、本件フォントプログラムの原告から被告会社への販売本数が、平成１０年度以降減少したのは、ＯＣＦフォントプログラム（とりわけその海賊版プログラム）がユーザー間に普及し、新たな需要が小さくなったこと並びに本件フォントプログラムのうちＣＩＤフォントプログラム及びＮｅｗＣＩＤフォントプログラムの人気がなかったことによると主張する。

そこで検討するに、原告のＯＣＦフォントプログラムの全体の販売本数は、平成９年度は書体ライセンス数にして２０万１６０３本、ＡＴＭ版書体本数にして２１万５０４０本であったのに対し、平成１０年度は書体ライセンス数にして１３万４５０７本、ＡＴＭ版書体本数にして１４万２７０８本であり（甲第４１号証の１、第４３号証の１・２）、確かに減少しているものの、その割合は書体ライセンス数にして約３３パーセント、ＡＴＭ版書体本数にして約３４パーセントであった。これに対し、原告の被告会社に対するＯＣＦフォントプログラムの販売本数は、平成９年度は書体ライセンス及びＡＴＭ版書体本数にしていずれも３８８本であったのに対し、平成１０年度は書体ライセンス数及びＡＴＭ版書体本数にしていずれも１６４本であり（甲第１５号証、第４２号証の１、第４４号証の１・２）、その減少率は約５８パーセントであって、ＯＣＦフォントプログラム全体の販売本数の減少率に比べていずれも２０パーセント以上高い。そして、被告らが主張する、ＯＣＦフォントプログラム（とりわけその海賊版プログラム）がユーザー間に普及し、新たな需要が小さくなったという事情のみによっては、他に被告会社への販売本数の減少をもたらした個別的要素があり得ること（ただし、被告らからは何ら主張されていない。）を考慮しても、上記のとおり被告会社へのＯＣＦフォントプログラムの販売本数の減少がＯＣＦフォントプログラムの全体の販売本数の減少に比べて２０パーセント以上大きいことを説明することはできないというべきである。

また、原告のＮｅｗＣＩＤフォントプログラム全体の販売本数は、販売が開始された平成１１年度から平成１４年度までの合計で１０５万８７０２本（甲第４１号証の１、第４３号証の１・２）であり、平成５年度から平成１１年度まで販売されたＯＣＦフォントプログラム全体の販売本数（書体ライセンス数にして７７万４７５７本、ＡＴＭ版書体本数にして８３万６７２５本。甲第４１号証の１、第４３号証の１・２）に比べ、いずれも上回っている。これに対し、原告の被告会社に対するＮｅｗＣＩＤフォントプログラムの販売本数は、平成１１年度から平成１４年度までの合計で４９４本であり（甲第１５号証、第４２号証の１、第４４号証の１・２）、平成５年度から平成１１年度までの被告会社に対するＯＣＦフォントプログラムの販売本数（書体ライセンス数にして２０８３本、ＡＴＭ版書体本数にして２１１８本。甲第１５号証、第４２号証の１、第４４号証の１・２）に比べ、その約２３パーセントにすぎない。このように原告の被告会社に対するＮｅｗＣＩＤフォントプログラムの販売本数が著しく少ないことは、ＮｅｗＣＩＤフォントに人気がなかったという理由によっては説明することはできず、むしろ被告会社において販売するパーソナルコンピュータのハードディスクに本件フォントプログラムの海賊版を恒常的にインストールしていたと推認することによってよく説明することができるものというべきである。

以上のとおりであるから、この点についての被告らの主張も採用することができない。

キ　以上のとおり、上記(3)の認定に反する被告らの主張はいずれも採用することができず、他にこれを左右するに足りる証拠はない。

２　争点(2)（被告会社によって顧客に販売されたパーソナルコンピュータのハードディスクにインストールされた本件フォントプログラムの海賊版の数）について

(1)　前記「前提となる事実」(3)のとおり、被告会社が平成１０年１１月から平成１４年１０月までに販売したパーソナルコンピュータは合計１２７２台に上るところ、このように台数自体が極めて多数に上り、販売先である顧客の数も相当に多数に上るという事情に照らせば、被告会社がこのうち何台のパーソナルコンピュータのハードディスクに本件フォントプログラムの海賊版をインストールしたか、またその際に何書体分をインストールしたかを厳密に立証することは事実上不可能であるというべきである。

したがって、被告が本件フォントプログラムの海賊版をインストールしたハードディスクの台数及び書体数の認定に当たっては、合理的な推計によらざるを得ない。上記台数及び書体数は、被告らの著作権侵害行為によって原告が被った損害額を立証するために必要な事実というべきであるから、裁判所は、口頭弁論の全趣旨及び証拠調べの結果に基づき相当な損害額を認定することができるものである（著作権法１１４条の５参照）。

(2)　そこで検討を進めるに、前記１で認定したとおり、被告会社は恒常的に、本件フォントプログラムの海賊版をインストールする旨告げてパーソナルコンピュータの購入を勧誘し、実際に販売したパーソナルコンピュータにＯＣＦフォントプログラムの海賊版をインストールしており、原告から被告会社への本件フォントプログラムの販売本数も、平成６年度から平成９年度（年度は同年３月から翌年２月まで。以下同じ。）までは書体ライセンス数にして３７５本から５９８本の間、ＡＴＭ版書体本数にして３７７本から６１３本の間を推移していたのに対し、平成１０年度から平成１４年度までは書体ライセンス数にして１２３本から１７８本の間、ＡＴＭ版書体本数にして９５本から１７８本の間を推移するに至ったという事情に鑑みると、被告会社は、その平成１０年１１月から平成１４年１０月までに販売したパーソナルコンピュータのうち、少なくとも４分の１の台数のハードディスクにＯＣＦフォントプログラムの海賊版をインストールしたと推定するのが合理的である。

そして、前記のとおり、この期間内に被告会社が販売したパーソナルコンピュータは１２７２台であるから、被告会社はこの４分の１に相当する３１８台にＯＣＦフォントプログラムの海賊版をインストールしたものと認める。

(3)　また、前記１で認定したとおり、被告会社がＢ、Ｃ、Ｄ及びＥに販売したパーソナルコンピュータのハードディスクには、いずれもＯＣＦフォントプログラムの海賊版が、少なくとも２３書体インストールされていた。また、前記「前提となる事実」(4)のとおり、被告会社が事務所で業務に使用しているパーソナルコンピュータのうち２台のハードディスクにＯＣＦフォントプログラムの海賊版がインストールされ、そのうち１台には２３書体分がインストールされていた。これらの事情に照らせば、被告会社が顧客に販売するパーソナルコンピュータのハードディスクに本件フォントプログラムの海賊版をインストールするに当たっては、ＯＣＦフォントプログラムの海賊版を通常２３書体インストールしていたものと推定するのが相当である。

したがって、被告会社が平成１０年１１月から平成１４年１０月までの間に顧客に販売したパーソナルコンピュータのハードディスクにインストールした本件フォントプログラムの海賊版は、ＯＣＦフォントプログラムの海賊版が７３１４書体分（２３書体×３１８台）と認めることができる。

３　争点(3)（使用差止請求及び消去請求の必要性）について

被告会社がその業務に使用しているパーソナルコンピュータのうち１台のハードディスクにＯＣＦフォントプログラム１６書体分及びＮｅｗＣＩＤフォントプログラム２６書体分の海賊版が、他の１台のハードディスクにＯＣＦフォントプログラム２３書体分の海賊版がインストールしていたことは、前記「前提となる事実」(4)のとおりである。

そして、前記１のとおり、被告会社が顧客に販売するパーソナルコンピュータのハードディスクに恒常的に本件フォントプログラムの海賊版をインストールしていたと認められること、被告会社の業務に使用しているパーソナルコンピュータのハードディスクに本件フォントプログラムの海賊版をインストールしていたのもその準備であると認められることに加え、本件フォントプログラムの海賊版は、その複製防止機能が解除された電子データとしての性質から、容易にフロッピーディスク、コンパクトディスク、光磁気ディスク又はハードディスクといった記憶媒体に複製することができることを考慮すれば、現在も、被告会社の事務所に設置されたコンピュータのハードディスクや、同事務所内に存在するフロッピーディスク、コンパクトディスク、光磁気ディスク又はハードディスクに本件フォントプログラムの海賊版が複製されて残存している蓋然性はなお高いものと認められる。

この点につき、被告らは、本件フォントプログラムの海賊版は被告会社のパーソナルコンピュータのハードディスクから消去し、これが記録されたＣＤ－ＲＯＭは従業員に廃棄させた旨主張するが、これを裏付ける証拠はなく、本件訴訟における被告らの主張態様からしても採用することができない。

以上のとおりであるから、本件フォントプログラムの海賊版であることが明らかな別紙プログラム目録(2)に係る使用差止請求及び消去請求はいずれもその必要性を認めることができる。

４　争点(4)（被告Ａが被告会社と連帯して責任を負うか）について

前記１で認定したとおり、被告会社が恒常的に本件フォントプログラムの海賊版をインストールする旨述べてパーソナルコンピュータの購入の勧誘を行い、実際に販売するパーソナルコンピュータのハードディスクに本件フォントプログラムの海賊版をインストールしており、被告会社の業務に使用しているパーソナルコンピュータのハードディスクにも本件フォントプログラムの海賊版をインストールして、その準備を行っていたと認められること、被告会社は代表取締役である被告Ａの他、従業員が５名程度いるにすぎないこと、被告Ａも、自ら本件フォントプログラムの海賊版をインストールする旨述べてパーソナルコンピュータの販売や勧誘を行っていたことに照らせば、被告Ａは被告会社の代表者として、自ら、又は被告会社従業員をして、被告会社の顧客に販売するパーソナルコンピュータのハードディスクや、被告会社がその業務に使用するパーソナルコンピュータのハードディスクに本件フォントプログラムの海賊版のインストールを行っていたと認めることができる。これに反する被告Ａの主張は、前記１で判示したところに照らして採用することができない。

そして、上記の認定事実によれば、被告Ａによる、被告会社の代表者として、自ら、又は被告会社従業員をして、被告会社の顧客に販売するパーソナルコンピュータのハードディスクや、被告会社がその業務に使用するパーソナルコンピュータのハードディスクに本件フォントプログラムの海賊版のインストールをした行為は、被告らの原告に対する共同不法行為と評価することができる。したがって、被告Ａは、上記行為によって原告に生じた損害について、被告会社と連帯して損害賠償責任を負うというべきである。

５　争点⑸（損害）について

⑴　原告は、被告らがパーソナルコンピュータのハードディスクに本件フォントプログラムの海賊版をインストールしたことにより、原告はその書体数と同数の正規品を販売することができたはずであるのに、その販売をすることができなかったとして、これによる逸失利益の主張をする。

これに対し、被告らは、ＣＩＤフォントプログラム及びＮｅｗＣＩＤフォントプログラムは人気がないこと、ＯＣＦフォントプログラムについても人気があるのは「新ゴ」の４書体だけであり、このうち２書体を購入すれば、太さを変えて４書体として使えるため、ほとんどのユーザーは「新ゴ」の２書体しか購入していないこと、既に海賊版プログラムもユーザー間に普及しており、広く用いられていること、フォントプログラムとしては、原告のものを用いなくても他社のものを用いることもできることなどを主張して、被告らが本件フォントプログラムの海賊版をインストールしなくても、原告がその書体数と同数の正規品を販売することができたという関係は存在せず、したがって逸失利益も存在しない旨主張する。

そこで検討するに、確かに、被告らが主張するように、仮に被告らが被告会社の販売したパーソナルコンピュータのハードディスクに本件フォントプログラムの海賊版をインストールするというような行為をしなかったとした場合に、当該パーソナルコンピュータの購入者らが原告から正規の本件フォントプログラムを購入したかどうかは、仮定の問題であるから不確実な要素があることは否定できない。しかしながら、本件においては、上記認定事実によれば、被告会社が顧客に販売したパーソナルコンピュータのハードディスクに、原告が著作権を有する本件フォントプログラムの少なくとも一部をそっくり複製したもの、すなわち原告が販売している製品の海賊版をインストールしたものであり、顧客も原告の製品の海賊版であることを認識した上で、被告会社のこのような行動を受け入れてパーソナルコンピュータを購入したものである。このような事実関係の下においては、現実にパーソナルコンピュータのハードディスクに本件フォントプログラムの海賊版がインストールされたという事実の存在を前提として、当該パーソナルコンピュータの購入者において、本来ならば本件フォントプログラムの正規品を購入すべきであったのに、これが購入されなかったことによって、原告は現実に原告の製品の販売機会を失ったものというべきである。したがって、このことによって失われた原告の受けるべき利益をもって、原告に生じた逸失利益の損害であると認めるのが相当である。この点についての被告らの主張は採用することができない。

そして、被告らのその余の主張は、既に判示したところに照らしていずれも採用することができない。

⑵　したがって、原告が被った損害のうち、逸失利益相当分は以下のとおり算定することができる。

ア　本件フォントプログラムの販売価格は、ＡＴＭ専用版、低解像度版又は高解像度版によって異なり、また単書体のものと数書体をパッケージにしたものとが存在するが、ＡＴＭ専用版、低解像度版及び高解像度版のうちでは、ＡＴＭ専用版の単価が最も低いことと、被告らがパーソナルコンピュータのハードディスクにインストールしたのが複製防止機能が解除された海賊版であることに鑑みれば、損害算定に当たっては、ＡＴＭ専用版の単書体のものを一応の基準とするのが相当である（甲第１０、第１１号証）。

そして、本件フォントプログラムのＡＴＭ専用版の単書体のものにつき、平成１０年３月から平成１５年２月までの原告の実際の販売価格は、最低でもＯＣＦフォントプログラムについて１万４３００円、ＮｅｗＣＩＤフォントプログラムについて１万３０００円であったと認められる。また、この間の原告におけるポストスクリプトフォント部門の製造原価は、総額で約４６億３０８０万７０００円であり、この間に原告が販売したポストスクリプトフォントの書体数は、１４８万５４５２本であって、１書体当たりの製造原価を平均すると約３１１７円となることが認められる（甲第４１号証の１、第４３号証の１・２、第４６号証）。

　　　以上の事実に照らせば、被告らが本件フォントプログラムの海賊版をパーソナルコンピュータのハードディスクにインストールすることによって原告に生じる損害となる逸失利益は、１書体当たり１万０５００円と認めるのが相当である。

　　イ　この点につき、被告らは、ＯＣＦフォントプログラムの卸値は１万１０００円であり、ＮｅｗＣＩＤフォントプログラムの卸値は１万円であると主張するが、違法に本件フォントプログラムの海賊版をパーソナルコンピュータのハードディスクにインストールしていた被告らとの間で、適法な取引関係を前提とした卸値を基準とすべきではないから、この点についての被告らの主張は採用することができない。

　　　また、被告らは、本件フォントプログラムの製造原価は卸値の約４割であると主張するが、何ら裏付けとなる証拠が存在しないから、被告らのこの主張も採用することができない。

　　ウ　以上のとおりであるから、原告が被った損害額のうち、逸失利益は、

　　　　１万０５００円×７３１４書体＝７６７９万７０００円

　　と算定される。

　　　そして、原告が本件訴訟において請求する損害賠償額のうち、逸失利益相当分は７６５５万５５００円であり、これは上記逸失利益の範囲内である。

　(3)　原告が被った損害額のうち、弁護士費用相当分としては、本件事案の難易、請求額、上記認容額、その他諸般の事情を勘案すると、原告が主張する４００万円をもって相当と認める。

　(4)　したがって、原告が本件において被告らに請求することができる損害賠償額は、上記の(2)及び(3)の合計額である８０５５万５５００円である。

６　結論

　以上のとおりであるから、原告の請求はいずれも理由がある。

　よって、主文のとおり判決する。

大阪地方裁判所第２１民事部

裁判長裁判官　　小　松　一　雄

裁判官　　守　山　修　生

裁判官田中秀幸は、転補のため署名押印できない。

裁判長裁判官　　小　松　一　雄

（別紙）

プログラム目録（１）２．ＣＩＤフォントプログラム３．ＮｅｗＣＩＤフォントプログラムプログラム目録（２）２．ＣＩＤフォントプログラム３．ＮｅｗＣＩＤフォントプログラム製品目録

資料5　テレビ朝日・文字書体無断使用事件

（大阪地裁平成二五年七月一八日判決平成二二年（ワ）第一二二一四号）

この大阪地裁判決は、本書の共著者葛本京子が代表者を勤める（株）視覚デザイン研究所が原告となって損害賠償請求を行った事件の一審判決である。判例時報の版面を利用させていただいた。判決文の中に附されていた別紙が省略されており、したがって、ここでも省略した。

判例時報二二二〇号九四頁には、ほぼ二頁にわたって、詳細な解説がなされており、読者にはぜひ、一読されるようお勧めしたい。

《当事者》原　告　株式会社視覚デザイン研究所
同訴訟代理人弁護士　栗　原　良　扶
同　浜　中　孝　之
同　余　田　博　史
被　告　株式会社テレビ朝日（以下「被告テレビ朝日」という。）
同訴訟代理人弁護士　伊　藤　真
同訴訟復代理人弁護士　平　井　佑　希
被　告　株式会社ＩＭＡＧＩＣＡ（以下「被告ＩＭＡＧＩＣＡ」という。）
同訴訟代理人弁護士　鈴　木　純

【主文】一　原告の請求をいずれも棄却する。
二　訴訟費用は原告の負担とする。

【事実及び理由】第一　請求
一　主位的請求

(1)　被告テレビ朝日は、原告に対し、八〇四万四五七五円（七二九万三八二五円の限度で被告ＩＭＡＧＩＣＡと連帯して）及びうち七二九万三八二五円に対する平成二二年四月八日から、うち六七万五六七五円に対する平成二三年一二月一一日から、うち七万五〇七五円に対する平成二四年三月二五日から各支払済みまで年五分の割合による金員を支払え。

(2)　被告ＩＭＡＧＩＣＡは、原告に対し、被告テレビ朝日と連帯して、七二九万三八二五円及びこれに対する平成二二年四月八日から支払済みまで年五分の割合による金員を支払え。

二　予備的請求

(1)　被告テレビ朝日は、原告に対し、七三一万三二五〇円及びうち六六三万〇七五〇円に対する平成二二年四月八日から、うち六一万四二五〇円に対する平成二三年一二月一一日から、うち六万八二五〇円から各支払済みまで年五分の割合による金員を支払え。

(2)　被告ＩＭＡＧＩＣＡは、原告に対し、六六三万〇七五〇円及びこれに対する平成二二年四月八日から支払済みまで年五分の割合による金員を支払え。

第二　事案の概要

本件は、フォントベンダーである原告が、テレビ放送等で使用することを目的としたディスプレイフォントを製作し、番組等に使用するには個別の番組ごとの使用許諾及び使用料の支払が必要である旨を示してこれを販売していたところ、原告が使用を許諾した事実がないのに、前記フォントを画面上のテロップに使用した番組が多数制作、放送、配給され、さらにその内容を収録したＤＶＤが販売されたとして、番組の制作、放送、配給及びＤＶＤの販売を行った被告テレビ朝日並びに番組の編集を行った被告ＩＭＡＧＩＣＡに対し、被告らは、故意又は過失により、フォントという原告の財産権上の利益又はライセンスビジネス上の利益を侵害したものであり、あるいは原告の損失において、法律上の原因に基づかずにフォントの使用利益を取得したものであると主張して、主位的には不法行為に基づき、予備的に不当利得の返還として、原告の定めた使用料相当額の金員（主位的請求には弁護士費用が加算される。）の支払を求めた事案である。

一　前提となる事実

以下の事実については、当事者間に争いがないか、掲記の証拠及び弁論の全趣旨により、容易に認定できる。〈編注・本誌では証拠の表示は省略ないし割愛します〉

(1)　当事者

ア　原告は、グラフィックデザインに関する視覚伝達情報の研究及び企画制作、コンピュータソフトウエアの開発及び販売等を目的とする株式会社であり、タイプフェイスを製作してこれをデジタルフォントとして販売し、あるいは使用許諾することを主たる事業とするところの、いわゆるフォントベンダーである。

イ　被告テレビ朝日は、①放送法によるテレビジョン、その他一般放送事業、②放送番組、録画物、録音物及び映画の制作、販売並びにその輸出入に関する事業等を目的とする株式会社である。

ウ　被告ＩＭＡＧＩＣＡは、①各種映画用フィルムの現像、焼付、録音、合成、及びその他の加工仕上げ、②各種映像の電子的編集、録音、合成、複製及びその他の加工仕上げ等を目的とする株式会社である。

被告ＩＭＡＧＩＣＡは、平成一八年四月三日、株式会社イマジカ（以下「イマジカ」という。）から映像関連事業の営業を吸収分割により承継した。イマジカが原告に対して本件の不法行為又は不当利得に基づく債務を負っていた場合、これらは上記吸収分割により、被告ＩＭＡＧＩＣＡが承継した（本判決において、特段の必要がない限り、上記吸収合併前のイマジカの行為についても、被告ＩＭＡＧＩＣＡと摘示する。）。

(2)　タイプフェイス及びフォント

ア　タイプフェイスとは、言語表記を主目的に、記録や表示など組み使用を前提として、統一コンセプトに基づいて製作された一揃いの文字書体のことであり（日本タイポグラフィ協会の定義によると、和文の場合、ひらがな、カタカナは清音字ゑ・ゐ・ヱ・ヰ・を除いた四六字、漢字は教育漢字の一〇〇六字を一揃いの最少文字数とする。）、これをパソコン等で使用できるよう電子情報化したものをデジタルフォント、あるいは単にフォントという。

イ　フォントは、文字の形状を、基準となる点の座標と輪郭線の集まりとして表現したアウトラインデータなどの形式で提供されるのが一般的であり、この形式によると、表示・印刷時に曲線の方程式を計算して描画する点の配置を決定するため、拡大・縮小・変形等の加工作業を行っても文字の形状が崩れず、曲線が滑らかに表示される。

ウ　フォントは、通常、文字コードとの対照等の情報や、パソコン等にインストールするためのインストーラを付加してパッケージ化され、ソフトウエアの一種として販売又は使用許諾の対象とされる（この状態を、便宜上「フォントソフト」という。）。

エ　フォントソフトを使用すれば、タイプフェイスに属する文字を使用し、これを紙媒体等に印刷し、あるいは他のソフトウエアで作成したファイルの一部に画像として埋め込むことができる（フォントソフトあるいはフォント自体と区別して論じる必要がある場合、フォントソフトを使用して作成された成果物を、便宜上「フォント成果物」という。）。

(3)　旧フォントの製作、販売

原告は、平成七年にロゴＧ、平成八年にロゴ丸、メガＧ及びメガ丸、平成九年にロゴJr、ロゴ丸Jr及びラインＧ、平成一〇年にギガＧと称する各タイプフェイス（以下「旧タイプフェイス」という。）を製作し、それぞれの年に、旧タイプフェイスをパソコン等で使えるようデータ形式としたソフトウェア（以下「旧フォントソフト」という、これに属するフォントを「旧フォント」という。）を販売した。

(4) 本件フォントの製作、販売

原告は、前記ロゴG、ロゴ丸、ロゴJr、ロゴ丸Jr、ラインG、ギガG、メガG及びメガ丸の各タイプフェイスの一部に変更を加え、平成一五年五月、そのフォントソフトをCD－ROMに収納して、「VDL TYPE LIBRARYデザイナーズフォント」の名称で販売を開始した（以下「本件フォントソフト」といい、これに属するデジタルフォントを「本件フォント」、一部変更後のタイプフェイスの全体を「本件タイプフェイス」という。）。本件タイプフェイスの具体的形態及びその特徴に関する原告の説明は、別紙タイプフェイス目録記載のとおりである。

原告は、本件フォントソフトを販売するにあたり、その使用許諾契約（以下「本件使用許諾契約」という。）の条項として、本件フォントをテレビ放送等に使用する場合には、本件使用許諾契約と別に、個別の原告の許諾及び原告への使用料の支払が必要であることを定めた。

(5) テレビ番組の放送等、DVDの販売

被告テレビ朝日は、別紙番組目録記載のテレビ番組（以下「本件各番組一」という。）及び別紙追加五番組目録記載のテレビ番組（以下「本件各番組二」という。本件各番組一及び本件各番組二をあわせて「本件番組」という。）を、それぞれ別紙番組目録及び別紙追加五番組目録記載のとおり放送すると共に、別紙配給目録及び別紙追加五番組配給目録記載のとおり他のテレビ局へ配給し、また、別紙DVD目録記載のDVD（以下「本件各DVD一」という。）及び別紙追加DVD目録記載のDVD（以下「本件各DVD二」という。本件各DVD一及び本件各DVD二をあわせて「本件DVD」という。）をそれぞれ別紙DVD目録及び別紙追加DVD目録記載のとおり販売した（以下、各目録内の個々の番組及びDVDは、同目録内の番号によって特定する。）。

被告IMAGICAは、本件各番組一につき、被告テレビ朝日の直接又は間接の委託を受け、編集業務を行った（本件各番組二については、編集業務を行っていない。）。

(6) 原告の許諾

原告が、本件番組及び本件DVD（以下「本件番組等」と総称する。）に本件フォントを使用することについて、被告テレビ朝日、被告IMAGICA又はそれ以外の者に許諾を与えた事実はなく、被告テレビ朝日、被告IMAGICA又はそれ以外の者から使用料を受領した事実もない。

二 原告の基本主張

(1) 被告らは、本件各番組一を制作、編集するにあたり、原告の許諾を得ることなく、番組のテロップに本件フォントを使用し、被告テレビ朝日においてこれを放送し、他局へ配給の上、被告らにおいてその番組内容を本件各DVD一として制作、編集し、これを販売した。

(2) 被告テレビ朝日は、本件各番組二を制作するにあたり、原告の許諾を得ることなく、番組のテロップに本件フォントを使用し、これを放送し、他局へ配給の上、その番組内容を本件各DVD二として制作し、販売した。

(3) 被告らの行為は、本件フォント又はそのライセンスビジネス上の利益という法律上保護された原告の利益を、故意又は過失により違法に侵害するものであるから、主位的に不法行為に基づく損害賠償として、原告が定めた一番組及びDVD一作品あたりの使用料に、被告らが制作、放送等した番組数及びDVD作品数を乗じ、これに弁護士費用を加算し、これに対する不法行為の後の日から支払済みまで年五分の割合による遅延損害金の支払を求める。

本件各番組一及び本件各DVD一に関する部分については被告らの連帯支払を求め、本件各番組二及び本件各DVD二に関する部分については被告テレビ朝日にのみ支払を求める。

(4) 被告らの行為は、法律上の原因に基づかず、本件フォントの使用利益を悪意で利得し、そのために原告に使用料相当額の損失を被らせたものであるから、予備的に、不当利得の返還請求として、原告が定めた一番組及びDVD一作品あたりの使用料に被告らが制作、放送等した番組数及びDVD作品数を乗じた金額、並びにこれに対する悪意の受益の後の日から支払済みまで年五分の割合による遅延損害金の支払を求める。

被告らの連帯支払を求める部分、及び被告テレビ朝日にのみ支払を求める部分は前記(3)に同じ。

三 争点

(1) 主位的請求

ア 被告らによる本件フォントの使用と不法行為該当性　（争点一）

イ 損害の有無及び額　（争点二）

(2) 予備的請求

不当利得の成否　（争点三）

第三 争点に係る当事者の主張

一 争点一（被告らによる本件フォントの使用と不法行為該当性）について

【原告の主張】

(1) 本件フォントの法益性

ア 一般に、テレビ番組等での使用を目的としたディスプレイフォントは、一揃いのタイプフェイスとして、さらには、一文字単位でも、財産的価値を有するものとして商取引の対象とされている。

ディスプレイフォントにおいて、フォントソフトを購入しさえすれば何の制限もなく自由に使用できるという売切りタイプの販売形態はほとんどなく、使用目的又は使用期間に制限が課され、その制限外での使用には別途使用許諾契約を締結し、所定の使用料を支払うとの形態が採られている。

本件フォントは、可読性よりもデザイン性が重視されるディスプレイフォントとして、独創性及び創作性の価値があり、多大な費用、労力、時間を投資して創作・製作されたものであり、業界において高く評価されている。

本件フォントは、一揃いのタイプフェイスとしてはもちろん、その文字数、データ

の形式（アウトライン形式か、データ形式か、その他の画像形式かなど）、表象される媒体の如何を問わず、法律上保護される利益を有しており、本件フォントによるライセンスビジネス上の利益も、法律上保護されるものである。

イ　原告は、本件フォントソフトを販売するに当たり、本件フォントをテレビ放送やDVDに使用するには別途使用許諾契約を締結し、使用料を支払う必要がある旨を、購入時の使用許諾契約書、外箱、説明書、インストール時に表示される使用許諾契約規定に明示しており、購入者との間で、これを内容とする本件使用許諾契約を締結している。

(2)　本件番組等への使用

本件フォントは、別紙番組目録及び追加五番組目録並びに別紙DVD目録及び追加DVD目録記載のとおり、本件番組等において、テロップとして使用された。

(3)　被告テレビ朝日の責任

ア　被告テレビ朝日の使用

(ア)　本件番組等に使用されたテロップは、被告テレビ朝日の担当者、または番組制作会社の担当者といった被告テレビ朝日の監督下にある者が、社内のテロップ製作システムにおいて、本件フォントを使用して製作したものと考えられる。

(イ)　後述のとおり、本件各番組一の編集が行われた被告IMAGICAの赤坂ビデオセンター編集室のパソコンには、本件フォントの一部がインストールされていたが、これは、被告テレビ朝日の担当者らが、同編集室で使用するために持ち込み、本件フォントを使用して、本件各番組一のテロップを製作したものと考えられる。

(ウ)　テロップの製作を外部のテロップ製作業者に発注していたとの被告らの主張は、時間的に切迫した状況下で行われるバラエティ番組の制作、編集作業として非現実的かつ不自然というべきであるが、仮にそうであったとしても、本件番組はいずれも局制作番組とされ、形式的にも実質的にも被告テレビ朝日が主体としてその制作を行ったものといえ、外注先は被告テレビ朝日の支配下にある子会社、グループ会社又は被告テレビ朝日の指揮監督下にある会社と解されるから、被告テレビ朝日自体が、本件フォントを使用したのと同視すべきである。

イ　被告テレビ朝日の故意

原告は、前記のとおり、本件フォントをテレビ放送やDVDの制作に使用する際には、別途使用許諾契約の締結及び使用料の支払が必要である旨を明示しており、被告テレビ朝日に対しても、再三その旨を通知した。

被告テレビ朝日は、遅くとも平成一六年一〇月ころから現在に至るまで、本件番組の制作に当たり、上記アのとおり、本件フォントをテロップに使用して、別紙番組目録及び追加五番組目録記載のとおりに放送し、別紙配給目録及び追加五番組配給目録記載のとおり他局へ配給し、さらに本件DVDを制作し販売したが、被告テレビ朝日は、本件使用許諾契約に違反していることを知りながら、上記行為を行ったものである。

ウ　被告テレビ朝日の過失

仮に被告テレビ朝日がテロップ製作を外注し、外注先が製作したテロップを受領して、これを映像素材に合成して使用したとされる場合であっても、被告テレビ朝日が、フォントを頻繁に使用する立場にあり、その専門家ともいえる能力を有していたことなどからすると、外注先から受領したテロップについて、本件フォント使用の有無を確認した上で、原告の使用許諾があるかを確認すべき注意義務を負っていたにもかかわらず、これを怠り、そのような確認をしないまま、漫然と本件フォントを使用した注意義務違反がある。

エ　被告テレビ朝日の悪質性

被告テレビ朝日は、原告の許諾を得ることなく、対価を全く負担せずに、長期間、多頻度かつ多数回にわたり、本件フォントの使用を継続し、本件フォントの製作に費やした原告の投資、労力にただ乗りして営利活動を営んだものであり、社会的に相当な範囲を逸脱した不正行為というべきである。

特に、本件各番組二の五番の「二人の食卓」及び本件各DVD二の二～四番については、本訴提起後に本件フォントが無断で使用されたものである上、「二人の食卓」に至っては、訴えの変更によって損害賠償請求の対象となった後にまで無断使用を継続しており、社会的相当性の逸脱の程度が殊に顕著である。被告テレビ朝日が、その制作を外部の番組制作会社である株式会社ユーコム（以下「ユーコム」という。）に委託していたとしても、遅くとも平成二二年八月の本訴提起後は、「二人の食卓」において本件フォントが使用されていることを認識し、又は認識すべき状況にあるから、ユーコムに対し、本件フォントにつき原告の使用許諾があるかを確認し、無断使用の場合にはその使用を中止させるべきであったといえる。

オ　まとめ

以上によれば、被告テレビ朝日は、本件フォントの使用について、故意又は過失による不法行為責任を負うというべきである。

(4)　被告IMAGICAの責任

ア　被告IMAGICAの使用

(ア)　被告IMAGICAが本件各番組一の編集を行った当時、被告IMAGICAの赤坂ビデオセンター編集室の全てのパソコン（二十数台）とサーバーには、本件フォントのロゴG、ロゴ丸Jr及びラインGのうち一種類又は数種類がインストールされていた。上記各フォントは、本件各番組一の制作スタッフが持ち込んだものを、被告IMAGICAが了承して上記編集室内に置いていたと考えられる。

(イ)　本件各番組一でテロップとして使用されていたロゴG、ロゴ丸Jr及びラインGは、被告IMAGICAの上記編集室内の各フォントによるものと考えられ、具体的には、被告IMAGICAの編集スタッフが、ディレクター等番組制作スタッフの指示に従い、上記編集室内で本件フォントを使用し、本件各番組一のテロップを製作したものと考えられる。

(ウ) 被告IMAGICA編集室に入室していない外部のテロップ製作業者がテロップを製作したとの被告らの主張は、上記本件フォントのインストール状況及びバラエティ番組の制作の実情に照らし、不自然である。

イ 被告IMAGICAの故意

被告IMAGICAは、被告テレビ朝日が、本件各番組一を上記のとおり放送、他局へ配給し、さらにそれらの番組を本件各DVD一として販売することを知りながら、被告テレビ朝日から直接又は間接的に委託を受け、本件各番組一の制作・編集にあたり、原告に無断で、自社の編集室にある本件フォントを使用して、テロップを製作したものである。

ウ 被告IMAGICAの過失

仮に被告IMAGICAが本件フォントを使用してテロップを製作することをせず、テロップ製作業者が本件フォントを画像データ化して製作したテロップを番組に挿入するにとどまっていたとしても、極めて多種類のテロップを扱うことを業とする被告IMAGICAは、本件フォントがデザイン性の高いディスプレイフォントであり、テレビ放送での使用に当たって別途使用許諾が必要である旨容易に認識し得たのであるから、本件フォントを使用したテロップを用いる際には、創作者の許諾が得られているかを確認すべき注意義務を負っていたにもかかわらず、これを怠り、平成一六年から約五年もの長期間、確認作業を何ら行わないまま、漫然と大規模かつ反復継続して本件フォントを使用した注意義務違反がある。

エ まとめ

以上によれば、被告IMAGICAは、本件各番組一での本件フォントの使用について、故意又は過失による不法行為責任を負うというべきであり、この範囲では、被告テレビ朝日との共同不法行為が成立する。

【被告テレビ朝日の主張】

(1) 本件フォントの使用

本件番組等における本件フォントの使用については不知。

(2) 本件フォントの法益性

ア 原告の主張は、一文字あるいは数文字のデジタルフォントが不法行為法の保護対象となることを前提とするが、情報伝達という実用的機能を持つ文字がそのような保護を受けるとすれば、その使用に重大な制約が生じ、多大な混乱が生じる。すなわち、被告テレビ朝日などの放送局において、発注先であるテロップ製作業者が使用するフォントの種類や当該フォントに係る使用許諾契約の有無、内容を確認することなど不可能であり、原告の主張するような注意義務を課されるとすれば、文字の商業使用が実際上不可能になるという、著しく不当な結果を招くことになる。

また、タイプフェイスをデッドコピーして競合商品などに用いた場合に不法行為に該当するとの議論は存在するが、そこで法的保護の対象として想定されているのは、数千文字に及ぶ文字を一組とするタイプフェイスである。原告の主張は、このようなタイプフェイスに関する議論を、印刷又は出力された一文字あるいは数文字のフォント成果物の保護の議論に流用しており、到底認められない。

イ 本件フォントの製作に一定の費用と労力を投入したことは認めるとしても、原告が主張するほど多大なものではない。また原告は、本件フォントが可読性よりもデザインが重視されるディスプレイフォントであることを強調するが、そのようなフォントは、原告に限らず、他社もかねてから製作している。そのため、他のフォントと比べ、本件フォントが特別の独創性、創作性を有するものではなく、不法行為法上の要保護性を別異に扱うべきではない。

(3) テロップ製作の実態等

ア 被告テレビ朝日は、本件番組の制作当時、テロップ製作については、自社がソフトウエアライセンス契約を締結しているフォントソフト収録のフォントを用いる場合を除き、全てテロップ製作業者へ委託しており、番組の制作スタッフが、番組編集室内でテロップ製作をすることはなかった。

テロップ製作業者は、被告テレビ朝日から受け取ったテロップ原稿（手書き又はワープロ原稿）に従い、フォントソフトから出力してテロップを製作し、画像データの形式で納品する。そのため、仮に本件番組のテロップに本件フォントが使用されていたとしても、被告テレビ朝日が出力したものではない上、アウトラインデータの形式で納品を受けたことはなく、被告テレビ朝日は本件フォントの使用主体ではない。

イ 被告IMAGICAの編集室設置のパソコンに、原告製作の本件フォントが存在していたようだが、多数の会社が使用する編集室であり、理由は不明である。なにびとかが同編集室を使用した際に（その者がテレビ使用について原告の許諾を受けていた可能性も高い。）、テロップの画像データと共に、当該テロップに用いられたデジタルフォント一式が、パソコンにデータとして残った可能性が高いと考えられる。

いずれにせよ、被告テレビ朝日が、被告IMAGICA編集室のパソコンに本件フォントをインストールした事実も、それを使用してテロップを製作した事実もない。

(4) 不法行為該当性

ア 原告は、本件フォントのテレビ放送等への使用について別途の使用許諾契約締結及び使用料の支払が必要である旨本件フォントソフトのパッケージなどに記載し、被告テレビ朝日にも通知していたことを、不法行為成立の根拠として挙げる。

しかし、原告の主張は、本件フォントソフト購入者との契約関係を、フォント成果物を使用するに過ぎない被告テレビ朝日のような第三者にまで及ぼそうとするものであり、債権法の解釈として誤っている。かかる主張は、原告の一方的な方針や告知によって、新たな知的財産権類似の権利（不法行為に対して保護すべき利益の対象）を創出できるというに等しく、認められる余地はない。

イ　本件フォントは、テレビ放送等での使用に何ら制限をせずに販売されていた旧フォント七七二五文字のうち三四三字を、タイプフェイスの同一性を損なわない範囲でわずかな形状の改変を施したものに過ぎず、その余の七三八二字は文字の大きさを拡大又は縮小したものがある程度で、形状自体には変更は加えられていない。

被告テレビ朝日において、テロップに使用されているフォントが、本件フォントソフトから出力されたものか、旧フォントソフトから出力されたものかを知る術はなく、実際に被告テレビ朝日は、旧フォントソフトから出力されたものと考えていたのであるから、不法行為法上の故意又は過失もない。

ウ　「二人の食卓」の番組制作は、資本関係が一切ないユーコムに全て委託しており、権利処理業務及び契約業務、さらにデジタルフォントの決定等も全て同社が行っている。被告テレビ朝日は、同社から納品された番組につき、放送法や自社の放送基準に照らし問題がないか確認するが、当該番組における権利処理業務はユーコムの責任で行うものであり、被告テレビ朝日が個別に確認すべきものではない。そのため、「二人の食卓」に本件フォントが用いられていたとしても、これを放送する行為が不法行為を構成するものではないし、故意又は過失もない。

エ　放送番組のＤＶＤ化においては、原則としてテレビ番組の放送映像をそのまま用いるのであり、本件ＤＶＤ内のテロップも、テレビ番組のテロップがそのまま収録されているに過ぎないのであるから、別途不法行為が成立することはない。

【被告ＩＭＡＧＩＣＡの主張】

(1)　本件フォントの使用

本件各番組一の一部において、本件フォントがテロップとして使用されていたことは認める。

(2)　本件フォントの法益性

本件フォントが、法律上保護すべき利益を有するとの主張は争う。

(3)　テロップ製作の実態等

被告ＩＭＡＧＩＣＡの赤坂ビデオセンター編集室のパソコンには、Ａｄｏｂｅ社の画像編集ソフトPhotoShop（以下「フォトショップ」という。）がインストールされており、文字を新たに打ち込み、テロップを編集することができる。また、平成二一年一一月二〇日ころの時点で、同編集室のパソコンに、ロゴＧ、ロゴ丸Jr及びラインＧの各フォントが保存されていたことは認める。

しかし、本件各番組一を含め、被告ＩＭＡＧＩＣＡがテロップの製作を行うことはなく、テロップの製作は、番組制作会社又は同社から委託を受けた受託会社の指示の下、テロップ製作業者が行う。

被告ＩＭＡＧＩＣＡの編集室には、同製作業者が製作したテロップが画像データの形式で納品され、同製作業者は、被告ＩＭＡＧＩＣＡの編集室には入室しない。被告ＩＭＡＧＩＣＡは、番組制作会社又は受託会社の指示の下、画像データ化されたテロップを放送用映像に合成し、文字の大きさ変更や着色、装飾、文字間の間隔調整等の作業を行うが、テロップ製作を行うわけではない。

したがって、本件各番組一のテロップの一部に本件フォントが使用されているとしても、それはテロップ製作業者によるテロップ製作、画像データ化の過程で生じたものであり、被告ＩＭＡＧＩＣＡの行為によるものではない。

(4)　不法行為該当性

ア　被告ＩＭＡＧＩＣＡは、平成二一年一一月末ころ、原告から「弊社フォントの使用について」と題する文書を受領するまで、原告が本件フォントソフトを販売していることさえ知らず、原告と被告テレビ朝日との間で、過去にフォントの使用を巡る紛争が生じていることも知らなかった。

被告ＩＭＡＧＩＣＡは、上記文書受領後、直ちに必要な調査を実施し、その過程で発見された赤坂ビデオセンターの編集室のパソコンに保存されていたロゴＧ、ロゴ丸Jr及びラインＧのデジタルフォントを抹消した上、被告テレビ朝日に対し、被告ＩＭＡＧＩＣＡが編集に携わるテレビ番組において、原告製作に係るデジタルフォントを使用しないよう申入れを行った（その後、被告テレビ朝日制作のテレビ番組で本件フォントが使用されるという事態は止んだ。）。

このような事実関係に照らせば、被告ＩＭＡＧＩＣＡが、本件フォントの使用を認識していたとはいえず、故意の不法行為が成立しないことは明らかである。

イ　過失による不法行為について、原告は、被告ＩＭＡＧＩＣＡに注意義務が課される根拠として、ディスプレイフォントをテレビ放送で使用するためには、別途使用許諾契約を締結しなければならないとの社会的規範が存在する旨主張するが、そのような使用許諾契約を要することなく使用が許されているフォントも多数存在しており、原告の主張には前提に誤りがある。

しかも、被告ＩＭＡＧＩＣＡは、編集作業の過程で、テロップに使用されているフォントを視認する機会があるとはいえ、視認のみで誰によって製作されたいかなる種類のフォントかなど、テロップが画像データ化される以前の詳細な事情は知り得ない。本件フォントは、仔細に見れば、同業他社のデジタルフォントと異なることは認識し得るものの、一見しただけでの判別は著しく困難であるし、本件フォントそのものに、原告製作に係る旨の表示がされているわけでもない。そのため、被告ＩＭＡＧＩＣＡにおいて、本件フォントをテレビ放送に使用するのに別途の使用許諾が必要であることなどを知る由もなく、原告の主張するような注意義務違反がないことは明らかである。

また、原告の主張は、被告ＩＭＡＧＩＣＡにおいて、番組制作会社に対し、使用許諾の有無や使用料支払の有無を確認すべき義務があるというに等しいが、そのようなことをしても、両者間の信頼関係が破壊されるだけで、原告の主張する法益（別途使用許諾契約を締結することにより、別途使用料を取得できる地位）を保護する上での実効性はほとんどなく、そのような義務を被告IMAGICAが負うとは考えられない。

したがって、被告IMAGICAには、原告の主張するような確認義務違反はなく、過失による不法行為も成立しない。

二　争点二（損害の有無及び額）について

【原告の主張】

(1)　被告らの共同不法行為による損害

原告が、本件各番組一及び本件各DVD一に係る被告らの前記共同不法行為によって被った損害は、以下アからウまでの合計七二九万三八二五円である。

ア　テレビ番組に係る使用料相当額

テレビ番組制作への本件フォントの使用料は、一番組一放送あたり五二五〇円である。一方、被告らが本件フォントを無断で使用して制作した本件各番組一の種類及び番組数は、合計五種類・一〇三三番組である。

よって、本件各番組一に係る使用料相当額は、合計五四二万三二五〇円である。

イ　DVDに係る使用料相当額

DVD制作への本件フォントの使用料は、一作品あたり五万二五〇〇円である。一方、被告らが本件フォントを無断で使用して制作した本件各DVD一の本数及びそれらに収録されている作品数は、合計四本・二三作品である。

よって、これらDVDに係る使用料相当額は、合計一二〇万七五〇〇円である。

ウ　弁護士費用

上記ア及びイの損害に係る不法行為と相当因果関係のある弁護士費用は、少なくともそれら合計金額の一割に相当する六六万三〇七五円である。

(2)　被告テレビ朝日の不法行為による損害

原告が、別紙各番組二及び本件各DVD二に係る被告テレビ朝日の前記不法行為によって被った損害は、以下アからウまでの合計七五万〇七五〇円である（ただし、「二人の食卓」で本件フォントが使用された計七〇回のうち五七回は平成二三年一二月一〇日までの番組放送分、他の一三回は平成二三年一二月一七日から平成二四年三月二四日までの番組放送分である。そのため、後者に係る七万五〇七五円の損害賠償については遅延損害金の起算点を平成二四年三月二五日、その他の六七万五六七五円の損害賠償については遅延損害金の起算点を平成二三年一二月一一日とする。）。

ア　テレビ番組に係る使用料相当額

テレビ番組制作への本件フォントの使用料は、一番組一放送あたり五二五〇円である。一方、被告テレビ朝日が本件フォントを無断で使用して制作した本件各番組二の種類及び番組数は、合計五種類・九〇番組である。よって、本件各番組二に係る使用料相当額は、合計四七万二五〇〇円である（そのうち、平成二三年一二月一七日から平成二四年三月二四日までの一三回の「二人の食卓」放送分に係る使用料相当額は、六万八二五〇円である。）。

イ　DVDに係る使用料相当額

DVD制作への本件フォントの使用料は、一作品あたり五万二五〇〇円である。一方、被告テレビ朝日が本件フォントを無断で使用して制作した本件各DVD二の本数及びそれらに収録されている作品数は、合計四本・四作品である。

よって、これらDVDに係る使用料相当額は、合計二一万円である。

ウ　弁護士費用

上記ア及びイの損害に係る不法行為と相当因果関係のある弁護士費用は、少なくともそれら合計金額の一割に相当する六万八二五〇円である（そのうち、平成二三年一二月一七日から平成二四年三月二四日までの一三回の「二人の食卓」放送分に係る部分は六八二五円である。）。

【被告らの主張】

否認し、争う。

三　争点三（不当利得の成否）について

【原告の主張】

本件フォントをテレビ番組制作や放送、DVDで使用するには、別途の使用許諾契約締結及び使用料の支払が必要であり、実際にも、本件フォントを所定の商用目的に使用する事業者は、原告との間で別途使用許諾契約を締結し、使用料を支払っている。

それにもかかわらず、被告らは、上記のとおり、原告に無断で、本件フォントを本件各番組一の制作・放送・配給及び本件各DVD一の制作・販売等に使用し、さらに被告テレビ朝日は、本件各番組二の制作・放送・配給及び本件各DVD二の制作・販売等に使用し続け、法律上の原因なく本件フォントの使用利益を得た（又は、使用料の支払を免れるという利益を得た）。これにより、原告は、かかる使用により本来支払を受けるべき使用料相当額の損失を被った。これらによる被告テレビ朝日の不当利得の額は、前記二(1)ア及びイ並びに(2)ア及びイの使用料相当額の合計七三一万三二五〇円、被告IMAGICAの不当利得の額は、前記二(1)ア及びイの使用料相当額の合計六六三万〇七五〇円であり、被告らは、悪意の受益者に当たる。

【被告テレビ朝日の主張】

否認し、争う。

原告の主張は、原告が使用料を請求できることが前提となっているが、前記一で主張したとおり、その前提に誤りがある。

したがって、被告テレビ朝日に利得はなく、原告の損失も存在しないのであるから、不当利得は成立しない。

【被告IMAGICAの主張】

否認し、争う。

本件フォントは、著作権法上の保護を受けるものではなく、社会的には使用料不要とされているものである。原告が一方的に定めた使用料を得ることができなかったとしても、それをもって損失と評価することはできないし、被告IMAGICAが利得を得たと評価することもできない。

被告IMAGICAの利得は、被告テレビ朝日から受領する番組編集受託料であるが、これは被告テレビ朝日との番組編集委託契約によるもので、法律上の原因に基づくものといえるし、また、原告の損失において被告IMAGICAが利得を得ているという関係も存在しない。

第四　当裁判所の判断

一　認定事実

前記前提となる事実、《証拠略》によれば、以下の事実が認められる。

(1)　原告によるフォント販売等

ア　原告について

(ア)　原告は、昭和六三年に設立された会社であり、フォントベンダーとして多数のタイプフェイスを製作し、これをフォントソフトとして販売し、あるいは使用許諾している。

(イ)　原告は、広告、テレビ番組、DVD、テレビゲーム等で使用されることを念頭に、視覚的な印象を与えやすいフォントの開発に努めており、実際にも、原告の開発したフォントは、現在に至るまで上記媒体などで使用されており、デザイン性に優れ、バラエティ番組等にも使いやすいとして高く評価されている。

イ　旧使用許諾契約

(ア)　原告は、平成七年にロゴG、平成八年にロゴ丸、メガG及びメガ丸、平成九年にロゴJr、ロゴ丸Jr及びラインG、平成一〇年にギガGの名称で旧タイプフェイスを製作し、「デザイナーズフォント」と総称じて、各製作年より、旧フォントソフトを販売した。

(イ)　原告が旧フォントソフト購入者との間で締結した使用許諾契約（以下「旧使用許諾契約」という。）では、旧フォントの無断複製、第三者への譲渡、貸与等は禁じられていたが、使用期間の制限はなく、用途の制限も存しなかった。このため、旧フォントソフトを正当に取得した者は、旧フォント及びフォント成果物を自由に使用することができ、テレビ放送等に旧フォントを使用する場合でも、別途料金を支払うことを要しなかった。

ウ　放送事業者への通知等

(ア)　原告は、テレビ番組でのテロップ使用頻度の増加など、自社の開発するフォントへの需要の高まりを踏まえ、ソフトウエア購入時の使用許諾契約とは別に、テレビ放送等でのフォント使用の際には、別途、商用使用許諾契約の締結と使用料の支払を要することとし、これを新たな収益源とするビジネスモデルへの転換を考え、平成一二年五月一五日付け書面で、被告テレビ朝日を含む放送事業者に対し、「ソフトウェア使用に関する同意書」、及び旧フォントの購入状況や外注先のテロップ製作業者について回答書の提出を求め、同意書を提出した場合には、特例として、旧フォントを無料で使用できることを通知した。

(イ)　原告は、平成一四年ころまでに、フォントソフトの販売とは別に、デジタルフォントのアウトラインデータの、一文字単位での販売も開始した。

(ウ)　原告は、平成一五年三月三日付け書面で、被告テレビ朝日を含む放送事業者に対し、三年間にわたって実施してきた無料サービスを終了すること、同年四月一日以降、テレビ番組等の映像媒体で原告が製作したフォントを使用する場合には、所定の手続と商用使用料金の支払が必要となること等を通知した。

エ　本件フォントの販売

(ア)　原告は、平成一五年五月以降、旧タイプフェイスの一部にわずかな修正を加えたものを、本件フォントソフトとして販売したが、タイプフェイスとしての同一性を損なわない範囲の修正であったため、メガ丸、メガG、ロゴG、ロゴ丸、ロゴJr、ロゴ丸Jr、ラインG、ギガGといった旧フォントの名称をそのまま承継した。

(イ)　ロゴGについては、これを構成する七七二五の文字のうち三四三の文字に、肉眼で確認可能な程度の形状の変更がされ（例として、平仮名の「な」の修正は、別紙「ロゴG―判別資料―な」記載のとおりである。）、その余の文字については、大きさや配置に調整が加えられたものもあるが、肉眼で判別できるほどの修正は加えられなかった。本件フォントのうち、ロゴG以外のデジタルフォントにおける修正の範囲及び程度もほぼ同様である（例として、ロゴ丸における片仮名の「チ」の修正は、別紙「ロゴ丸―判別資料―チ」記載のとおりである。）。

(ウ)　本件フォントソフトのインストール時には、画面上に本件使用許諾契約の条項が表示され、その内容に同意した場合のみインストールを行うことができる仕組みとなっているが、本件使用許諾契約では、テレビ放送等でのデジタルフォントの使用を商用使用と位置付け、商用使用には、個別の商用使用許諾契約締結と使用料の支払が必要であるとされている。本件フォントソフトのユーザ登録カード、プラスティックケース裏面、商用使用のライセンス早見表等にも、同様の記載がなされている。

オ　TVリースフォント

原告は、本件フォントの販売開始と並行して、本件フォントを含む多数のフォントをテレビ放送等で使用する者との間で、年単位あるいは連続番組の単位で包括的な商用使用許諾契約を締結し、一括で使用料の支払を受ける事業を行うようになった（後にTVリースフォントと称するようになった。）。同契約において、原告と包括的な契約を締結した相手方は、使用するコンピュータの台数に応じた所定の使用料を支払えば、契約上の期間又は番組内では、本件フォントを含む多数のフォントを自由に使用できるとされる。

カ　複数者の使用

なお、あるテレビ番組について商用使用許諾契約を締結するなどして本件フォントを使用する権限を有する者がいる場合に、原告が、同一番組に関係する他の者から、二重に使用料を受領することは予定していない。

(2)　他の事業者

ア　フォントベンダーと呼ばれる事業者

は、原告以外にも多数存在し、多数のデジタルフォントあるいはフォントソフトが流通している。オペレーションシステムやソフトウェアに付属するものとして独立の対価の対象とされずに提供され、フォントの使用について特段の制限の存しないもの、インストールするコンピュータの台数に応じた対価を支払えば、その後のフォントの使用には制限がなく、フォント成果物の商用使用も自由なものもある。

イ　他方、テレビ番組や広告等、商用使用を予定して製作されたフォントについては、使用許諾契約において商用使用に制限を課しているものが多く、例として、基本的な使用許諾契約があれば、当該フォントを使用し印刷物等を配布することはできるが、テレビ番組等への使用については個別の許諾及び使用料の支払が必要であるとするもの、あるいは、年単位で包括的な使用料を支払えばフォント成果物の商用使用も自由とするもの、両者の形態を併用するものがあるなど、フォントベンダーによって様々である。

(3)　原告と被告テレビ朝日との関係

ア　本件フォント販売開始前

(ア)　原告は、前記平成一二年五月一五日付け「ソフトウェア使用に関する同意書」による通知をした後（前記(1)ウ(ア)）、被告テレビ朝日に対し、同年六月二八日付け書面により、現在販売しているフォントは、紙ベースの印刷・広告媒体での使用を前提に許諾していること、テレビ放送等の映像媒体での使用許諾は含まれていないが、別途登録があれば、テレビ番組についても許諾を付加すること、現在、被告テレビ朝日では、原告のフォントを使用したテレビ番組（二タイトル）が放映されているので至急登録が必要であること、現状において、別途ロイヤリティの支払は必要でないことを通知した。

(イ)　さらに原告は、被告テレビ朝日に対し、平成一四年七月三〇日付け書面により、原告のフォントをテレビ番組に使用する際には、使用登録するようテレビ放送会社に求めていること、被告テレビ朝日が放映しているテレビ番組（九タイトル、一一件）には、原告のフォントを用いて作成されたテロップが使用されているが、登録はなされていないこと、番組を被告テレビ朝日に納入した制作会社が、コンピュータ台数分のフォントソフトを購入していない可能性があるので、制作会社を知らせて欲しいこと、テロップが原告より購入したフォントソフトにより製作されたものであっても、番組で使用し放送する場合には、ロイヤリティの支払が必要であること、登録があれば、当分の間、ロイヤリティの支払を請求しない所存であること等を通知した。

(ウ)　これに対し、被告テレビ朝日は、同年一〇月一日付け書面で、字種を組み合わせて用いることに対し、フォントベンダーが権利を行使する余地はなく、正当な方法で入手したタイプフェイスに含まれる字種を組み合わせることは使用行為であり、原告の要求はこれを越えるものであるとして、これを拒む旨回答した。原告は、同年一一月六日付け書面により、番組の登録手続をとるよう再度求めたが、被告テレビ朝日は、同年一二月二〇日付け書面でこれを拒んだ。

(エ)　被告テレビ朝日では、原告から前記(イ)及び(ウ)の各通知を受けたため、原告の権利を認めるものではないが、トラブルを避ける趣旨で、テレビ番組の制作担当者らに、原告のフォントは使用せず、ノートパソコン等に原告のフォントをインストールしないよう、注意喚起をした。

(オ)　原告は、前記(1)ウ(ウ)のとおり、平成一五年三月三日付け書面により、無料サービスは終了し、今後料金の支払が必要である旨を放送事業者らに通知したが、その際、被告テレビ朝日に対しては、系列局の番組を含む七タイトルで原告のフォントが使用されている旨を指摘した上で、年間一括契約すれば、原告製作のデザイナーズフォントを、一年間、自局のあらゆる番組に自由に使用することができ、その料金は一年一八〇万円であること、番組一作品ごとに申し込む番組作品コースの場合、単発番組であれば一作品五〇〇〇円、連続番組は一年以内であれば一作品六万円であることを通知した。

イ　本件フォント販売開始後

(ア)　複数の放送事業者が、原告との間で商用使用許諾契約を締結し、使用料を支払っているが、被告テレビ朝日においては、原告と商用使用許諾契約を締結することはせず、前記ア(エ)のとおり、原告のフォントを使用しないよう、社内で注意喚起していた。

(イ)　平成一八年八月、被告テレビ朝日から番組制作業務を受注していた会社の従業員が、上記注意喚起を知らないまま、本件フォントソフトのうちのロゴGを原告から購入し、その際、ロゴGを年三回くらい特番に使用したいとして、ロゴGを一〇台のコンピュータで商用使用するためのライセンスパックの入手方法を原告に尋ねた。そのため、同年九月二七日、原告が前記従業員に電話をして意向を確認したが、同従業員は、テロップについてはテロップ製作業者である株式会社甲野（以下「甲野社」という。）に発注しており、甲野社が原告と契約しているので、不要である旨を回答した。

(ウ)　平成一九年七月にも、被告テレビ朝日の従業員が、本件フォントソフトのうちロゴGを購入したが、法人である被告テレビ朝日として、原告と商用使用許諾契約を締結することはなかった。

(エ)　原告は、前記アのとおり、平成一五年三月までは、被告テレビ朝日に対し、原告のフォントをテレビ番組に使用している旨を指摘していたが、同年五月の本件フォントソフト販売開始後は、平成二一年一一月二〇日付け書面により被告IMAGICAに通知をするまでの間、被告テレビ朝日の番組等で本件フォントが使用されていることを指摘したり、これに抗議したりすることはなかった（なお原告は、原告代表者が平成二一年三月二六日に被告テレビ朝日の乙山松夫と面談した際、本件フォントの無断使用を口頭で指摘した旨主張する。同日、原告代表者と前記乙山松夫が面談した事実は認められるが、かかる指摘があったことを裏付けるに足りる適確な証拠がない上、原告は従前そのような指摘を書面で行っていたのに、このときだけ口頭でしたとするのは不合理であることも考え合わせれば、原告が主張するようなやりとりがあったとは認められない。

(4)　テロップの製作と本件フォントの使用

ア　映像の編集とテロップの製作

(ア)　平成一六年から平成二一年までの時期において、被告テレビ朝日では、バラエティ番組につき、自社で番組制作をする場合であっても、テロップの製作については、甲野社など、テロップの製作を専門とする外部のテロップ製作業者に委託することが多かった。

(イ)　被告テレビ朝日がテロップの製作を外注する場合、担当者は、最終的な編集のための準備作業として、スタジオや屋外で撮影した映像素材を放送の所要時間に収まるようつなぎ合わせ、同時に、テロップの文言、画面上の配置場所、使用するフォントの種類等を指示するテロップ発注用紙を作成して、テロップ製作業者に送付し、テロップ製作業者は、受け取った発注用紙に従い、自社のフォントソフトを使用してテロップの画像データを製作し、被告テレビ朝日に納付した。

(ウ)　実際の放送用映像を作成するための最終的な編集は、大型の編集機器が設置された編集所で行う必要があるとされ、本件各テレビ番組一の編集は、被告ＩＭＡＧＩＣＡがその委託を受け、被告ＩＭＡＧＩＣＡの赤坂ビデオセンター編集室（以下「本件編集室」という。）で行われた。被告テレビ朝日などの番組制作担当者は、事前に準備した映像素材と、テロップ製作業者から納付されたテロップの画像データとを本件編集室に持ち込み、被告ＩＭＡＧＩＣＡの担当者と共に専用の編集機器を操作して、放送用の映像を完成させるが、その過程で、映像素材にテロップを挿入した。その際、テロップの画像データを、画像編集ソフトであるフォトショップ又は前記編集機器で編集し、色や縁取りなどの加工、文字間隔の調整などを行った。

(エ)　本件編集室等の編集所は、被告テレビ朝日に限らず、多数の放送事業者や番組制作会社によって利用され、その利用に際しては、編集所及び編集機器の使用料、並びに編集機器を操作する所員の人件費を時間制で精算するため、平成二二年ころまでは、上述のとおり、事前にテロップ製作業者に発注するのが原則とされ、編集所での編集作業中に、テロップの修正、追加が生じた場合には、テロップ製作業者に発注用紙をファクシミリで送り、メールの添付ファイルの形で、テロップの画像データの納付を受けるという方法がとられた。

イ　放送における本件フォントの使用

本件番組は、いずれも被告テレビ朝日制作のバラエティ番組として放送され、他局に配信されたが、そのうち本件各番組一については平成一六年一〇月から平成二一年一二月までの間、本件各番組二については平成一六年二月から平成二四年三月までの間、相当の回数にわたって、テロップの文字に本件フォントが使用された。

ウ　甲野社への支払

被告テレビ朝日は、甲野社へ委託した本件各番組一の番組三のテロップ製作業務に関し、平成一八年五月から平成二二年一月までの間、一か月のレギュラー番組のテロップ製作等につき≪略≫円前後、あるいは≪略≫円前後の報酬を支払うことが多く、最高で約≪略≫円の報酬を支払っている。また、年三回ほどのスペシャル番組のために、一回あたり、≪略≫円前後の報酬を支払っている。その際、甲野社は、毎月≪略≫件の、月によっては≪略≫を超えるテロップを製作して納品し、深夜あるいは時間外にも対応した（なお、本件訴訟において、被告テレビ朝日は、上記番組の上記期間についてのみ、甲野社との取引内容を開示しており、その余の取引内容を開示していない。）。

(5)　被告ＩＭＡＧＩＣＡへの通知とその後の経緯

ア　被告ＩＭＡＧＩＣＡへの通知等

(ア)　原告は、被告テレビ朝日から本件各番組一の編集業務を受託していた被告ＩＭＡＧＩＣＡに対し、平成二一年一一月二〇日付け書面により、本件各番組一の一部で本件フォントが無断使用されていること、原告がフォントソフト購入者との間で締結している本件使用許諾契約では、テレビ放送やＤＶＤ等に原告のフォントを使用する場合には、予め原告に登録をし、個別の商用使用許諾契約と使用料の支払が必要とされていることなどを通知した。

(イ)　被告ＩＭＡＧＩＣＡは、原告から本件フォントソフトを購入したことはなく、本件フォントの使用について、原告と商用使用許諾契約を締結したこともなかったが、原告から上記通知を受け、同月末ころ、社内調査を実施したところ、原告から指摘のあった番組の一部で、原告製作に係るフォントの使用が確認されると共に、本件編集室にある二十数台の各パソコンに、ロゴＧ、ロゴ丸Jr又はラインＧのいずれか一つ又は複数のフォントが保存されていることが判明した（ただし、保存されていたフォントが旧フォントか本件フォントかは判然としない。）。

(ウ)　被告ＩＭＡＧＩＣＡは、それらのフォントを全て消去すると共に、被告テレビ朝日に対し、自社が編集業務を行うテレビ番組では、原告製作に係るフォントを使用しないよう申入れた上、原告に対し、同月二七日付け書面により、原告から指摘のあったテレビ番組の編集時に、一部で原告製作に係るフォントが使用されていたことが確認されたことなどを回答した。

(エ)　同年一二月三日放送分以降、本件各番組一で本件フォント又は旧フォントが使用されることはなくなった。

イ　本件各番組二の関係

(ア)　本件各番組二については、被告ＩＭＡＧＩＣＡは編集業務の委託を受けておらず、前記通知の当時、放送が継続していたのは一番の番組と、五番の「二人の食卓」のみであったが、一番の番組では、平成一九年八月二日の放送でロゴGが使用されて以降、本件フォント又は旧フォントの使用は確認されていない。

(イ) 「二人の食卓」について、平成二一年一一月末の時点では、原告のフォントの使用は認められなかったが、平成二二年一〇月九日放送分からロゴGが使用されるようになり、番組が終了する平成二四年三月二四日まで、使用が継続された。

(ウ) 「二人の食卓」については、番組制作会社であるユーコムが、映像素材を編集し番組として完成させる業務や、これに付随する権利処理業務の一切を請け負っており、被告テレビ朝日は完成された番組の納品を受ける立場にあったため、被告テレビ朝日の担当者は、テロップと映像を合成する編集作業に関与していない。

ウ DVDの発売

(ア) 被告テレビ朝日は、平成二一年九月三〇日と平成二二年四月七日、本件各番組一の四番の番組の内容を収録した本件DVD一の発売を開始した。

(イ) 被告テレビ朝日は、平成二一年七月一五日から平成二三年九月二八日までの間に、本件各番組二の一番の番組内容を収録した本件DVD二の発売を開始した。

エ 本件編集室での他フォントの使用

平成二二年秋ころ、被告IMAGICAが原告以外のフォントベンダーの許諾を受ける形で、同社が製作したフォントを本件編集室内のパソコンにインストールしたため、被告テレビ朝日などの担当者が本件編集室を使用する場合、これを使用してテロップを作成し、フォトショップで加工して映像と合成できるようになった。

(6) 事実認定の補足説明

ア 本件番組における本件フォントの使用の有無及び程度

《証拠略》によれば、本件各番組一中の一番の番組ではロゴG、ロゴ丸Jr及びラインGが、二ないし四番の番組ではロゴG及びラインGが、五番の番組ではロゴGが使用されており、このうち二番及び三番の番組では、旧フォントと視覚的に判別可能な本件フォント（平仮名の「な」、片仮名の「チ」）が使用されていることが認められる。

一方で、本件フォントと旧フォントの判別は極めて困難である上、本件各番組一における平仮名の「な」を見ると、平成一八年四月、平成二一年八月、同年一〇月の時点で本件フォントと旧フォントの混在が認められる。

そのため、本件番組の全てにおいて、本件フォントが使用されたと断定することはできず、本件フォントが使用された番組を厳密に特定することも困難であるが、前掲の証拠及び本件フォントが平成一五年五月から販売されていることを考慮すると、前記(4)イのとおり、本件番組のうち相当の回数にわたって、本件フォントが使用されたと推認することができる。

イ 被告らによる本件フォントを使用したテロップ製作の有無

前記認定したところによれば、本件各番組一は、いずれも本件編集室で編集が行われ、その相当数のテロップに本件フォントが使用されているが、平成二一年一一月末の時点で、本件編集室にある二十数台のパソコンに、ロゴG、ロゴ丸Jr又はラインGのいずれか一つ又は複数が保存されていたことから、被告テレビ朝日又は被告IMAGICAの担当者が、本件編集室において、上記パソコンにある本件フォントを使用してテロップを作成し、映像と合成する編集作業を行ったと認められるかが問題となる。また、被告テレビ朝日においても、編集室に持ち込まれたノート型パソコンを用いて、テロップを製作する場合があることは認めている。

しかしながら、既に認定したとおり、本件編集室は、被告テレビ朝日に限らず、多数の放送事業者や番組制作会社が時間制で利用するものであり、本件編集室のパソコンに上記各フォントが保存された経緯は、証拠上不明といわざるを得ないため、被告ら以外の第三者により保存、使用された可能性が除外できないし、上記各フォントが本件フォントであるのか、旧フォントであるのかも判然としないのであるから、被告らが本件編集室内において、本件フォントを使用してテロップ製作を行ったことを直接示す事情とも言い難い。また、前記(3)イ(イ)及び(ウ)で認定のとおり、平成一八年八月と平成一九年七月に、被告テレビ朝日の従業員ほかがロゴGを購入した事実はあるものの、本件番組におけるロゴGの使用開始は、平成一六年に遡るものであり、上記購入とは符合しない。

さらに、被告テレビ朝日又は被告IMAGICAの担当者が、定型的、継続的業務として本件編集室で本件フォントを使用し、テロップを製作したと仮定した場合、本件編集室で、あるパソコンにはあるフォントが保存されているが、別のパソコンには保存されていないという状態は不自然といわざるを得ないし、前記(4)ウで認定したとおり、一番組の証拠にとどまるとはいえ、多額のテロップ製作費用を外部の業者に支払う状態が継続している実態が認められる以上、担当者が持ち込んだノートパソコンでテロップを製作する場合があったとしても、本件編集室内におけるテロップ製作が定型的、継続的に行われていたとは認めがたい。

以上によれば、被告テレビ朝日又は被告IMAGICAの担当者が、定型的、継続的業務として、本件編集室で本件フォントを使用し、テロップを製作していたと認めるに足りる証拠はなく、本件の証拠によれば、本件編集室で映像とテロップを編集する際の業務の流れは、前記(4)ア認定のとおりというべきである。

二 不法行為についての判断

(1) 本件タイプフェイスの保護について

ア 原告は、本件タイプフェイスをデータ形式にした本件フォントが、一揃いのタイプフェイスとしてはもちろんのこと、一文字単位でも法的な保護に値する利益を有する旨主張する。

本件タイプフェイスの具体的形態は、前記第二の一(4)のとおりであって、著作権法二条一項一号の著作物に該当するものとは認められず（最高裁平成一二年九月七日第一小法廷判決・民集五四巻七号二四八一頁参照）、原告も、著作権法に基づく保護を求めているものではないが、本件フォントをテレビ放送等に使用することは、上記法律上保護された利益を侵害するものとして、不法行為に当たると主張する。

しかしながら、著作権法による保護の対象とはならないものの利用行為は、同法が規律の対象とする著作物の利用による利益とは異なる法的に保護された利益を侵害するなどの特段の事情がない限り、不法行為を構成するものではないと解されるが（最高裁平成二三年一二月八日第一小法廷判決・民集六五巻九号三二七五頁参照）、本件フォントを使用すれば、原告の法律上保護される利益を侵害するものとして直ちに不法行為が成立するとした場合、本件タイプフェイスについて排他的権利を認めるに等しいこととなり、このような主張は採用できない。

イ　原告は、前記アの主張とは別に、本件フォントに係るライセンスビジネスという営業上の利益が侵害された旨の主張もするところ、本件フォントをテロップに使用したテレビ番組が放送されたのは、被告らが、本件フォントソフトを使用してテロップを製作し、あるいは本件フォント成果物をテロップに使用したことにより、故意又は過失による不法行為が成立し、これによって、原告の営業上の利益が侵害された、あるいは、本件フォントに係る使用許諾契約上の地位が侵害された旨を主張する趣旨と解される。そこで、次項以下では、前記認定事実に照らし、原告のかかる利益を侵害する不法行為が成立するか否かにつき、検討することとする（なお原告は、本件訴訟において、本件フォントを本件編集室のパソコンに複製されたことで、本件フォントソフトの販売利益を失った旨の主張はしないことを明確にしている。平成二五年五月一日付け原告最終準備書面九頁）。

(2)　被告らによる本件フォントの使用及びその態様

原告は、本件番組等に使用されたテロップは、被告テレビ朝日の担当者が、社内のテロップ製作システムで本件フォントを使用し、これを製作したものであると主張し、あるいは、被告らが、被告ＩＭＡＧＩＣＡの本件編集室で、本件フォントの一部が保存されたパソコンを使用して、これを製作したものであると主張する。

しかしながら、本件フォントが本件番組等のテロップに使用された経緯としては、前記一のとおり、被告テレビ朝日がテロップ製作業者にテロップの作成を発注し、納付を受けたテロップ画像を被告らの担当者が編集して放送したところ、これに本件フォントが使用されていた事実、被告テレビ朝日が、番組制作業者から、編集まで了した番組の納付を受けて放送したところ、これに本件フォントが使用されていた事実、及び被告テレビ朝日が本件番組の一部について、その内容を収録した本件ＤＶＤを販売した結果、それら本件ＤＶＤでも本件フォントが使用されることとなった事実は認定し得るものの、証拠上、それ以外の使用態様を認定することはできない。

したがって、被告らが、本件フォントソフト又は本件フォント自体を使用してテロップを製作したことを前提とする原告の主張は、その余の点について検討するまでもなく理由がない。

(3)　本件番組における故意による不法行為

ア　原告は、本件番組において本件フォントが使用された経緯及び態様が前記(2)のとおりであったとしてもなお、被告らの行為は、故意による不法行為にあたると主張する。

しかしながら、前記認定のとおり、被告らの行為は、本件フォントソフト又は本件フォント自体を使用してテロップを製作したわけではなく、テロップ製作業者等の第三者が本件フォントを使用し、フォント成果物として出力したテロップ画像を取得し、これを使用したに過ぎないものである。

そして、前記(1)のとおり、本件タイプフェイスあるいは本件フォントに著作物性、排他性を認めることはできないから、フォント成果物を取得する際に、本件フォントに由来する文字であることを認識していたとしても、当然に原告に対する故意の不法行為が成立するものではない。

また、前記一で認定したところによれば、被告らが、本件フォントについて、原告と本件使用許諾契約を締結したとは認められず、そのため、前記(1)のような原告の主張する利益との関係において、その侵害につき被告らの故意があったというためには、少なくとも、被告らにおいて、フォント成果物の納品元であるテロップ製作業者等が、原告との間で本件フォントの使用に制限を課す本件使用許諾契約を締結しており、かつ、これに違反している旨知っていたことを要するものと解される。

イ　この点、原告は、被告テレビ朝日の不法行為責任については、テロップ製作業者等の故意を被告テレビ朝日の故意と同視すべきである旨主張する。

しかし、原告が、本件フォントを販売するにあたりその使用に制限を課したとしても、それに拘束されるのは、その制限のあることを了解して原告と本件使用許諾契約を締結した本件フォントの購入者に限られる。つまり、仮にテロップ製作業者等が原告と本件使用許諾契約を締結した場合であっても、別の法主体である被告テレビ朝日がこれに拘束されるべき理由はなく、不法行為の成否を考えるに当たっても、テロップ製作業者等と被告テレビ朝日との間で法的地位に違いがあることは明らかである。

そうすると、仮に、第三者であるテロップ製作業者等に本件使用許諾契約違反があれば、原告は、その者に対し、債務不履行責任等を追及しうるが、その後、フォント成果物を取得し、これを使用するに過ぎない被告テレビ朝日との関係においては、テロップ製作業者らとの間に長年にわたる取引関係などがあったとしても、テロップ製作業者等の故意を、被告テレビ朝日の故意と同視すべきとは認められず、両者の責任を同一視することはできない。

ウ　そして、前記一で認定したところによれば、被告らにおいて、テロップ製作業者等が原告との間で、本件フォントの使用に制限を課す本件使用許諾契約を締結し、かつ、これに違反していることを知りながら、フォント成果物であるテロップ画像を取得し、本件番組に使用した事実は認められず、他にこれを認めるに足りる証拠はない。

そのため、本件番組について、被告らに故意の不法行為が成立する旨の原告の主張は、違法性など、故意以外の点を検討するまでもなく理由がない。

(4)　本件番組における過失による不法行為

ア　原告は、本件番組の制作、編集を行った被告らには、外注先から受領したテロップについて、本件フォント使用の有無を確認した上で、原告の使用許諾があるかを確認すべき注意義務があり、そのような確認をしないままこれを使用した点で過失があると主張する。しかしながら、前記一で認定したところによれば、原告の上記主張に関しては、以下の(ア)ないし(エ)の点を指摘することができるのであって、これらを総合すると、フォント成果物であるテロップ画像を取得して本件番組の制作、編集に使用する被告らに、テロップ製作業者等による本件フォントの使用につき、原告の正当な許諾があったかを確認し、許諾がないのであればその使用を中止すべき義務があったにもかかわらず、これを怠ったとの過失を認めることはできない。

(ア)　原告から旧フォントを購入した者は、旧使用許諾契約を締結していたとしても、特段の制限を受けず旧フォントをテレビ番組等で自由に使用できたのであるから、原告がその者に対し、今後は、放送等への使用には別途許諾が必要である旨を通知したとしても、このような一方的な通知によって、上記のような法的地位を変更することはできない。

したがって、原告が本件フォントを販売した後も、契約上の制約を受けることなく旧フォントを使用し得る者が存在したといえるが、現に前記一(6)のとおり、一部の番組では、新フォントと旧フォントの混在が認められ、被告ＩＭＡＧＩＣＡはもちろん、テロップ製作の発注者である被告テレビ朝日としても、従来から使用されている旧フォントと、ごく一部が変更されたに過ぎない本件フォントを区別することは、実際上極めて困難であったといえる。

(イ)　多数のフォントベンダーによる多数のフォントが流通しているが、無償で使用し得るもの、有償で正当に取得すれば使用に特段の制限のないもの、使用態様に制限があるもの、使用態様の制限はないが、期間制限があり更新が必要なものなど、その使用制限の有無、態様は様々であり、契約の当事者でない者が、これを区別することは極めて困難であるから、仮に、フォント成果物としてテロップを取得した者が、それを使用するにあたり、テロップの製作者におけるフォントの使用に正当な権限があるかを確認しなければならないとすれば、非常な困難を強いられるおそれがある。

(ウ)　タイプフェイスあるいはフォントが、一定の財産的価値があるものとして有償取引の対象となっていることは原告主張のとおりであるものの、これらは歴史的、文化的に形成されてきた文字との同一性の範囲内にあるものとして流通しているのであるから、フォント成果物の流通過程において、前者の使用権限の有無を確認すべき義務があるとすれば、その流通に制約が課されることとなり、文字を使用した情報伝達やコミュニケーション自体を阻害するおそれが生じる。

(エ)　本件番組は、別法人である放送事業者、編集担当者、番組制作業者及びテロップ製作業者などが、業務を分担する形で制作されているが、このような場合、一般には、各人が受注した範囲で権利の処理を行い、必要な許諾を得るものとされており、特段の理由のない限り、それを前提として各人の業務を遂行することが許されると解される。

イ　また、原告は、原告の主張する利益の要保護性と被告らによる本件フォントの使用態様とを対比して、被告らの行為は、社会的に相当な範囲を逸脱し、悪質であるとして、不法行為の成立を主張するが、被告らの故意が認められないことは前述のとおりであり、以下の事情を総合すると、被告らが、本件フォントが使用された本件番組等に関与した事実を前提としてもなお、これを違法と評価することはできず、この点からも不法行為に関する原告の主張は採用できないというべきである。

(ア)　原告の主張する本件フォントを取引対象とする営業上の利益、あるいは本件フォントの使用料を求める使用許諾契約上の地位について、これを法律上保護される利益と評価する余地はあるものの、既に述べたとおり、本件フォントは、旧フォントと比べ、一部の文字が若干修正されたに過ぎず、旧使用許諾契約のもとで自由に使用することができた旧フォントと同一性の範囲内にある。そのため、旧フォントの販売開始から約六年ないし九年が経過した後に、本件フォントの販売開始とあわせて使用許諾契約の条項に変更を加え、テレビ放送等での使用に制限を課し、別途使用料を求めることとしたとしても、その利益の要保護性を格別高いものと見ることはできない。

(イ)　被告らによる本件フォントの使用態様も、専らフォント成果物の使用にとどまり、被告ら自身が原告との間で本件使用許諾契約を締結し、これに違反して本件フォントソフト又は本件フォントを使用した事実は存しない。また、その目的、用途は、フォント成果物として当然想定される範囲内にあり、使用回数こそ相当数に昇るものの、各回当たりでは、本件タイプフェイスに属するフォントのごく一部をテロップとして使用したにとどまる。

ウ　なお、原告は、被告らの行為が社会的に相当な範囲を超えて悪質、違法なものである根拠として、原告がかねてから被告テレビ朝日に対して、フォントの無断使用をやめるよう通知していたにもかかわらず、被告らが本件フォントの使用を継続したことを挙げるが、この点に関しても、以下のとおり、被告らの行為の悪質性、違法性を根拠づける事情は認められない。

(ア)　原告が被告テレビ朝日に対してフォントの無断使用を指摘する書面を送付していたのは、旧フォントが販売、使用されていた時期である。一方、被告らは、平成一五年五月の本件フォントの販売開始後、被告IMAGICAが原告から平成二一年一一月二〇日付けの通知を受けるまでの間、被告テレビ朝日の番組等で本件フォントが使用されていることの指摘などを受けることはなかった。つまり、被告らにおいて、本件フォントが原告の許諾なく使用されていることを知り得る機会に欠けていたものである。

(イ)　そして、平成二一年に前記通知を受けた後においては、前記一(5)のとおり、同年一二月三日放送分を最後に、当時放送継続中であった番組における本件フォントの使用が中止されている。すなわち、被告らは、上記通知を受け、本件フォントが原告の許諾なく使用されている可能性を認識した後は、本件使用許諾契約に基づく原告の利益を損なうことがないよう速やかな対応をとったものといえる。

(ウ)　被告テレビ朝日のみに関係する事情として、本件各番組二中の五番の番組（二人の食卓）においては、前記(イ)の対応後一〇か月ほどが経過した平成二二年一〇月九日からロゴGの使用が開始され、本件訴訟においてこれが指摘された後もなお、平成二四年三月二四日までロゴGの使用が継続されている。しかし、同番組は、番組制作会社が権利処理業務も含めて制作を請け負っており、被告テレビ朝日は完成された番組の納品を受ける立場にあったため、上記ロゴGが旧フォントでなく本件フォントであったとしても、被告テレビ朝日の意思で本件フォントの使用が開始されたとはいえないし、本件フォントを一見してそれと識別することが困難であることは、既に述べたとおりである。

エ　以上を総合すると、本件番組に関し、原告が被告らの不法行為の理由として主張するところは、いずれも採用できない。

(5)　本件DVDに関する不法行為の成否

ア　原告は、本件DVDにおける本件フォントの使用について、本件番組における本件フォントの使用とは別に不法行為が成立すると主張している。

イ　まず、被告IMAGICAとの関係においては、被告IMAGICAが本件各DVD一における本件フォントの使用に関わったことを認めるに足りる証拠はなく、この点で被告IMAGICAの不法行為が成立する余地はない。

ウ　続けて、被告テレビ朝日について検討するに、本件DVDは、いずれも被告テレビ朝日が放送したテレビ番組のいわゆる二次利用に位置付けられる。このような二次利用においては、番組内で利用されている著作物であれば、当該著作権者の別途の許諾が必要と解されるが、本件フォントはこれに当たらない。しかも、本件DVDの一部には、原告から被告IMAGICAに対する平成二一年一一月二〇日付けの前記通知後に販売が開始されたものも含まれているとはいえ、番組そのものは、いずれも上記通知の前に放送されたものであるから、本件DVDにおいて使用された本件フォントは、違法性を帯びることなく、文字としての流通過程に置かれたものといえる。

以上によれば、本件DVDにおける本件フォントの使用が原告に対する不法行為を構成するとは解されない。

(6)　小括

したがって、原告の被告らに対する不法行為に基づく損害賠償請求は、その余の点について判断するまでもなくいずれも理由がない。

三　不当利得についての判断

(1)　原告は、被告らが、法律上の原因なく本件フォントの使用利益を利得し、あるいは使用料支払を免れたことが、不当利得に当たると主張する。

しかしながら、本件タイプフェイスには、著作物としての排他的権利性は認められないから、本件フォント成果物を取得し、これをテレビ番組等に使用することで、被告らが一定の利益を受ける面があったとしても、被告らが、「他人の財産又は労務によって利益を受け」（民法七〇三条一項）たと評価することはできない。

また、前記のとおり、被告らは、本件使用許諾契約の当事者とは認められず、同契約に基づく債務を負担する立場にないから、本件使用許諾契約に基づく使用料が支払われていないことをもって、原告の損失、あるいは被告らの利得と評価することもできない。

(2)　また、仮に、第三者が、本件フォントの不正な使用を理由とする損害賠償責任又は本件使用許諾契約違反による債務不履行責任を負う場合を想定しても、原告は、この者に対する権利行使が可能であり、被告らがフォント成果物を取得しこれを使用したことによって原告の上記債権が消滅したり移転したりするものではなく、やはり損失は認められない。

(3)　よって、被告らが本件フォントをテロップに使用したことについて、不当利得が成立するとすべき理由はなく、原告の被告らに対する不当利得返還請求はいずれも理由がない。

四　結論

したがって、原告の請求は、いずれも理由がないから棄却することとし、主文のとおり判決する。

（裁判長裁判官　谷　有恒　裁判官　松阿彌隆　松川充康）

別紙　タイプフェイス目録〈略〉
別紙　ロゴG―判別資料―な〈略〉
別紙　ロゴ丸―判別資料―チ〈略〉
別紙　番組目録〈略〉
別紙　追加五番組目録〈略〉
別紙　配給目録〈略〉
別紙　追加五番組配給目録〈略〉
別紙　DVD目録〈略〉
別紙　追加DVD目録〈略〉

平成２６年９月２６日判決言渡　同日原本交付　裁判所書記官

平成２５年（ネ）第２４９４号　損害賠償等請求控訴事件

（原審・大阪地方裁判所平成２２年（ワ）第１２２１４号）

口頭弁論終結日　平成２６年７月９日

判　　　　決

大阪市住之江区南港北二丁目１番１０号

アジア太平洋トレードセンタービルＩＴＭ棟１０階

控訴人（一審原告）　　株式会社視覚デザイン研究所

同代表者代表取締役　　葛　本　京　子

同訴訟代理人弁護士　　溝　上　哲　也

同訴訟復代理人弁護士　河　原　秀　樹

東京都港区六本木六丁目９番１号

被控訴人（一審被告）　株式会社テレビ朝日ホールディングス

（旧商号：株式会社テレビ朝日）

同代表者代表取締役　　早　河　　　洋

同訴訟代理人弁護士　　伊　藤　　　真

同　　　　　　　　　　平　井　佑　希

東京都品川区東五反田二丁目１４番１号

被控訴人（一審被告）　株式会社ＩＭＡＧＩＣＡ

同代表者代表取締役　　藤　川　幸　廣

同訴訟代理人弁護士　　鈴　木　　　純

主　　　　文

1　本件各控訴をいずれも棄却する。

2　控訴費用は控訴人の負担とする。

事実及び理由

第１　控訴の趣旨

1　主位的控訴の趣旨

⑴　原判決を取り消す。

⑵　被控訴人株式会社テレビ朝日ホールディングス（以下「被控訴人テレビ朝日」という。）は，控訴人に対し，８０４万４５７５円（ただし，７２９万３８２５円の限度で被控訴人株式会社ＩＭＡＧＩＣＡ［以下「被控訴人ＩＭＡＧＩＣＡ」という。］と連帯して）及びうち７２９万３８２５円に対する平成２２年４月８日から，うち６７万５６７５円に対する平成２３年１２月１１日から，うち７万５０７５円に対する平成２４年３月２５日から各支払済みまで年５分の割合による遅延損害金を支払え。

⑶　被控訴人ＩＭＡＧＩＣＡは，控訴人に対し，被控訴人テレビ朝日と連帯して，７２９万３８２５円及びこれに対する平成２２年４月８日から支払済みまで年５分の割合による遅延損害金を支払え。

⑷　訴訟費用は，第１，２審とも被控訴人らの負担とする。

⑸　仮執行宣言

2　予備的控訴の趣旨

⑴　原判決を取り消す。

⑵　被控訴人テレビ朝日は，控訴人に対し，７３１万３２５０円及びうち６６３万０７５０円に対する平成２２年４月８日から，うち６１万４２５０円に対する平成２３年１２月１１日から，うち６万８２５０円に対する平成２４年３月２５日から各支払済みまで年５分の割合による金員を支払え。

⑶　被控訴人ＩＭＡＧＩＣＡは，控訴人に対し，６６３万０７５０円及びこれに対する平成２２年４月８日から支払済みまで年５分の割合による金員を支払え。

⑷　訴訟費用は，第１，２審とも被控訴人らの負担とする。

⑸　仮執行宣言

第2　事案の概要

1　事案の要旨

(1)　本件は，フォントベンダーである控訴人が，テレビ放送等で使用することを目的としたディスプレイフォントを製作し，番組等に使用するには個別の番組ごとの使用許諾及び使用料の支払が必要である旨を示してこれを販売していたところ，控訴人が使用を許諾した事実がないのに，①被控訴人テレビ朝日において，(ア)前記フォントを画面上のテロップに使用した原判決別紙「番組目録」及び同「追加５番組目録」記載の番組を制作・放送し，(イ)同「配給目録」及び同「追加５番組配給目録」記載のとおり配給し，(ウ)同「番組目録」記載の番組を収録した同「ＤＶＤ目録」記載のＤＶＤ及び同「追加５番組目録」記載の番組を収録した同「追加ＤＶＤ目録」記載のＤＶＤを販売し，②被控訴人ＩＭＡＧＩＣＡにおいて，前記フォントを使用して原判決別紙「番組目録」記載の番組の編集を行ったと主張し，これら行為は，(a)主位的に，故意又は過失によりフォントという控訴人の財産権上の利益又はライセンスビジネス上の利益を侵害した共同不法行為を構成する，(b)予備的に，控訴人の損失において法律上の原因に基づかずにフォントの使用利益を取得したものであり不当利得を構成するとして，被控訴人らに対し，主位的には不法行為に基づき，予備的に不当利得の返還として，以下の使用料相当額の金員及び各行為後の日から支払済みまで民法所定の年５分の割合による遅延損害金の各支払を求めた事案である。

ア　被控訴人テレビ朝日関係

不法行為に係る損害額は，以下の(ア)ないし(エ)の合計額８０４万４５７５円，不当利得に係る返還請求額は，以下の(ア)及び(ウ)の合計額７３１万３２５０円（いずれもイと重複する部分につき被控訴人ＩＭＡＧＩＣＡとの連帯支払）。

(ア)　原判決別紙「番組目録」記載の番組（１０３３回分）及び同「ＤＶＤ目録」記載のＤＶＤ（２３作品）における上記フォントの使用料相当額

：６６３万０７５０円

(イ)　(ア)に係る弁護士費用相当額：６６万３０７５円

(ウ)　原判決別紙「追加５番組目録」記載の番組（９０回分）及び同「追加ＤＶＤ目録」記載のＤＶＤ（４作品）における上記フォントの使用料相当額：６８万２５００円

(エ)　(ウ)に係る弁護士費用相当額：６万８２５０円

イ　被控訴人ＩＭＡＧＩＣＡ関係

不法行為に係る損害額は，上記(ア)及び(イ)の合計額７２９万３８２５円，不当利得に係る返還請求額は，上記(ア)の６６３万０７５０円（いずれも被控訴人テレビ朝日との連帯支払）。

(2)　原審は，控訴人が主張する不法行為及び不当利得のいずれの成立も認められないとして，控訴人の請求をいずれも棄却したことから，控訴人が控訴した。

以下，略称は，本判決で特に示すものを除き，原判決のものによる。また，証拠の掲記については，枝番の全てを含むときはその記載を省略する。

2　前提となる事実

以下のとおり原判決を補正するほかは，原判決の「事実及び理由」中の「第２　事案の概要」欄の１記載のとおりであるから，これを引用する。

(1)　原判決３頁１７行目末尾に，「被控訴人テレビ朝日は，平成２６年４月１日，商号を「株式会社テレビ朝日」から「株式会社テレビ朝日ホールディングス」に変更した。」を加える。

(2)　原判決５頁４行目の「５～」を「甲Ｂ５～７」と改め，１３行目から１６行目までを，次のとおり改める。

「控訴人は，本件フォントソフトを販売するに当たり，その使用許諾契約（以下「本件使用許諾契約」という。）の条項として，本件フォントをテレビ放送等の著作権を有する作品で商用使用する場合には，本件使用許諾契約と別に，個別の使用許諾契約と使用料の支払が必要であることを定めた。」

3　争点

⑴　主位的請求（不法行為）関係

ア　被控訴人らによる本件フォントの使用と不法行為該当性　（争点１）

イ　損害の有無及び額　（争点２）

⑵　予備的請求（不当利得）関係

不当利得の成否　（争点３）

第３　争点に関する当事者の主張

1　争点１（被控訴人らによる本件フォントの使用と不法行為該当性）について

【控訴人の主張】

⑴　本件での「法律上保護される利益」について

ア　本件タイプフェイスは，可読性よりもデザイン性が重視されるディスプレイフォントとして，独創性及び創作性の価値があり，タイプフェイスが著作物とされる要件である「顕著な独創性及び優れた美的特性」を備えている。しかし，本件では，控訴人は，審理の長期化等を避けるために，あえて著作権法による保護を求めることはしない。

イ　本件フォントは，上記のとおり独創性及び創作性の価値があり，多大な費用，労力，時間を投資して創作・製作されたものであり，業界において高く評価されている。このように，テレビ番組等での使用を目的としたディスプレイフォントは，一揃いのタイプフェイスとして，さらには，一文字単位でも，財産的価値を有するものとして商取引の対象とされており，本件フォントも同様である。これらの点から，本件フォントは，一揃いのタイプフェイスとしてはもちろん，その文字数，データの形式（アウトライン形式か，データ形式か，その他の画像形式かなど），表象される媒体の如何を問わず，知的財産（知的財産基本法２条１項）として法律上保護されるべき利益に係る「知的財産権」であり，本件では，この利益が侵害されている。仮に本件フォントや本件タイプフェイスに著作物性が認められないとしても，そのことから直ちに本件フォントが法律上保護される利益でないとはいえないし，本件の被控訴人らのように，本件フォントを放送番組やＤＶＤに最初に化体した者の無断利用行為に対して法的な保護を与えたところで，著作権に匹敵するような法的保護となるものではない。

ウ　ディスプレイフォントにおいては，フォントソフトを購入しさえすれば何の制限もなく自由に使用できるという売切りタイプの販売形態はほとんどなく，使用目的又は使用期間に制限が課され，その制限外での使用には別途使用許諾契約を締結し，所定の使用料を支払うとの形態が採られている。そして，控訴人も，本件フォントソフトを販売するに当たり，本件フォントをテレビ放送やＤＶＤに使用するには別途使用許諾契約を締結し，使用料を支払う必要がある旨を，購入時の使用許諾契約書，外箱，説明書，インストール時に表示される使用許諾契約規定に明示しており，購入者との間で，これを内容とする本件使用許諾契約を締結している。このような控訴人のライセンスビジネス上の利益は，法的保護に値する利益であり，本件ではこの利益が侵害されている。

⑵　本件番組等への使用

本件フォントは，原判決別紙「番組目録」及び同「追加５番組目録」並びに同「ＤＶＤ目録」及び同「追加ＤＶＤ目録」記載のとおり，本件番組等において，テロップとして使用された。その回数は，テロップ数で５６８４回，文字数で６万７５０５文字と多数に及んでいる。

⑶　被控訴人テレビ朝日の責任

ア　被控訴人テレビ朝日の使用行為の態様

(ア)　本件番組等に使用されたテロップは，被控訴人テレビ朝日の担当者，又は番組制作会社の担当者といった被控訴人テレビ朝日の監督下にある者が，社内のテロップ製作システムにおいて，本件フォントを使用して製作したものと考えられる。

(イ) そうでないとしても，後述のとおり，本件各番組1の編集が行われた被控訴人ＩＭＡＧＩＣＡの赤坂ビデオセンター編集室（以下「本件編集室」という。）のパソコンには，本件フォントの一部がインストールされていたことからすると，被控訴人テレビ朝日の担当者らは，本件フォントを本件編集室で使用するために持ち込み，本件フォントを使用して，本件各番組1のテロップを製作ないし修正したものと考えられる。

(ウ) 被控訴人らは，テロップの製作を外部のテロップ製作業者に発注していたと主張するが，時間的に切迫した状況下で行われるバラエティ番組の制作，編集作業として非現実的かつ不自然というべきであり，否認する。また，一つの番組の中に異なる方法で製作したテロップが混在することもあるから，テロップ製作を外注することがあったとしても，被控訴人テレビ朝日自身による製作も相当回数あったと考えられる。

また，仮に外注されていたとしても，テロップ製作の外注先は被控訴人テレビ朝日の支配下にある子会社，グループ会社又は被控訴人テレビ朝日の指揮監督下にある会社と解されるし，被控訴人テレビ朝日のディレクターは，テロップの文言，設置場所，フォントの種類，大きさを決定し，テロップ製作業者に指示して製作させているだけであるから，テロップ製作会社の役割は単に具体的な作業を行う下請けにすぎず，テロップ製作の主体はあくまで被控訴人テレビ朝日であると評価されるべきである。

また，番組自体の制作を委託した場合であっても，被控訴人テレビ朝日が番組を共同で制作したものと評価されるべきであるから，被控訴人テレビ朝日自体が，本件フォントの使用行為を行ったと評価されるべきである。

イ　被控訴人テレビ朝日の故意

控訴人は，本件フォントをテレビ放送やＤＶＤの制作に使用する際には，別途使用許諾契約の締結及び使用料の支払が必要である旨を明示しており，被控訴人テレビ朝日に対しても，平成１８年８月に社員の鷲谷恵美子（以下「鷲谷」という。）がロゴＧを購入した際，平成２１年３月２６日に控訴人代表者と被控訴人テレビ朝日の松田実（以下「松田」という。）が面談した際，同年１０月２６日に控訴人の取締役の葛本篤史が被控訴人テレビ朝日の酒井陽寿にメールを送った際のほか，旧フォントを販売していた時代も含めて，再三その旨を指摘・通知した。このように，被控訴人テレビ朝日は，本件フォントをテレビ放映に使用するには商用使用料の支払が必要であることを認識しており，このようなライセンスビジネスは社会的に承認されたものであった。しかも，被控訴人テレビ朝日は，平成１８年８月に鷲谷が，平成１９年７月に社員の藤井裕久（以下「藤井」という。）が，それぞれ本件フォントのうちのロゴＧを購入して，被控訴人テレビ朝日としてその使用許諾契約まで締結していた。

にもかかわらず，被控訴人テレビ朝日は，その使用料を支払うことなく，前記ア(ア)及び(イ)の自己製作の場合には自ら本件フォントを使用してテロップを製作し，同(ウ)の外注の場合でもテロップ製作業者を指揮監督して本件番組のテロップ製作に本件フォントを使用させた。このように，被控訴人テレビ朝日が，商用使用料の支払が必要であることを認識していたか，支払わなくとも構わないと認識して本件フォントを使用した以上，少なくとも未必の故意の不法行為が成立する。

ウ　被控訴人テレビ朝日の過失

仮に前記ア(ウ)のように被控訴人テレビ朝日がテロップ製作を外注し，外注先が製作したテロップを受領して，これを映像素材に合成して使用したとされる場合であっても，被控訴人テレビ朝日には，外注先から受領したテロップについて，本件フォント使用の有無を確認した上で，控訴人の使用許諾があるかを確認すべき注意義務があったというべきであり，このような確認をするだけで，控訴人のライセンスビジネスを侵害することを容易に回避できた。

確かに本件フォントは旧フォントを修正したものではあるが，被控訴人テレビ朝日はフォントを頻繁に使用する立場にあり，その専門家ともいえる能力を有していて，本件フォントと旧フォントを容易に区別することができた。また，世間には多数のフォントが流通してはいるが，被控訴人テレビ朝日は，テロップ製作業者に対してフォントを指定して発注しているのであるし，被控訴人テレビ朝日自身，本件フォントソフトの使用許諾契約を２本締結しているのであるから，上記の注意義務を尽くすことに困難はない。さらに，外注の場合に権利処理は外注先が行うこととされていても，控訴人のライセンスビジネスを認識している場合には，このような権利処理の内部分担約束だけで免責されると考えるべきではない。カラオケリース業者の注意義務を認めた最高裁判所平成１３年３月２日判決も考慮されるべきである。

したがって，被控訴人テレビ朝日は，前記のとおりの注意義務を負うところ，そのような確認をしないまま，漫然と本件フォントを使用した注意義務違反がある。

エ　被控訴人テレビ朝日の悪質性（違法性）

(ア)　被控訴人テレビ朝日は，控訴人の許諾を得ることなく，控訴人が再三にわたって無断使用をやめるよう通知していたにもかかわらず，対価を全く負担せずに，長期間，多頻度かつ多数回にわたり，本件フォントの使用を継続し，本件フォントの製作に費やした控訴人の投資，労力にただ乗りして営利活動を営んだものであり，社会的に相当な範囲を逸脱した不正行為というべきである。

確かに本件フォントは，旧フォントを修正したものではあるが，両者は同一性の範囲にはなく，アップデートされた本件フォントに係る契約条件については，旧フォントとは別に要保護性が認められるべきである。また，本件フォントが使用許諾なくテレビ番組に使用されることが，当然想定される範囲とはいえない。さらに，被控訴人ＩＭＡＧＩＣＡの本件編集室のパソコンにインストールされていた本件フォントソフトは，違法にコピーされたものであり，被控訴人テレビ朝日が外注したという株式会社グレートインターナショナル社（以下「グレート社」という。）が使用したとされる本件フォントソフト及び旧フォントソフトも，違法にコピーされたものであり，被控訴人テレビ朝日は，少なくとも違法コピーの使用を容易に確認することができたのに，それを怠って商用使用料の支払を免れた。

(イ)　特に，本件各番組２の５番の「二人の食卓」及び本件各ＤＶＤ２の２ないし４番については，本訴提起後に本件フォントが無断で使用されたものである上，「二人の食卓」に至っては，訴えの変更によって損害賠償請求の対象となった後にまで無断使用を継続しており，社会的相当性の逸脱の程度が殊に顕著である。被控訴人テレビ朝日が，その制作を外部の番組制作会社である株式会社ユーコム（以下「ユーコム」という。）に委託していたとしても，遅くとも平成２２年８月の本訴提起後は，「二人の食卓」において本件フォントが使用されていることを認識し，又は認識すべき状況にあるから，ユーコムに対し，本件フォントにつき控訴人の使用許諾があるかを確認し，無断使用の場合にはその使用を中止させるべきであったといえる。

オ　まとめ

以上によれば，被控訴人テレビ朝日は，本件フォントの使用について，故意又は過失による不法行為責任を負うというべきである。

⑷　被控訴人ＩＭＡＧＩＣＡの責任

ア　被控訴人ＩＭＡＧＩＣＡの使用

㈠　被控訴人ＩＭＡＧＩＣＡが本件各番組１の編集を行った当時，被控訴人ＩＭＡＧＩＣＡの本件編集室の全てのパソコン（二十数台）とサーバーには，本件フォントのロゴG，ロゴ丸Ｊｒ及びラインGのうち１種類又は数種類がインストールされていた。上記各フォントは，本件各番組１の制作スタッフが持ち込んだものを，被控訴人ＩＭＡＧＩＣＡが了承して上記編集室内に置いていたと考えられる。

そして，これらはいずれも違法にコピーされたものである。

㈡　本件各番組１でテロップとして使用されていたロゴG，ロゴ丸Ｊｒ及びラインGは，被控訴人ＩＭＡＧＩＣＡの本件編集室内の各フォントによるものと考えられ，具体的には，被控訴人ＩＭＡＧＩＣＡの編集スタッフが，ディレクター等番組制作スタッフの指示に従い，本件編集室内で本件フォントを使用し，本件各番組１のテロップを製作したものと考えられる。現に，被控訴人ＩＭＡＧＩＣＡは，控訴人からの無断使用通知に対する回答において，「ご指摘の番組について，弊社顧客の制作会社が弊社編集施設にて当該番組の編集を行った際に，一部で御社のフォントが使用されていたことが確認されました。」と回答している。

㈢　被控訴人ＩＭＡＧＩＣＡの本件編集室に入室していない外部のテロップ製作業者がテロップを製作したとの被控訴人らの主張は，上記本件フォントのインストール状況及びバラエティ番組の制作の実情に照らし，不自然である。

イ　被控訴人ＩＭＡＧＩＣＡの故意

(ア)　被控訴人ＩＭＡＧＩＣＡは，被控訴人テレビ朝日が，本件各番組１を上記のとおり放送し，他局へ配給し，さらにそれらの番組を本件各ＤＶＤ１として販売することを知りながら，被控訴人テレビ朝日から直接又は間接的に委託を受け，本件各番組１の制作・編集に当たり，控訴人に無断で，本件編集室にある本件フォントを使用して，テロップを製作したものである。

(イ)　被控訴人ＩＭＡＧＩＣＡは，控訴人から本件フォントの無断使用の指摘を受けて，一部で控訴人のフォントが使用されていたことが確認された旨を回答しておきながら，控訴人が被控訴人テレビ朝日のライセンスの有無を尋ねる質問の回答を守秘義務を理由に拒んだり，本件編集室にインストールされていた状況を証拠化して明確に被控訴人ＩＭＡＧＩＣＡの関与を否定することもしておらず，被控訴人テレビ朝日と歩調を合わせていることから，被控訴人ＩＭＡＧＩＣＡには故意がある。

ウ　被控訴人ＩＭＡＧＩＣＡの過失

仮に被控訴人ＩＭＡＧＩＣＡが本件フォントを使用してテロップを製作することをせず，テロップ製作業者が本件フォントを画像データ化して製作したテロップを番組に挿入するにとどまっていたとしても，極めて多種類のテロップを扱うことを業とする被控訴人ＩＭＡＧＩＣＡは，本件フォントがデザイン性の高いディスプレイフォントであり，テレビ放送での使用に当たって別途使用許諾が必要である旨容易に認識し得たのであるから，本件フォントを使用したテロップを対価を得て用いる際には，創作者の許諾が得られているかを確認すべき注意義務を負っていたにもかかわらず，これを怠り，平成１６年から約５年もの長期間，確認作業を何ら行わないまま，漫然と大規模かつ反復継続して本件フォントを使用した注意義務違反がある。

エ　まとめ

以上によれば，被控訴人ＩＭＡＧＩＣＡは，本件各番組１での本件フォントの使用について，故意又は過失による不法行為責任を負うというべきであり，この範囲では，被控訴人テレビ朝日との共同不法行為が成立する。

【被控訴人テレビ朝日の主張】

⑴　本件フォントの使用について

本件番組等における本件フォントの使用については不知。被控訴人テレビ朝日は，本件フォントと旧フォントとで字体の相違があることを知らなかった。控訴人は，本件番組における本件フォントの使用回数を主張するが，いかなる基準を用いて本件フォントと旧フォントを区別して積算したか不明である。

⑵　本件フォントの法益性について

ア　本件フォントは著作物と認められないところ，知的財産法は，情報保護制度として，どのような情報に保護を与えるか，保護を与える場合にはどのような利用行為に保護を与えるか，どのような場合に保護を制限するか，などについて立法判断をして制定されているのであるから，その知的財産という「情報保護」の規律対象としては完結しているのであり，その点について一般不法行為法による「補充」をすることはできない。

イ　本件フォントの法的利益性に関する控訴人の主張は，一文字あるいは数文字のデジタルフォントが不法行為法の保護対象となることを前提とするが，情報伝達という実用的機能を持つ文字がそのような保護を受けるとすれば，その使用に重大な制約が生じ，多大な混乱が生じる。すなわち，被控訴人テレビ朝日などの放送局において，発注先であるテロップ製作業者が使用するフォントの種類や当該フォントに係る使用許諾契約の有無，内容を確認することなど不可能であり，控訴人の主張するような注意義務を課されるとすれば，文字の商用使用が実際上不可能になるという，著しく不当な結果を招くことになる。

また，タイプフェイス全体をデッドコピーした競合商品を販売する場合において，著作物の利用による利益とは異なる法的に保護された利益を侵害するなどの特段の事情があるとして，不法行為が成立する余地を否定するものではないが，そこで法的保護の対象として想定されているのは，数千文字に及ぶ文字を一組とするタイプフェイスであり，控訴人の主張は，このようなタイプフェイスに関する議論を，印刷又は出力された一文字あるいは数文字のフォント成果物の保護の議論に流用しており，到底認められない。また，上記の例と異なり，本件では，フォントソフトを正規に購入したテロップ製作会社から納入されたフォント成果物を放送に使用するにすぎない点で，取引における公正かつ自由な競争として許される範囲を甚だしく逸脱するものではない。

控訴人が本件フォントの製作に一定の費用と労力を投入したことは認めるとしても，控訴人が主張するほど多大なものではない。また控訴人は，本件フォントが可読性よりもデザインが重視されるディスプレイフォントであることを強調するが，そのようなフォントは，控訴人に限らず，他社もかねてから製作している。そのため，他のフォントと比べ，本件フォントが特別の独創性，創作性を有するものではなく，不法行為法上の要保護性を別異に扱うべきではない。

(3)　テロップ製作の実態等について

ア　被控訴人テレビ朝日は，本件番組の制作当時，テロップ製作については，自社がソフトウェアライセンス契約を締結しているフォントソフト収録のフォントを用いる場合を除き，全てテロップ製作業者へ委託しており，番組の制作スタッフが，番組編集室内でテロップ製作をすることはなかった。

被控訴人テレビ朝日は，テロップ製作業者に対し，例えば「ゴナＧ」とフォントを指定することはあるが，旧フォントと本件フォントとで字体の相違があることを知らなかった。被控訴人テレビ朝日は，本件フォントソフトを用いたフォント成果物によるテロップの使用は控えていたが，旧フォントソフトを用いたフォント成果物によるテロップの製作依頼やその使用は，フォントソフトの使用許諾契約上も何らの問題もないが故に，これを認めていた。

テロップ製作業者は，被控訴人テレビ朝日から受け取ったテロップ原稿（手書き又はワープロ原稿）に従い，フォントソフトから出力してテロップを製作し，画像データの形式で納品する。そのため，仮に本件番組のテロップに本件フォントが使用されていたとしても，被控訴人テレビ朝日が出力したものではない上，アウトラインデータの形式で納品を受けたことはなく，被控訴人テレビ朝日は本件フォントの使用主体ではない。

イ　被控訴人ＩＭＡＧＩＣＡの本件編集室設置のパソコンに，控訴人製作の本件フォントが存在していたようであるが，多数の会社が使用する編集室であり，理由は不明である。なにびとかが本件編集室を使用した際に（その者がテレビ使用について控訴人の許諾を受けていた可能性も高い。），テロップの画像データと共に，当該テロップに用いられたデジタルフォント一式が，パソコンにデータとして残った可能性が高いと考えられる。

いずれにせよ，被控訴人テレビ朝日が，被控訴人ＩＭＡＧＩＣＡの本件編集室のパソコンに本件フォントをインストールした事実も，それを使用してテロップを製作した事実もない。

(4)　不法行為該当性について

ア　控訴人は，本件フォントのテレビ放送等への使用について別途の使用許諾契約締結及び使用料の支払が必要である旨本件フォントソフトのパッケージなどに記載し，被控訴人テレビ朝日にも通知していたことを，不法行為成立の根拠として挙げる。

しかし，控訴人の主張は，本件フォントソフト購入者との契約関係を，フォント成果物を使用するにすぎない被控訴人テレビ朝日のような第三者にまで及ぼそうとするものであり，債権法の解釈として誤っている。かかる主張は，控訴人の一方的な方針や告知によって，新たな知的財産権類似の権利（不法行為に対して保護すべき利益の対象）を創出できるというに等しく，認められる余地はない。

また，平成１８年８月と平成１９年７月に鷲谷と藤井がそれぞれ本件フォントの「ロゴG」のフォントソフトを購入し，ユーザー登録カードを返送したことは争わないが，それらフォントソフトは使用されなかった。本件において問題とされるのは，本件フォントソフトの成果物を放送使用したことが不法行為に該当するかであり，鷲谷らが購入した本件フォントソフトについて使用許諾契約が締結されたか否かは関係がない。

なお，平成２１年３月２６日に控訴人代表者が松田に対して本件フォントの無断使用を指摘したことはない。

イ　本件フォントは，テレビ放送等での使用に何ら制限をせずに販売されていた旧フォント７７２５文字のうち３４３字を，タイプフェイスの同一性を損なわない範囲でわずかな形状の改変を施したものにすぎず，その余の７３８２字は文字の大きさを拡大又は縮小したものがある程度で，形状自体には変更は加えられていない。

被控訴人テレビ朝日において，テロップに使用されているフォントが，本件フォントソフトから出力されたものか，旧フォントソフトから出力されたものかを知る術はなく，実際に被控訴人テレビ朝日は，旧フォントソフトから出力されたものと考えていたのであるから，不法行為法上の故意又は過失もない。

ウ　「二人の食卓」の番組制作は，資本関係が一切ないユーコムに全て委託しており，権利処理業務及び契約業務，さらにデジタルフォントの決定等も全て同社が行っている。被控訴人テレビ朝日は，同社から納品された番組につき，放送法や自社の放送基準に照らし問題がないか確認するが，当該番組における権利処理業務はユーコムの責任で行うものであり，被控訴人テレビ朝日が個別に確認すべきものではない。そのため，「二人の食卓」に本件フォントが用いられていたとしても，これを放送する行為が不法行為を構成するものではないし，被控訴人テレビ朝日には故意又は過失もない。

エ　放送番組のＤＶＤ化においては，原則としてテレビ番組の放送映像をそのまま用いるのであり，本件ＤＶＤ内のテロップも，テレビ番組のテロップがそのまま収録されているにすぎないのであるから，別途不法行為が成立することはない。

【被控訴人ＩＭＡＧＩＣＡの主張】

⑴　本件フォントの使用について

本件各番組１の一部において，本件フォントがテロップとして使用されていたことは認める。

⑵　本件フォントの法益性について

本件フォントが，法律上保護すべき利益を有するとの主張は争う。

⑶　テロップ製作の実態等について

被控訴人ＩＭＡＧＩＣＡの本件編集室のパソコンには，Ａｄｏｂｅ社の画像編集ソフトＰｈｏｔｏＳｈｏｐ（以下「フォトショップ」という。）がインストールされており，文字を新たに打ち込み，テロップを編集することができる。また，平成２１年１１月２０日ころの時点で，本件編集室のパソコンに，ロゴＧ，ロゴ丸Ｊｒ及びラインＧの各フォントが保存されていたことは認める。

しかし，本件各番組１を含め，被控訴人ＩＭＡＧＩＣＡがテロップの製作を行うことはなく，テロップの製作は，番組制作会社又は同社から委託を受けた受託会社の指示の下，テロップ製作業者が行う。

被控訴人ＩＭＡＧＩＣＡの本件編集室には，同製作業者が製作したテロップが画像データの形式で納品され，同製作業者は，被控訴人ＩＭＡＧＩＣＡの本件編集室には入室しない。被控訴人ＩＭＡＧＩＣＡは，番組制作会社又は受託会社の指示の下，画像データ化されたテロップを放送用映像に合成し，文字の大きさ変更や着色，装飾，文字間の間隔調整等の作業を行うが，テロップ製作を行うわけではない。

したがって，本件各番組１のテロップの一部に本件フォントが使用されているとしても，それはテロップ製作業者によるテロップ製作，画像データ化の過程で生じたものであり，被控訴人ＩＭＡＧＩＣＡの行為によるものではない。

(4)　不法行為該当性について

ア　被控訴人ＩＭＡＧＩＣＡは，平成２１年１１月末ころ，控訴人から「弊社フォントの使用について」と題する文書を受領するまで，控訴人が本件フォントソフトを販売していることさえ知らず，控訴人と被控訴人テレビ朝日との間で，過去にフォントの使用を巡る紛争が生じていることも知らなかった。

被控訴人ＩＭＡＧＩＣＡは，上記文書受領後，直ちに必要な調査を実施し，その過程で発見された本件編集室のパソコンに保存されていたロゴＧ，ロゴ丸Ｊｒ及びラインＧのデジタルフォントを抹消した上，被控訴人テレビ朝日に対し，被控訴人ＩＭＡＧＩＣＡが編集に携わるテレビ番組において，控訴人製作に係るデジタルフォントを使用しないよう申入れを行った（その後，被控訴人テレビ朝日制作のテレビ番組で本件フォントが使用されるという事態は止んだ。）。

このような事実関係に照らせば，被控訴人ＩＭＡＧＩＣＡが，本件フォントの使用を認識していたとはいえず，故意の不法行為が成立しないことは明らかである。

イ　過失による不法行為について，控訴人は，被控訴人ＩＭＡＧＩＣＡに注意義務が課される根拠として，ディスプレイフォントをテレビ放送で使用するためには，別途使用許諾契約を締結しなければならないとの社会的規範が存在する旨主張するが，そのような使用許諾契約を要することなく使用が許されているフォントも多数存在しており，控訴人の主張には前提に誤りがある。

しかも，被控訴人ＩＭＡＧＩＣＡは，編集作業の過程で，テロップに使用されているフォントを視認する機会があるとはいえ，視認のみで誰によって製作されたいかなる種類のフォントかなど，テロップが画像データ化される以前の詳細な事情は知り得ない。本件フォントは，仔細に見れば，同業他社のデジタルフォントと異なることは認識し得るものの，一見しただけでの判別は著しく困難であるし，本件フォントそのものに，控訴人製作に係る旨の表示がされているわけでもない。そのため，被控訴人ＩＭＡＧＩＣＡにおいて，本件フォントをテレビ放送に使用するのに別途の使用許諾が必要であることなどを知る由もなく，控訴人の主張するような注意義務違反がないことは明らかである。

また，控訴人の主張は，被控訴人ＩＭＡＧＩＣＡにおいて，番組制作会社に対し，使用許諾の有無や使用料支払の有無を確認すべき義務があるというに等しいが，そのようなことをしても，両者間の信頼関係が破壊されるだけで，控訴人の主張する法益（別途使用許諾契約を締結することにより，別途使用料を取得できる地位）を保護する上での実効性はほとんどなく，そのような義務を被控訴人ＩＭＡＧＩＣＡが負うとは考えられない。

したがって，被控訴人ＩＭＡＧＩＣＡには，控訴人の主張するような確認義務違反はなく，過失による不法行為も成立しない。

2　争点2（損害の有無及び額）について

原判決「事実及び理由」の「第3　争点に係る当事者の主張」欄の2記載のとおりであるから，これを引用する。

3　争点3（不当利得の成否）について

原判決「事実及び理由」の「第3　争点に係る当事者の主張」欄の3記載のとおりであるから，これを引用する。

ただし，原判決20頁7行目末尾に行を改めて，次の文を加える。

「本件フォントは，知的財産基本法によって「知的財産権」とされ，そのライセンスビジネス上の利益と併せて不法行為によって保護される法律上の利益があるから，それをテロップに利用して利益を受けた被控訴人テレビ朝日には利得があるというべきである。また，被控訴人テレビ朝日は，「ロゴG」の使用許諾契約を2回にわたり締結しているから，その使用料を免れたことは利得に当たる。」

第4　当裁判所の判断

1　認定事実

以下のとおり，原判決を補正するほかは，原判決「事実及び理由」の「第4　当裁判所の判断」欄の1（20頁26行目から31頁9行目まで）の記載のとおりであるから，これを引用する。

⑴　原判決21頁3行目の「115，」の後に「144，」を加える。

⑵　原判決22頁7行目から8行目にかけての「特例として，」を「特別に」と改める。

⑶　原判決23頁5行目から11行目までを，次のとおり改める。

「(ウ)　本件フォントソフトに同梱された「フォントソフトウェア使用許諾

契約書」では，①「本製品およびタイプフェイスデザインの著作権その他一切の権利は，株式会社視覚デザイン研究所および書体デザイナーに帰属しています。本製品は，使用権のみの販売となります。」，②「（使用権について）お客様が１製品につき１台のコンピュータ上で使用する場合に許諾されます。複数のコンピュータにインストールすることは許されません。」，③「（使用権の範囲）このフォントパッケージには，下記の使用権が含まれています。◇デザイン，広告，販促，印刷など紙媒体で使用する。◇ロゴタイプ…に使用する。…◇ＷＥＢページの文字表現として使用する。」，④「（使用権の範囲外）下記の商用使用には，個別の使用許諾契約と使用料の支払いが必要です。…◇テレビ放送，ゲームソフトウェア，情報サイン，その他著作権を有する作品で使用する。」等と記載されていた。

また，同様の記載は，本件フォントソフトのプラスチックケース裏面や，控訴人のホームページ上での本件フォントソフトの購入画面でもされている。そして，本件フォントソフトのインストール時には，画面上に本件使用許諾契約の条項が表示され，その内容に同意した場合のみインストールを行うことができる仕組みとなっている。」

(4) 原判決２４頁１５行目の「１２４，」の後に「１４０～１４３，１５２～１５６，」，「甲Ｄ１～１１，」の後に「乙２９及び３０，」を加え，２５頁１８行目から２１行目までを，次のとおり改める。

「(エ) 被控訴人テレビ朝日では，控訴人から前記(イ)の通知を受けたことから，平成１４年9月２７日，社内関係部署宛に，「文字フォントの放送使用に関する注意」を配布した。そこでは，控訴人からフォントの放送使用に関して契約を求めてきており，一般フォントの著作権は最高裁判所の判例で否定されているが，契約をした場合は法律関係が生じ，対価を支払わないことは債務不履行となることから，今後は，放送使用について制限があるものや契約を求めてくるものは購入しないこととし，放送使用フリーのフォントを使用する等の対応が好ましいとされていた。

また，被控訴人テレビ朝日では，平成１９年９月６日，社内各局の番組制作担当者宛に「フォント使用に関する注意事項について」を配布した。そこでは，フォントベンダーとの間で使用料支払をめぐるトラブルが発生していることから，番組で使用するフォントは基本的に被控訴人テレビ朝日指定のものを使用し，番組単位で勝手にフォントソフトを購入しないこととする等とされていた。」

(5)　原判決２６頁１０行目から１８行目までを，次のとおり改める。

「(イ)　平成１８年８月，被控訴人テレビ朝日から番組制作業務を受注していた株式会社メディア・バスターズの従業員であった鷲谷が，上記注意喚起を知らないまま，本件フォントソフトのうちのロゴGを控訴人から購入し，控訴人にユーザー登録カードを返送したが，同カードには，「会社名／部課名」として「株式会社テレビ朝日／制作部」と記載されていた。また，鷲谷は，上記購入に際し，ロゴGを年３回くらい特番に使用したいとして，ロゴGを１０台のコンピュータで商用使用するためのライセンスパックの入手方法を電話で控訴人担当者に尋ねた。そのため，同年９月２７日，控訴人担当者が鷲谷に電話をして意向を確認したところ，鷲谷は，テロップについてはグレート社に発注しており，グレート社が控訴人と契約しているので大丈夫である旨を回答したが，それに対して控訴人担当者は，グレート社とは契約していない旨を伝えた。また，鷲谷が購入した前記の本件フォントソフトは，被控訴人テレビ朝日内で前記の方針と反していたことから，番組で使用されることはなかった。」

(6)　原判決２６頁１９行目から２１行目までを，次のとおり改める。

「(ウ) 平成１９年７月，被控訴人テレビ朝日の社員である藤井は，本件フォントソフトを購入し，控訴人にユーザー登録カードを返送したが，同カードには，「会社名／部課名」として「テレビ朝日制作１部『独占！女だらけの６０（１２０）分レディＧｏ！』」と記載されていた。また，藤井は，その頃，控訴人に対し，上記購入した本件フォントソフトを４本の番組において使用することの許諾申込みをしたが，被控訴人テレビ朝日内で前記の方針と反していたことから，その後，控訴人に対し，上記本件フォントソフトの購入とライセンスの請求を制作会社に変更するよう求め，控訴人はそれを了解した。そして，制作会社である株式会社創輝は，控訴人に対し，実際に使用した２番組分の使用料を支払った。」

(7) 原判決２６頁２２行目から２７頁８行目までを，次のとおり改める。

「(エ) 控訴人は，前記(1)ウのとおり，平成１５年３月までは，被控訴人テレビ朝日に対し，控訴人のフォントをテレビ番組に使用している旨を指摘していたが，同年５月の本件フォントソフト販売開始後に，番組を特定して控訴人のフォントの無断使用を指摘したのは，平成２１年１０月２６日のメールにおいてであった。」

(8) 原判決２７頁１９行目の「テロップの文言」の後に「（手書きやテキストファイルにより作成する。）」を加える。

(9) 原判決２７頁１０行目の「９５，」の後に「１４６，１４７，」を加え，「２６，」の後に「４１，４２，」を加え，２３行目の末尾に次の文を加える。

「本件各番組１の３番について本件当時に被控訴人テレビ朝日が作成して使用していたテロップ発注用紙では，フォント指定欄の１２の候補の中に，「ロゴ丸Ｂ」，「ロゴＧＢ」，「ロゴＧＥ」との記載があった。また，テロップ製作会社が作成していたテロップ発注用紙では，フォント指定欄に特段の候補の記載はなかった。」

⑽　原判決２７頁２６行目から２８頁１行目にかけての「赤坂ビデオセンター編集室（以下「本件編集室」という。）」を「本件編集室」と改める。

⑾　原判決２８頁７行目の「文字間隔の調整」を「文字の大きさや文字間隔の調整，文字の修飾」と改める。

⑿　原判決２８頁９行目の「被告テレビ朝日に限らず，」から１０行目の「利用され，」までを，「多数の放送事業者や番組制作会社によって利用されていたが，制作会社を含めて被控訴人テレビ朝日関連が主たる利用であった。」と改める。

⒀　原判決２９頁７行目の「開示していない。」の後に，「また，被控訴人テレビ朝日は，グレート社以外のテロップ外注先を開示していない。」を加える。

⒁　原判決２９頁７行目末尾に行を改めて次の文を加える。

「エ　グレート社による旧フォントの使用許諾の届出

グレート社は，平成１４年８月，控訴人に対し，購入した旧フォントソフトについてユーザー登録カードを返送し，被控訴人テレビ朝日関係の４番組等について使用登録をした。」

⒂　原判決２９頁１１行目から１７行目までを次のとおり改める。

「(ア)　控訴人は，被控訴人テレビ朝日から本件各番組１の編集業務を受託していた被控訴人ＩＭＡＧＩＣＡに対し，平成２１年１１月２０日付け書面により，本件各番組１の３番組等で本件フォントが無断使用されていること，控訴人がフォントソフト購入者との間で締結している本件使用許諾契約では，テレビ放送やＤＶＤ等に控訴人のフォントを使用する場合には，予め控訴人に登録をし，個別の使用許諾契約と使用料の支払が必要とされていることなどを通知するとともに，被控訴人ＩＭＡＧＩＣＡが上記番組の編集に使用しているデジタルフォン

トについて，購入履歴，番組の制作担当責任者名，控訴人のフォント
を使用する事業所等について回答するよう通知した。」

⒃ 原判決２９頁２１行目の「原告から」から２２行目の「共に，」までを削除する。

⒄ 原判決３０頁３行目の「原告から」から５行目末尾までを，次のとおり改める。

「「ご指摘の番組について，弊社顧客の制作会社が弊社編集施設にて当該番組の編集を行った際に，一部で御社のフォントが使用されていたことが確認されました。ただし，お問い合わせの内容につきましては，当該顧客との取引に係わる守秘義務がある都合上，弊社からはご回答しかねる次第です。また弊社への文字フォントの持込が画像データで行われるケースが多く，弊社側ではフォントの特定が難しいという状況もあります。」，「今回のご指摘を受けて，弊社としても改めて御社フォントの不適切な使用が行われないよう必要な措置を取ると同時に関係者への周知徹底を図り，また当該顧客へ今後の対応策について申し入れ・協議を行っていく所存です。」と回答した。」

2 事実認定の補足説明

(1) 本件番組における本件フォントの使用の有無及び程度（先に引用した原判決「事実及び理由」第４の１⑷イ）

原判決３１頁１２行目から２６行目までの記載のとおりであるから，これを引用する。ただし，同頁２２行目から２６行目までを次のとおり改める。

「 そのため，本件番組の全てにおいて，本件フォントが使用されたと断定することはできず，本件フォントが使用された番組を厳密に特定することも困難である。

この点について，控訴人は，「な」と「ち」以外に「も」，「ら」，「そ」，「や」，「ん」，「こ」，「よ」についての本件フォントと旧

フォントとの違いを明らかにした上で（甲Ｂ１４４），被控訴人らにとって本件フォントと旧フォントを見分けることは容易であり，本件番組における本件フォントの使用回数は，テロップ数で５６８４回，文字数で６万７５０５文字になるとして，甲Ｃ１４を提出する。しかし，旧タイプフェイスと本件タイプフェイスの相違は，控訴人自身が述べるとおり，タイプフェイスの同一性を損なわない範囲で僅かなデザインの改変やバージョンアップを施したものにすぎず（控訴人の原審での平成２３年１０月２０日付第６準備書面２頁），控訴人が明らかにする各文字の相違は，そのような差異を念頭に置いた上で，その識別を目的としてテロップを注意深く観察すれば，判別し得ないものでないとしても，そのような認識や注意なくテロップを見る場合に通常判別し得るものとは認められない。また，控訴人が提出する甲Ｃ１４についても，それらの画面に本件フォントが使用されているとする根拠が明らかでなく，直ちに採用することはできない。

もっとも，前掲の証拠及び本件フォントが平成１５年５月から販売されていることを考慮すると，補正して引用した原判決１(4)イのとおり，本件番組のうち相当の回数にわたって，本件フォントが使用されたと推認することができる。」

(2)　被控訴人らによる本件フォントを使用したテロップ製作の態様（前記補正して引用した原判決「事実及び理由」第４の１(4)ア）

ア　前記引用した原判決「事実及び理由」第４の１(4)ウのとおり，被控訴人テレビ朝日は，１社の１番組の証拠にとどまるとはいえ，多額のテロップ製作費用を外部の業者に支払う状態が少なくとも４年弱にわたって継続している実態が認められることや，前記補正して引用した同１(5)ア(ウ)のとおり，被控訴人ＩＭＡＧＩＣＡも，控訴人に対する回答において，文字フォントの持込みが画像データで行われることが多いとしていること，原審証人藤井も平成１４年以降は外部のテロップ製作業者への委託しかしていなかったと証言していること（１９頁）からすると，前記引用した原判決「事実及び理由」第４の１(4)ア(ア)のとおり，被控訴人テレビ朝日では，テロップの製作について，グレート社などのテロップ製作会社に委託することが多かったと認められる。

イ　控訴人は，被控訴人テレビ朝日は，その担当者又は番組制作会社の担当者といった被控訴人テレビ朝日の監督下にある者が，社内のテロップ製作システムにおいて，本件フォントを使用して製作したと主張する。

確かに，控訴人が提出する証拠（甲Ｂ５４ないし６６，７０ないし７７，１１７ないし１２３）では，各番組のアシスタントディレクター等がテロップを製作するといった趣旨の記載がある。しかし，それらは，甲Ｂ５４及び５５を除き，本件番組に関するものではない。また，甲Ｂ５４は，本件各番組１の３番の番組に関する記載であるが，そこでは単にテロップの字体等をアレンジする旨が記載されているにすぎない。他方，甲Ｂ５５は，番組制作会社の従業員のブログであるが，そこでは，同人が平成１９年４月から本件各番組２の１番の番組のアシスタントディレクターをしており，「フォトショップで色を加工したり切り抜いたり，テロップも全部ＡＤが打っていて，フォントもいろいろ工夫して使うし，「！」と「！」のあいだの文字間やカタカナはちょっと文字サイズを大きくするだとか，細かい決まりもたくさんある。」との記載がある。しかし，先に補正して引用した原判決「事実及び理由」第４の１(4)ア(イ)(ウ)で認定した外注によるテロップの製作過程においても，番組の担当者は，テロップの文言を手書きやテキストファイルで作成するほか，テロップ製作業者から納付されたテロップの画像データを用いてテロップを加工している。したがって，上記のような甲Ｂ５５の記載は，テロップ製作を外注する場合でも番組担当者が行っていることであり，同記載から控訴人主張のように認めることはできず，他に控訴人の上記主張を認めるに足りる証拠はない。

ウ　また，控訴人は，被控訴人ＩＭＡＧＩＣＡの本件編集室のパソコンに本件フォントの一部がインストールされていたことからすると，被控訴人テレビ朝日の担当者らは，本件フォントを被控訴人ＩＭＡＧＩＣＡの本件編集室で使用するために持ち込み，本件フォントソフトを使用して，本件各番組１のテロップを製作ないし修正したと主張する。

しかし，本件編集室は，被控訴人テレビ朝日に限らず，多数の放送事業者や番組制作会社が時間制で利用するものであることからすると，被控訴人テレビ朝日関係での利用が主たるものであったとはいえ，被控訴人テレビ朝日の担当者が本件フォントソフトをインストールしたものであると断定することも，本件番組のテロップが上記の本件フォントソフトを使用して製作ないし修正されたと断定することもできない。

また，被控訴人テレビ朝日又は被控訴人ＩＭＡＧＩＣＡの担当者が，恒常的に本件編集室で本件フォントソフトを使用してテロップを製作したと仮定した場合，本件編集室に被控訴人テレビ朝日用の専用室はなかったのであるから，あるパソコンにはあるフォントが保存されているが，別のパソコンには保存されていないという状態は不自然といわざるを得ないし，１社の１番組の証拠にとどまるとはいえ，被控訴人テレビ朝日が多額のテロップ製作費用を外部の業者に支払う状態が少なくとも４年弱の間継続していた実態が認められる以上，担当者が持ち込んだノートパソコンでテロップを製作する場合があったとしても，本件編集室内におけるテロップ製作が恒常的に行われていたとは認め難い。

そうすると，本件編集室において，本件フォントソフトを使用して本件番組のテロップが作成ないし編集されていたとは認めるに足りないといわざるを得ないが，仮に本件編集室内のパソコンにインストールされた本件フォントソフトが，本件番組のフォントの製作や編集に使用されたことがあったとしても，臨時的ないし例外的なものにすぎなかったと考えられる。

以上の点について控訴人は，被控訴人ＩＭＡＧＩＣＡが，前記補正して引用した原判決「事実及び理由」第４の１(5)ア(ウ)のとおり，控訴人から本件番組のうちの３番組等を特定して本件フォントの無断使用を指摘されたのに対し，「ご指摘の番組について，弊社顧客の制作会社が弊社編集施設にて当該番組の編集を行った際に，一部で御社のフォントが使用されていたことが確認されました。」と回答した点を指摘しており，確かにこの回答文の記載は，それだけを見ると，本件編集室において本件フォントソフトを使用して番組編集が行われたという趣旨にも読める。しかし，被控訴人ＩＭＡＧＩＣＡが，同時に，一種の弁解として，「弊社への文字フォントの持込が画像データで行われるケースが多く，弊社側ではフォントの特定が難しいという状況もあります。」とも記載していることや，被控訴人テレビ朝日に対して，自社が編集業務を行うテレビ番組では控訴人のフォントを使用しないよう申し入れたことからすると，被控訴人ＩＭＡＧＩＣＡが確認したのは，番組制作会社が持ち込んだテロップ画像データ中に控訴人のフォントが用いられていたということであったとも考えられる。そうすると，被控訴人ＩＭＡＧＩＣＡの上記回答書の記載をもって，本件編集室において，パソコンにインストールされた控訴人のフォントソフトを使用して編集作業を行ったと認めることはできない。

エ　本件でのテロップの作成態様について，控訴人はその他にも縷々主張するが，いずれも可能性を指摘するものにすぎず，前記判断を左右するものではない。

(3)　控訴人による被控訴人テレビ朝日に対する本件フォントの無断使用を告知した時期（前記補正して引用した原判決「事実及び理由」第４の１(3)イ(エ)）

控訴人は，補正して引用した原判決「事実及び理由」第４の１(3)イ(エ)で認定した平成２１年１０月２６日より前の同年３月２６日に，控訴人代表者が被控訴人テレビ朝日の松田と面談した際，本件フォントの無断使用を口頭で指摘した旨主張する。

しかし，控訴人取締役葛本篤史の陳述書（甲Ｂ１４２）によっても，その面談の主たる目的は，控訴人が新たに販売を開始したＴＶリースフォントの契約を要請するものであったと認められ，面談後にその様子を松田が社内の関係者に送信したメール（乙３７。控訴人は，改ざんの可能性を指摘してその信用性を否定するが，乙３８ないし４０及び弁論の全趣旨に照らして採用できない。）において，松田は同面談時に控訴人が本件フォントの無断使用を指摘した旨を述べていないことからすると，同面談時に控訴人代表者が本件フォントの無断使用を指摘したとは認めるに足りない。また，控訴人代表者が仮にそのような指摘をしていたとしても，松田の印象に残らない程度の簡単な指摘にとどまっていたと推認される。

(4)　控訴人と被控訴人テレビ朝日の間の本件フォントの使用許諾契約の成否（前記補正して引用した原判決「事実及び理由」第４の１(3)イ(イ)(ウ)）

ア　平成１８年８月に，鷲谷が本件フォントソフトを購入し，控訴人にユーザー登録カードを返送したことは，先に補正して引用した原判決「事実及び理由」第４の１(3)イ(イ)のとおりである。

しかし，鷲谷は，番組制作会社の従業員であるから，上記の事実をもって，控訴人と被控訴人テレビ朝日との間に本件フォントに関する使用許諾契約が成立したと認めることはできない。この点について，控訴人は，鷲谷が番組制作会社の従業員であることを否認するが，被控訴人テレビ朝日が番組制作会社の会社名まで明示していることから，前記のとおり認めるのが相当である。

また，この点を措くとしても，鷲谷が購入した本件フォントソフトに係る使用許諾契約の記載は，先に補正して引用した原判決「事実及び理由」第４の１(1)エ(ウ)のとおりであるところ，そこにおける「フォントソフトウェア使用許諾契約書」等の記載内容からすると，そこに定められた条項は，購入した本件フォントソフトの使用に係るものにすぎず，本件フォントないし本件タイプフェイスの一般的な使用に係るものとは認められない。したがって，鷲谷の上記行為によって仮に被控訴人テレビ朝日と控訴人との間に使用許諾契約が成立したとしても，被控訴人テレビ朝日が，テロップ製作会社が製作したフォント成果物を番組テロップに使用しない義務を負うとは認められない。

イ　平成１９年７月に，被控訴人テレビ朝日の社員の藤井が本件フォントソフトを購入して控訴人にユーザー登録カードを返送したこと，控訴人に本件フォントの使用許諾を申し込んだことは，先に補正して引用した原判決「事実及び理由」第４の１(3)イ(イ)(ウ)のとおりである。

しかし，その後藤井は，控訴人に対して，本件フォントの購入とライセンスの請求を番組制作会社に変更するよう求め，控訴人もそれを承諾したのであるから，この件について，控訴人と被控訴人テレビ朝日との間に本件フォントについて使用許諾契約が成立したとは認められない。また，仮に使用許諾契約が成立したとしても，被控訴人テレビ朝日が，テロップ製作会社が製作したフォント成果物を番組テロップに使用しない義務を負うとは認められないことは，先に述べたとおりである。

３　争点１（被控訴人らによる本件フォントの使用と不法行為該当性）について

(1)　控訴人が主張する本件フォント又はそのライセンスビジネス上の利益について

ア　現行法上，創作されたデザインの利用に関しては，著作権法，意匠法等の知的財産権関係の各法律が，一定の範囲の者に対し，一定の要件の下に排他的な使用権を設定し，その権利の保護を図っており，一定の場合には不正競争防止法によって保護されることもあるが，その反面として，その使用権の付与等が国民の経済活動や文化的活動の自由を過度に制約することのないようにするため，各法律は，それぞれの知的財産権の発生原因，内容，範囲，消滅原因等を定め，その排他的な使用権等の及ぶ範囲，限界を明確にしている。

上記各法律の趣旨，目的にかんがみると，ある創作されたデザインが，上記各法律の保護対象とならない場合には，当該デザインを独占的に利用する権利は法的保護の対象とならず，当該デザインの利用行為は，各法律が規律の対象とする創作物の利用による利益とは異なる法的に保護された利益を侵害するなどの特段の事情がない限り，不法行為を構成するものではないと解するのが相当である（以上の点につき直接に判示するものではないが，最高裁判所平成１３年(受)第８６６号，同第８６７号平成１６年２月１３日第二小法廷判決・民集５８巻２号３１１頁，同裁判所平成２１年(受)第６０２号，同第６０３号平成２３年１２月８日第一小法廷判決・民集６５巻９号３２７５頁参照）。

イ　本件では，控訴人は，本件フォントの著作権侵害を理由とする請求をしないことを明らかにしているほか，意匠法や不正競争防止法による保護も一切主張していない。したがって，控訴人が主張する本件フォントという財産法上の利益とは，上記の知的財産権関係の各法律が規律の対象とする創作物の利用による利益とは異なる法的に保護された利益として主張される必要がある。

ところで，本件で控訴人は，本件フォントは知的財産であり，法律上保護される利益（民法７０９条）であると主張している。ここで控訴人が主張する法的利益の内容・実体は必ずしも明らかでないが，不法行為に関する控訴人の主張からすると，他人が本件フォントを無断で使用すれば，本件フォントの法的利益を侵害するものとして直ちに違法行為となり，無断使用について故意又は過失があれば不法行為を構成するという趣旨であると解される。しかし，この主張は，本件フォントを他人が適法に使用できるか否かを控訴人が自由に決定し得るというに等しく，その意味で本件フォントを独占的に利用する利益を控訴人が有するというに等しいから，そのような利益は，たとえ本件フォントが多大な努力と費用の下に創作されたものであったとしても，上記の知的財産権関係の各法律が規律の対象とする創作物の利用による利益とは異なる法的に保護された利益とはいえず，前記のとおり法的保護の対象とはならないと解される。

この点について，控訴人は，本件タイプフェイスないし本件フォントが知的財産基本法上の「知的財産」（同法２条１項）であり，控訴人は「知的財産権」（同２項）を有すると主張するが，同法上の「知的財産権」とは，「法令により定められた」権利又は法律上の利益であるところ，タイプフェイスに関しては，その法的保護のあり方について未だ議論がされている途上にあること（乙２８）からすると，本件タイプフェイスないし本件フォントが仮に同法上の「知的財産」に当たるとしても，「知的財産権」に当たると解することはできない。

また，控訴人は，被控訴人らは本件フォントを放送番組やＤＶＤに最初に化体した者であり，このような者の無断利用行為に対して不法行為による法的な保護を与えたとしても，著作権に匹敵するような法的保護となるものではないと主張し，田村善之教授の意見書（甲Ｅ８）においても同様の見解が述べられている。しかし，本件フォントは本来広告，ロゴタイプ，ウェブページ，テレビ番組等の商業的な利用を想定していること（前記補正して引用した原判決１⑴エ㈦）からすると，この見解による場合であっても，通常想定する媒体での本件フォントの無断利用行為があれば直ちに不法行為としての違法性を有することになり，本件フォントを他人が適法に使用できるか否かを控訴人が自由に決定し得るというに等しいことに変わりはないから，そのような独占的利用の利益が，上記の知的財産権関係の各法律が規律の対象とする創作物の利用による利益とは異なる法的に保護された利益であるということはできず，法的保護の対象とすることはできない。また，上記の主張が，本件フォントを放送番組やＤＶＤに最初に化体して使用する行為のみについて無許諾の利用行為を違法とするものであることから，著作権法が規律の対象とする利益とは異なる利益の保護を主張する趣旨であるとしても，ある創作物の利用行為をどこまで創作者の許諾に委ねるかは，まさに知的財産権関係の各法律が種々の観点から勘案して定めている事柄であるから，上記の点をもって，上記の知的財産権関係の各法律が規律の対象とする創作物の利用による利益とは異なる法的に保護された利益であるということはできない。

ウ　他方，控訴人は，そのライセンスビジネス上の利益も本件での法律上保護される利益（民法７０９条）として主張しており，この趣旨は，控訴人が本件フォントを販売・使用許諾することにより行う営業が被控訴人らによって妨害され，その営業上の利益が侵害されたという趣旨であると解される。そして，その趣旨であれば，上記の知的財産権関係の各法律が規律の対象とする創作物の利用による利益とは異なる法的に保護された利益を主張するものであるということができる。

もっとも，我が国では憲法上営業の自由が保障され，各人が自由競争原理の下で営業活動を行うことが保障されていることからすると，他人の営業上の行為によって自己の営業上の利益が侵害されたことをもって，直ちに不法行為上違法と評価するのは相当ではなく，他人の行為が，自由競争の範囲を逸脱し，営業の自由を濫用したものといえるような特段の事情が認められる場合に限り，違法性を有するとして不法行為の成立が認められると解するのが相当である。

(2)　被控訴人テレビ朝日の不法行為の成否について

ア　前記認定事実のとおり，現在の我が国では，多数のフォントベンダーの下で，多様なフォントが多様な条件の下で流通しているが，本件フォントのように，テレビ番組や広告等の商用使用を予定して製作されたフォントについては，内容は様々であるものの，使用許諾契約において商用使用に制限を課しているものが多く，対価を支払ってフォントを使用する企業も多い。このことからすると，フォントを開発して販売又は使用許諾をするという営業活動は，広く商社会において受け入れられており，その営業上の利益も，フォントが著作物等に該当しないといったことのみをもって要保護性を欠くなどということはできない。もっとも，多様なフォントベンダーから多様なフォントが多様な条件で販売されていることからすると，フォントの商用使用に個別に使用料の支払を要するという控訴人のような営業方針が，商慣習になっているとか社会的規範を形成するに至っているとまで認めることはできない。

イ　前記認定事実のとおり，被控訴人テレビ朝日は，初めて平成１４年に控訴人から旧フォントの無断使用について許諾料を支払うよう求められて以降，控訴人らのフォントについては，著作権は成立しないとの立場を取りつつも，トラブルを避けるために自ら契約しないようにするという方針を採ってきている。

そして，本件においても，被控訴人テレビ朝日は，本件番組のテロップ作成をグレート社等のテロップ製作会社に委託し，その成果物の納付を受けて番組を編集したにとどまっており，自ら本件フォントソフトを使用してテロップを作成したとは認められない。

また，番組制作会社の鷲谷が本件フォントソフトを購入した際も，前記方針の下に番組には使用せず，社員の藤井が本件フォントソフトを購入し，番組使用の使用許諾を申し込んだときも，前記方針の下に番組制作会社を契約者とし，その制作会社において使用許諾を得た上で番組に使用している。

以上の点からすると，被控訴人テレビ朝日は，本件フォントに係る控訴人の営業活動と衝突する事態を回避するという方針を採ってきたということができる。

ウ　前記認定のとおり，被控訴人テレビ朝日の本件各番組1の番号3に係る外注先であるグレート社は，商用使用に制限がない時期から旧フォントソフトを使用して被控訴人テレビ朝日の番組のテロップを製作しており，被控訴人テレビ朝日も，テロップ発注用紙において，単に旧フォントの名称でもある「ロゴ丸Ｂ」等とのみ記載して，使用するフォントを指定していた。そして，実際にグレート社がテロップを製作した本件各番組1の番号3のテロップには，本件フォントと旧フォントとが混在して使用されているものが存するが，本件フォントは，旧フォントにタイプフェイスの同一性を損なわない範囲で僅かなデザインの改変やバージョンアップを施したものにすぎず，ロゴＧの場合には，肉眼で確認可能な程度の形状の変更がされたのは旧フォントの7725文字のうちの343文字にとどまることからすると，被控訴人テレビ朝日の担当者にとっても，両者を判別することは極めて困難であったと認められる。そして，本件各番組1の他の番組中でも，本件フォントと旧フォントとが混在していることからすると，これらの事情は，他のテロップ製作業者においても同様であったと推認される。

これらからすると，フォント成果物たるテロップの画像データの納付を受けた被控訴人テレビ朝日が，本件フォントと旧フォントとを識別した上で，グレート社が製作したテロップ成果物の中に本件フォントが使用されていると認識していたと認めることは困難である。そうすると，被控訴人テレビ朝日が，テロップ中に本件フォントが使用されていることを認識していながら，あえてそのテロップを用いて番組を制作していたとはいえない。

エ　もっとも，控訴人は，被控訴人テレビ朝日は控訴人から再三にわたり無断使用を指摘したにもかかわらず，番組での本件フォントの使用を続けたと主張する。

しかし，控訴人が平成１５年５月の本件フォントソフト販売開始後，平成２１年１０月２６日まで，番組を特定して控訴人のフォントの無断使用を指摘したことがなかったことは，先に認定したとおりである。そして，仮に控訴人が主張するとおり，同年３月２６日に控訴人代表者が松田に対して番組における控訴人のフォントの無断使用の事実を告げていたとしても，松田の印象に残らない程度の簡単な指摘にとどまっていたと推認されるのであり，本件フォントを使用したとされる番組の特定がされたともうかがわれない以上，その程度の指摘に対して被控訴人テレビ朝日が直ちに内部調査等の対応を取らなかったとしても，被控訴人テレビ朝日が本件フォントの無断使用の事実を認識しながらあえて番組に本件フォントを使用し続けたと見ることはできない。

かえって，被控訴人テレビ朝日は，控訴人から正式通知のあった上記平成２１年１０月２６日の後，同様の同年１１月２０日の被控訴人ＩＭＡＧＩＣＡへの通知を経て，同年１２月３日放送分以降，番組で本件フォント及び旧フォントのいずれの使用もしないようになった（ユーコムに制作を委託していた本件各番組２の番号５の「二人の食卓」を除く。）のであるから，ここでも被控訴人テレビ朝日は，本件フォントに係る控訴人の営業活動と衝突する事態を回避するという行動を取ったということができる。

また，上記「二人の食卓」については，その後の平成２２年１０月９日からテロップ中の本件フォントの使用が開始されたが，同番組はユーコムに制作を請け負わせており，被控訴人テレビ朝日は完成された番組の納品を受ける立場にあり，番組制作に伴う権利処理はユーコムにおいて行うこととされていたのであるから，被控訴人テレビ朝日としては，使用するフォント関係の権利処理もユーコムにおいてしかるべき処理がされていると考えていたものと認められる（原審証人藤井２４頁）。したがって，「二人の食卓」についても，被控訴人テレビ朝日が，本件フォントの無断使用を知りながらあえて使用し続けたと認めることはできない。

なお，控訴人は，本件フォントを発売する以前に，被控訴人テレビ朝日に対し，番組を特定して，旧フォントの無断使用を指摘したことがあるが，それ以前の旧フォントソフトでは，購入時の使用許諾契約中で商用使用の制限が定められていなかったのであり，その後に控訴人が商用使用を一方的に制限しても，購入者の法的地位を変更することはできないから，被控訴人テレビ朝日が番組のテロップで旧フォントを使用し続けたことをもって，不当な行為であるということはできない。

オ　以上からすると，被控訴人テレビ朝日は，控訴人がフォントを開発して販売・使用許諾する営業活動を行っていることを認識しており，そのフォントに著作権は存しないという立場を取っていたものの，自社では控訴人のフォントを使用しないようにして控訴人の営業との衝突を回避する方針をとり，実際にもそれに沿った行動を取ってきており，テロップの製作を外注した本件番組についても，製作されたテロップ中に本件フォントが使用されていると認識しながらあえてそのようなテロップを使用し続けたとも認められないことからすると，被控訴人テレビ朝日がテロップに本件フォントを使用した本件番組を制作，放送，配信し，ＤＶＤを製作，販売した行為が，自由競争の範囲を逸脱し，営業の自由を濫用したものであると認めることはできない。

もっとも，本件番組の一部を収録した本件ＤＶＤの中には，平成２２年４月以降に発売されたものも含まれており，被控訴人テレビ朝日は，それらの発売時点においては，収録した番組中に本件フォントが使用されており，控訴人がその無断使用に抗議していることを認識していたと認められる。しかし，それらの番組中で本件フォントを使用したことについて違法性が認められないことは前記のとおりであるところ，放送番組は，二次利用も想定して制作されるものであることも併せ考えれば，適法に制作できた番組を後にＤＶＤに収録して販売したからといって，自由競争の範囲を逸脱し，営業の自由を濫用したということはできない。

また，仮に被控訴人テレビ朝日の担当者が，本件編集室内で本件フォントを使用してテロップを作成ないし編集することがあったとしても，それが臨時的，例外的なものであったと考えられることは先に述べたとおりであり，そのような使用行為がされたからといって，自由競争の範囲を逸脱し，営業の自由を濫用したということはできない。

カ　以上に対し，控訴人は，種々の主張をするので，検討する。

(ア)　まず，控訴人は，グレート社等のテロップ製作会社が使用した本件フォントソフト及び旧フォントソフトは，控訴人が販売した製品を違法にコピーしたものであり，このような違法コピーソフトを用いて製作されたテロップを使用したことが，被控訴人テレビ朝日の行為の違法性を基礎付けると主張する。

しかし，仮にグレート社等が使用した本件フォントソフト及び旧フォントソフトが，控訴人が販売した製品を無断でコピーしたものであったとしても，被控訴人テレビ朝日は，専門のテロップ製作会社に対してテロップ製作を発注しているのであるから，フォント使用に伴う権利処理についても，テロップ製作会社において適切に行われていると信頼していたと認められ（原審証人藤井７頁），被控訴人テレビ朝日が，グレート社等が無断でコピーしたフォントソフトを使用していることを知っていたという事情もうかがわれない。そして，このことは，前記のとおりユーコムに製作を委託していた「二人の食卓」についても同様である。したがって，控訴人主張の点をもって，被控訴人テレビ朝日の行為が自由競争の範囲を逸脱し，営業の自由を濫用したものであるということはできない。

この点について，控訴人は，被控訴人テレビ朝日は，テロップ製作会社や番組制作会社を指揮監督し支配従属させていたのであるから，テロップ製作の主体は被控訴人テレビ朝日であると評価されるべきであると主張し，また，外注の場合に権利処理を外注先が行うこととされていても，控訴人のライセンスビジネスを認識している場合には，このような権利処理の内部分担約束だけで免責されると考えるべきではないと主張する。しかし，被控訴人テレビ朝日の行為が自由競争の範囲を逸脱し，営業の自由を濫用したものであるか否かを評価するに当たっては，同被控訴人自身の行為や認識を基礎にすべきものであり，その観点から，被控訴人テレビ朝日がどのような認識の下にどのような指示をしたかを問題とすべきである。そして，このような観点から被控訴人テレビ朝日のテロップ製作業者等に対する指示と認識を見ても，同被控訴人の行為が自由競争の範囲を逸脱し，営業の自由を濫用したものであるということができないことは，これまでに述べてきたとおりである。

(イ)　控訴人は，被控訴人テレビ朝日には，外注先から受領したテロップについて，本件フォント使用の有無を確認した上で，控訴人の使用許諾があるか否かを確認すべき注意義務があり，被控訴人テレビ朝日がこのような注意義務を尽くすことに困難はなかったと主張する。

しかし，被控訴人テレビ朝日が，フォント使用に伴う権利処理について，テロップ製作会社や番組制作会社において適切に行われていると信頼していたと認められること，テロップ製作会社が製作したテロップや番組制作会社が制作した番組中に本件フォントが使用されていると認識しながらあえてそのようなテロップを使用し続けたと認められないことは，先に述べたとおりである。そして，テロップ製作会社や番組制作会社において，本件フォントを控訴人の許諾なく使用していると疑わせる事情があったとも認められない。したがって，そのような状況の下で，被控訴人テレビ朝日が，テロップ製作会社や番組制作会社に対し，本件フォントの使用の有無や控訴人の使用許諾の有無の確認をしなかったからといって，自由競争の範囲を逸脱し，営業の自由を濫用したものということはできない。

この点について，控訴人は，最高裁判所平成１２年(受)第２２２号平成１３年３月２日第二小法廷判決（民集５５巻２号１８５頁）を指摘する。しかし，同判決は，専ら音楽著作物を上映し又は演奏して公衆に直接見せ又は聞かせるために使用されるカラオケ装置につきリース業者がリース契約を締結して引き渡す場合の注意義務について判示したものであり，いわば著作物の利用行為に不可欠で，かつ著作権侵害を生じさせる蓋然性の高い装置を供給する者の注意義務を認めたというものであって，単に従来から使用されていた旧フォントと同じ名称でフォントを指定して専門のテロップ製作業者にテロップ製作を発注し，又は番組制作会社に番組の制作を発注した本件とは，事案を異にするというべきである。

キ　以上より，被控訴人テレビ朝日の行為について不法行為は成立しない。

(2)　被控訴人ＩＭＡＧＩＣＡの不法行為の成否について

被控訴人ＩＭＡＧＩＣＡについては，本件各番組１のテロップの編集を行った行為についての不法行為の成否が問題となるが，前記のとおり，被控訴人ＩＭＡＧＩＣＡは，被控訴人テレビ朝日がテロップ作成業者に発注して納付を受けたテロップの画像データに基づいて，本件編集室で編集機器を操作して，映像素材にテロップを挿入したにとどまり，また，本件ＤＶＤの製作については全く関与していない（本件編集室のパソコンに本件フォントソフトがインストールされていたからといって，本件番組を編集する際に定型的，継続的業務として本件フォントソフトを使用してテロップを作成したと認められないことは，先に述べたとおりであり，仮に本件フォントソフトを用いたテロップの作成や修正が行われることがあったとしても，臨時的，例外的なものにとどまっていたと考えられる。）。

そして，被控訴人ＩＭＡＧＩＣＡが，持ち込まれたテロップ画像データ中で使用されたフォントが，本件フォントであり，控訴人の許諾を得ずに使用されたと認識していたとは認められず，そのことを疑うべき特段の事情があったとも認められないこと，被控訴人ＩＭＡＧＩＣＡは，平成２１年１１月２０日に控訴人から本件フォントの無断使用の指摘を受けると，社内調査を実施し，インストールされていた本件フォントソフトを削除するとともに，被控訴人テレビ朝日に対しても自社が編集業務を行うテレビ番組では控訴人のフォントを使用しないよう申し入れ，その後，本件各番組１で本件フォント又は旧フォントが使用されることがなくなったことからすると，被控訴人ＩＭＡＧＩＣＡの上記行為が，自由競争の範囲を逸脱し，営業の自由を濫用したものということはできない。

したがって，被控訴人ＩＭＡＧＩＣＡの行為について不法行為は成立しない。

4　争点３（不当利得の成否）について

控訴人は，被控訴人らが，控訴人に無断で，本件フォントを本件番組の制作・放送・配給及び本件ＤＶＤの製作・販売等に使用したことが，控訴人に対する不当利得を構成すると主張する。

しかし，このように本件フォントを無断使用したことが直ちに不当利得を構成するとした場合には，本件フォントを他人が適法に使用できるか否かを控訴人が自由に決定し得るというに等しく，その意味で本件フォントを独占的に利用する利益を控訴人が有するというに等しいことは，先に不法行為について述べたところと同様である。そして，そのような利益は法的保護の対象とはならないことからすると，被控訴人らが本件フォントを本件番組に使用したからといって，直ちにその使用行為が法律上の原因を欠き，被控訴人らが利得を得，控訴人が損失を受けたということはできない。

また，控訴人は，控訴人と被控訴人テレビ朝日との間に本件フォントに関する使用許諾契約が成立しているとして，使用料を支払わないことが不当利得を構成すると主張するが，両者間に使用許諾契約が成立したと認められないことは先に2(4)で述べたとおりであるから，控訴人の主張は理由がない。

したがって，控訴人が主張する不当利得の成立も認められない。

5　まとめ

以上によれば，控訴人の本件請求はいずれも理由がないからこれを棄却すべきであり，これと同旨の原判決は相当であるから，本件控訴を棄却することとし，主文のとおり判決する。

大阪高等裁判所第8民事部

裁判長裁判官　小　松　一　雄

裁判官　本　多　久　美　子

裁判官　髙　松　宏　之

資料7　大阪観光施設ピクトグラム事件（大阪地裁平成二七年九月二四日判決）

（著作権侵害差止等請求事件、**大阪地裁**平二五(ワ)一〇七四号、平27・9・**24**民二六部**判決**、一部認容、一部棄却（訴訟））

《参照条文》　民法六一三条、商法五一二条、著作権法二条II

《当事者》　原　告　株式会社仮説創造研究所
同訴訟代理人弁護士　辻村和彦
被　告　大　阪　市
同訴訟代理人弁護士　阿多博文
森末尚孝
被　告　財団法人大阪市都市工学情報センター
同訴訟代理人弁護士　小林　敬
上田智子

【主文】　一　被告大阪市は、原告に対し、二二万六五〇〇円及びこれに対する平成二五年二月一四日から支払済みまで年六分の割合による金員を支払え。

二　原告の被告大阪市に対するその余の請求及び被告財団法人大阪市都市工学情報センターに対する請求をいずれも棄却する。

三　訴訟費用は、原告と被告大阪市との間に生じた費用はこれを五〇分し、その四九を原告の、その余を被告大阪市の各負担とし、原告と被告財団法人大阪市都市工学情報センターとの間に生じた費用は原告の負担とする。

四　この判決は、第一項に限り、仮に執行することができる。

【事実及び理由】　第一　請求

一　被告財団法人大阪市都市工学情報セ

ンター及び被告大阪市は、大阪市内の案内表示に用いている別紙一及び二著作物目録《略》記載のピクトグラムを抹消・消除せよ。

二　被告財団法人大阪市都市工学情報センター及び被告大阪市は、原告に対し、連帯して、①三四四万円及びこれに対する平成二五年二月一四日から支払済みまで年五分の割合による金員、②一四二万円及びこれに対する平成二六年四月一一日から支払済みまで年五分の割合による金員、並びに③平成二六年四月一日から前項の抹消・消除済みまで月八万三三三三円の割合による金員を支払え。

三　被告らは、原告に対し、連帯して、六九八万二五〇〇円及びこれに対する平成二五年二月一四日から支払済みまで年五分の割合による金員を支払え。

四　被告大阪市は、原告に対し、四〇万五〇〇〇円及びこれに対する平成二五年二月一四日から支払済みまで年六分の割合による金員を支払え。

五　被告大阪市は、別紙四記載の案内図（ただし「現在地」の表示はこれに限らない。）を複製してはならない。

六　被告大阪市は、大阪市内の案内表示に用いている前項の案内図を抹消・消除せよ。

七　被告大阪市は、原告に対し、七五万二五〇〇円及びこれに対する平成二六年四月一一日から支払済みまで年五分の割合による金員並びに平成二六年四月一日から前項の抹消・消除済みまで月三万七六二五円の割合による金員を支払え。

第二　事案の概要等

一　事案の概要

本件は、別紙一及び二《略》のピクトグラム（以下「本件ピクトグラム」という。）及び別紙五の地図デザイン（以下「本件地図デザイン」という。）の著作権者であると主張する原告が、各被告に対し、次のとおりの請求をしている事案である。

(1)　請求の趣旨一項

ア　①被告財団法人大阪市都市工学情報センター（以下「被告都市センター」という。）については、本件ピクトグラムについての使用許諾契約及び本件地図デザインに本件ピクトグラムを配した大阪市観光案内図（以下「本件案内図」といい、「本件ピクトグラム」と「本件案内図」とをあわせて「本件ピクトグラム等」という。）についての使用許諾契約の各期間満了による原状回復義務として、②被告大阪市については、被告都市センターから許諾を受けた者である以上同様の原状回復義務を負うとして民法六一三条を類推して、被告らに対し、各使用許諾期間内に作成した大阪市内の案内表示に用いている本件ピクトグラムの撤去・抹消請求。

イ　被告らに対し、被告大阪市が前記アの各使用許諾期間満了後に新たな本件ピクトグラムを複製したとして、著作権法一一二条一項に基づく本件ピクトグラムの抹消・消除請求。

(2)　請求の趣旨二項

被告らに対し、上記(1)アの各使用許諾期間内に作成した案内表示に用いている本件ピクトグラムについての原状回復義務違反、及び上記(1)イの各使用許諾期間満了後の本件ピクトグラムの著作権侵害の不法行為に基づく損害賠償請求として、以下の金員の支払請求。

ア　本件ピクトグラムに関し、使用許諾期間満了の平成二二年三月三一日から平成二六年三月三一日までの四年分の使用料相当損害金四〇〇万円、及びうち二五八万円に対する不法行為日後の訴状送達の日の翌日から、うち一四二万円に対する訴えの変更申立書送達の日の翌日から、各支払済みまで年五分の割合による遅延損害金。

イ　本件ピクトグラムに関し、平成二六年四月一日以後の使用料相当損害金として月額八万三三三三円。

ウ　本件ピクトグラムを配した本件案内図に関し、使用期間満了後の平成二二年八月三一日から撤去終了日である平成二四年七月三一日までの使用料相当損害金として八六万円及びこれに対する不法行為日後である訴状送達の日の翌日から支払済みまで年五分の割合による遅延損害金。

(3)　請求の趣旨三項

公益社団法人大阪観光コンベンション協会（以下「コンベンション協会」という。）が無断で本件ピクトグラムの複製使用及び公衆送信を行った不法行為につき、被告大阪市は本件ピクトグラムを使用するように指示し、被告都市センターは本件ピクトグラムのデータをコンベンション協会に送信して教唆又は幇助したと主張し、共同不法行為に基づく損害賠償請求として、六九八万二五〇〇円の損害賠償及びこれに対する不法行為日後である訴状送達の日の翌日から支払済みまで民法所定年五分の割合による金員の支払請求。

(4)　請求の趣旨四項

被告大阪市に対し、被告大阪市が原告に依頼した本件ピクトグラムの一部の修正につき、原告の営業の範囲内の行為を行ったものであるとして、商法五一二条に基づく相当額四〇万五〇〇〇円の報酬及びこれに対する催告の日である訴状送達の日の翌日から支払済みまで商事法定利率年六分の割合による遅延損害金の支払請求。

(5)　請求の趣旨五項ないし七項

被告大阪市が、遅くとも平成二四年八月一日以降、本件地図デザインを用いた別紙四の案内図（以下「別紙四案内図」という。）を複製又は翻案して使用し、原告の本件地図デザインにかかる複製権又は翻案権を侵害しているとして、①本件地図デザインを用いた別紙四案内図を複製することの差止め（請求の趣旨五項）、②同案内図の抹消・消除（請求の趣旨六項）、③(ア)同日から平成二六年三月三一日までの使用料相当額として七五万二五〇〇円の損害賠償及びこれに対する不法行為日後である訴えの変更申立書送達の日の翌日から支払済みまで民法所定の年五分の割合による遅延損害金並びに(イ)同年四月一日から前記案内図が抹消・消除されるまでの使用料相当損害金として月額三万七六二五円の支払請求。

(6) なお、被告らに対する本件訴状の送達日は、いずれも平成二五年二月一三日であり、平成二六年四月一九日付け訴えの変更申立書の送達日はいずれも平成二六年四月一〇日である。

二　前提事実

以下の各事実は当事者間に争いがないか、掲記の各証拠又は弁論の全趣旨により容易に認められる。〈編注・本誌では証拠の表示は省略ないし割愛します〉

(1) 当事者

ア　原告は、ビジュアル・アイデンティティ(Visual Identity、企業や商品のイメージを統一して、字体、色及びマークなどの視覚的なものによって、そのイメージを統一し、もって、企業や商品に対する認知度や好感度を高め、他企業との差別化を図るもの。以下「VI」という。)等の制作等を主たる目的とする株式会社である。原告の取締役であるP_1は、国内外のデザインコンテストで受賞歴がある等の経歴を有するアートディレクター・デザイナーであり、本件ピクトグラムの制作者である。

被告都市センターは、平成三年一月、大阪市における計画的なまちづくりの推進のため、各種計画情報、並びに都市工学情報の整備と提供を行うとともに、民間活力を導入した総合的な都市整備に資する業務を行い、都市工学に関する技術交流の進展を図り、もって、魅力と活力にあふれるまちづくりの推進に寄与することを目的として設立された財団法人である。被告都市センターは、平成二五年四月一日に解散し、清算手続を行っている。

コンベンション協会は、平成一五年四月、大阪の魅力を国内外に強くアピールし、ビジターやコンベンションの誘致を促進するためオール大阪での観光・コンベンション振興を図る目的で設立された公益財団法人である。

イ　株式会社板倉デザイン研究所(以下「板倉デザイン研究所」という。)は、昭和六三年八月三〇日に設立された広告及びデザイン制作等を目的とする株式会社であり、P_1が代表取締役を務めていた。P_1がデザインしたVIの著作権はP_1から板倉デザイン研究所に譲渡され、その上で板倉デザイン研究所がVIデザインの使用許諾契約を行っていた。

(2) 被告都市センターと板倉デザイン研究所との間の業務委託契約

被告都市センターは、平成一一年一一月二日、板倉デザイン研究所に対し、被告都市センターにおいてローカルピクトグラム使用契約のためのプレゼンテーション資料として使用することを予定した、ローカルピクトグラム企画書の作成業務を業務委託料二七〇万円(消費税込み)で委託した。

P_1は、上記業務委託を受けて企画書を作成し、被告都市センターに国際集客都市大阪におけるローカルピクトグラム作成のコンセプトを提案した。

P_1は、本件ピクトグラムの対象となった一九施設及びユニバーサル・スタジオ・ジャパンを加えた二〇施設について、「大阪市ローカルピクトグラム基本デザイン」を作成し、これを被告都市センターに提案した。

(3) 被告都市センターと板倉デザイン研究所との間のローカルピクトグラム使用契約

ア　被告都市センターは、平成一二年三月三一日、大阪市各局の設置する案内表示等に、P_1がデザインしたローカルピクトグラムを使用することを目的として、板倉デザイン研究所との間で、ローカルピクトグラム使用契約を締結した(以下「本件使用許諾契約一」という。)。

本件使用許諾契約一の対象は、前記(2)の「大阪市ローカルピクトグラム基本デザイン」からユニバーサル・スタジオ・ジャパンを除いた一九施設のピクトグラム(本件ピクトグラム)であり、その形状や色彩等は、別紙一及び二《略》の著作物目録記載のとおりである。

イ　本件使用許諾契約一には以下の条項が定められている。

被告都市センター(以下甲)と板倉デザイン研究所(以下乙)とは、大阪市ローカルピクトグラム使用協定書による大阪市ローカルピクトグラム(以下「本件ローカルピクトグラム」)の使用許諾に関し、次の通り使用契約を締結する。

第二条(対象物)

大阪市案内表示ガイドラインに従って実施される大阪市各局の案内表示ならびにそれらを補足する地図等の媒体(別表の項目a)

別表　ローカルピクトグラムの適用事例

項目

a一　案内サイン、誘導サイン、案内地図

二　バナー、フラッグ等の装飾物

三　集客印刷物(ポスター、パンフレット、チラシ、DM等)の案内図

第三条(使用の制限)

本件ローカルピクトグラムの対象となる集客施設は本件ローカルピクトグラムを一般のサービスマークやシンボルマークとして使用することはできない(別表の項目b)。

ただし甲乙協議して合意できる使用についてはこの限りではない。

別表　ローカルピクトグラムの適用事例

項目

b一　ビジネスフォーム(名刺、便せん、封筒、紙袋類等)

二　パッケージ(キャリーバッグ、包装紙、ステッカー、および商品用パッケージ類等)

三　商品(記念品、贈答品、販売用商品類等)

四　媒体使用の制作物(ホームページ、屋外広告看板、新聞雑誌、CM等の広告類)

第五条（乙への発注）（改定前）

甲は、本件ローカルピクトグラムを使用する対象物のデザイン及びその製作を乙に依頼するものとする。

二　前項に基づく本件ローカルピクトグラムを利用する対象物のデザイン料、製作料等取り引き条件については、別途協議して取り決めるものとする。

三　ただし、甲乙協議により乙が認める対象物については乙への発注を除外することができる。

新たなローカルピクトグラムの追加については、乙に依頼することを前提に、協議によるものとする。

第六条（第三者への使用許諾）

甲及び乙は本契約の有効期間中、甲が大阪市経済局と締結するローカルピクトグラム使用協定書に定義される第三者の広告宣伝物等への使用を許諾しないものとする。

第七条（有効期間）

本契約の有効期間は、平成一二年三月三一日から一年間とする。但し、期間満了の一ヶ月前までに甲乙いずれからも何らの申出のないときは、更に一年間延長されるものとし以後も同様とする。本件ローカルピクトグラムの使用権の有効期間を一〇年とし、その間ローカルピクトグラムの効果的な普及に努める。その後の継続については公的なローカルピクトグラムの性格から評価して、施設管理者の承認のもとで使用権を開放することを検討する。

第八条（対価）

以上の条件で一〇年間の使用権および次の製作項目とその納品に対して甲は成果品の納品後一月以内に契約額六、九八二、五〇〇円（税込み）を支払う。ただし、一〇年を経過して後の使用権の追加支払いは生じないものとする。

(4)　被告都市センターと板倉デザイン研究所との間の大阪市観光案内図使用契約

ア　被告都市センターは、平成一二年八月三一日、被告大阪市が設置する観光案内表示板等に、P1のデザインした本件ピクトグラムを配した大阪市観光案内図を使用することを目的として、板倉デザイン研究所との間で、大阪市観光案内図使用契約を締結した（以下この契約を「本件使用許諾契約二」といい、本件使用許諾契約一と併せて「本件各使用許諾契約」という。）。

イ　本件使用許諾契約二には、次の条項がある。

被告都市センター（以下甲）と板倉デザイン研究所（以下乙）とは、大阪市観光案内図の使用の許諾に関し、次の通り使用契約を締結する。

第二条（対象）

本件大阪市観光案内図は、大阪市が設置する観光案内表示板のほか大阪市各局ならびにローカルピクトグラム使用契約を結んでいる施設管理者が設置する案内表示板に使用することができる。

第三条（使用の制限）

本件大阪市観光案内図の印刷物並びに電子媒体への使用はできないものとする。ただし、甲乙協議して合意できる場合についてはこの限りではない。

第六条（有効期間）

本契約の有効期間は、平成一二年八月三一日から一年間とする。但し、期間満了の一か月前までに甲乙いずれからも何らの申出のないときは、更に一年間延長されるものとし以後も同様とする。大阪市観光案内図の使用権の有効期間を一〇年とし、その間大阪市観光案内図の効果的な普及に努める。その後の継続については公的な性格から評価して、使用権を開放することを検討する。

第八条（対価）

以上の条件で一〇年間の使用権および次の成果品に対して甲は成果品の納品後一か月以内に契約額四五一万五〇〇〇円（税込み）を支払う。ただし、一〇年を経過して後の使用権の追加支払いは生じないものとする。

(5)　被告大阪市への使用許諾

被告都市センターは、本件使用許諾契約一における本件ピクトグラムの使用権に基づいて、被告大阪市に対し、大阪市各局の案内表示への本件ピクトグラムの使用を許諾し、また、本件使用許諾契約二における本件案内図の使用権に基づいて大阪市各局の設置する案内表示板への本件案内図の使用を許諾した。

(6)　板倉デザイン研究所の原告への統合

原告は、平成一九年六月一日、板倉デザイン研究所の行っていた事業を原告内に統合し、「株式会社仮説創造研究所・ブランディング事業部」を立ち上げ、P1は、原告において取締役・クリエイティブディレクターに就任し、「株式会社仮説創造研究所・ブランディング事業部」として活動するようになった。板倉デザイン研究所は、同年九月一〇日解散し、P1が清算人として登記され、同年一一月一三日清算結了した。

(7)　被告大阪市及びコンベンション協会の行為

ア　被告大阪市は、合計三四一か所の案内板で平成二二年三月三一日以降も本件ピクトグラムを使用し、そのうち二三か所で、同年八月三一日以降も本件案内図を使用してきた。

他方で、被告大阪市は、従前から別紙四案内図又はその基となった案内図を使用してきた。

イ　コンベンション協会は、別紙三《略》の「大阪街歩きガイド」と題する冊子（以下「本件冊子」という。）を発行してこれを不特定人に対して無償譲渡し、平成二二年四月二日以降、同冊子の電子データ（PDFファイル）をホームページに掲載して閲覧及びダウンロード可能な状況においた。本件冊子中の地図及び路線図中には、本件ピクトグラム（フェスティバルゲートのピクトグラム及び別紙二《略》の著作権目録記載のピクトグラムを除く。）の四角枠と文字を除いた絵の部分が配されている。コンベンション協会は、遅くとも、平成二三年七月二七日から平成二四年三月までの間に、上記PDFファイルを削除した。

(8) 平成二三年五月以降の経緯

ア　被告都市センターは、平成二三年五月頃、P_1に対し、本件各使用許諾契約にかかる使用権の期間満了について問い合わせ、これを契機に、被告都市センター、被告大阪市及び原告は、約一年にわたり、本件ピクトグラム及び本件案内図の著作権の権利処理につき協議を行った。

イ　被告大阪市は、当初、使用許諾の再契約をする方向で検討し、これを前提に、平成二三年一〇月頃には、原告が本件ピクトグラムの修正を行うなどした。しかしながら、平成二四年四月の協議において、被告大阪市は、本件ピクトグラムの著作権を譲り受ける方針に変更したため、相当額の協議を行うことになり、原告において本件ピクトグラム一施設につき一〇〇万円の提示がされるなどしたが、結局、原告との間で譲渡額の合意に至らなかった。

被告大阪市は、同年五月一七日頃、原告に対し、本件ピクトグラム及び本件案内図の使用を中止し撤去する旨の申し出をし、同年六月一五日付け書面において、同月一八日から同年七月末までに撤去・抹消を完了する予定である旨通知し、平成二四年六月頃から同年七月頃にかけて、それらを順次撤去・抹消するなどした。

被告大阪市は、原告に対し、シール剥離による本件ピクトグラムの露出の可能性を無くすため、ラッカー等で着色してシールを貼付する作業を、同年一一月末までに終了する予定である旨通知した。

第三　争点

一　本件各使用許諾契約の有効期間内に作成された本件ピクトグラム等の原状回復義務違反について

(1) 被告らは、本件各使用許諾契約における有効期間の満了により、有効期間内に作成した本件ピクトグラム等についての原状回復義務を負うか（争点一—一）

(2) 原告は、被告らに対し、板倉デザイン研究所から本件各使用許諾契約の許諾者たる地位を承継したとして、同契約上の権利を主張し得るか（争点一—二）

二　本件各使用許諾契約の有効期間満了後に作成された本件ピクトグラムの複製権侵害について

(1) 本件ピクトグラムの著作物性（争点二—一）

(2) 被告大阪市による有効期間満了後に作成された本件ピクトグラムの使用による著作権侵害の有無（争点二—二）

(3) 原告は、本件ピクトグラムの著作権を取得したとして、その著作権を被告らに対して主張し得るか（争点二—三）

三　一の原状回復義務及び二の著作権に基づく本件ピクトグラムの抹消・消除の必要性（使用継続のおそれ）（争点三）

四　一の原状回復義務違反及び二の著作権侵害の不法行為による原告の損害額（争点四）

五　被告らは、本件冊子の頒布及びPDFファイルのホームページへの掲載による、本件ピクトグラムの複製権及び公衆送信権侵害の不法行為責任を負うか

(1) 本件ピクトグラムの著作物性（争点五—一）

(2) 本件冊子において本件ピクトグラムが「複製」されているか（争点五—二）

(3) 本件冊子における本件ピクトグラムの掲載が「引用」に当たるか（争点五—三）

(4) 本件冊子の頒布及びPDFファイルのホームページへの掲載は、本件使用許諾契約一により許諾されたものか（争点五—四）

(5) 被告らは共同不法行為責任を負うか（争点五—五）

(6) 原告は、本件ピクトグラムの著作権を取得したとして、その著作権を被告らに対して主張し得るか（争点五—六）

(7) 損害額（争点五—七）

六　被告大阪市は、原告による本件ピクトグラムの一部修正について報酬支払義務を負うか

(1) 被告大阪市の商法五一二条に基づく報酬支払義務の有無（争点六—一）

(2) 相当報酬額（争点六—二）

七　被告大阪市は、別紙四案内図を作成することにより、本件地図デザインについての複製権又は翻案権の侵害として不法行為責任を負うか

(1) 本件地図デザインの著作物性（争点七—一）

(2) 別紙四案内図は、本件地図デザインの複製又は翻案か（争点七—二）

(3) 原告は、本件地図デザインの著作権を取得したとして、その著作権を被告大阪市に対して主張し得るか（争点七—三）

(4) 損害額（争点七—四）

第四　争点についての当事者の主張

一　争点一—一（被告らは、本件各使用許諾契約における有効期間の満了により、有効期間内に作成した本件ピクトグラム等についての原状回復義務を負うか）について

（原告の主張）

(1) 本件各使用許諾契約に基づく使用権について

被告都市センターの、本件使用許諾契約一に基づく本件ピクトグラムの使用権は平成二二年三月三一日の経過をもって、本件使用許諾契約二に基づく本件案内図の使用権は同年八月三一日の経過をもって、有効期間満了により消滅した。

(2) 有効期間満了後の被告らの義務

ア　被告都市センターについて

(ア) 本件各使用許諾契約において許諾されたのは、あくまで「使用権」である。使用権という文言は著作権法上規定されているものではないが、本件ピクトグラム等の使用には必然的に複製を伴うため、著作権に基づいて「使用権」を許諾すること自体は何ら不合理ではない。「使用」という言葉の通常の語義に照らせば、本件ピクト

グラム等の「使用」には、単に複製にとどまらず、案内板等に複製された本件ピクトグラム等の展示を継続すること等をも含むことは明らかである。契約当事者の意思としても「使用権の有効期間を一〇年」と定めた以上は、一〇年を経過した後には使用権が消滅するのであって、その後は単に本件ピクトグラム等を新たに複製できなくなるだけではなく、既に複製された本件ピクトグラム等の展示を継続する態様での使用もできなくなると理解するのが通常であり、本件各使用許諾契約は、一〇年に限り案内板等で本件ピクトグラム等を展示する態様での使用ができるという条件で「複製」を許諾したものである。

したがって、本件各使用許諾契約において一〇年経過後の措置に関する規定がないとしても、一〇年の経過後には被告都市センターが本件ピクトグラムを抹消・消除すべきことは本件各使用許諾契約から導かれる当然の義務である。

(イ)　一〇年経過後の継続及び使用権の開放については、あくまで検討すると定められているに過ぎず、確定的に約されている訳ではない。また、一〇年経過後の「使用権」の追加支払いが生じないことを定めているのも、一〇年経過後の状況を踏まえて、その後「使用権」を認めた場合の追加支払いが生じないことを定めているに過ぎず、許諾がない場合の取扱いを定めたものではない。そうでなければ一〇年の有効期間を明定した意味がない。

イ　被告大阪市について

被告大阪市は、被告都市センターの有する上記使用権に基づいて、本件ピクトグラム等を使用していたものであるから、民法六一三条の準用、同条の趣旨を類推して、原状回復義務として本件ピクトグラム等を撤去・抹消すべき義務を負う。

なお、被告大阪市は、原告との間で有効期間経過後の段階では本件ピクトグラム等の使用を継続することができないことを前提に協議を繰り返し、最終的に使用を中止し順次撤去する旨原告に伝えるなど、有効期間経過したことを前提に、本件ピクトグラム等を撤去する義務を負うことを認識した上で、同義務を原告に対して履行する旨約したものである。

（被告らの主張）

(1)　本件各使用許諾契約に基づく使用権は消滅していないこと

本件ピクトグラム等に関し、被告らの使用権は消滅していない。

本件ピクトグラムに係る本件使用許諾契約一には、一〇年経過後も「その後の継続については公的なローカルピクトグラムの性格から評価して…使用権を開放することを検討する」（第七条）と規定されるとともに、対価につき「一〇年を経過して後の使用権の追加支払いは生じないものとする」（第八条）と規定されており、一〇年経過後の使用権の存在を前提とする規定が存在する。本件案内図に係る本件使用許諾契約二においても同様の規定があり（第六条、第八条）、一〇年経過後の使用権の存在を前提とし、一〇年経過後は契約当事者間において無償で本件ピクトグラムを開放させることを前提とする協議がされており、一〇年後に使用権が完全に消滅しその撤去義務が生じるとか、使用権の対価が発生するなどの事態は全く想定されていなかった。

このことは、本件各使用許諾契約において、有効期間が定められながら、抹消や撤去に関する条項がないことや、被告都市センターから問い合わせをするまで、原告側から有効期間を相当期間過ぎても抹消等に関し何らの要請もなかったこと等からも明らかである。

(2)　有効期間満了後の被告らの義務について

仮に、使用権が消滅したとしても、被告らに撤去・抹消義務はない。

ア　被告都市センターについて

本件ピクトグラムを使用した案内表示は、破損等の特別の事情がない限り通常は老朽化するまで撤去されることはなく、少なくとも一〇年程度での撤去は考えられず、設置数からしても容易に撤去できるものではなく、撤去には相当の費用と時間がかかることは容易に想定できる。本件ピクトグラム等の使用権が一〇年経過後に消滅するのであれば、使用許諾契約において撤去義務を明記し、費用負担、撤去期間、撤去義務不履行時の罰則等が当然に規定されているはずである。本件各使用許諾契約には、本件ピクトグラムや本件案内図の普及に努めるなどの規定がされていることからすれば、普及させた本件ピクトグラム及びこれを使用した本件案内図を、一〇年後には抹消・消除することを合意したという解釈は、あまりにも不自然かつ不合理であるし、契約の経緯を無視している。

仮に、本件各使用許諾契約の文言を原告の主張どおり一〇年経過後に使用権が消滅すると解釈する余地があるとしても、一〇年間で本件ピクトグラム等の普及が義務づけられていることからすれば、既に案内板等に複製された本件ピクトグラム等の展示を継続するといった態様での使用もできなくなる、とまで解釈すべきではなく、「新たな複製」は禁止するという趣旨にすぎないと解すべきである。

よって、一〇年経過後も、本件各使用許諾契約に基づく使用権は消滅しておらず、抹消・消除する義務はない。

イ　被告大阪市の義務について

本件各使用許諾契約には、原状回復についての規定はなく、本件は転貸の事案でないから、民法六一三条を根拠として被告大阪市が原状回復義務を負うものではない。被告大阪市が板倉デザイン研究所及び原告に対し、原状回復義務を負っていることを認めた事実も存在しない。

また、利用のために占有の移転を要し、目的物を使用収益させることを本質とする有体物の賃貸借契約と、占有の移転がなく重畳的な利用が可能であり、権利者の権利不行使という不作為義務をも本質とする無体物（情報）の著作権の利用許諾契約の場合を同視すること自体妥当ではなく、様々な内容の契約がされる著作物の利用許諾契約は、典型契約の一つである賃貸借とは契約の基本的性格が異なるものである。無体物（情報）は、修繕や保存行為の必要がなく、滅失、損耗せず、返還も要しないので、賃貸借契約における目的物の修繕、保存、改良、滅失、損耗、返還を前提とする諸規律は著作物の利用許諾契約には適用ないし類推適用することは許されない。

二　争点一―二（原告は、被告らに対し、板倉デザイン研究所から本件各使用許諾契約の許諾者たる地位を承継したとして、同契約上の権利を主張し得るか）について

（原告の主張）

(1)　著作権譲渡と契約上の地位の移転

原告は、平成一九年六月一日、板倉デザイン研究所の行っていた事業を統合した際、本件ピクトグラム等を含むP_1が板倉デザイン研究所において手がけたＶＩデザイン等の著作権全てを、包括的に譲り受ける旨の合意をした（特定承継）。原告は、被告都市センターを含む板倉デザイン研究所の取引先に対し、連絡文及び別途著作権譲渡に関するお知らせ文書を送付した。

原告と板倉デザイン研究所は、原告が顧客の事業全体のコンセプト策定とブランディングを主たる業務とし、必要なＶＩデザイン等について板倉デザイン研究所に依頼するという関係にあった。板倉デザイン研究所は、専ら顧客から依頼を受けたデザイン業務を営み、大手百貨店からの広告デザインに関連する売上げが全体の七、八割を占めており、什器備品以外は、P_1の弟子の従業員デザイナー四名が主たる資産であった。原告は、上記取引先や従業員を引き受けておらず、単に、P_1が板倉デザイン研究所を解散・清算することを前提に原告に移籍し、従前の顧客から問合せがあった場合にアフターケアを行うための窓口となるという趣旨で、著作権を譲り受けたにすぎないもので、事業譲渡といった実体を有するものではない。

(2)　対抗関係について

被告らは、原告が著作権を承継していたとしても、被許諾者との間で対抗関係にある旨主張する。

しかし、そもそも著作権の利用に関する被許諾者は、許諾者に対して、著作物の利用を阻害されないという債権的権利を有しているにすぎないから、著作権の譲受人にはかかる債権的権利を対抗することはできないのであって、譲受人と被許諾者とが対抗関係に立つものではない。被許諾者は、譲受人からの差止請求又は損害賠償請求に原則として応じなければならない地位にあるものである。とすれば、譲受人が、従前同様の許諾条件を引き継いで、利用許諾契約上の許諾者の地位を承継しようとした場合には、これを承諾するのが被許諾者の通常の意思といえる。

したがって、特段の事情がない限りは、著作権譲渡に伴い、譲受人に利用許諾契約上の許諾者の地位が承継されるといえ、本件においても、原告が本件ピクトグラムの著作権を譲り受けた際、被告らは本件使用許諾契約一に基づく使用権を有する地位にあり、原告もこれを変動させる意思はもっていなかったのであるから、著作権譲渡に伴い原告が本件使用許諾契約一の許諾者たる地位を承継したものである。被告らも、遅くとも平成二三年五月一六日以降の協議において、原告が本件ピクトグラムの著作権を譲り受けたことを知ったが、これを積極的に争わず、むしろ、それを前提に利用再許諾又は著作権譲渡の交渉を行っており、その対応からして、これを承諾していたものといってよい。

（被告らの主張）

(1)　著作権の譲渡

原告が主張する著作権の譲渡及び承継は、いずれも立証がない。

板倉デザイン研究所を解散・清算して原告に統合するにあたり、原告が著作権の一切を包括的に譲り受けることは、事業の全部譲渡・譲受に該当するもので、会社法四六七条一項一号及び三号により板倉デザイン研究所及び原告双方で株主総会の特別決議による承認を受けなければならないもので、何らの契約書も作成しないということはあり得ない。会計処理や税務処理上の記録を提出することもなく、何ら具体的な立証を行わない以上、原告の主張は認められない。仮に、板倉デザイン研究所から原告への譲渡が事実であったとしても、株主総会の特別決議による承認がされていないのであれば、無効である。

(2)　契約上の地位の移転について

仮に、原告が本件ピクトグラムの著作権を承継したとしても、被許諾者とは対抗関係にあるところ、原告は、著作権の承継について登録を経由しておらず、対抗できない。

被告大阪市は、著作権譲渡を認めていたわけではなく、移転されていることについて証明を求めるなどしている。原告との協議の際、原告側の言い分を尊重しつつ誠意をもって対応していたため、被告大阪市の側から著作権譲渡を積極的に否定しなかったものである。

三　争点二―一（本件ピクトグラムの著作物性）について

（原告の主張）

(1)　ありふれた表現ではないこと

本件ピクトグラムは、本質的には美的鑑賞の対象となり得る絵・デザイン画であり、著作物である。

実在する施設を絵・デザイン画に落とし込む場合の表現方法は多種多様であり、グラフィックデザインのデザイン技法で描く場合であってもこの点に変わりはない。本件ピクトグラムについていえば、当該施設をどの角度から捉えて表現するか、どの部分を表現上切り捨て、あるいは強調して表現するか、各箇所にどのように配色するかなどの点において、多様な表現方法の選択可能性が存し、これらの点において、創作者の個性が発揮されている以上、本件ピクトグラムは著作物としての創作性を備えて

いる。

以下のとおり、本件ピクトグラムと各施設の写真を対比すれば、創作者は、少なくとも以下のアからテに記載した点において（さらにはその組合せにおいて）多様な表現方法が存在する中から、独自の表現方法を選択・採用しており、創作者の個性が発揮されているといえる。

なお、被告らが実際に使用していたのが、別紙一《略》の青白二色版であることに鑑み、以下では、同青白二色版について主張するが、別紙二《略》多色版と別紙一《略》の青白二色版とは、表現方法を異にする別の著作物であり、その創作性のポイントが異なり得ることは当然である。

ア　大阪城〈編注・本号後掲七五頁【図一】〉

①　数ある角度の中から写真③の角度を採用して、その外観形状を表現していること

②　大阪城の上下三段に連なる薄緑色の三角形の屋根部分に囲まれた白色の壁部分のみが白抜きされ、その余の屋根部分と壁部分を区別なく青色のシルエットにしてコントラストを作ることで、上記の三角形の屋根部分に囲まれた白色の壁部分の白抜きを強調して表現していること

③　大阪城の金鯱その他の装飾部分を省略して表現していること

④　石垣部分についても、過去の大阪城の石垣が巨大な岩石で構築されていたことに鑑み、現在の大阪城の石垣（写真①）に比して極めて大きく構成することで、石垣のスケールの大きさを強調して表現していること

イ　海遊館〈同七六頁【図二】〉

①　数ある角度の中から写真①の角度を採用して、その外観形状を表現していること

②　上部左右の格子状部分の格子数を極端に減らして、格子のサイズを大きくし、全ての格子を白抜きすることで特徴的な格子状部分を強調するとともに、青色に塗りつぶされた面の組合せで構成された下部の安定感のあるイメージと、青色の線の組合せで構成された上部格子状部分の軽やかなイメージとを対比して強調して表現していること

③　海遊館の建物に施された海をイメージする装飾を一切省略して表現していること

ウ　WTCコスモタワー〈同七六頁【図三】〉

①　数ある角度の中から写真③の左斜前からの角度を採用して、その外観形状を表現していること

②　①の角度から見た場合、建物本体は上下方向で五ブロックに分かれ、最下部のブロックは斜面となって前方にせり出す立体的形状となっており、また、最上部のブロックは両端の部分がそぎ落とされたような上下視断面凸状の立体的形状となっているが、同ピクトグラムでは、かかる形状を省略することで、形状の均一性を強調するとともに、最下部から最上部に向かって連続する縦の白いラインを多数配することで高さ方向のスケール感を強調して表現していること

エ　ATC〈同七七頁【図四】〉

①　実際のATCを構成する構造物の多くを省略し、ITM棟（写真②）とO's北棟とO's南棟の間の部分（写真③）を取り上げ、本来は略直行している両部分（写真①）を同一の視点から近傍に並べて表現していること

②　ITM棟について、下方左右側に伸びたガラス部分等の表現を省略するとともに、中央上下部二箇所の前方に突出したガラス部分のみを、大きな格子の形で白抜きし、強調して表現していること

③　O's北棟とO's南棟の間の部分については、対面する二棟でハの字状の屋根を構成する構造物のみを、格子状ではなく単に白抜きすることで強調するとともに、ハの字の角度を鋭角にして屋根部分のボリュームを落とし、さらに間の連絡通路を簡素な線で示すことで、全体をすっきりと表現していること

オ　大阪ドーム（現京セラドーム大阪、以下「大阪ドーム」という。）〈同七七頁【図五】〉

①　大阪ドームは、上部のドームを取り囲む波形の屋根部分の下の柱部分を中央に据えた場合には、同屋根部分の両端近傍に柱部分が存するが（写真①）、同ピクトグラムでは、同屋根部分の両端近傍の柱部分を省略して、表現していること

②　ドーム部分の格子その他の装飾的要素を省略して、形状を青色に塗りつぶされた面の組合せで構成した後に、中央部の縦方向の長短二本の白いスリット線をもって、中央の柱部分を表現していること

③　上記のとおり、形状を青色に塗りつぶされた面の組合せで構成した後に、上部のドームを取り囲む波形の屋根部分を、横方向の曲線を用いることなく、実際の屋根部分よりも比率の大きな縦の白いスリット線を複数配することで、強調して表現していること

カ　通天閣〈同七八頁【図六】〉

①　塔全体の鉄骨構造のうち、脚部の鉄骨構造については線の組合せで構成しているのに対し、二階部分より上の塔本体の鉄骨構造については青色に塗りつぶされた三つの面の組合せで構成して表現していること

②　二階部分及び五階展望台部分も窓等を省略して青色に塗りつぶされた面の組合せで構成しており、脚部のみを線の組合せで構成し、鉄骨構造であることを強調して表現していること

キ　フェスティバルゲート〈同七八頁【図七】〉

①　メインゲート（写真①）その他数ある構造物の中から、中庭に入った際に確認できる写真②奥上部の塔状の構造物を採用して、その外観形状を表現していること

②　フェスティバルゲートの塔状の構造物の右下方には、左下方と対照な構造物は存在しないが、同ピクトグラムでは、塔状の構造物の右下方にも、左下方と対照な図柄を付加して表現していること

③　ジェットコースター通路を極めて簡素化・抽象化し、左端中央部から右上方に伸びて、塔状の構造物の上部の白抜き部分を通過して湾曲し、下端中央部に向けて幅を広げながら伸びる曲線として構成することで、スピード感を表現していること

ク　新梅田シティ〈同七九頁【図八】〉

①　数ある角度の中から写真①の右斜前からの角度を採用して、その外観形状を表現していること

②　幅方向に対する高さ方向の比率を、実際の梅田スカイビルよりもかなり大きく構成するとともに、一対のビル本体を、壁面の格子形状や装飾を省略して、高さ方向に伸びる二つの細長い青色の面とこれを分断する高さ方向に伸びる細長い白色のスリット線とで構成し、さらに、一対のビル本体の間の構造物をやはり細長い青色の線で構成することで、高さ方向にスマートに伸びる点を強調して、表現していること

ケ　咲くやこの花館〈同七九頁【図九】〉

①　複雑なアシンメトリー構造の建物について、数ある角度の中から写真②のコーナーからの角度を採用して、その外観形状をシンメトリーに表現していること

②　格子状部分の格子数を極端に減らして、格子のサイズを大きくして白抜きすることで、格子状部分を強調し、たくさんの自然光を取り込む植物園のイメージを表現していること

③　天井中央部分に青色の三角形の中央部が縦方向の白色スリット線で分断された装飾が配されるとともに、天井右上部分から突出した椰子の木の装飾が配されていること

コ　大阪人権博物館〈同八〇頁【図一〇】〉

①　実際の建物では、中央下部の入口及び入口左右両側の窓を囲う部分の地面に向かったコの字形状が前方にせり出す一方で、窓部分はくぼんでおり、凹凸のある構造となっているが、同ピクトグラムでは、これを直交する線と全ての内角が直角の面のみで構成することで、極めて平面的に表現していること

②　実際の建物の入口上の横方向の構造部分を、あえて白抜きして、その上部の窓口と連通して構成するとともに、実際の建物の入口上部から屋根近傍にまで伸びる二本の細長い構造部分を、あえて途中で分断することで、中央部分の平面的な幾何学模様を強調して表現していること

サ　ＯＣＡＴ〈同八〇頁【図一一】〉

①　数ある角度の中から写真①の右斜前からの角度を採用して、その外観形状を表現していること

②　建物本体については上部の曲線でその曲線構造を表現する一方、白抜きの柱の上端部分は横方向の直線で構成し、柱相互の間隔の違いのみならず、建物本体から突出した部分を青色にして、青色部分の長さの違いを強調することで、曲線的配置を表現していること

③　同ピクトグラムでは、上部に、実際の建物には存在しない飛行機のデザインの装飾が施されていること

シ　大阪国際会議場〈同八一頁【図一二】〉

①　数ある角度の中から写真②の角度を採用して、その外観形状を表現していること

②　建物の壁面構造のうち、連続する格子ます記号形状の装飾部分の間に存する格子状の装飾部分、上から三番目の格子状の装飾部分の左右辺の略中央部分から左右方向に突出した一の字形の装飾部分、及び建物壁面のタイル構造を省略して、青く塗りつぶした面で表現する一方で、連続するます記号形状の装飾部分及びそこから左右方向に突出した二の字形の装飾部分のみを取り上げ、これを白抜きして強調して表現していること

③　屋根上の構造物に外観上存在しない半円が白い線で描かれていること

ス　なにわの海の時空館〈同八一頁【図一三】〉

実際のドームにおいて特徴的な表面の格子構造やフロート部分の構造を省略して、ドーム部分を青色に塗りつぶした半円形状に構成して、中央部に横方向の白色スリット線三本、下部に横方向の白色波線を配するとともに、外観上存在しない白抜きした帆船の装飾が施されていること

セ　水道記念館〈同八二頁【図一四】〉

①　左右方向に伸びる建物の構造を一切省略し、建物中央の入口部分のブロックのみを切り出して、強調して表現していること

②　中央部の透明な四角形状の入口及び窓の部分と、その上方の透明な半円形状の窓の部分を、青色に塗りつぶした四角形または半円形の面で構成することで、直ちに窓や入口であるとは判別できないように表現しており、また、上記の半円形の面から放射状に青色の面を構成することで、半円形の面と放射状の面が連続しているように表現していること

③　中央入口部分の下方に、外観上存在しない白抜きした二つの丸印の装飾が施されていること

ソ　鶴見はなぽ〜とブロッサム〈同八二頁【図一五】〉

①　数ある角度及び状態の中から写真②の角度及び開閉部分が開いた状態を採用して、その外観形状を表現していること

②　建物の屋根より上の部分のみを取り上げて、その余の構造部分は一切省略し、屋根部分を丸みを帯びた曲線で構成する一方で、開閉部分をより直線的かつ鋭角に構成することで、花が開いた状態を表現していること

タ　長居陸上競技場〈同八三頁【図一六】〉

①　数ある角度の中から写真①の角度を採用して、その外観形状を表現していること

②　屋根部中央の突起状の構造物の左右の曲線状の構造物を、実際よりもかなり高く大きく構成することで、飛び立つ鳥の翼のイメージを表現していること

③　土台部分を青色の面で構成するこ

とで、安定感を表現するとともに、特徴的な太さのことなるコンクリート支柱を白抜きして強調して表現していること

チ　水道科学館（大阪市下水道科学館）〈同八三頁【図一七】〉

①　数ある角度の中から写真②の角度を採用して、その外観形状を表現していること

②　実際の水道科学館では、正面上部に格子状のパネル構造部、パネル構造部の中央下部から高さ方向に伸びて屋根高さから突出する格子状の中央窓部、パネル構造部左側を地面から伸びて屋根高さから突出し格子状に窓の配された縦長構造物、パネル構造部右下の格子状の窓が四分の一円弧状に湾曲した円弧構造物が配されているが、同ピクトグラムでは、パネル構造部についてのみ、格子を実際よりも大きく構成して白抜きすることで格子状の形状を強調する一方、円弧構造物の格子状の窓は青色の面に横方向の白色の曲線を配するだけに省略することで湾曲形状を強調し、中央窓部及び縦長構造物の格子状の窓は青色の面に縦方向の直線を配するだけに省略することで高さ方向への伸びを強調して表現していること

③　左下部分において、実際に存在する柱や他の構造物が省略され、実際には存しない大きな白抜きの丸印を大胆に配する装飾が施されていること

ツ　クラフトパーク〈同八四頁【図一八】〉

①　数ある角度の中から写真①右斜前からの角度を採用して、その外観形状を表現していること

②　特徴的な円筒状のレンガ調の建物だけではなく、これに加えて別棟の左右隣の建物のみを切り取って、これらを近接させて一体のものとして表現するとともに、左右隣の建物を直線的かつ平面的に構成する一方で、中央部の建物を曲線的に構成することで、中央部の建物の円筒形状を強調して表現していること

③　実際には右隣の建物は前後位置及び高さ位置をそれぞれ異にする二棟の建物であるが、同ピクトグラムでは、上部が連続した鳥居形状の特異な構造物として表現していること

テ　ラスパOSAKA〈同八四頁【図一九】〉

①　実際のラスパOSAKAを構成する建物部分の多くを省略し、円筒形状の建物のみを取り上げて、外観形状を表現していること

②　円筒建物壁面の格子状の窓部について、実際の格子よりも大きな青色に塗りつぶした四角形を規則的に並べて縦方向の白色の直線的及び横方向の白色の曲線を構成することで、あたかもタイル張りの質感の円筒形状を表現していること

③　円筒建物の下部の石塀部分を省略して、ほぼ上下方向にわたってタイル張りの質感の青色の四角形を配するとともに、実際の横長の入口についても、下部中央を縦長の四角形状に白抜きして構成することで、円筒建物全体をスリムな印象となるように表現していること

図一

①

②

③

資料7　大阪観光施設ピクトグラム事件

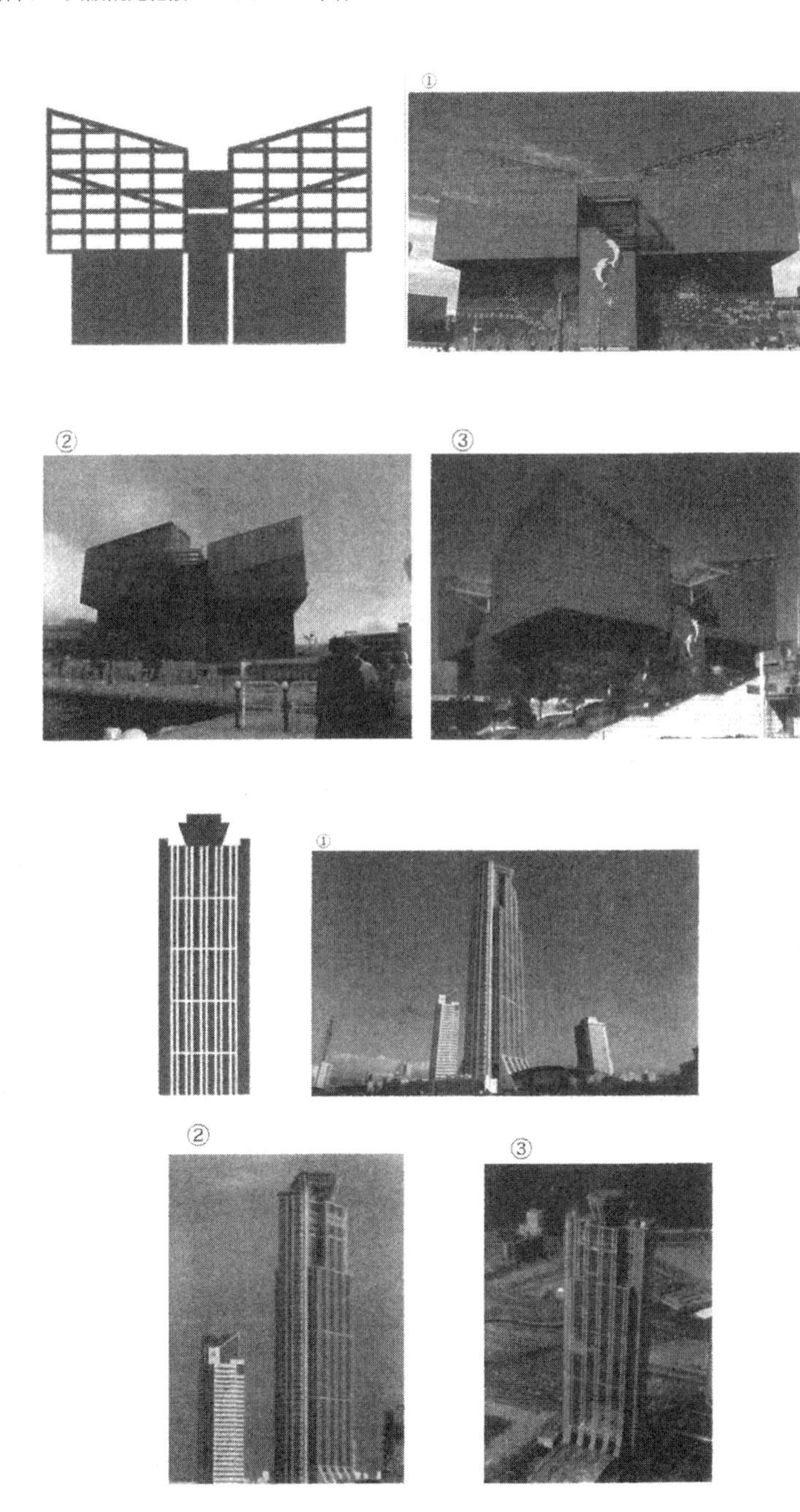

図四

①

②

③

図五

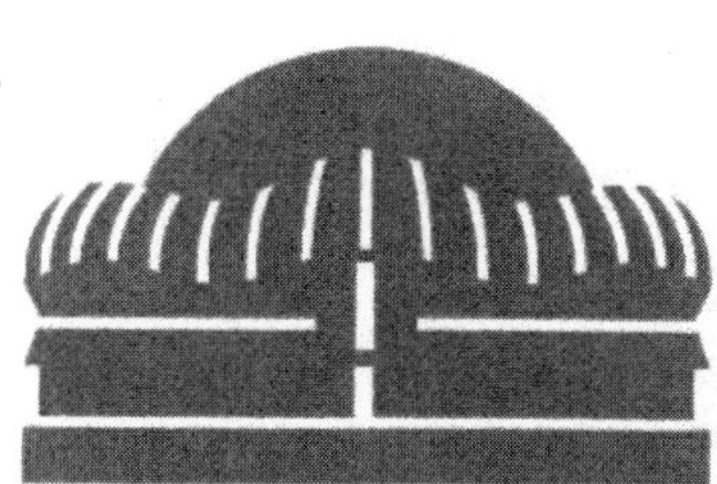

①

②

③

資料7　大阪観光施設ピクトグラム事件

図六

①

②

図七

①

②

③

図八

図九

図一〇

図一一

図一二

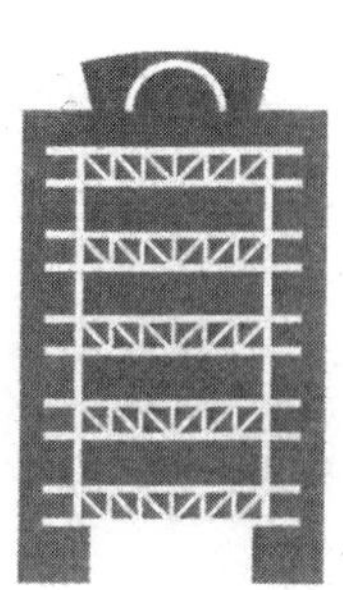

①

②

図一三

①

②

①

図一四

②

①

図一五

②

図一六

①

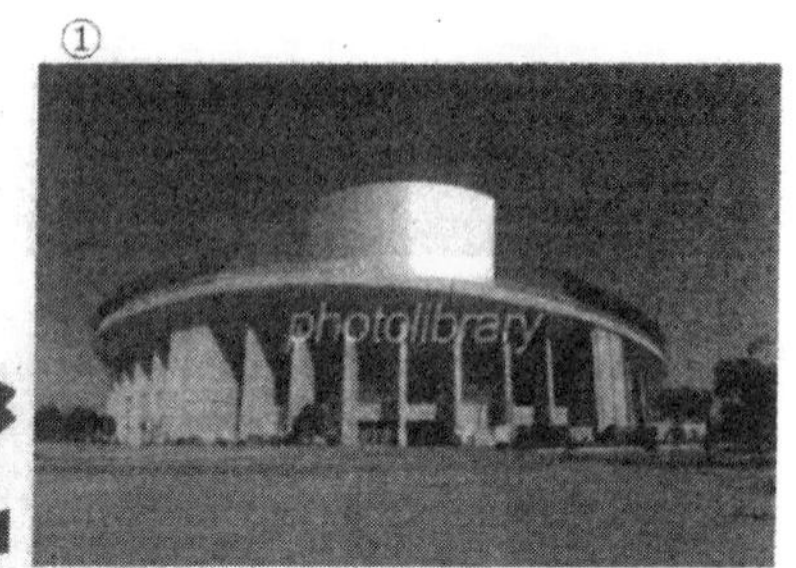

②

③

図一七

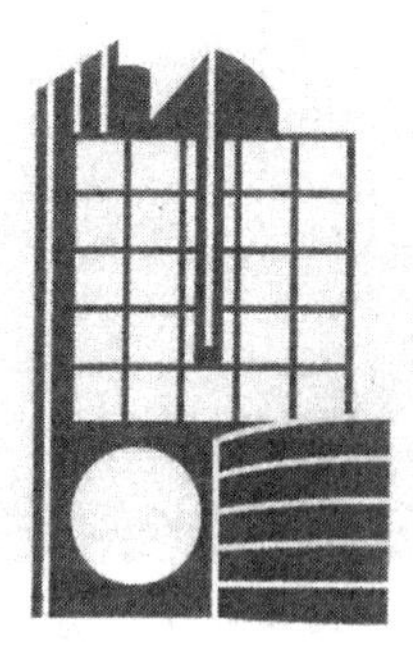

①

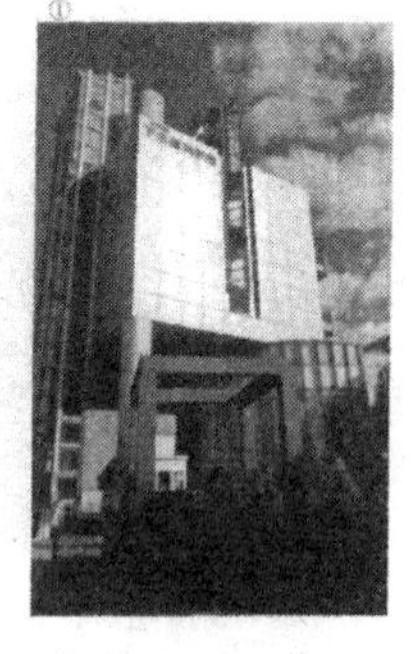

②

図一八

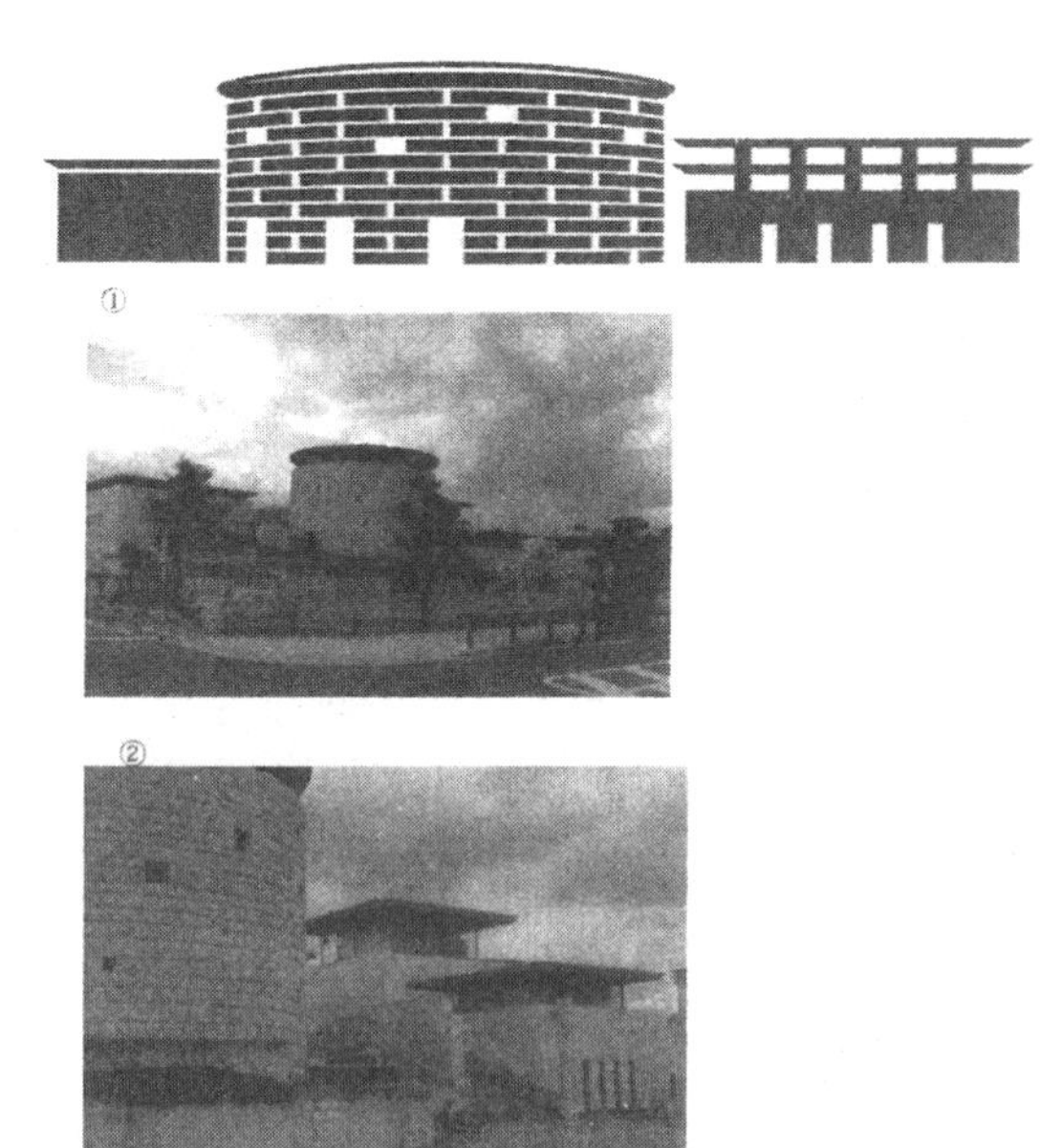

図一九

(2)　本件ピクトグラムが情報伝達機能を果たすことについて

本件ピクトグラムは、本来的に美的鑑賞の対象となり得る絵・デザインをピクトグラムという情報伝達用途に用いたものであり、本来的に情報伝達手段である文字・記号に何らかの特徴、装飾ないしデザインを施したものとは異なる。本件ピクトグラムが特定の施設を示すものであることにより、表現方法に一定の制約となることがあるとしても、その表現方法には多様な選択肢があり得るのであるから、ピクトグラムに著作物性を認めたとしても、およそ情報伝達手段の独占を認めることにはならない。被告らの主張する種々の弊害は、販売用の商品写真その他の表現物に著作物性を認めた場合にも程度の差こそあれ生じ得るものであるから、これをもってピクトグラム一般の著作物性を否定するのは相当でない。

(3)　被告らは、本件ピクトグラムが著作権を有することを前提としていたこと

被告都市センターは、本件許諾契約一を締結し、本件ピクトグラムの一〇年間の使用料等の対価として六九八万二五〇〇円を支払い、被告大阪市も平成一三年七月二〇日以降の原告との協議過程において、終始、本件ピクトグラムに著作物性があることを前提に著作権の権利処理を行うべく行動していたものである。本件ピクトグラムが、数多くの実績があるアートディレクター・デザイナーであるP1によって制作されたことも本件ピクトグラムの経済的価値を

高めるとともに、その著作物性を基礎付ける理由ともなる。

（被告らの主張）

(1) 本件ピクトグラム等は、観光客等に対する情報伝達機能を発揮するという実用的目的を有するものであり、当該実用的目的に適うものとして、表現の幅は自ずから限定されているものである。本件ピクトグラム等は、ありふれた表現であり、創作性がなく、著作物として著作権法の保護対象となるものとはいえない。

(2) そもそも、ピクトグラムとは、絵文字、絵言葉のことであり、表現対象である事物や情報から視覚イメージを抽出、抽象化し、文字以外のシンプルな図記号によって表したものである。ピクトグラムは、言語能力や年齢差を超えて誰にも容易に表示内容（伝達する情報内容）が伝わることを目的とするもので、情報伝達という実用的な機能を果たすものであるから、文芸・学術・美術又は音楽の範囲には属さないものであり、また、専ら美の表現のみを目的とする純粋美術の作品ではないうえ、美術鑑賞の対象となり得る美的特性を備えているものでもない。したがって、美術の著作物ではない。

本件ピクトグラムの絵の部分については、施設そのものの外観形状を描くことから、その選択の幅は狭くならざるを得ないため、ありふれた表現で創作性がないもので、著作物として著作権法の保護対象とはならない。本件ピクトグラムに著作物性を認めて特定人に独占させることは情報伝達手段の独占を認めることになりかねず、著作物の公正な利用に留意しつつ、著作者の権利の保護を図り、もって文化の発展に寄与しようとする著作権法の目的に反することとなる。本件ピクトグラム（特に特定の施設を示すもの）は、その目的から、その形態には一定の制約を受けるものであるところ、これが一般的に著作物として保護されるとすると、わずかな差異を有する無数のピクトグラムについて著作権が成立し、権利関係が複雑となり混乱を招き、利用に支障を来すことが予想されるなど、相当でない。

四　争点二—二（被告大阪市による有効期間満了後に作成された本件ピクトグラムの使用による著作権侵害の有無）について

（原告の主張）

被告大阪市は、本件使用許諾契約一の有効期間満了後に、新たに本件ピクトグラムを複製使用し、あるいは、本件使用許諾契約二の有効期間満了後に、新たに、本件案内図を複製使用しているものである。

（被告大阪市の主張）

否認する。本件各使用許諾契約の有効期間経過後、本件ピクトグラム等を複製した上で使用したことはない。

五　争点二—三（原告は、本件ピクトグラムの著作権を取得したとして、その著作権を被告らに対して主張し得るか）について

（原告の主張）

上記二（原告の主張）(1)のとおり。

（被告らの主張）

上記二（被告らの主張）(1)のとおり。

六　争点三（原状回復義務及び著作権に基づく本件ピクトグラムの抹消・消除請求の必要性）について

（原告の主張）

被告大阪市は、被告都市センターからの使用許諾を受けて、ゆとりみどり振興局緑化推進部所管の案内表示八三箇所、建設局所管の案内表示二二三箇所、及び港湾局所管の案内表示六箇所において本件ピクトグラムを複製して使用し、本件使用許諾契約一の有効期間満了後もその使用を継続した。

被告大阪市は、シールを貼る方法で抹消したとしているが、シール下において本件ピクトグラムが判別可能な状態で残存し、容易にはがすことが可能な状態であり、実際その一部においては本件ピクトグラムが透けて見えたり、シールがはがれかかったりしている。また、黒色塗料で塗る方法についても、これを容易に削り取ることができるなど、いずれにしても、本件ピクトグラムの撤去・抹消というに十分な処置とはいえず、未だ使用を継続しているというべきである。実際にも、平成二五年三月頃に至っても本件ピクトグラムが放置されている状況に照らせば、あたかも抹消作業を徹底しているかのような被告大阪市の主張はとうてい信用に足るものではない。

（被告らの主張）

被告大阪市は、平成二四年七月末までに、本件ピクトグラム及び本件大阪市観光案内図については、抹消・撤去を行った。抹消後に第三者によりシールがはがされたり、塗りつぶしが消されたりしている部分についても、同年一一月以降繰り返し抹消作業等を行っており、本件ピクトグラムを継続使用している事実はない。

原告が指摘する甲第五二号証の海遊館のピクトグラムについては、シールを貼りさらに黒塗りを行ったが、何者かによって黒塗りが剥がされたため、平成二五年三月二〇日に最終的に差替えを行ったこと、甲第五三号証については、原告からの指摘を受けて直ちに抹消作業を行い、同年八月二〇日にはこれを完了しており、いずれも現状において大阪市が本件ピクトグラムの使用を放置していることはない。

七　争点四（原状回復義務違反及び著作権侵害の不法行為による原告の損害額）について

（原告の主張）

(1) 被告大阪市は、上記六のとおり、本件ピクトグラム等の使用を継続している状態である。また、本件使用許諾契約一の期間満了後も新たに本件ピクトグラムを複製使用し、あるいは、本件使用許諾契約二の期間満了後に新たに本件案内図を複製使用している。

(2) 本件ピクトグラムついての損害金

本件ピクトグラムの一〇年間の相当な使用対価は一〇〇〇万円を下ることはなく、平成二二年三月三一日から平成二六年三月三一日までの四年間、被告都市センター及び被告大阪市の本件ローカルピクトグラムの使用継続により、原告に生じた使用料相当の損害額は四〇〇万円（一〇〇〇万円÷一〇年×四年＝四〇〇万円）を下らない。

また、被告都市センター及び被告大阪市は、本件ピクトグラムを抹消・消除してお

らず、今後も使用を継続することが明らかであるから、同使用継続により、原告には月額八万三三三三円（一〇〇〇万円÷一〇年÷一二か月≒八万三三三三円）の損害が発生し続けることになる。

（被告らの主張）

(1)　原状回復義務違反及び新たな使用行為がないこと

被告大阪市が、現状において本件ピクトグラムの使用を放置していることはないし、新たに本件ピクトグラム等を複製使用している事実はない。

(2)　原状回復義務に関する損害の不発生

本件各使用許諾契約は、一〇年後には本件ピクトグラム等につき、施設利用者にその使用を自由にさせることを検討し、「一〇年を経過して後の使用権の追加支払いは生じないものとする。」と規定しているところ、一〇年経過後、当事者において使用権開放の検討もその後の開放の実行もされていない以上、本件ピクトグラムや本件案内図を別途の施設などが新たに使用することは許容されないが、当該契約に従って従前どおりの形態で使用する限り、原告に契約違反を問われる余地はなく、一〇年目以降において追加での使用料の支払義務も発生しない。

したがって、原告に本件ピクトグラム等の使用権に係る支払請求権（損害賠償請求権）はそもそも存在しない。

(3)　原告が主張する損害額が過大であること

また、原告の主張どおり有効期間後に使用権が消滅するとしても、平成二二年四月一日以降の使用のみが原告の権利の侵害となり、被告大阪市は、本件ピクトグラムの撤去・抹消作業を遅くとも平成二四年七月末までに行っており、使用期間は長く見積もっても二八か月である。

八　争点五―一（本件ピクトグラムの著作物性）について

（原告の主張）

前記三（原告の主張）のとおり。

（被告らの主張）

前記三（被告らの主張）のとおり。

九　争点五―二（本件冊子において本件ピクトグラムが「複製」されているか）について

（原告の主張）

本件冊子の作製により、本件ピクトグラムの内容及び形式を覚知されるものを再製したことは明らかであるから、複製に該当する。ピクトグラムは、本質的には、絵・デザイン画であって、情報伝達手段である文字のような特殊性を考慮する必要はなく、「複製」に該当するか否かの判断において、内容及び形式を覚知させるものを再生したか否かという要件とは別個に、鑑賞性を備えるか否かという要件を定立する必要はない。

（被告らの主張）

著作物の複製とは、既存の著作物に依拠し、その内容及び形式を覚知させるに足りるものを再生することをいう。しかるところ、本件冊子に掲載されたピクトグラム（以下一八施設分をまとめて「掲載ピクトグラム」という。）の絵の部分の大きさは、面積にすると、別紙一〈略〉記載のピクトグラムの絵の部分の約三五分の一であり、その利用態様は、地図中の施設の所在場所に本件ピクトグラムの絵の部分を表示しているというものである。このような掲載ピクトグラムの絵の大きさや態様からすれば、仮に本件ピクトグラムに著作物性が認められたとしても、掲載ピクトグラムは、著作権法が本来その保護の対象とする芸術性、美の創作性を複製したものではなく、如何なる施設であるかという情報を提供する単なる記号の意味合いに過ぎないもので、美術の著作物の複製が著作権法上の「複製」に該当するために必要な鑑賞性を備えず、本件ピクトグラムの創作的表現の内容及び形式を覚知するに足りるものではないから、複製にあたらない。

一〇　争点五―三（本件冊子における本件ピクトグラムの掲載が「引用」に当たるか）について

（被告らの主張）

仮に、本件冊子の作製が著作権法上の「複製」に該当するとしても、本件ピクトグラムは公表された著作物であり、本件冊子における本件ピクトグラムの絵の部分の利用は、著作権法三二条の引用に該当するので、本件ピクトグラムの著作権を侵害しない。

引用は、著作物の全ての利用形態でなされ得るところ、適法な引用の基準として、従来、明瞭区別性と主従関係を挙げる裁判例があり、本件冊子は、その一部である地図上に本件ピクトグラムの絵の部分を重ねて掲載しており、引用して利用する側である本件冊子と引用される本件ピクトグラムの絵の部分は明瞭に区別して認識できるうえ、両者の間に前者が主、後者が従の関係があり、適法な引用に該当する。また、本件冊子において、本件ピクトグラムは、どのような施設かという情報を視覚的に伝達し、その対象である施設を特定するためのものとして掲載されているものであるところ、本件ピクトグラムはまさにその目的のために制作されたもので、利用の必要性・有用性が認められる。本件冊子における掲載が、本件ピクトグラムの価値を高め、著作権者等の権利の保護を図ることにもつながるものであることなどを併せ考慮すると、本件冊子に本件ピクトグラムの複製を利用することは、著作権法の規定する引用の目的に含まれるといえる。本件冊子の作製に際して、本件ピクトグラムを複製し、地図に掲載することは、その方法ないし態様としてみても、社会通念上、合理的な範囲にとどまるものということができる。以上の方法ないし態様であれば、本件ピクトグラムの著作権者が本件ピクトグラムの複製権を利用して経済的利益を得る機会が失われるということも考えがたいのであり、これらを総合考慮すれば、コンベンション協会が本件冊子の作製に際して本件ピクトグラムの複製を掲載したことは、著作物を引用して地図を作成する方法ないし態様において求められる公正な慣行に合致したものであるということができ、かつ、その引用の目的上でも、正当な範囲内のものであるということができるというべきで、著作権法三二条一項の規定する引用として許されるものである。

（原告の主張）

本件冊子においては、本件ピクトグラムが地図及び路線図上に特段の区別が施されることもなく一体的に表示されており、引用する本件冊子と明確に区別されているとは到底言えない。また、本件ピクトグラムの本件冊子への使用にはそもそも報道、批評、研究等引用の目的自体が存在しない。

したがって、本件ピクトグラムの本件冊子への使用が著作権法三二条所定の「引用」として正当化されることはない。

一一　争点五—四（本件冊子の頒布及びPDFファイルのホームページへの掲載は、本件使用許諾契約一により許諾されたものか）について

（原告の主張）

本件使用許諾契約一は、被告都市センターの管理の下、被告大阪市が本件ピクトグラムを案内表示等に用いることを予定したものであって、コンベンション協会が本件ピクトグラムの一部を複製使用した本件冊子を多数作製してこれを頒布し、あるいは同冊子の電子データをホームページに掲載するなどはおよそ想定されていない。コンベンション協会が、本件ピクトグラムのデータを使用して本件冊子を印刷し、不特定人に対して無償譲渡していたものである以上、被告大阪市が複製の主体に該当するかどうかは別としても、コンベンション協会が複製の主体に該当する。

（被告らの主張）

(1)　本件使用許諾契約一による使用権

本件冊子の頒布及びホームページへの掲載は、本件使用許諾契約一による使用権に含まれる。

(2)　被告都市センターの主張

ア　本件冊子は、本件使用許諾契約一の第二条に定められた「大阪市各局の案内表示ならびにそれらを補足する地図等の媒体（別表の項目a）」の「三　集客印刷物（…パンフレット等…）」に含まれており、本件使用許諾契約一により認められた使用態様である。

本件冊子は、コンベンション協会が製作に関与しているが、被告大阪市との共同名義で発行したもので、コンベンション協会が被告大阪市から受託し、平成二〇年までは経費の全額、平成二一年以降は経費の九五％を被告大阪市が支出している。したがって、本件冊子における本件ピクトグラムの使用は、本件使用許諾契約一により認められたものである。

イ　コンベンション協会はそのホームページ上に本件冊子のPDFファイルを一定期間掲載したことを認めているが、ホームページへ本件冊子をPDF化してダウンロード可能な状態にしたことは「冊子の配布」として、本件使用許諾契約一による使用許諾の範囲内であり、原告の権利を害するものではない。本件使用許諾契約一第三条の使用制限の対象物として引用された別表の項目bには「四　媒体使用の製作物（ホームページ…等）」との記載がされているが、同条は、「本件ローカルピクトグラムの対象となる集客施設」が当該集客施設のサービスマークやシンボルマークとして使用することに対して使用制限をかけたものであり、その趣旨の媒体使用の制作物（ホームページ）を意味するもので、本件冊子は、同条の使用制限のかかる対象物ではない。

一二　争点五—五（被告らは共同不法行為責任を負うか）について

（原告の主張）

コンベンション協会は、原告に無断で、本件ピクトグラムを複製使用した本件冊子を発行して頒布し、また、遅くとも平成二二年四月二日以降、同冊子の電子データをホームページに掲載して閲覧可能な状況においており、これは原告の複製権、公衆送信権を侵害したものである。

被告大阪市は、本件冊子を作成するにあたり、コンベンション協会に対して、本件ピクトグラムを使用するように指示し、コンベンション協会の侵害行為を教唆又は幇助した。また、被告都市センターは、本件冊子を作成するにあたり、コンベンション協会に対して、本件ピクトグラムのデータを送信し、コンベンション協会の侵害行為を幇助した。したがって、被告らは、コンベンション協会と連帯して、損害賠償義務を負担する。

本件冊子は、被告大阪市及びコンベンション協会の共同名義で発行されており、コンベンション協会にとっては被告大阪市からの受託事業（後に分担事業）であった。従来、被告大阪市は本件ピクトグラムを大阪市観光案内に使用していた一方、コンベンション協会にはかかる使用実績はなかったのであるから、コンベンション協会が被告大阪市とは無関係に自らの意思で、本件冊子に本件ピクトグラムを掲載したなどとは到底考えがたく、被告大阪市の指示（少なくとも何らかの意思的関与）があったことは明らかである。また、本件ピクトグラムのデータ管理は、被告都市センターにおいて行われていたのであるから、被告都市センター、被告大阪市及びコンベンション協会の関係性に照らせば、本件冊子に掲載された本件ピクトグラムのデータが被告都市センターから提供されたものといえ、被告都市センターも共同不法行為責任を負う。

（被告らの主張）

(1)　被告大阪市の主張

被告大阪市が、コンベンション協会に対して本件ピクトグラムを使用するように指示した事実はない。

(2)　被告都市センターの主張

ア　被告都市センターが保管する本件ピクトグラム関連資料には、コンベンション協会に対し、本件ピクトグラムの電子データを提供した形跡はないことから（実際に記録提供をした際にはその許可関係の記録がある。）、提供の事実はない。

仮に、提供の事実があったとしても、そもそも本件冊子の製作及び増刷は、被告大阪市が主体となって、本件使用許諾契約一に記載された有効期間内になされているため、原告の権利の侵害となる余地はないし、被告大阪市の指示に従ってそのデータを提供することは、当然のことである。コンベンション協会によると、本件冊子のホームページ掲載開始は平成二二年四月二日のようであるが、被告都市センターは、ホームページ掲載については全く関知しておらず、何らの関与もしていない。仮にホームページへの掲載が本件使用許諾契約一に反すると解する余地があるとしても、被告都市センターには当該違反につき何らの故意も過失もなく、責任を負う義務はない。

イ　複製の主体の判断にあたっては、複製の対象、方法、複製への関与の内容、程度等の諸要素を考慮して誰が当該著作物の

複製をしているといえるかを判断するのが相当であり（最高裁平成二三年一月二〇日判決・平成二一年(受)第七八八号参照）、本件では、当初、コンベンション協会は被告大阪市の受託業者として本件ピクトグラムを使用するように指示され、本件冊子を不特定人に対して無償譲渡したものである。形の上では、被告大阪市とコンベンション協会との分担事業になったが、実体は受託事業と変わらないものであり、複製主体は被告大阪市であり、仮に著作権侵害行為が成立するとしても、その責を負うのは被告大阪市である。

一三　争点五―六（原告は、本件ピクトグラムの著作権を取得したとして、その著作権を被告らに対して主張し得るか）について

（原告の主張）

前記五（原告の主張）記載のとおり。

（被告らの主張）

前記五（被告らの主張）記載のとおり。

一四　争点五―七（損害額）について

（原告の主張）

被告ら及びコンベンション協会による本件ピクトグラムの複製使用及び公衆送信により、原告は、本件ピクトグラムの「著作権の行使につき受けるべき金銭の額に相当する額」の損害を被っている（著作権法一一四条三項）。

コンベンション協会が本件ピクトグラムを使用するためには、その使用態様は異なるものの、少なくとも本件使用許諾契約一に定められた使用対価である六九八万二五〇〇円を支払う必要があったことは明らかであり、原告には同額の損害が生じている。

（被告らの主張）

(1)　損害の不発生

そもそも、本件各使用許諾契約には、一〇年経過後の使用権の消滅が明示されていないばかりか、本件ピクトグラムの開放を検討することが予定され、使用権の追加支払は生じないとしており、期間経過後も一三か月原告から協議の申入れもなく放置されていたと予想される状況にあったことからして、一〇年経過後の使用の損害金が発生する余地はないというべきである。

(2)　損害額

本件使用許諾契約一の第八条に定められた対価は、別紙一《略》だけではなく、別紙二《略》も対象としたうえで、使用権の対価だけでなく、第九条に定める「ローカルピクトグラム（一九施設）のデザインデータ」の制作項目とその納品に対するものである旨が定められ、一〇年後の使用権の追加支払は生じない旨規定されているものであり、利用態様と関係なく、また、期間も一〇年以上の使用も含めての上で対価が定められているものである。さらに「第三者に使用許諾しない」とする第六条の規定からすれば、使用権は独占的なものであるといえ、本件使用許諾契約一に定められた対価を負担すべき基準とすることは合理的根拠がない。

また、本件使用許諾契約一の第六条には第三者に使用許諾しないことが規定されており、少なくとも本件使用許諾契約一の有効期間中、原告は利用許諾権原を有していないのであるから、著作権法一一四条三項の前提を欠き、有効期間中の損害賠償請求について同条項を適用する余地はない。

以下の点を考慮すると、いずれにしても、原告の請求にかかる使用料相当額の損害額は過大である。

①本件ピクトグラムについては、大阪市及びその関連団体（外郭団体）その他の公共機関が公共目的で使用する以外に営利目的利用の需要があるとは考えられないこと

②使用許諾契約一自体一〇年経過後パブリックドメイン化し、対価の回収を考えていなかったこと

③本件冊子の発行、無償譲渡、公衆送信における掲載ピクトグラムの利用につきコンベンション協会は対価を得ていないこと

④本件冊子で掲載ピクトグラムの使用は、裏表紙を含めて五六頁のうち、頁数で八頁、ピクトグラムの数で累計二六個に過ぎないこと

⑤本件冊子は、イベント「水都大阪二〇〇九」開催にあわせて平成二一年三月に一五万部印刷し、平成二二年三月に八万部増刷したが、それ以降は増刷しておらず、遅くとも平成二三年七月二七日から平成二四年三月までの間に削除したこと

⑥掲載ピクトグラムは、情報伝達する実用的機能を果たすもので、大きさも約三五分の一程度であること（別紙一《略》の絵と比較して）

⑦本件ピクトグラムが普及することはP1や原告の意向に沿うものであり、評価を高めるものであること

(3)　過失相殺等

仮に被告大阪市の原告に対する損害賠償責任が認められるとしても本件使用許諾契約一の第七条において「その後の継続については公的なローカルピクトグラムの性格から評価して、…使用権を開放することを検討する」と規定されていること、第八条において「一〇年を経過して後の使用権の追加支払いは生じないものとする」と規定され、本件使用許諾契約二においても同様の規定があること、及び本件に関する従前の被告大阪市と原告との間の交渉経過等に鑑み、相当額の過失相殺がなされるべきである。

また、平成二六年五月二六日の第一一回弁論準備手続期日において、相被告であったコンベンション協会が原告に対し金七〇万円の解決金を支払うこと等を内容とする和解が成立し、同額が支払われていることから、仮に、被告大阪市の原告に対する損害賠償責任が認められるとしても、金七〇万円が控除されなければならない。

一五　争点六―一（被告大阪市の商法五一二条に基づく報酬支払義務の有無）について

（原告の主張）

(1)　被告大阪市は、平成二三年一〇月七日、原告に対し、本件ピクトグラムについて、以下の修正依頼を行い、原告はこれを承諾して、修正後のデータを被告大阪市に納めた。

ア　本件ピクトグラムの修正の「ＷＴＣコスモタワー」「WTC Cosmo Tower」との表記を、「コスモタワー（大阪府咲洲庁舎）」「Cosmo Tower (Osaka Prefectural Government Sakishima Building)」との表記に変更する。

イ「鶴見はなぽ～とブロッサム」「Tsurumi Hanaport Blossam」との表記を「三井アウトレットパーク大阪鶴見」「MITSUI OUTLET PARK OSAKA TSURUMI」との表記に変更する。

ウ　OCATの飛行機図柄を削除する。

(2) 商人たる原告が、今後も本件ピクトグラムの使用を予定していた被告大阪市からの依頼を受け、本件ピクトグラムの修正という営業の範囲内の行為を行ったのであるから、商法五一二条に基づき、被告大阪市に対して相当額の報酬を請求することができる。

（被告大阪市の主張）

原告の主張(1)アないしウの依頼を行ったことは認めるが、軽微な修正につき、無償で依頼し、原告代表者から可能であるとの返答を得た。被告大阪市職員が送付したメールには、有償である旨の記載はなく、P_1から被告大阪市職員宛に送信されたメールにおいても、「無償での業務」とされていることからも裏付けられる。

一六　争点六―二（相当報酬額）について

（原告の主張）

(1) 前記一五(1)ウの飛行機図柄削除の相当対価は、三四万五〇〇〇円を下るものではない。

「JAGDA制作料金算定基準」の「バリエーション料　バリエーションにおける作業量は、原則としてa作業料が八〇%、b作業料は一〇〇%、付加価値料は質的指数を〇・五～〇・八にして算出した金額を参考にして決めます。」との記載、または「リ・サイズ料　リ・サイズにおける作業料は、a作業料が七〇%、b作業料は一〇〇%、付加価値料は、質的指数を〇・五～〇・八にして算出した金額を参考にして決めます。」との記載がある。この記載によれば、ピクトグラムのリ・サイズについては、デザイン一点あたりのa作業料が三万五〇〇〇円～四万円、b作業料が三万円、Y指数が一・五～二・四、Z指数が五ということとなり、これをX＝aY＋b＋aYZ（＋C）の算式に当てはめると、対価額は三四万五〇〇〇円～六〇万六〇〇〇円（ただしC：支出経費を含まない。）となる。

したがって、飛行機図柄削除にかかる相当対価は、三四万五〇〇〇円を下るものではない。

(2) 前記一五(1)ア及びイの文字の修正についても、各施設に関してb作業料として各三万円を要するから、その相当対価は六万円を下るものではない。

(3) よって、原告は、被告大阪市に対して、商法五一二条に基づき、合計四〇万五〇〇〇円の報酬請求権を有している。

（被告大阪市の主張）

仮に原告に商法五一二条に基づく報酬請求権が発生するとしても、このような軽微な変更だけの修正作業に四〇万五〇〇〇円という額は相当ではない。

一七　争点七―一（本件地図デザインの著作物性）について

（原告の主張）

(1) 本件地図デザインの創作者

本件案内図は、その全体がP_1のデザインにかかるものであり、本件案内図から本件ピクトグラムを除いた地図部分（別紙五、本件地図デザイン）もP_1のデザインである。P_1は、本件ピクトグラムと本件地図デザインとを別々に創作した上で、本件地図デザイン上に本件ピクトグラムを配して本件案内図を完成させた。P_1は、本件地図デザインを当時の市販されていた地図や各種ガイドブックに掲載されていた大阪市の全域図に依拠し、一種のデザイン画として作成した。

(2) 本件地図デザインの著作物性

本件地図デザインは、大阪市の地形を簡略にデザインしたものであるが、全体形状をどのように描くか、どの程度まで抽象化して描くか、表現する内容をどのように取捨選択するか等の点について、多数の選択肢が存在するから、本件地図デザインに創作者であるP_1の何らかの個性が表れていることは明らかであり、本件地図デザインは著作物に該当する。

大阪市の市境の複雑な曲線を、一定程度の写実性は残しつつも、シンプルな直線の組合せで構成することで、西側の人工島の直線的な構成との統一感を表現するとともに、大阪市の入り組んだ川の流れを、やはり一定程度の写実性は残しつつも、シンプルな直線とシンプルな曲線の組合せで構成するとともに、一部は川の流れの記載自体を省略して簡略化することで全体をすっきりと表現している点に、その創作的特徴部分がある。そして、かかる表現手法は、①淀川流域のシンプルなライン、②平野川及び平野川分水路流域のシンプルなライン及び省略化、並びに③咲洲の形状の修正等の具体的表現に結実しており、このような点において、本件地図デザインには創作者であるP_1の個性が十分に発揮され、創作性すなわち著作物性を認めることができる。

（被告大阪市の主張）

別紙五の本件地図デザインは、著作物には該当しない。本件地図デザインは、大阪市市域の境界部分、川、都市公園、鉄道路線等の形をデフォルメし、路線や駅の名称、都市公園の名称等をそのまま記載したものに過ぎず、色についても、川や湾のように水に関係するものには水色、都市公園のような緑を連想させるものには緑色、路線図には大阪市交通局がその路線図において配色している色をそのまま採用したものに過ぎない。このように、記載すべき情報の取捨選択及びその表示方法に関して、地図作製者の個性、学識、経験、現地調査の程度等が反映されたものではなく、およそ創作性が認められるものではない。

裁判例においても、地図の本質的特徴をなしている個所について、デフォルメ等を施した創造性を表した地図については、著作物性を肯定し、そうでないものについては、創造性を否定している。これを本件地図デザインでみると、地図の目的は観光案内であることから、原告が主張する大阪市の市境を西側の人工島の直線的な構成との統一感を表現したり、大阪市の入り組んだ川の流れを簡略化したりすることは、地図の目的からしておよそ本質的特徴をなしている個所ではなく、既存の地図を基にさしたる変更を加えず、客観的に表現したものに過ぎない。

よって、本件地図デザインには著作物性は認められない。

一八　争点七―二（別紙四案内図は、本件地図デザインの複製又は翻案か）につい

て

（原告の主張）

(1)　被告大阪市は、遅くとも平成二四年八月一日以降、本件案内図に代えて、新たに別紙四案内図（ただし「現在地」の表示はこれに含まれない。）を複製して大阪市内の案内表示に使用している。

別紙四案内図は、その全体形状からみて、本件地図デザインに修正を施す方法で作成されたことが明らかであるが、その修正も極めて微細なものにとどまっているため、本件地図デザインと一致ないし酷似している。

板倉デザイン研究所が平成一一年一一月に被告都市センターとローカルピクトグラム企画書作成業務についての業務委託契約書を正式に締結する前の段階から、P_1は、既に平成九年には、被告都市センターとの間で打合せを繰り返す中で、被告都市センターより、ローカルピクトグラム及びそれを配した大阪市地域案内図のデザイン開発の打診を受けており、同年一〇月二二日には、板倉デザイン研究所としてその開発等にかかる見積書を作成した。また、P_1は、同年一二月一六日には、大阪城のローカルピクトグラムのデザインデータを被告都市センターに渡し、その後も制作途上のローカルピクトグラムや大阪市地域案内図のデザインデータを被告都市センターに渡すなどし、最終的に本件使用許諾契約二に至ったものである。

別紙四案内図は、本件地図デザインと完全には一致していないが、本件地図デザインと別紙四案内図は酷似しており、別紙四案内図が本件地図デザインに依拠して複製又は翻案されたものであることは明らかである。

(2)　本件地図デザインと別紙四案内図との一致点

ア　咲洲の形状（別紙六①）

別紙四案内図作成に参考にしたという乙第二七号証の地図（以下「公社地図」という。）及び乙第四一号証の地図（以下「大阪市全図」という。）では、咲洲の北側の海岸線が平らな直線になっているのに対し、本件地図デザイン及び別紙四案内図においては、同箇所がいずれもM字状の曲線で表現されている点で一致しており、咲洲の全体形状においても一致している。また、咲洲は、南西の海上に位置する最も大きい島として描かれており、目を引く部分である。

イ　淀川の形状（別紙六②）

公社地図及び大阪市全図では、淀川の複雑な形状であるのに対し、本件地図デザインは一定程度の写実性は残しつつも平滑かつシンプルな曲線の組合せで構成し、全体をすっきりと表現しており、この点が創作的特徴部分である。別紙四案内図においても、平滑かつシンプルな曲線のカーブの形状及び川幅等の点で、本件地図デザインと一致している。本件地図デザインと被告案内図の北東部から西側までを貫く大きな部分として描かれている特徴的な部分である淀川の形状は、全体の形状としても合致している。

ウ　第二寝屋川から南方向に記載された二本の河川の形状（別紙六③）

公社地図及び大阪市全図では第二寝屋川から南方向に記載された二本の河川の形状が複雑な曲線で記載されているのに対し、本件地図デザインでは、一定程度の写実性は残しつつも、シンプルな直線と曲線の組合せで構成するとともに、一部は川の流れの記載自体を省略して簡略化することで全体をすっきりと表現しており、この点が創作的特徴部分である。別紙四案内図においても、シンプルな直線と曲線の組合せ方、カーブの形状、川幅及び川の流れの記載の省略の仕方等の点で、中央右寄りの箇所に比較的大きな面積にわたって描かれている特徴的な部分において本件地図デザインとことごとく合致している。

エ　その他にも本件地図デザインと別紙四案内図とは、木津川の形状や尼崎市海岸の形状など、多々合致する点が存する。また、例えば、大阪市の市境等についても、別紙四案内図は、直線の組合せの細部の構成に若干の相違はあるものの、大阪市の市境の複雑な曲線を、一定程度の写実性は残しつつも、シンプルな直線の組合せで構成するという点においては、本件地図デザインの創作的特徴部分を備えている。

オ　以上のとおり、本件地図デザインと別紙四案内図とは、細部においては相違点があるものの、本件地図デザインの創作的特徴部分に関連しない箇所であるか、別紙四案内図において公社地図及び大阪市全図に微修正を加えたに過ぎない創作性のない箇所で、かつ地図全体に占める面積割合やその他の記載との関係で看取しにくい箇所に関するものである。

一方で、本件地図デザインと別紙四案内図とは、上記のとおり、一致点が多々存し、しかも、公社地図及び大阪市全図に記載もない本件地図デザインの創作的特徴部分にかかる箇所であり、かつ地図全体に占める面積割合も大きく描かれていて看取されやすい特徴的部分にかかるものである。

以上からすれば、別紙四案内図は、本件地図デザインの表現上の本質的特徴部分を直接感得させるものであるから、本件地図デザインを複製又は翻案したものというべきである。そして、作成経緯や両者の一致点に照らせば、別紙四案内図が本件地図デザインに依拠して作成されたものであることは明白である。

（被告大阪市の主張）

(1)　別紙四案内図の元となる地図データ（以下「被告地図データ」という。）の作成者

被告地図データは、株式会社ジェネシス（以下「ジェネシス」という。）が、平成一〇年に大阪市道路公社から入手した地図（公社地図）をベースとし、同地図を観光案内用の地図としてある程度簡略化するのに大阪市全図も参考にして作成したものである。

(2)　被告地図データ作成の経緯等

ア　ジェネシスは、平成九年度から一〇年度にかけて、被告都市センターから国際集客都市大阪推進本部案内表示部会における資料作成の業務を受託し、案内表示のあり方に関する調査報告書や観光案内表示マニュアルの作成にも携わっていた。被告大阪市においては、このマニュアルに基づいて案内表示システムを整備していくこととなり、ジェネシスは、被告都市センターより「観光案内表示板整備に伴う掲載施設情報整備と製作施工管理支援業務」を受託し

た。この業務には、案内図の基本データの標準化・誘導サインの調整作業、観光案内情報の整理作業、製作原稿の作成から、製作仕様書の作成や製作支援や工事監理支援を含むものであった。

ジェネシスは、平成一〇年二月二八日に、平成九年度調査報告書及びその後作成する予定であった観光案内表示マニュアルの作成資料とするため、訴外大阪市道路公社の施設部調査課より、本件地図の元データとなる大阪市域の地図データ（公社地図）の提供を受けている。公社地図のデータを観光案内図用に簡略化するなどの修正を加えて被告地図データを作成し、その上にP_1から受領した本件ピクトグラムを配し、別紙四の元データを作成した。

その後、被告都市センターは、平成一一年度の観光案内板整備事業として、平成一二年二月九日付けで、株式会社コトブキとの間で、「観光案内表示板製作設置工事」契約を締結し、観光案内図の実際の設置を始めた。

イ　観光案内板設置工事は、平成一二年度以降順次行われ、全てジェネシスより提供された被告地図データがベースとして用いられている。

別紙四の観光案内や平成二三年度整備工事において設置された大阪観光案内（施工：㈱大阪デジタル広告社）には、尼崎市域を示すグレー部分が大阪港舞洲と重なっており、淀川河口を塞いでいる。これは、施工会社が、整備工事のデータ修正の際に、尼崎部分のデータを誤って南（舞洲方向）にずらし、そのままにしてしまったためである。

(3)　別紙四案内図と本件地図デザイン（別紙五）との相違点等

ア　原告が模倣したと主張する二本の河川について（別紙七①）

この二本の河川は、大阪市東成区、生野区及び平野区を南から北方向（地図の下から上方向）に流れる平野川、平野川分水路を指しているが、ジェネシスは、大阪市域における流域に限定して表現しているものである。

観光用の案内図には路線図等を記載するため、地形に関しては簡略化し、観光用の案内図として不要な部分を省略するものであるが、その省略は理由があってされるものであり（本件であれば、例えば今川や駒川のような河川については、狭隘で小規模なものであるため、観光用の案内図に記載する必要はないため）、簡略化すればある程度似通ったデザインの地図となるものである。実際に、大阪市全図においても、二本の河川の上端と下端については同様の表記がされている。そのため、二本の河川の形状は、何の根拠にもならない。

イ　大阪市北区中之島の形状について（別紙七②）

土佐堀川と堂島川に挟まれる大阪市北区中之島の地形について、別紙四案内図では、滑らかな曲線で描かれているのに対し、本件地図デザインでは、直線で描かれているため角ばっており、両者の形状は明らかに異なっている。

ウ　寝屋川と第二寝屋川の形状及び両河川に挟まれた箇所の地形について（別紙七③）

寝屋川と第二寝屋川の形状について、別紙四案内図では、滑らかな曲線で描かれているのに対し、本件地図デザインは、直線的な形状となっている。また、本件地図デザインは、両河川に挟まれた箇所の地形についても角ばっており、特に西端は鋭角に表現されており、両者の形状は明らかに異なっている。

エ　住吉川について（別紙七④）

住之江区を東西に流れる住吉川について、別紙四案内図では、住吉公園以東及び同公園の西で南北に流れる河川が表記されている。これに対し、本件地図デザインでは、当該河川が住之江公園を若干過ぎたあたりで切れているとともに、南北に流れる河川も表記されておらず、両者の形状は明らかに異なっている。

オ　寝屋川と第二寝屋川を結ぶ河川の有無について（別紙七⑤）

寝屋川と第二寝屋川を結ぶ河川の有無について、公社地図、大阪市全図及び本件地図デザインでは、寝屋川と第二寝屋川を結ぶ平野川分水路が描かれているが、別紙四案内図では、作成過程におけるミスにより、当該河川の表記がなされていない。この作成過程におけるミスは、ジェネシスが別紙四案内図の地図デザインを作成したことの表れである。

カ　安治川河口の形状について（別紙七⑥）

安治川河口の形状について、別紙四案内図では、滑らかな曲線で描かれているのに対し、本件地図デザインは、直線で描かれているため角ばっており、両者の形状は明らかに異なっている。

キ　天保山運河の形状について（別紙七⑦）

天保山運河の形状について、別紙四案内図では、港区八幡屋三丁目と海岸通三丁目を結ぶ浮島橋の取り付け部（八幡屋側）の凸部、及び福崎三丁目と海岸通四丁目を結ぶ新福崎橋が表記されているが、本件地図デザインではこれらが表記されておらず、両者の形状は明らかに異なっている。

ク　小括

以上のとおり、別紙四案内図と本件地図デザインには、顕著な相違点があり、ジェネシスが作成した被告地図データは、公社地図及び大阪市全図を参考にデザインされており、表記については基本的に両図を踏襲しているものである。したがって、ジェネシスが地図を作成するにあたり、本件地図デザインを複製、翻案したとする原告の主張は事実に反する。

なお、これらの四つの地図を全体的に比較すると、公社地図→大阪市全図→別紙四案内図→本件地図デザインの順にシンプル化されていることが分かる。別紙四案内図が本件地図デザインを模倣しているのであれば、ジェネシスは、あえて、シンプル化の流れに逆行する形で、再度公社地図及び大阪市全図に則した複雑な形状等に地図を修正したこととなるが、このような流れは極めて不自然である。上記各図の抽象化度合いの流れからすれば、むしろ、P_1が別紙四案内図を参考にして本件地図デザインを作成したと考える方が自然である。

一九　争点七―三（原告は、本件地図デザインの著作権を取得したとして、その著作権を被告大阪市に対して主張し得るか）について

（原告の主張）

本件地図デザインを作成したのはP_1であり、本件地図デザインの著作権も、本件ピクトグラム等と同様、板倉デザイン研究所から原告に移転されている（前記五（原告の主張）記載のとおり）。

（被告大阪市の主張）

前記五（被告らの主張）記載のとおり。

二〇　争点七―四（損害額）について

（原告の主張）

原告は、本件地図デザインにつき「著作権の行使につき受けるべき金銭の額に相当する額」（著作権法一一四条三項）の損害を被っている。

この点、本件案内図の一〇年間の使用対価である四五一万五〇〇〇円を基準とし、被告大阪市が別紙四案内図を設置した平成二四年八月一日から平成二六年三月三一日までで既に一年八か月が経過しているから、この間に原告に生じた使用料相当の損害額は、七五万二五〇〇円（四五一万五〇〇〇円÷一〇年÷一二か月×一年八か月＝七五万二五〇〇円）を下らない。また、被告大阪市は、別紙四案内図を抹消・消除せずに今後も使用を継続することが明らかであり、同使用継続により、原告には月額三万七六二五円（四五一万五〇〇〇円÷一〇万円÷一二か月）の損害が発生し続けることになる。

（被告大阪市の主張）

争う。

第五　当裁判所の判断

一　後掲各証拠《略》及び弁論の全趣旨によれば、次の事実が認められる（争いのない事実及び前記第二の二前提事実を含む。）。

(1)　被告大阪市における案内表示設置の経緯等

ア　被告大阪市は、平成八年六月一八日付けで国際集客都市大阪推進本部を設置し、その一部会である国際集客都市大阪推進本部案内表示部会（以下「集客案内表示部会」という。）の中で、大阪市における案内表示が利用者である市民及び海外を含めた多様な来阪者にとって一層利便で有意なものとなるよう検討を行うこととした。

イ　平成九年度から平成一〇年度にかけて、集客案内表示部会における検討として、被告大阪市における案内表示の整備のあり方に関する調査が行われ、当該調査については、平成一〇年二月六日、被告都市センターがジェネシスとの間で業務委託契約を締結し、ジェネシスが集客案内表示部会における資料の作成を受託した。

ジェネシスは、「案内表示のあり方に関する調査」と題する報告書（以下「平成九年度調査報告書」という。）を作成し、被告都市センターを通じて、集客案内表示部会に提出した。

集客案内表示部会は、「大阪市案内表示ガイドライン」を、平成九年度調査報告書を抜粋する形で作成し、案内表示施設の整備の考え方や整備にあたっての原則、基本的な考え方等を取りまとめた。

ウ　さらに、集客案内表示部会は、大阪市における観光案内マニュアルを策定することとし、当該マニュアルについては、平成一〇年一一月六日、被告都市センターがジェネシスとの間で、観光案内マニュアルの作成業務を委託業務とする業務委託契約を締結した。同契約書の末尾に添付された仕様書には、事業内容として次の記載がある。

(ア)　(1)観光案内表示整備基本計画の策定

⑤観光案内表示において図記号表記する対象の選定

⑥ローカルピクトグラムのデザイン開発

(イ)　(2)観光案内板の整備・設置計画の策定

②観光案内板の基本仕様（案内板の材質、形状、文字・図記号等の標準仕様）の作成

エ　集客案内表示部会は、平成一一年三月に、「大阪市観光案内マニュアル」を策定した。同マニュアルには、大阪市域を示す図として、二八頁で「二―八案内図表現六　市域案内図〇六／市域交通案内図（標題：地下鉄路線案内）」、二九頁で「二―八　案内図表現七　市域案内図〇七／歩行者案内標識」（標題：大阪市全体案内）、三〇頁で「二―八　案内図表現八　市域案内図〇八／観光案内表示板」（標題：大阪市域案内）が掲載された（本件ピクトグラムとは異なるが、対象施設について白抜きされたローカルピクトグラムが配された。）。

オ　被告大阪市は、大阪市域における主要集客施設及び地下鉄駅構内への観光案内図の設置を実際に進めることとし、同年一一月一日付けで被告都市センターとの間で委託契約を締結し、観光案内表示システムの整備業務を委託した。被告都市センターは、平成一一年一一月二日付けで、ジェネシスとの間で観光案内表示板整備に伴う掲載施設情報整備と製作施工管理支援業務を委託業務とする業務委託契約を締結した。同契約書の末尾に添付された仕様書には次の記載がある。

(ア)　1案内図の基本データの標準化、誘導サインの調整作業

2．サイン表示面デザインの標準化

1．地区案内図、市域案内図デザイン

(イ)　2観光案内情報の整理作業

1．地区観光案内情報の整理と記載対象の抽出

(ウ)　3製作原稿作成

1．設置個所別案内図等製作原稿データの調整編集

(エ)　4本体製作仕様書作成及び製作管理支援

1．資料（本体製作仕様書）作成

2．意匠・構造等の詳細設計における管理支援

カ　被告都市センターは、同日付けで、板倉デザイン研究所との間で、ローカルピクトグラムの企画書作成業務を委託し、同研究所は、企画書を作成して提出し、P_1は、本件ピクトグラムを含むピクトグラムの基本デザインを作成して提案した。

これに対し、被告都市センター側は、当初、本件ピクトグラムの使用権を買い取ることを要望したが、金額が折り合わなかったことから、その後、平成一二年三月三一日付けで、本件使用許諾契約一が締結された。

被告都市センターは、平成一一年度の観光案内板整備事業として、平成一二年二月九日付けで、株式会社コトブキとの間で、

「観光案内表示板製作設置工事」契約を締結し、本件案内図の実際の設置を始めた。そこでは、案内表示板に使用するデータはジェネシスにおいて作成するが、被告都市センターの承認を受けたもので実施することとされた。そして、平成一一年度には、大阪城周辺に大阪市観光案内表示板（別紙四案内図に変更する前のもの）が設置され、同案内表示板には、P_1作成の本件ピクトグラムが配された。また、被告都市センターは、平成一二年八月三一日付けで本件使用許諾契約二を締結し、同年度以降も観光案内板の整備を行っていった。

(2) 本件各使用許諾契約の有効期間満了後の経緯等

ア　被告都市センターは、平成二三年五月一一日、P_1に対し、本件各使用許諾契約にかかる有効期間満了についての問合せをし、同月一六日、面談をして本件各使用許諾契約の内容を確認したところ、P_1は、本件ピクトグラムの著作権が原告にある旨述べた。

イ　同年七月二〇日、原告代表者及びP_1、被告大阪市の担当者、並びに被告都市センターの三者で面談の機会を持ち、今後、既に有効期間が経過している本件ピクトグラムの権利関係について調整していくこととなり、原告は、板倉デザイン研究所から著作権を承継している旨伝えた。

ウ　同年八月二五日、原告と被告大阪市は面談し、被告大阪市は、原告に対し、本件ピクトグラムを大阪市公認ローカルピクトグラムとしてホームページに掲載し、原告のクレジットを入れるなどの考え方を示した上で、既存の本件ピクトグラムについては追加の費用負担がないよう使用権の開放を前提に契約を新たに締結し直す旨や、今後、原告から新たなローカルピクトグラムの追加について提案があれば、予算と随意契約について検討する旨の意向が示された。この際、被告大阪市から、WTCや三井アウトレットの文字について軽微な変更が必要であるとの話が出されたところ、P_1がこれを引き受ける旨表明した（これが無償であるか否かについては争点六―一のとおり争いがある。）。また、被告大阪市からは、今後、同年九月から一〇月頃までに原告からの提案があれば、予算要求で検討するとの話が出た。

エ　原告は、同年一〇月七日、被告大阪市に対し、二二施設につき、新たなローカルピクトグラムを一施設五〇万円で開発し、観光案内のための営利目的でない使用を許諾する旨の業務委託契約書の提案をした。被告大阪市は、同月一一日、原告に対し、上記契約書については検討する旨のほか、同月七日の打合せの際に話の出た、本件ピクトグラムのうち、WTCコスモタワー及び鶴見はなぽ～とブロッサムの表記の変更、並びにOCATの飛行機の削除について依頼し、原告は、これを引き受け、同月二六日にこれらを修正したものを納品した。

P_1は、納品後の同年一一月二九日、被告大阪市の担当者に対し、「お渡しした修正データ類は、公式ピクトグラムとしてご紹介いただくと共に、契約締結を前提とした無償での業務となっています」とし、本件ピクトグラム等に関する契約や新たなローカルピクトグラムの制作についての契約締結を早く行うよう求めた。これに対し、同年一二月九日、大阪市担当者は、新市長が当選したことにより、政策が予測不能な状態にあるので方向性を見いだせていないが、ローカルピクトグラムを活用する旨の紹介を被告大阪市のホームページで行っていく等の回答をした。

オ　被告大阪市は、同年一二月二〇日、「ローカルピクトグラムの活用によりわかりやすい施設案内に努めています。」「各ピクトグラムの使用については企画・製作元である株式会社仮説創造研究所にご協力いただいています。」との文言とともに本件ピクトグラム（前記三つについては修正後のもの）をホームページに掲載した。

被告大阪市は、そのころ、平成二三年度予算で本件ピクトグラムを使用する予定がある大阪市観光案内図のデザイン案の募集を行うなどしたことから、原告は、使用許諾契約を締結する前にこのようなことを行うことに反発し、募集を停止すべきである旨申し入れた。被告大阪市は、平成二四年二月八日、本件ピクトグラムについての使用許諾契約書の案を提示したが、結局、契約の締結には至らなかった。

カ　被告大阪市は、原告からの解決のための方向性を問う通知に応じ、同年三月二三日付けで、本件ピクトグラムだけでなく、新たに追加するローカルピクトグラムを含めて著作権を取得し、これらの使用を推奨していきたいとの方針を示し、同年四月には、具体的な方針をまとめた。これに対し、原告は、新たなローカルピクトグラム及び本件ピクトグラムにつきいずれも著作権譲渡（簡易ガイドライン付き）の対価として一施設一〇〇万円を提示し、被告都市センター及びコンベンション協会の賠償責任についての話合いが必要などとした。被告大阪市は、同年五月一七日、原告との会合において、原告提案の金額では協議継続は難しく、自由に使用することができないのであれば活用方針を採れないなどとして、本件ピクトグラム及び本件案内図を平成二四年度内に順次撤去する旨を伝え、本件ピクトグラム等に関する協議は終了した。

キ　被告大阪市は、原告に対し、同年六月一五日付けの書面により、本件ピクトグラム等については順次撤去を行う旨通知し、これに対し、原告は、同月二七日付けの書面により、被告ら及びコンベンション協会に対し、本件ピクトグラム等の使用中止、抹消撤去を求めるとともに、三つのピクトグラムの修正についての報酬支払を求めるなどした。

被告大阪市は、第二の二前提事実(7)アのとおり、本件各使用許諾契約の有効期間満了後も本件ピクトグラム及び本件案内図を使用していたが、同(8)イのとおり、同年六月頃から七月頃にかけて、それらを順次撤去・抹消するなどし、同年八月、原告に対し、本件ピクトグラムを使用していた、ゆとりみどり振興局緑化推進部所管の案内板八三箇所、建設局所管の案内板二二三箇所及び港湾局所管の案内板六箇所、並びに本件案内図を使用していたゆとりみどり振興局観光室所管の二三箇所については、同年七月末までにこれらを抹消・撤去した旨を通知した。これに対し、原告は、同年九月一九日付けの書面で、被告大阪市が本件ピクトグラムの上に白地あるいは別のピクトグラムがイラストされた簡易なシールを貼付しただけで、一部シールがはがれかかっていることも現認されており、抹消・撤去として不十分である旨指摘した。そこで、被告大阪市は、シール貼付前にラッカー等で本件ピクトグラムを着色抹消した上でシールを貼付する作業を進め、同年一一月末までに完了する予定である旨やピクトグラムの修正は無償のサービスとして実施するものであった旨を通知した。

原告は、平成二五年二月、本訴を提起した。

二　判断

(1)　争点一―一（被告らは、本件各使用許諾契約における有効期間の満了により、有効期間内に作成した本件ピクトグラム等についての原状回復義務を負うか）について

ア　各使用許諾契約に基づく使用権について

前記第二の二前提事実のとおり、本件各使用許諾契約において、本件ピクトグラムを大阪市各局の案内表示等に、本件案内図を大阪市が設置する観光案内表示板等に使用することができるとし、使用権の有効期間を一〇年とする旨定められている（本件使用許諾契約一第二条、第七条、同契約二第二条、第六条）。

この点、被告らは、本件各使用許諾契約が一〇年後の使用権を前提とした規定がある、また、有効期間後の措置等についての定めがないなどとして、使用権が有効期間後も消滅しない旨主張する。

確かに、被告側が当初は本件ピクトグラムの使用権を買い取ることを要望していたことは前記認定のとおりであり、一〇年経過後について、「使用権を開放することを検討する」、「一〇年を経過して後の使用権の追加支払いは生じないものとする。」（本件使用許諾契約一の七条及び八条、同二の六条及び八条）と規定されたのも被告側の求めによるものと考えられることからすると、被告側は、一〇年経過後には本件ピクトグラムの使用権が開放され、追加費用の支払を要しないようにしようとしていたと認められる。

しかし、被告側が求めた使用権の買取りができなかったのは、板倉デザイン研究所との間で対価の折合いがつかなかったためであることからすると、本件許諾契約一は、本件ピクトグラムの使用条件を限定することで、所定の対価による折合いがついたものであると認められる。このような経緯からすると、一〇年が「契約の有効期間」と明記され、一〇年経過後の継続については、「使用権を開放することを検討する」と規定されるにとどまっており、何らの協議なく当然に開放されるとはされていないこと、「一〇年を経過して後の使用権の追加支払いは生じないものとする」との定めも、使用権に対する支払の規定であり、使用権の存続を定めるものではないことからすると、被告が有していた意図は、そのまま契約内容として条項化するには至らなかったというべきである。

そうすると、再契約や使用権の開放等がない以上、使用権は本件各使用許諾契約に定められた一〇年で消滅すると解するのが相当である。

イ　有効期間満了後の被告らの義務

(ア)　被告都市センターについて

本件各使用許諾契約には、有効期間満了後の被告らの義務について明確な規定はない。

しかし、本件各使用許諾契約において、被告都市センターに認められた本件ピクトグラム等の使用権は、主として複製後も継続して展示される案内表示が対象とされており、複製後も被告大阪市において使用し続ける形態であることを前提としている。本件各使用許諾契約は、このような使用形態を前提に、有効期間を設定して契約当事者間の折合いをつけたものであることからすると、有効期間を新たな複製ができる期間と解したのでは、その趣旨が損なわれることになる。また、「使用」の通常の意義からしても、「使用権の有効期間」とは、本件ピクトグラム等を複製することだけでなく、複製した案内表示等の展示を継続することの有効期間を定めたものと解するのが自然である。そうすると、本件各許諾契約においては、有効期間が満了した以上、少なくとも案内表示での本件ピクトグラム等の使用を中止し、原状に復するという合意までが含まれていると認めるのが相当であり、原状回復義務として、既に複製された本件ピクトグラム等の抹消・消除の義務が生じると解するのが相当である。

この点について、被告らは、本件各使用許諾契約において本件ピクトグラム等が展示され続けることが予想されながら撤去等の規定がないこと、本件各使用許諾契約が本件ピクトグラム等の普及を目指していた経緯等から、既に期間内に複製された本件ピクトグラムの展示等が「使用」に含まれると解するのは不合理である旨主張する。

しかし、本件各使用許諾契約において、本件ピクトグラム等の効果的な普及に努めることが定められ、有効期間満了後の使用権の開放等も念頭に置かれていたことや、原告が、有効期間満了後の協議において、大阪市観光における本件ピクトグラム等の位置づけやその普及を重視していたこと等からすれば、一〇年経過後も円満に使用継続がされるとの希望的観測の下に、有効期間満了後の撤去等の具体的定めを置かなかったにすぎないとしても不合理でないし、本件ピクトグラム等の使用権が継続されず、本件ピクトグラムの普及が困難となった場合、観光における意味は早晩無くなることは必至であるところ、原告が、そのような場合にまで、有効期間内に複製された本件ピクトグラム等を継続して展示することを了解していたと解することはできない。

よって、本件各使用許諾契約の期間満了による原状回復義務として、被告都市センターは本件ピクトグラム等の抹消・消除義務を負う。

(イ)　被告大阪市について

本件各使用許諾契約においては、板倉デザイン研究所が、被告都市センターに対し本件ピクトグラム等についての使用を許諾するに当たり、大阪市案内表示ガイドラインに従って実施される大阪市各局の案内表示とそれらを補足する地図等の媒体において、被告大阪市が本件ピクトグラム等を使用することが定められている。このような構造からすると、被告大阪市は、板倉デザ

イン研究所の承諾の下に、被告都市センターの使用権を前提に、本件ピクトグラム等の一種の再使用許諾を受けているものといえ、これは、賃貸人の承諾を受けて転貸借がされている状況と同様の状況にあるといえる。そして、民法六一三条の趣旨は、転貸借が適法に行われている場合に、目的物を現実に用益する転借人に対する直接請求権を認めることにより、賃貸人の地位を保護する点にあるが、再使用許諾関係の場合にも、本件ピクトグラムを現実に使用するのが再被許諾者である被告大阪市である以上、同様の趣旨が妥当するというべきである。

この点について、被告らは、占有移転を前提とする賃貸借と、権利者の権利不行使を本質とする著作権の利用許諾を同一視できない旨主張するが、本件における本件ピクトグラム等の使用は、案内板等における継続的使用を対象とし、本件各使用許諾契約において被告都市センターに原状回復義務が認められるのであるから、賃貸借終了後の原状回復義務に類似した関係にあるといえる。

したがって、被告大阪市においては、本件各使用許諾契約の当事者ではないものの、民法六一三条を類推適用し、本件ピクトグラム等の抹消・消除義務を直接負うものと解される。

(2) 争点一―二（原告は、被告らに対し、板倉デザイン研究所から本件各使用許諾契約の許諾者たる地位を承継したとして、同契約上の権利を主張し得るか）について

ア 原告が、平成一九年六月一日に板倉デザイン研究所の事業を統合する際に、P_1が板倉デザイン研究所において作成したVIデザイン等の著作権全てを板倉デザイン研究所から包括的に譲り受ける合意をしたことについては、原告代表者と板倉デザイン研究所の代表であったP_1との間で認識が合致しており、その後同年九月に板倉デザイン研究所が解散清算していること等からしても、当事者間において本件ピクトグラム等を含む著作権（後記争点五―一及び七―一のとおり本件ピクトグラム等は著作物性を有すると認められる。）が譲渡された事実が認められ、そうである以上、本件各使用許諾契約上の地位も譲渡されたと認められる。

被告らは、事業の全部譲渡に該当するとしても、必要な株主総会特別決議がないことから譲渡はなく、仮に譲渡があったとしても総会決議がなく無効である旨主張するが、原告が板倉デザイン研究所における雇用関係や顧客を承継していないことからすれば、事業の全部譲渡には該当せず、被告の主張は採用できない。

イ そして、本件各使用許諾契約における許諾者の義務は、許諾者からの権利不行使を主とするものであり、本件ピクトグラムの著作権者が誰であるかによって履行方法が特に変わるものではないことからすれば、本件ピクトグラムの著作権の譲渡と共に、被許諾者たる被告都市センターの承諾なくして本件各使用許諾契約の許諾者たる地位が有効に移転されたと認めるのが相当である（賃貸人たる地位の移転に関するものではあるが最高裁判所昭和四六年四月二三日判決・民集二五巻三号三八八頁参照）。

ウ しかし、著作物の使用許諾契約の許諾者たる地位の譲受人が、使用料の請求等、契約に基づく権利を積極的に行使する場合には、これを対抗関係というかは別として、賃貸人たる地位の移転の場合に必要となる権利保護要件としての登記と同様、著作権の登録を備えることが必要であると解される（賃貸人たる地位の移転に関するものではあるが最高裁判所昭和四九年三月一九日判決・民集二八巻二号三二五頁参照）。

この点について、原告は、被告らは平成二三年五月以降の協議において原告が著作権者であることを認めていたと主張するが、甲第四七号証に照らして採用できない。

したがって、原告は、被告らに対し、著作権の登録なくして本件各使用許諾契約上の地位を主張することはできない。

エ よって、その余の点について判断するまでもなく、本件各使用許諾契約の有効期間内に作成された本件ピクトグラム等について、原告の被告らに対する、本件各使用許諾契約による原状回復義務及びその違反に基づく請求（前記第二の一(1)ア及び(2)の一部）は理由がない。

(3) 争点二―二（被告大阪市による有効期間満了後に作成された本件ピクトグラムの使用による著作権侵害の有無）及び争点三（原状回復義務及び著作権に基づく本件ピクトグラムの抹消・消除の必要性）について

原告は、本件使用許諾契約一の有効期間満了後に、被告大阪市が本件ピクトグラム等を用いた案内板等を新たに作成している旨主張するが、これを認めるに足る証拠はなく、そのおそれがあると認めるに足りる証拠もない。

したがって、その余の点について判断するまでもなく、被告大阪市による本件ピクトグラムの使用による著作権及び著作権侵害に基づく請求（前記第二の一(1)イ及び(2)の残部）は理由がない。

(4) 争点五―一（本件ピクトグラムの著作物性）について

ア 著作権法において保護の対象として定められる著作物は、「思想又は感情を創作的に表現したものであって、文芸、学術、美術又は音楽の範囲に属するもの」をいう（同法二条一項一号）。

本件ピクトグラムは、実在する施設をグラフィックデザインの技法で描き、これを、四隅を丸めた四角で囲い、下部に施設名を記載したものである。本件ピクトグラムは、これが掲載された観光案内図等を見る者に視覚的に対象施設を認識させることを目的に制作され、実際にも相当数の観光案内図等に記載されて実用に供されているものであるから、いわゆる応用美術の範囲に属するものであるといえる。

応用美術の著作物性については、種々の見解があるが、実用性を兼ねた美的創作物においても、「美術工芸品」は著作物に含むと定められており（著作権法二条二項）、印刷用書体についても一定の場合には著作物性が肯定されていること（最高裁判所平成一二年九月七日判決・民集五四巻七号二四八一頁参照）からすれば、それが実用的機能を離れて美的鑑賞の対象となり得るような美的特性を備えている場合に

は、美術の著作物として保護の対象となると解するのが相当である。

イ　本件ピクトグラムについてこれをみると（侵害が問題となっている別紙一≪略≫の一九個に限る。）、ピクトグラムというものが、指し示す対象の形状を使用して、その概念を理解させる記号（サインシンボル）である以上、その実用的目的から、客観的に存在する対象施設の外観に依拠した図柄となることは必然であり、その意味で、創作性の幅は限定されるものである。しかし、それぞれの施設の特徴を拾い上げどこを強調するのか、そのためにもどの角度からみた施設を描くのか、また、どの程度、どのように簡略化して描くのか、どこにどのような色を配するか等の美的表現において、実用的機能を離れた創作性の幅は十分に認められる。このような図柄としての美的表現において制作者の思想、個性が表現された結果、それ自体が実用的機能を離れて美的鑑賞の対象となり得る美的特性を備えている場合には、その著作物性を肯定し得るものといえる。

この観点からすると、それぞれの本件ピクトグラムは、以下のとおり、その美的表現において、制作者であるP_1の個性が表現されており、その結果、実用的機能を離れて美的鑑賞の対象となり得る美的特性を備えているといえるから、それぞれの本件ピクトグラムに著作物であると認められる。

(ア)　大阪城

大阪城は角度により屋根部分の数やその形態が全く異なるところ、三つの屋根部分が見える角度の大阪城を、屋根の下の三角形状の壁部分のみを白抜きして強調し、他の部分を捨象して青色に塗りつぶした形状のみで表現し、石垣部分については、現在の石垣の高さよりも大きく構成して強調してスケール感を出しつつ、格子状の線部分を白抜きにして石垣を簡略に表現するなどしている。当該本件ピクトグラムは、一見して大阪城と認識できるものの、その表現には個性が表れており、実用的機能を離れても、それ自体が美的鑑賞の対象となる美的特性を備えているといえる。

(イ)　海遊館

海遊館は、複雑な構造の建築物であるが、左右対称となる角度からの建物を、上部左右の格子については、実際は透明と赤色であるのを色の境に青色斜め線を入れ、それ以外の格子を全て青色の線で囲んだ大きめの白抜きにしてこれを強調し、他の壁面部分については、海の生物等の装飾を排し、青色に塗りつぶした面に、真中にある縦長の壁部分が分かる程度の白い線を入れて安定的な下部を表現している。このように、当該本件ピクトグラムは、海遊館の特徴を選択して様々な表現をしており、実用的機能を離れても、それ自体が美的鑑賞の対象となる美的特性を備えているといえる。

(ウ)　WTCコスモタワー

WTCコスモタワーのうち幅の広い面から見る角度の建物を選択し、同角度からの建物は、下から上まで五つのブロックに分かれ、最下部のブロックは前方に拡がる斜面となっており、最上部のブロックは両端部が奥に凹んでいるが、このような形状を捨象して、下から上まで青色で塗りつぶした一直線の形状とし、五ブロックに分かれる白い横線はあるものの下から上までの白い縦のラインを多数配して高層ビルである同建物の高さを強調している。このような表現には個性が表れており、実用的機能を離れても、それ自体が美的鑑賞の対象となる美的特性を備えているといえる。

(エ)　ATC

ATC（アジア太平洋トレードセンター）は、複数の建物等から成り立つ複合施設であるところ、その一部であるITM棟及びO's北棟とO's南棟の間の連絡通路周辺の建物形状を選択し、これを実際の配置とは異なる構成で、両者を適宜の間隔に並べて表現している。ITM棟は中央にあるガラス部分と左右にある窓部分とを白抜きして強調し、本来白い壁部分や下部にあるガラス部分は省略して表現している。また、連絡通路周辺部分も、形状のイメージは維持しつつ、多少形状を変えて格子のガラスや屋根部分を単に白抜きしてすっきりと表現し、連絡通路についても同様に簡素な線で表現しており、全体としてすっきりとした表現になっている。このように、当該本件ピクトグラムは、ATCについて印象的な一部を選択してそれぞれを簡略化し、すっきりとした印象を与える表現をしており、その表現には個性が表れており、実用的機能を離れても、それ自体が美的鑑賞の対象となる美的特性を備えているといえる。

(オ)　大阪ドーム

大阪ドームについては、全体の形状を青色に塗りつぶした面の組み合わせで構成し、上部のドームを取り囲む波形の屋根部分の下の柱を中心に据え、その柱を中央部にある縦方向の長短二本の白い線で表現し、それ以外の柱を省略し、屋根部分を実際よりも比率の大きな縦の白い曲線のスリットを用いることで、横方向の曲線を用いることなく屋根の波形の形状を表現している。このように表現には個性が表れており、実用的機能を離れても、それ自体が美的鑑賞の対象となる美的特性を備えているといえる。

(カ)　通天閣

通天閣は、二階部分と展望台部分はガラスの窓で覆われ、他の部分は鉄骨構造の塔であるところ、塔全体について青色に塗りつぶされた面にし、最下部の脚部のみ線の組み合わせで構成して鉄骨構造であることを強調し、それより上の部分については青色の面に二本の縦線で橋脚部分と展望台部分のラインを示して青色のシルエットとともに通天閣の形状を表現している。このような表現には、個性が表れており、実用的機能を離れても、それ自体が美的鑑賞の対象となる美的特性を備えているといえる。

(キ)　フェスティバルゲート

フェスティバルゲートは、多数の建物やアトラクションが存在する複合施設であるが、その中にある塔状の建物を中心に、その下部には実在しない左右対称の構造物を配し、ジェットコースター通路を左端中央部から建物を回り込んで下端中央部に向けて湾曲させた青色と白抜きの幅のある曲線で構成するなど、その表現には個性が表れており、実用的機能を離れても、それ自体が美的鑑賞の対象となる美的特性を備えているといえる。

(ク)　新梅田シティ

新梅田シティは、細長い二棟のビルの間に連絡通路や屋上部分の空中庭園等が設けられているところ、ビルの間が見える角度を採用し、二棟のビルについては格子状のガラス面や白い窓部分を捨象し、二本の細長い青色の面とこれを分断する高さ方向に延びる細長い白色のスリット線とで構成し、さらにビル間の連絡通路等の構造物を細長い青色の線で構成するとともに高さを実際の幅との比率より高く表現して、すっと伸びるように強調して表現している。このような表現には個性が表れており、実用的機能を離れても、それ自体が美的鑑賞の対象となる美的特性を備えているといえる。

(ケ) 咲くやこの花館

咲くやこの花館は、アシンメトリーで複雑な構造を持つ建物であるところ、そのうちある角からの建物の形状を採用し、これをシンメトリーに表現している。全体がガラスに覆われた外観については、格子数を減らして白抜きして格子状部分を強調し、自然光を取り込む植物園のイメージを表現しており、また、天井中央部分に青色三角形の中央部が縦方向のスリットで分断された装飾を配し、天井右上部分から突出した椰子の木の装飾が施されている。このような表現には個性が表れており、実用的機能を離れても、それ自体が美的鑑賞の対象となる美的特性を備えているといえる。

(コ) 大阪人権博物館

大阪人権博物館の建物は、正面部分の壁や窓部分に凹凸があり、入り口を取り囲むアーチ部分も突出した構造になっているところ、建物全体を直線的なシルエットで描いたうえ、長方形の窓を白抜きし、入り口部分の構造については入り口を併せてあえて白抜きとし、本来左右の壁と繋がっている入り口上部の部分を視覚的に分断し、中央部分を強調して表現している。このような表現には個性が表れており、実用的機能を離れても、美的鑑賞の対象となる美的特性を備えているといえる。

(サ) OCAT

OCAT(大阪シティエアターミナル)は、半円筒状になった部分を正面から見る角度を採用し、その角度からみた半円筒状部分の上部を曲線で、下部の柱部分の上端部を横方向の直線で表現し、その下に配した白抜きの柱については、その間隔を中央から端に向けて狭くし、柱が建物下部より下に出た部分を青色にし、青色部分を中央から端に向けて短くすることで、柱が半円筒状の上部同様曲線的に配置されていることを表現している。また、建物の上部には、実在しない飛行機のデザイン装飾がされている。このような表現には個性が表れており、実用的機能を離れても、それ自体が美的鑑賞の対象となる美的特性を備えているといえる。

(シ) 大阪国際会議場

大阪国際会議場は、直方体の建物の上部に円柱状の構造物が配置されているところ、そのうち、連続する枡記号形状の装飾が左右対称に横方向に配された壁の面から見る建物の外観を採用している。建物全体はその形状を青色の面で表現し、壁の装飾については、枡記号形状の装飾の間にある梯子状の装飾を捨象し、枡記号形状の装飾及びその左右に配された二の字形の装飾部分を特に取り上げて白抜きのラインで強調して表現し、屋上円柱状構造物については、上部が曲線となった台形状の青色面に白抜きの半円を描いて表現している。このような表現には個性が表れており、実用的機能を離れても、それ自体が美的鑑賞の対象となる美的特性を備えているといえる。

(ス) なにわの海の時空館

なにわの海の時空館は、フロートの上にある半球状のドームが格子枠により作られている構造物であるところ、フロート部分を省略し、青色に塗りつぶした半円状の構成に、格子枠を捨象し、中央部に横方向の白色スリット線三本、下部に横方向の白色波線を配するとともに、実際にはない帆船を白抜きして装飾を施して表現している。このような表現には個性が表れており、実用的機能を離れても、それ自体が美的鑑賞の対象となる美的特性を備えているといえる。

(セ) 水道記念館

水道記念館は、正面入口を取り囲むアーチを構成する建物部分とその左右に延びる建物から構成されているところ、中央部にある入口部分の建物のみ切り出して強調して表現している。入口扉部分及びその上部のガラス部分、並びに煉瓦造りの壁部分及び白い屋根部分を青色で塗りつぶした形状で表現し、壁の白色部分を白抜きで強調し、入口に白い丸印を二つ配することで扉であることを表現している。対象とする建物の選択や、ものの配色等の表現には個性が表れており、実用的機能を離れても、それ自体が美的鑑賞の対象となる美的特性を備えているといえる。

(ソ) 鶴見はなぽ~とブロッサム

鶴見はなぽ~とブロッサムは、中央の鉄骨構造のタワーとその周囲に配された建物部分とからなる施設であるが、タワー周辺の中央屋根部分は開閉式となっており、開いた状態でシンメトリーとなる角度を採用し、屋根部分より下の部分を省略してその外観を表現している。鉄骨タワーの上に延びる部分を四本の直線で表し、屋根部分は丸みを帯びた曲線で構成する一方、開閉部分は直線的かつ鋭角に構成することで花が開いた状態を表現している。このような表現には個性が表れており、実用的機能を離れても、美的鑑賞の対象となる美的特性を備えているといえる。

(タ) 長居陸上競技場

長居陸上競技場は、一対の三日月形の屋根を持つ楕円形の競技場であるところ、屋根と屋根の間にあるスクリーンが中央にくる位置を真横から見る角度を採用し、対となる屋根部分及びスクリーンを白抜きしてその形状を描き、屋根の下の土台部分を青色の面で構成して安定感を表現し、太い二本の柱のみを太く白抜きして強調して表現しており、その表現には個性が表れており、実用的機能を離れても、それ自体が美的鑑賞の対象となる美的特性を備えているといえる。

(チ) 水道科学館

水道科学館は、複数の形状の構造が組み合わさった建築物であるところ、竜骨車が左下に来る角度を採用し、正面上部に格子状の壁部分について格子を実際のものより大きく構成して白抜きし、格子状の形状を強調する一方、右下の四分の一円弧状の構造物の格子状の窓は青色の面に横方向の白色の曲線を配するだけで湾曲形状を強調し、中央上部にある窓部及び左下から伸びて屋根の高さから突出し格子状に窓の配された縦長構造物の窓は、青色の面に縦方向の白色直線を配するだけにして高さ方向への伸びを強調して表現している。左下部分には、実際に存在する柱や他の構造物は省略され、架空の大きな白抜きの丸印を大胆に配する装飾が施されている。このような表現には個性が表れており、実用的機能を離れても、それ自体が美的鑑賞の対象となる美的特性を備えているといえる。

(ツ)　クラフトパーク

クラフトパークは、円筒状のレンガ調の建物を含む複数の建物で構成されているところ、円筒状の建物と左右にある建物を近接させて一体のものとして表現しており、左右の建物は実際とは異なる形状で直線的かつ平面的に構成しながら、円筒状の建物を曲線的に構成することで、その形状を強調して表現している。このような表現には個性が表れており、実用的機能を離れても、美的鑑賞の対象となる美的特性を備えているといえる。

(テ)　ラスパOSAKA

ラスパOSAKAは、異なる形状の複数の建物部分からなるが、そのうち、円筒形状の建物とそれを挟む長方形のパネル張り部分だけを取り上げて外観を表現しており、円筒形状建物の壁面にある格子状の窓を、上部を湾曲させた青色面で塗りつぶし、縦方向の白色の直線を中央から端に向かってその幅を狭くし、横方向に中央部分から湾曲させた曲線を用いて円筒形状を表現し、下部にある入口部分を縦に長い白抜きの長方形とし、建物を挟むパネル部分は、その模様を捨象して左右に青色に塗りつぶした面として表現している。このような表現には個性が表れており、実用的機能を離れても、それ自体が美的鑑賞の対象となる美的特性を備えているといえる。

ウ　被告らは、本件ピクトグラムについて著作権法による保護を与えることにより、わずかな差異を有する無数のピクトグラムについて著作権が成立し、権利関係が複雑となり混乱を招き、利用に支障を来すなどの不都合が生じる旨指摘する。この点、本件ピクトグラムが実在の施設等を前提とすることから、当該施設を描く他の著作物と似通う部分が生じることは当然予想されるが、本件ピクトグラムの複製又は翻案は、上記アに記載の選択により個性が表現されたものであるから、ほとんどデッドコピーと同様のものにしか認められないと解され、多少似ているものがあるとしても、その著作物との権利関係が複雑となり混乱を招くといった不都合は回避されるものである。

(5)　争点五―二（本件冊子において本件ピクトグラムが「複製」されているか）について

本件冊子では、本件ピクトグラムがそのまま掲載されているから、本件ピクトグラムの複製とすべき範囲を上記のとおりデッドコピーと同様のものに限定されると解するとしても、本件ではなお「複製」に当たると認められる。

この点について、被告らは、本件ピクトグラムは本件冊子に小さく掲載されているにすぎないとして、複製に該当しない旨主張する。

しかし、複製とは、既存の著作物に依拠し、その内容及び形式を覚知させるに足りるものを再生することをいうところ、本件冊子の路線図に配された掲載ピクトグラムは、本件使用許諾契約二の本件案内図（小五四六㎜×五四六㎜等）や別紙一《略》と比較すれば、小さなものであるが、本件冊子が本件ピクトグラムのデータを使用して作製されたもので（後記(8)イ）、本件ピクトグラムが掲載された態様から本件ピクトグラムであることが十分看取できるものであることからすれば、本件ピクトグラムの内容及び形式を覚知させるに足りるものといえ、このような本件冊子の作製は、本件ピクトグラムの複製に該当するというべきである。

(6)　争点五―三（本件冊子における本件ピクトグラムの掲載が「引用」に当たるか）について

被告らは、本件冊子における本件ピクトグラムの絵の部分の利用は、引用に該当する旨主張する。

著作権法三二条一項の規定によれば、他人の著作物を引用して利用することが許されるためには、引用の目的との関係で正当な範囲内、すなわち、社会通念に照らして合理的な範囲内のものであることが必要である。

本件ピクトグラムは、大阪市の主要な観光施設をサインシンボル化し、これを案内表示等に活用するという同市の国際観光イメージ戦略の一環として制作されたものであるところ、本件冊子は、大阪の観光ガイドとして、地図や路線図を見る利用者に観光対象となる施設とその場所を、掲載ピクトグラムを配することにより認識させるために掲載したものである。そうすると、本件冊子における本件ピクトグラムの掲載は、本件ピクトグラムが有する価値を、本来の予定された方法によってそのまま利用するものであるということができ、他の表現目的のために本件ピクトグラムを利用しているものではないから、このような利用態様をもって、目的上正当な範囲内で行われた引用であるとはいえない。

(7)　争点五―四（本件冊子の頒布及びPDFファイルのホームページへの掲載は、本件使用許諾契約一により許諾されたものか）について

ア　本件冊子の頒布について

本件使用許諾契約一においては、使用許諾の対象について、「大阪市各局の案内表示ならびにそれらを補足する地図等の媒体（別表の項目a）」（第二条）と規定し、別表における項目aとして、「集客印刷物（…パンフレット等…）の案内図」が記載されている。

本件冊子は、大阪観光ガイドブックとして、被告大阪市がコンベンション協会との共同名義で発行したものであり、そのような集客印刷物である観光パンフレットの案内図に本件ピクトグラムを使用したものであるから、本件使用許諾契約一の予定する範囲内であり、許諾されたものといえる。

この点について、原告は、複製の主体はコンベンション協会であり、同協会による使用は許諾の範囲外である旨主張するが、コンベンション協会が共同名義になってい

たとしても、共同で発行する被告大阪市が許諾を受けているのであれば、コンベンション協会の行為も上記許諾に基づくものであると解されるし、仮にそうでないとしても、本件使用許諾契約一の第六条の趣旨に照らして適法な再々使用許諾がされたと認めるのが相当である。

　そして、本件冊子については、発行日を認めるに足る証拠はないが、発刊の知らせがホームページ上に掲載されたのが平成二二年四月二日であることからすれば、その製作自体は遅くとも同年三月三一日までにされていたと推認できるから、時期的にも本件使用許諾契約一の範囲内のものといえる。なお、本件冊子のように頒布が当然予定される集客印刷物について、頒布されたか否かを覚知することは一般に困難であることからすれば、被告大阪市が所有管理する前記⑴の案内板等の場合とは異なり、本件使用許諾契約一の有効期間内に作製された集客印刷物については、有効期間満了後これを回収し、廃棄することまでを合意していたと解することはできない。したがって、本件冊子が有効期間内に作製されたものである以上、その頒布も許諾されているものと解される。

　イ　ホームページへの掲載

　次に、コンベンション協会のホームページに、本件冊子がPDFファイルにしてダウンロード可能な状態に置かれたことについて検討する。

　この点について、被告都市センターは、本件冊子のPDFファイルをダウンロードできる状態に置くことは、本件冊子の頒布にすぎず、本件使用許諾契約一による許諾の範囲内であると主張する。しかし、不特定多数の公衆がダウンロードすることにより閲覧可能となる状態のものが、使用許諾対象とされた「集客印刷物」に該当するとはいえないし、不特定多数人がダウンロードすることが可能な状況を、アクセスの限定されている印刷物の「頒布」と同視することもできない。なお、ホームページでのこのような掲載方法は、本件使用許諾契約一第三条で使用許諾が禁止された別表bの四には該当しないといえるが、これは禁止対象を明確化したにとどまり、許諾対象自体は第二条で規定されているのであるから、第二条に該当しない以上、使用許諾の範囲内にあるとはいえない。

　しかも、上記のホームページ掲載は、前提事実記載のとおり、その時期の面でも本件使用許諾契約一の有効期間経過後にされたものといえ、同契約上の使用権が消滅している以上、許諾されたものとはいえない。

　したがって、本件冊子のホームページへの掲載は、原告の著作権（公衆送信権）を侵害する行為を構成する。

⑻　争点五—五（被告らは共同不法行為責任を負うか）について

　ア　被告大阪市の責任

　前記のとおり、本件冊子はコンベンション協会のホームページに掲載されたものである。しかし、被告大阪市も、本件冊子を共同発行するほどコンベンション協会と共同で同市の観光振興を図っていたことからすると、上記ホームページの掲載に関与したものと推認するのが相当であるから、被告大阪市も本件冊子をホームページに掲載した侵害行為について、共同不法行為責任を負うと認められる。

　イ　被告都市センターについて

　本件使用許諾契約一において、被告都市センターが本件ピクトグラムの使用権を包括的に管理する旨規定されており（第一条）、被告大阪市が本件ピクトグラムのデータ使用を認められていたことからすれば、被告都市センターは、本件冊子の作成のために、本件ピクトグラムのデータを提供したことが推認できる。しかし、本件冊子の上記ホームページへの掲載は、本件冊子をPDFファイル化してされたものであり、その掲載に上記データが直接用いられたとは認められない。また、被告都市センターが上記ホームページへの掲載に関与したことをうかがわせる事情もない。そうすると、被告都市センターに本件冊子のホームページへの掲載について共同不法行為責任を問うことはできない。

　ウ　以上からすれば、被告大阪市については共同不法行為責任が認められるが、被告都市センターについては認められない。

⑼　争点五—六（原告は、本件ピクトグラムの著作権を取得したとして、その著作権を被告らに対して主張し得るか）について

　前記⑵アのとおり、原告は、本件ピクトグラムの著作権を取得したと認められるところ、著作権を取得した者は、著作権を侵害する不法行為者に対し、何ら対抗要件を要することなく自己の権利を対抗することができると解されるから、原告は、被告大阪市に対し、著作権侵害に基づく損害賠償を請求することができる。

⑽　争点五—七（損害額）について

　ア　原告は、損害額について、本件使用許諾契約一の第八条に定められた対価（六九八万二五〇〇円）を主張する。しかし、本件使用許諾契約一は、別紙一及び二《略》全体の三八個の本件ピクトグラムのデータ作製及び一〇年間の使用権に対する対価として定められたものであり、本件冊子のPDFファイルデータの掲載に対する損害としては相当ではない。

　そこで検討するに、上記ホームページへの掲載は、平成二二年四月二日以降、遅くとも平成二四年三月までされたというものであるところ、本件使用許諾契約一の対価が前記のとおりのピクトグラムの数、対価項目及び使用期間に対するものであるのに対し、本件冊子において用いられたものは別紙一《略》の本件ピクトグラムのうち一八個の絵部分であること、期間として長くみても二年程度であることからすれば、多く見積もっても、七〇万円を超えることはないと認められる。

　この点について、原告は、本件使用許諾契約一の対価の額は、同契約第五条に定める追加発注の可能性を考慮して低額としたものであると主張するが、前記のとおり、本件使用許諾契約一は、当初は被告側と板倉デザイン研究所とが対価面で折合いがつかなかったことから、種々の限定をした上で上記の対価額で折合いをつけたものであることや、板倉デザイン研究所にとっても本件ピクトグラムが公共機関で幅広く使用されることのメリットが十分あったと考えられることからすると、上記の対価額が、本件における著作権法一一二条三項の損害

額の算定資料とならないほどに低額であるとは認められない。

イ　そうすると、コンベンション協会が、上記行為に対する解決金として、原告に対し、七〇万円を支払ったことは当裁判所に顕著な事実であるところ、共同不法行為に基づく損害は、既に共同不法行為者であるコンベンション協会の支払により消滅しており、被告大阪市において、支払うべき損害はない。

以上によれば、原告の被告大阪市に対する本件冊子関係での著作権侵害に基づく損害賠償請求は、理由がない。

(11)　争点六―一（被告大阪市の商法五一二条に基づく報酬支払義務の有無）について

ア　被告大阪市が、原告に対し、本件ピクトグラムのうち二つの表記の変更及びOCATの飛行機図柄を削除する依頼を行い、原告がこれを受けて上記ピクトグラム三つの修正を行い、データを引き渡したことについては当事者間に争いがない。そこで、被告大阪市がいう無償での合意が成立していたか否かが問題となる。

イ　前記一(2)ウエで認定したとおり、上記ピクトグラムの修正は、被告大阪市と原告との間において、本件ピクトグラムの使用継続に向けた協議がされていた際に、被告大阪市の側が、原告に対し、本件ピクトグラムを大阪市公認ピクトグラムとすることや、原告のクレジットを入れるといった、原告の名声向上に寄与する優遇策を示す一方、既存の本件ピクトグラムの継続使用について追加の費用の支払がないようにするよう求め、さらに、原告から新たなピクトグラムの提案があれば予算と随意契約について検討するといった原告の商機拡大の提案もしていた中で、被告大阪市からの求めがあり、原告がこれに応じたものである。そして、その後に原告が、新たなピクトグラムを有償で開発する旨の業務委託契約書の提案をしたのに対し、被告大阪市側は、それを検討すると回答しつつ、上記のピクトグラムの修正を求めたことから、原告はそれに応じて実際に修正作業をし、納品したものである。

このように、当時、被告大阪市は、既存の本件ピクトグラムの継続使用を無償でできるようにするために、原告に対してさまざまな優遇策を示し、原告側はそのような提案の得失を検討して、それらの提案に乗る形で再契約をしようとしており、上記の三つのピクトグラムの修正も、その最中で行われたことからすれば、原告が、被告大阪市の依頼について特に報酬額を定めることなく請け負ったのは、今後、被告大阪市において本件ピクトグラムが公認である旨の何らかの表示がされたうえで法的処理がなされるとともに、新たなローカルピクトグラムを請け負うことができることを条件に、費用の支払なくその前に必要な修正を行うことを合意したもので、今後何の契約も行われない場合にまで当該修正についての報酬を放棄する趣旨ではなかったと認められ、このことは、納品後にP_1が被告大阪市の担当者に送付したメールにおいて、「お渡ししたデータ類は、公式ピクトグラムとしてご紹介いただくと共に、契約締結を前提とした無償での業務となっています。」と述べたことからも明らかである。そして、このような原告の意図は、当時の状況からして、被告大阪市側も当然理解していたと推認される。

この点について被告大阪市は、原告が無償で修正することに同意した証拠として乙二を指摘するが、乙二は、平成二三年八月二五日の原告と被告大阪市とのやりとりを被告大阪市の担当者がまとめたものであるにすぎず、同やりとりの録音反訳である甲六四の二に照らして採用できない。

そうすると、被告大阪市との間で上記条件が成就されなかった以上、商人である原告が、本件ピクトグラムの修正という営業の範囲内の行為を行ったのであるから、被告大阪市は、商法五一二条に基づき、原告に対して報酬を支払う義務を負う。

(12)　争点六―二（相当報酬額）について

ア　証拠《略》によれば、次の事実が認められる。

(ア)　社団法人日本グラフィックデザイナー協会が定める制作料金算定基準によれば、制作料金を次の式により求めることとなっている。

X（制作料金）＝a（作業料）Y（質的指数）＋b（b作業料）＋aYZ（量的指数）＋C

(イ)　ピクトグラムの制作において、a作業料はデザイン一点五万円、b作業料はカンプ一点一万円、フィニッシュ一点二万円とされ、Y指数は、質的指数であり、制作者の能力度（知名度等を含む）の指数とされており、後記のとおり作業内容により範囲が定められている。また、Z指数は、量的指数であり、制作物の達成目標、使用媒体、数量など、制作者の知名度、能力以外の付加価値支配要因を集約すべき指数であるところ、本件ピクトグラムを使用した案内板等の数を考慮すれば、五とするのが相当である。

そして、バリエーションにおける作業料は、a作業料が八〇パーセント、b作業料が一〇〇パーセント、質的指数を〇・五～〇・八にして算出した金額を参考にするとされ、リ・サイズにおける作業料は、a作業料が七〇パーセント、b作業料が一〇〇パーセント、質的指数を〇・五～〇・八にして算出した金額を参考にするとされている。

(ウ)　P_1は、被告大阪市の依頼を受けて、OCATの本件ピクトグラムから、飛行機の部分を削除し、建物部分を四角枠の中の中央にくるように修正した。また、「WTCコスモタワー」及び「鶴見はなぽ～とブロッサム」の各表記（日本語及び英語のもの）を変更した。

イ(ア)　そうすると、上記の料金基準によれば、OCATのローカルピクトグラムから飛行機部分を削除する作業については、バリエーションの制作とまでいえるものではないから、リ・サイズ料金を採用し、質的指数については削除するだけで能力による差はあまり生じないと考えられることから中間値の〇・六五を採用して算定すると、制作料金は、次の算定式のとおり一六万六五〇〇円となる。上記基準が、デザイン制作者の団体が定めたものであることからすれば、同額は相当なものといえる。

五万円×〇・七（a作業料）×〇・六五（Y）＋三万円（b作業料）＋五万円×〇・七×〇・六五×五（Z）＝一六万六五

〇〇円

(イ) また、表記の訂正一件の料金について、b作業である制作物の仕上がりを具体的に示すためのカンプの制作と最終的な仕上げ（フィニッシュ）料金の合計額である三万円とする原告の請求は上記基準に照らしても相当な額といえ、二件で六万円となる。

ウ 以上からすれば、原告の被告大阪市に対する相当報酬額は合計二二万六五〇〇円となる。

⒀ 争点七―一（本件地図デザインの著作物性）について

ア 別紙五の本件地図デザインは、大阪市の地図に電車の路線図を組み合わせたものである。地図は、著作物として挙げられているが（著作権法一〇条一項六号）、既存の地理上の事象を図面に書き込んだものであることから、正確に描くほどその表現には創作性を認める余地が少なくなるものである。しかし、記載すべき情報の取捨選択や表記の方法に作成者の経験、個性が表れており、この点において作成者の思想又は感情が創作的に表現されている場合には、著作物に該当するものといえる。

イ 後掲証拠《略》によれば、被告大阪市においては、次のとおりの各種地図が取り扱われていた事実が認められる。

(ア) 被告大阪市土木局が、昭和六二年に作成した「大阪市歩行者用サインシステム」には、公社地図と似通った全体案内図が使用された案内表示板が掲載されている。また、平成一一年三月に作成された大阪市観光案内表示マニュアルにも、公社地図に似た地図が掲載されている。これからすると、公社地図は、少なくともこれらの間に作成されたものと推認される。

(イ) また、大阪市全図も、具体的作成時期は不明であるが、乙四二によれば、別紙四案内図が作成される以前から存在していたものであると認められる。

ウ 本件地図デザインは、P_1が、市販の地図等を参考に大阪市の地形を簡略にデザインしたものであるところ、その全体構成は、公社地図や大阪市全図とほぼ同じであり、大阪市の全体形状を再現したものにすぎず、例えば甲五九の一のようにデフォルメされているものではない。したがって、本件地図デザインの創作性の有無は、細部の表現に基づいて検討する必要があるところ、そこでは、比較的詳細な地図である公社地図及び大阪市全図と比べると、全体的に、西側の海岸及び人工島、並びに多くの川の複雑な曲線をある程度簡略にし、大阪市の東側の境の部分も直線的なシンプルな線で描いており、また、河川については、一部の川の記載自体を省略するなどの取捨選択をし、全体的にすっきりとした表現がされていることが認められる。このように、そのシンプルな直線及び曲線の具体的表現及び取捨選択にP_1の個性が表れていることからすると、その点において、創作性が認められる。

エ よって、本件地図デザインは、P_1の制作した著作物であるといえる。

⒁ 争点七―二（別紙四案内図は、本件地図デザインの複製又は翻案か）について

ア 上記のとおり、本件地図デザインに著作物性が認められるとしても、観光案内を目的とする地図では、大阪地域の全体を分かりやすく見せる必要があるために、観光上重要でない部分を省略したり、地理上の入り組んだ部分を簡略化することはよく見られる表現であり、観光案内を目的とするものではない公社地図や大阪市全図でも相応に行われている。そうすると、本件地図デザインのシンプルな直線及び曲線の具体的表現及び取捨選択に創作性が認められるとしても、その創作性は、従来の地図には見られない細部の簡略化等を地図全体にわたって総合的に行うことにより一つの地図を創作した点にあるというべきであるから、その創作性の幅は狭く、その複製又は翻案と認められるためには、地図全体にわたって、ほぼ同一のシンプルな直線及び曲線の具体的表現及び取捨選択が行われることが必要であると解するのが相当である。

イ 本件地図デザインと別紙四案内図との共通点として原告が指摘する点

証拠《略》によれば、次の事実が認められる（別紙六参照）。なお、被告大阪市が平成一一年当初に設置した案内図は甲四五の三〇二のものであるが、平成一三年以降の設置工事に用いられたものが別紙四案内図であり、そこでは尼崎市域が大阪市西部の舞洲と重なるようになっている。本件で原告が請求原因として主張するものは別紙四案内図であるので、以下では、別紙四案内図について検討する。

(ア) 咲洲の形状について

咲洲の形状は、その北側部分において、別紙四案内図と本件地図デザインとは、M字となっている点で共通する。公社地図及び大阪市全図においては、小さな段を除いて直線的に描かれている。

(イ) 淀川の形状について

淀川の形状については、別紙四案内図と本件地図デザインとは、原告が指摘する川筋において似ている部分もあるが、川の太さ、橋の架かっている部分の白抜きの形状、別紙四案内図においては川の部分に立体的に影（少し濃い青い部分）があること等において異なっている。

原告が指摘する部分の川のラインは、公社地図及び大阪市全図においても同様に似通っており、いずれにおいても相応の簡略化が行われている。

(ウ) 第二寝屋川から南方向に記載された二本の川の形状について

別紙四案内図と本件地図デザインとは、生野区と東住吉区との境上にある川が省かれている点、二本の川筋、左側の平野川が生野区より南が描かれていない点において共通している。

公社地図は、別紙四案内図と、二本の川筋は概ね同様であるが、左側の平野川が緩く蛇行している点、右側の平野川分水路のさらに南への川筋が多少複雑に記載されている点、生野区と東住吉区との境上にある二つの川を繋ぐ川が記載されている点、平野川が生野区より南側も記載がされている点で異なっている。

大阪市全図は、別紙四案内図と、川筋と左の平野川が生野区より南が描かれていない点で共通するが、平野川分水路の生野区内の一部で記載されていない点、平野川分水路の南への川筋が多少複雑である点で異なる。

また、昭和六二年の全体案内図では、左側の平野川は、緩やかに蛇行している点以

外は同じであり、右側の平野川分水路は、JR大和路線のやや北側より南部分が描かれていない点で異なる。

(エ)　その他

別紙四案内図と本件地図デザインとは、木津川の川筋は似ているが、尼崎市の海岸形状は、別紙四案内図が平成二三年度以降尼崎市部分の海岸が明確でなくなっていることから、対比できない。また、東側の市境については、双方直線的に記載しているものの、別紙四案内図には一部曲線を用いている箇所があり、また、凸部の形状が両者において相当部分で異なっている（例えば、地下鉄千日前線今里から南巽の東側の市境の凸部などは相当形状が異なっている。）。

ウ　本件地図デザインと別紙四案内図との相違点として被告が指摘する点

証拠《略》によれば、次の事実が認められる（別紙七参照）。

(ア)　中之島の形状

土佐堀川と堂島川に挟まれる中之島の形状については、別紙四案内図では滑らかな曲線で描かれているのに対し、本件地図デザインでは直線的に描かれている点で、異なっている。

(イ)　寝屋川と第二寝屋川の形状、両河川に挟まれる地形の形状

寝屋川と第二寝屋川の形状及びこれらの河川に挟まれる地形の形状については、別紙四案内図では滑らかな曲線で描かれているのに対し、本件地図デザインでは直線的な形状となっており、挟まれる地形も西側が極端に狭く鋭角となっている点で異なっている。

(ウ)　住吉川の有無

別紙四案内図においては住吉川が記載されているのに対し、本件地図デザインでは記載がない点で異なっている。

(エ)　寝屋川と第二寝屋川を結ぶ河川の有無

別紙四案内図においては、当該河川が描かれていないが、本件地図デザイン、公社地図及び大阪市全図は、描かれている点で異なっている。

(オ)　安治川河口の形状

安治川河口の形状については、別紙四案内図では滑らかな曲線で描かれているのに対し、本件地図デザインでは直線的で角張った形状となっている点で異なっている。

(カ)　天保山運河の形状

天保山運河の形状については、別紙四案内図では、港区は八幡屋三丁目と海岸通り三丁目を結ぶ浮島橋の取付部（八幡屋側）の凸部、及び福崎三丁目と海岸通り四丁目を結ぶ新福崎橋が表記されているが、本件地図デザインにおいては、いずれの表記もなく、すっきりした直線となっている点で異なっている。

エ　判断

以上の事実関係を前提に別紙四案内図が本件地図デザインの複製あるいは翻案かについて検討する。

別紙四案内図は、上記イ(ア)及び(ウ)のとおり、本件地図デザインと、咲洲の北側の形状、第二寝屋川から南方向に記載された二本の川の形状において共通し、この点は、被告大阪市が別紙四案内図を作成する際に参考したとする公社図面及び大阪市全図や昭和六二年の全体案内図と異なっている。

しかし、上記の二本の川の形状についても、一部については上記地図と似ているほか、同イ(イ)及び(エ)のとおり、別紙四案内図と本件地図デザインとは、淀川や木津川の川筋は似ているものの、これは他の公社地図及び大阪市全図においてもほぼ同様であり、地形的に存在する川筋を客観的に記載したためにすぎず、これを形状において共通すると評価することはできない。むしろ、その余の点については、両者は異なっている。さらに、別紙四案内図は、前記ウの点で、本件地図デザインとは異なっており、かえって公社地図あるいは大阪市全図と似通っている。

このように、原告が主張する共通点のうち、別紙四案内図が本件地図デザインの特徴と共通する部分は咲洲及びごく一部の川の形状についてのみであるところ、他に多数の点で相違していること、本件地図デザインが全体的に直線的な線ですっきりと描かれているのに対し、別紙四案内図がある程度地理的な曲線を簡略にせず描いていることからすれば、本件地図デザインの表現において認められるP_1の個性が、別紙四案内図においてこれを感得することはできないと言わざるを得ない。

そうすると、仮に、原告が指摘するように、ジェネシスが別紙四案内図を作成するにあたり、本件地図デザインの一部を参考にした事実があったとしても、別紙四案内図が、本件地図デザインの複製又は翻案ということはできないから、原告の本件地図デザインの著作権及び著作権侵害に基づく請求は理由がない。

三　結論

以上をまとめると、本件の各請求についての結論は次のとおりとなる。

(1)　被告都市センター及び被告大阪市に対する本件各使用許諾契約の各有効期間満了による原状回復義務（ないしは民法六一三条を類推）に基づく、有効期間内に作成した本件ピクトグラムの抹消・消除請求は、原告が契約上の権利を被告らに対抗することができないから、理由がない。

(2)　被告らに対する著作権侵害に基づく本件ピクトグラムの撤去・抹消請求は、被告らにおいて本件各使用許諾契約の有効期間満了後に新たに本件ピクトグラムを作成した事実が認められず、そのおそれも認められないから、理由がない。

(3)　被告らに対する原状回復義務違反ないし著作権侵害の不法行為に基づく損害賠償請求は、(1)及び(2)が認められないことから、理由がない。

(4)　被告らに対する本件冊子の頒布及びホームページへの掲載による著作権侵害に基づく損害賠償請求については、被告都市センターについては共同不法行為の成立が認められず、被告大阪市については損害が填補されていることから、理由がない。

(5)　被告大阪市に対する商法五一二条に基づく請求は、先に述べた限度で理由があ

る。

(6) 被告大阪市に対する本件地図デザインの著作権侵害にもとづく損害賠償請求は、複製ないし翻案と認められないことから、理由がない。

(7) よって、原告の請求は、被告大阪市に対し、主文記載の金員の支払を求める限度で理由があるからこれを認容し、被告大阪市に対するその余の請求及び被告都市センターに対する請求についてはいずれも理由がないからこれを棄却することとし、訴訟費用の負担につき、民事訴訟法六四条本文、六一条を、仮執行の宣言につき同法二五九条一項をそれぞれ適用し、主文のとおり判決する。

(裁判長裁判官 髙松宏之 裁判官 田原美奈子 中山 知)

別紙一〜三《略》

別紙四

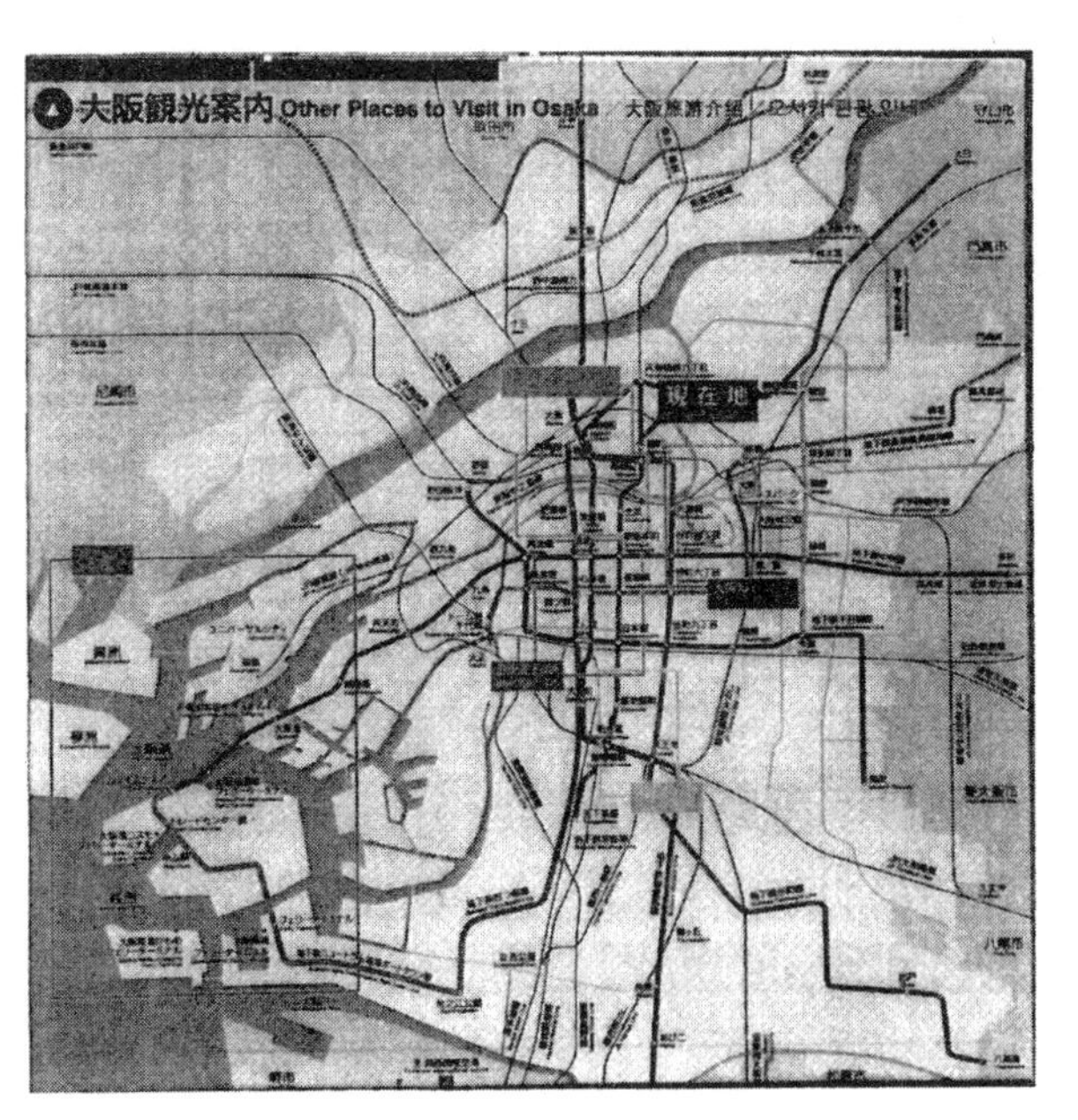

別紙五

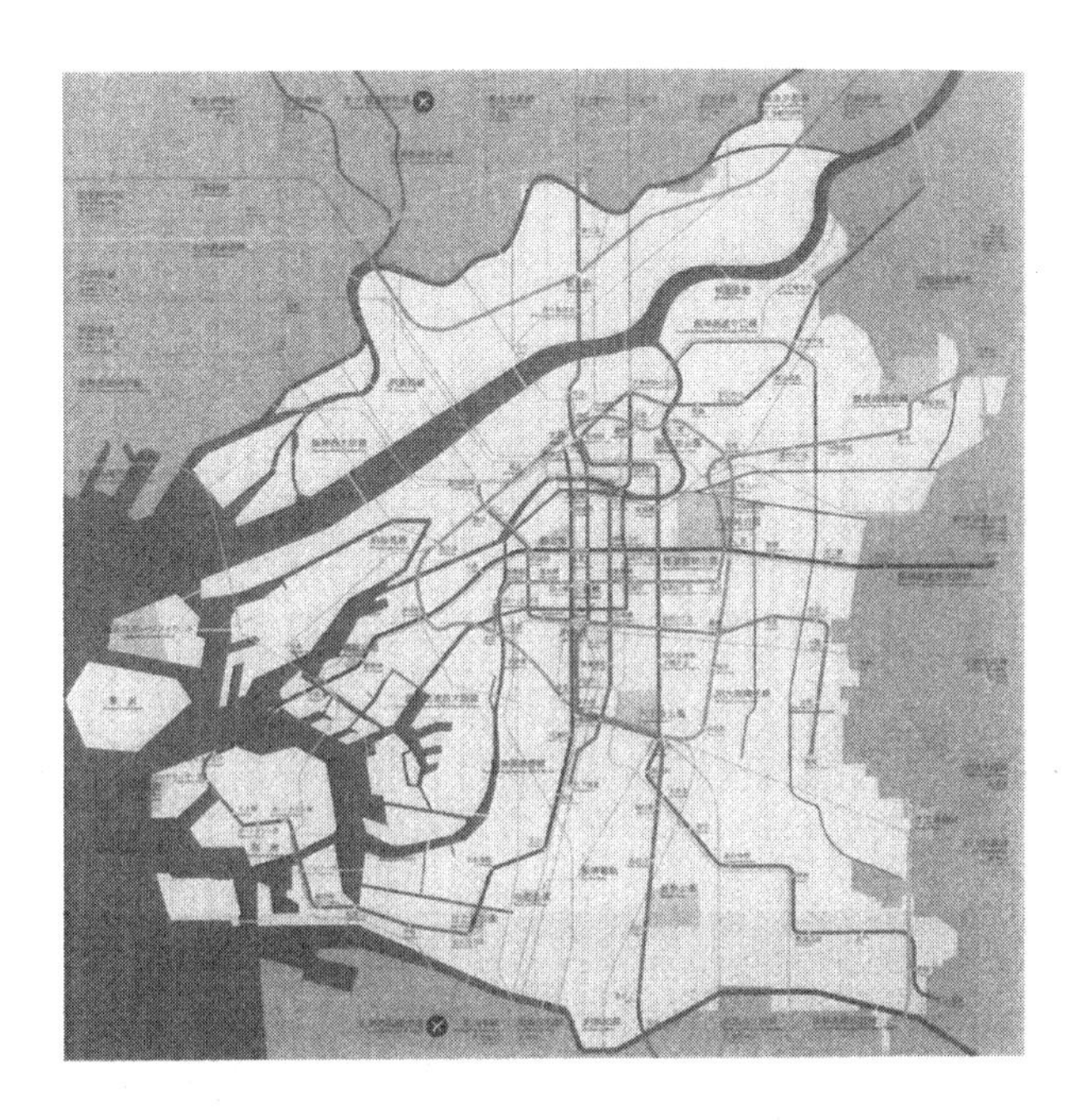

別紙六

① 咲島の形状

乙第二七号証（甲第六〇号証の三）の
大阪市全体案内

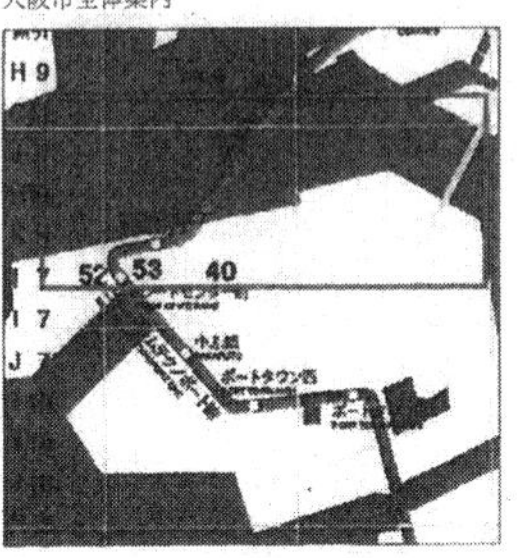

乙第四一号証の大阪市全図

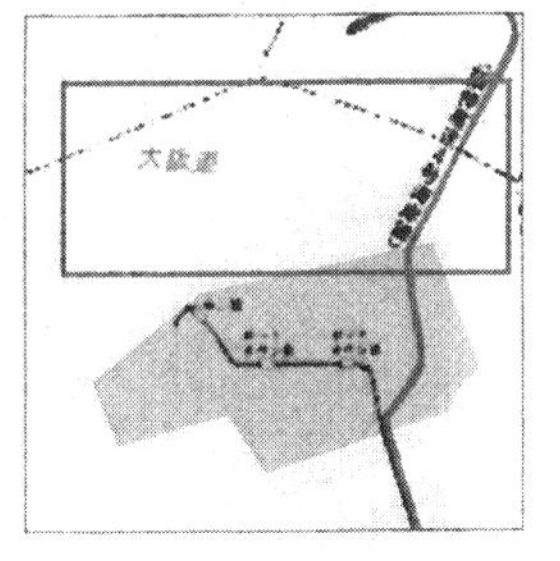

被告案内図（甲第六〇号証の二）

本件地図デザイン（甲第六〇号証の一）

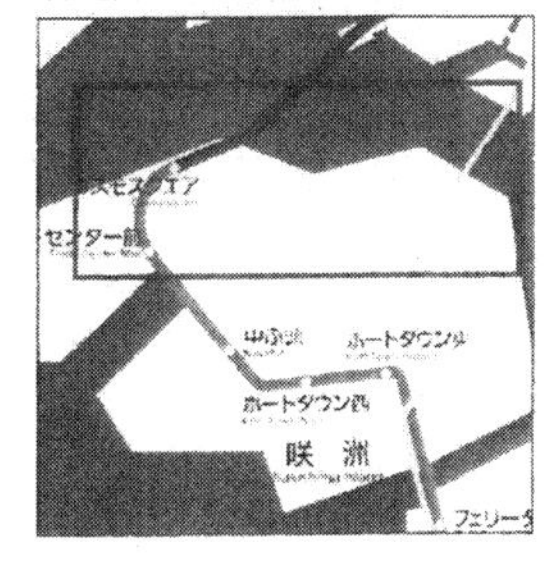

② 淀川の形状A

乙第二七号証（甲第六〇号証の三）の
大阪市全体案内

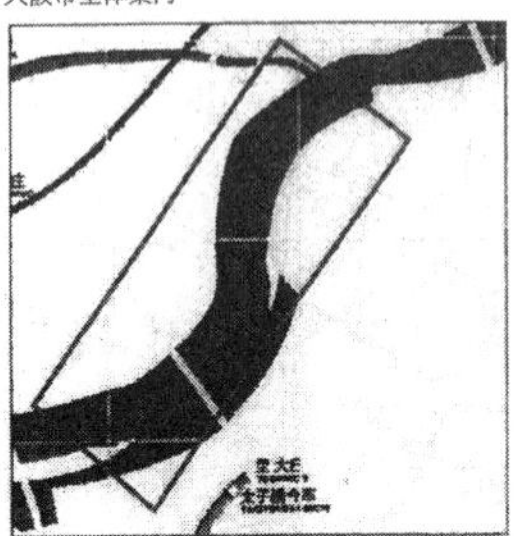

乙第四一号証の大阪市全図

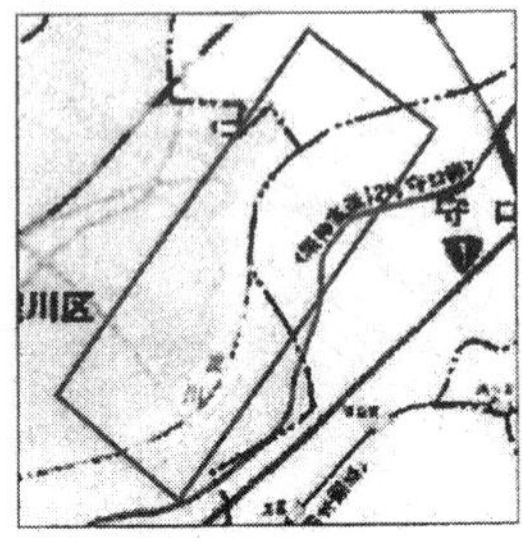

被告案内図（甲第六〇号証の二）

本件地図デザイン（甲第六〇号証の一）

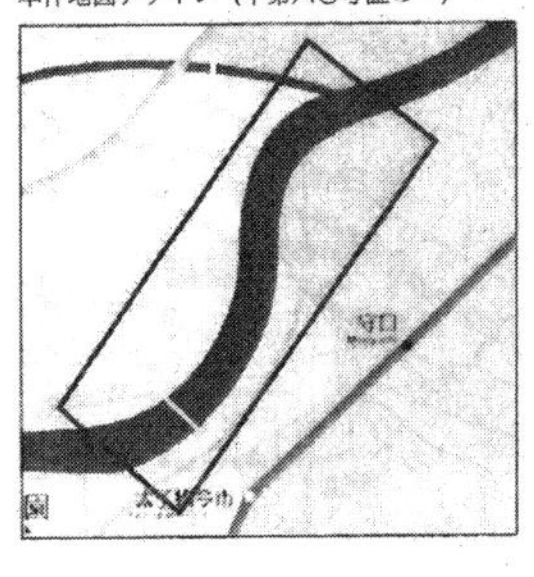

② 淀川の形状B

乙第二七号証（甲第六〇号証の三）の
大阪市全体案内

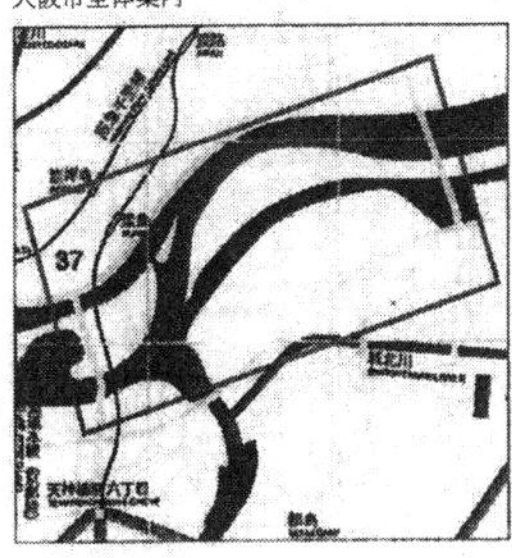

乙第四一号証の大阪市全図

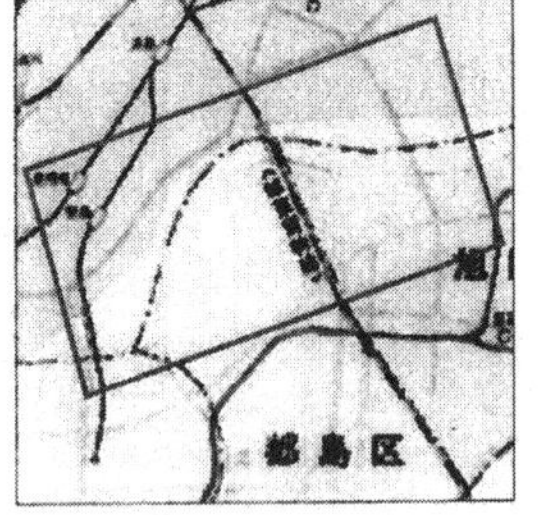
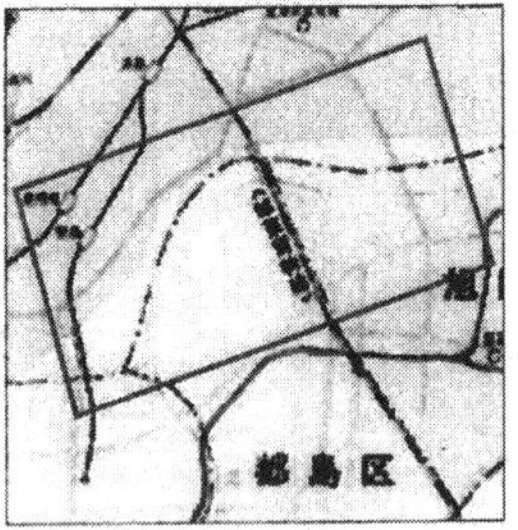

被告案内図（甲第六〇号証の二）

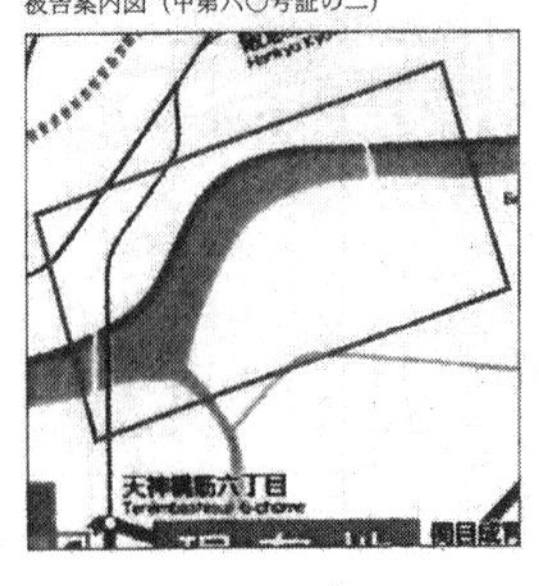

本件地図デザイン（甲第六〇号証の一）

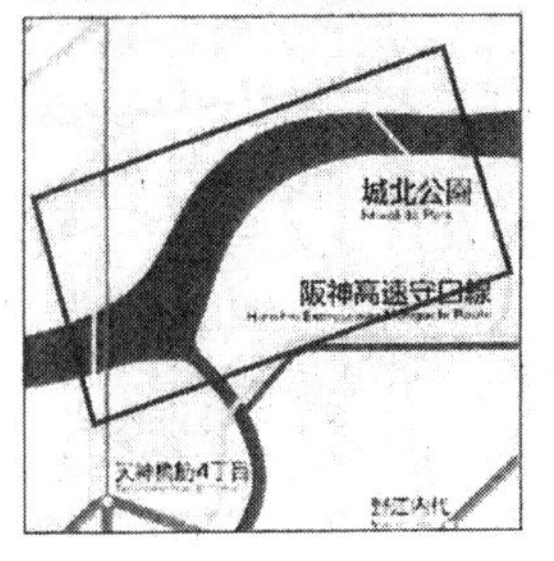

②淀川の形状C

乙第二七号証（甲第六〇号証の三）の
大阪市全体案内

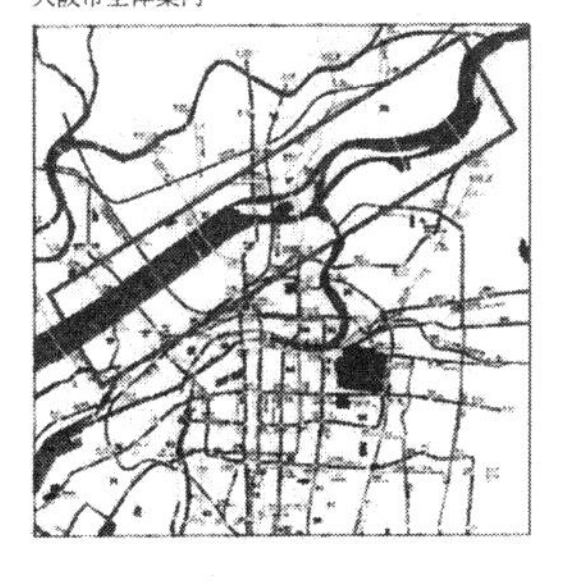

乙第四一号証の大阪市全図

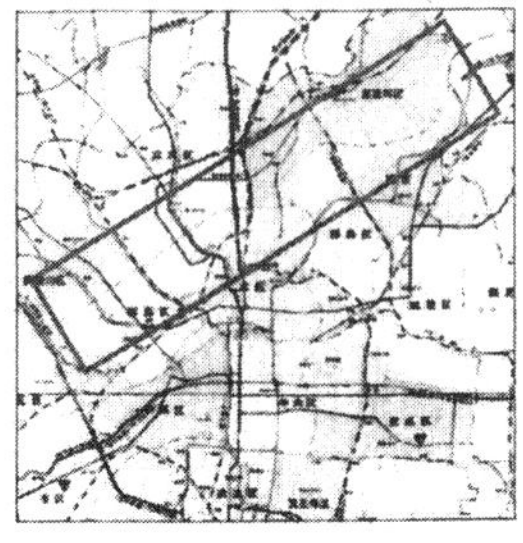

被告案内図（甲第六〇号証の二）

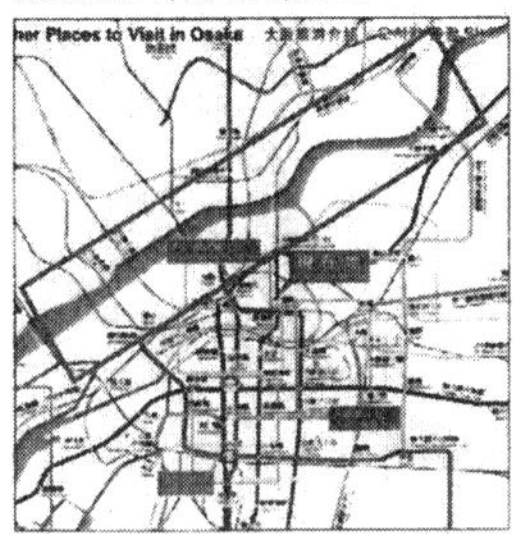

本件地図デザイン（甲第六〇号証の一）

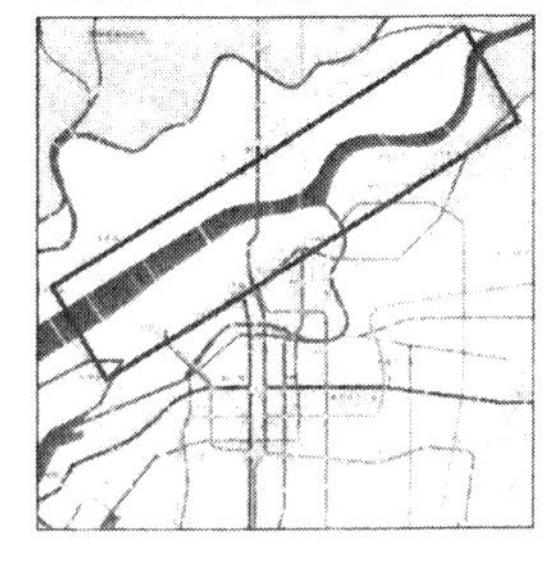

③第二寝屋川から南方向に記載された二本の河川の形状

乙第二七号証（甲第六〇号証の三）の
大阪市全体案内

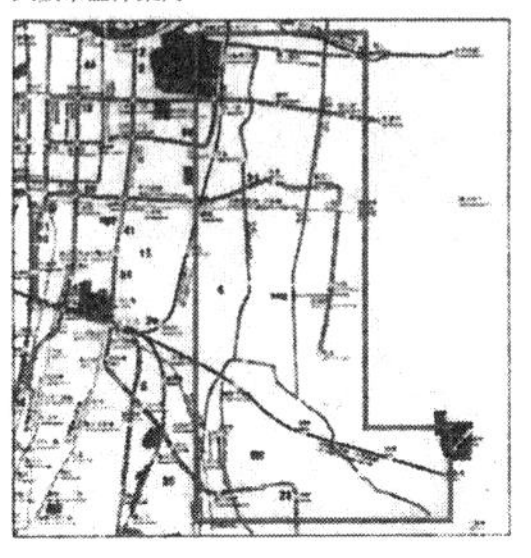

乙第四一号証の大阪市全図

被告案内図（甲第六〇号証の二）

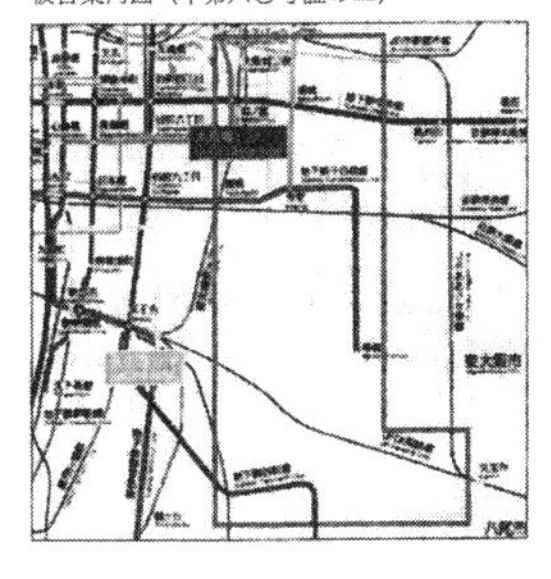

本件地図デザイン（甲第六〇号証の一）

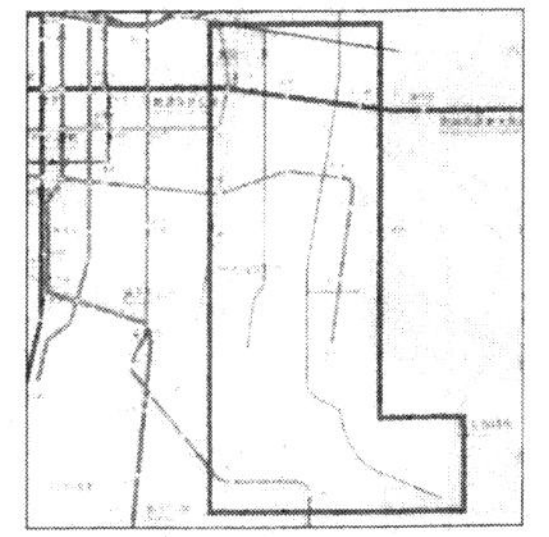

別紙七

① 原告が模倣を主張する二本の河川

甲第六〇号証の三
大阪市土木技術協会作成　大阪市全体案内

㈱ジェネシスが参考とした大阪市全図

甲第六〇号証の二
㈱ジェネシス作成　大阪市観光案内図

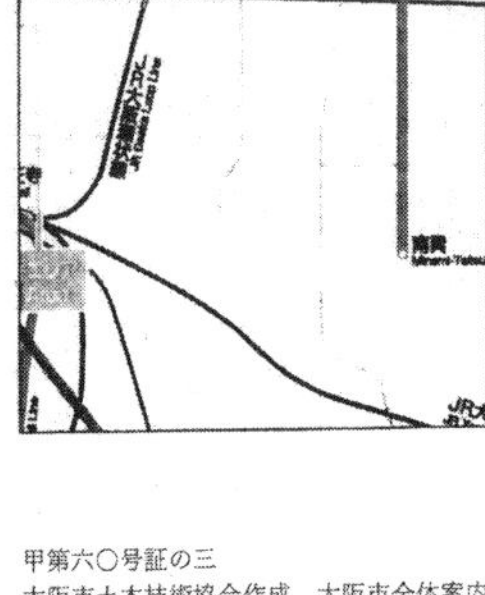
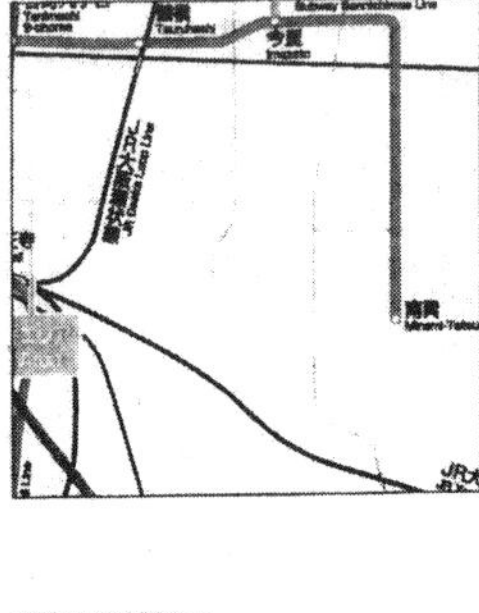

甲第六〇号証の一
P_1氏作成　案内図

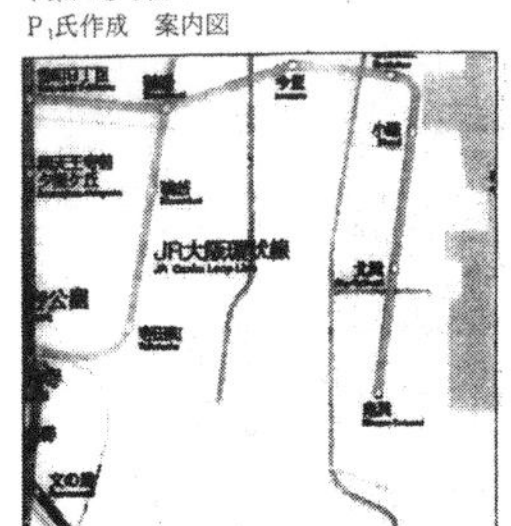

② 【相違点】中之島の形状

甲第六〇号証の三
大阪市土木技術協会作成　大阪市全体案内

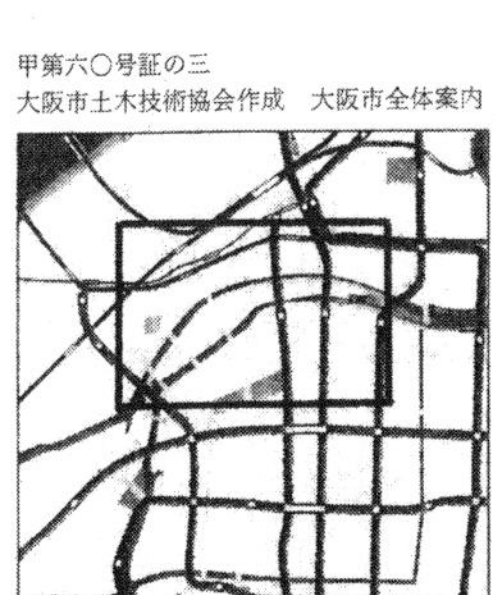

㈱ジェネシスが参考とした大阪市全図

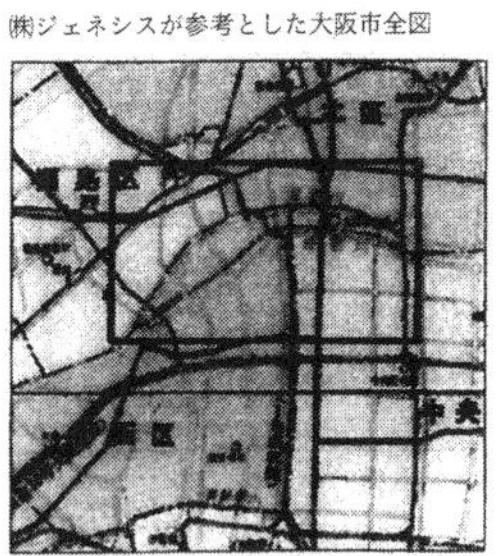

甲第六〇号証の二
㈱ジェネシス作成　大阪市観光案内図

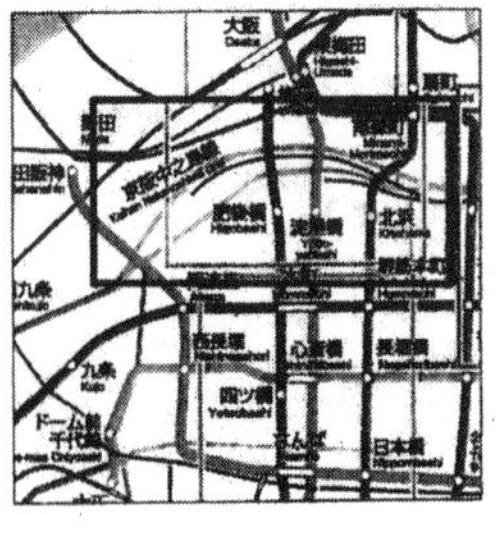

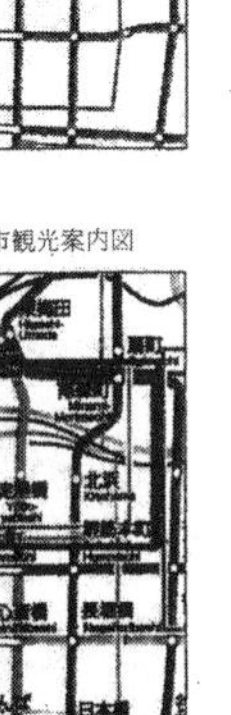

甲第六〇号証の一
P_1氏作成　案内図

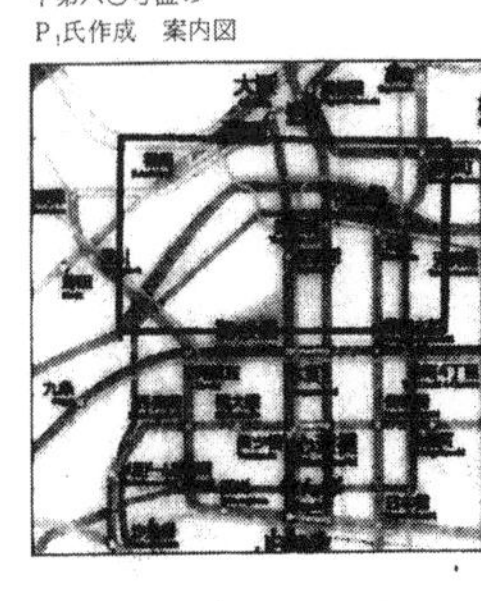
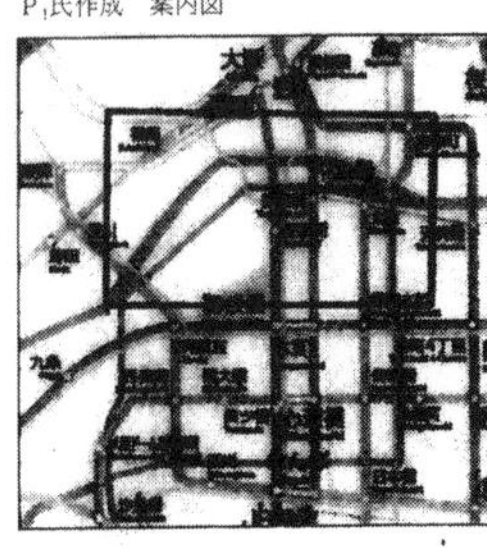

③【相違点】寝屋川と第二寝屋川の形状

両河川に挟まれる地形

甲第六〇号証の三
大阪市土木技術協会作成　大阪市全体案内

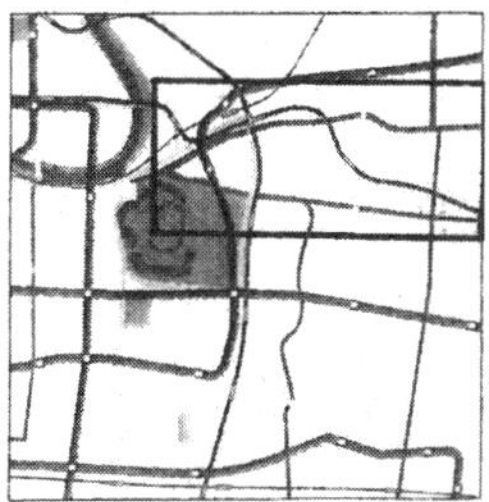

㈱ジェネシスが参考とした大阪市全図

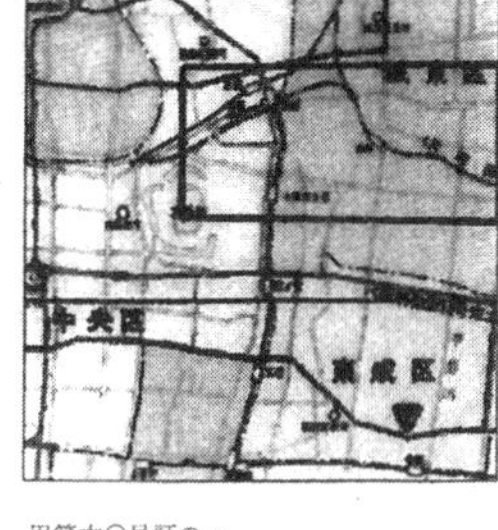

甲第六〇号証の二
㈱ジェネシス作成　大阪市観光案内図

甲第六〇号証の一
P_1氏作成　案内図

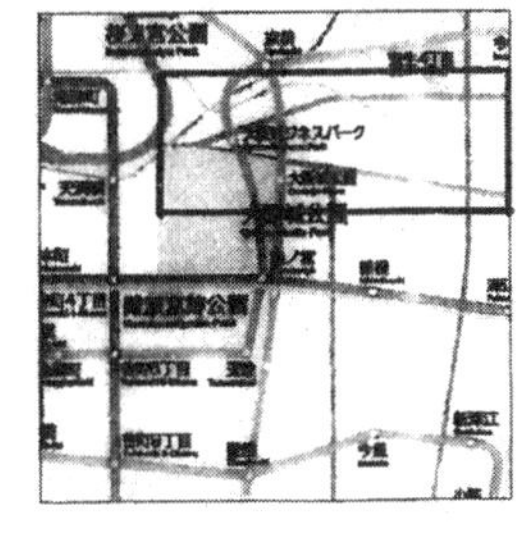

④【相違点】住吉川の有無

甲第六〇号証の三
大阪市土木技術協会作成　大阪市全体案内

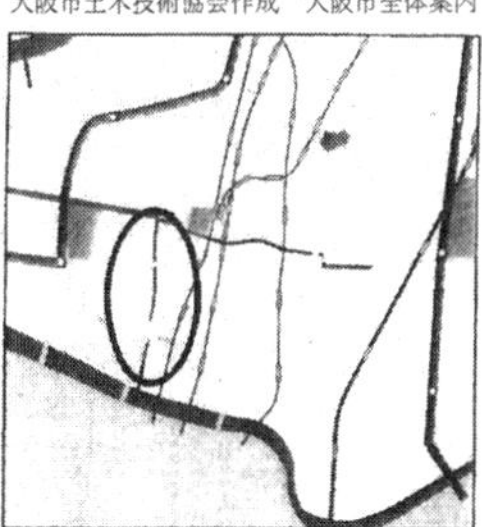

㈱ジェネシスが参考とした大阪市全図

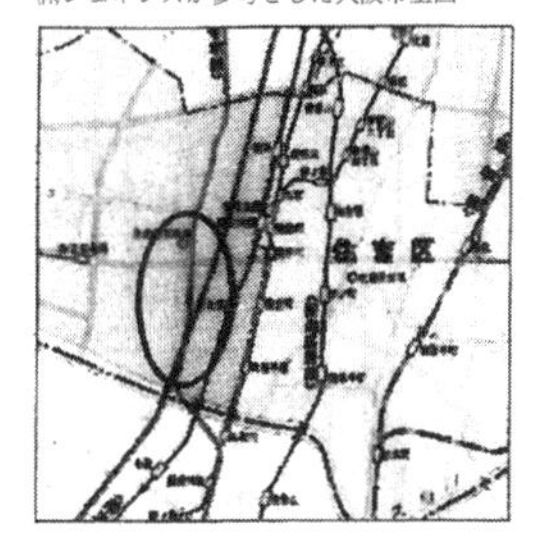

甲第六〇号証の二
㈱ジェネシス作成　大阪市観光案内図

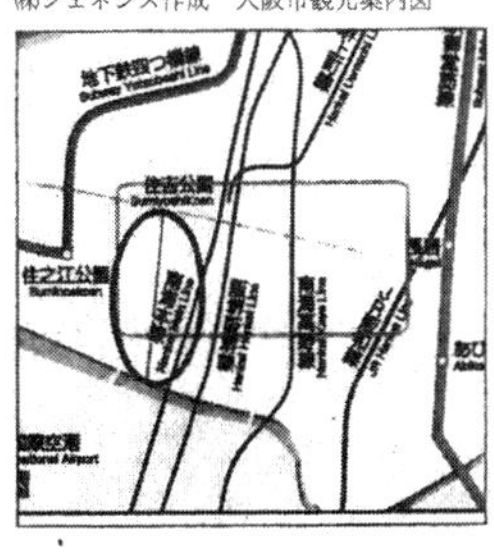

甲第六〇号証の一
P_1氏作成　案内図

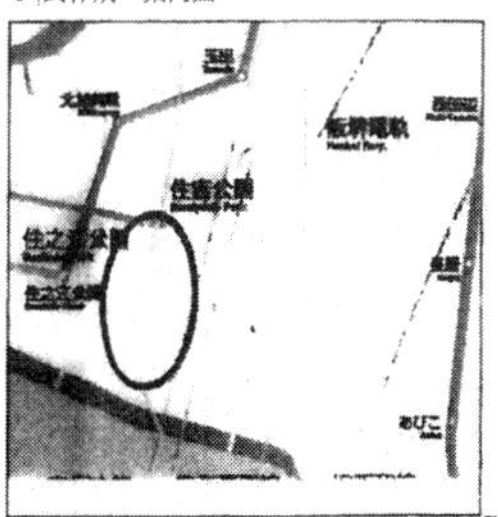

⑤【相違点】寝屋川と第二寝屋川を結ぶ河川の有無

甲第六〇号証の三
大阪市土木技術協会作成　大阪市全体案内

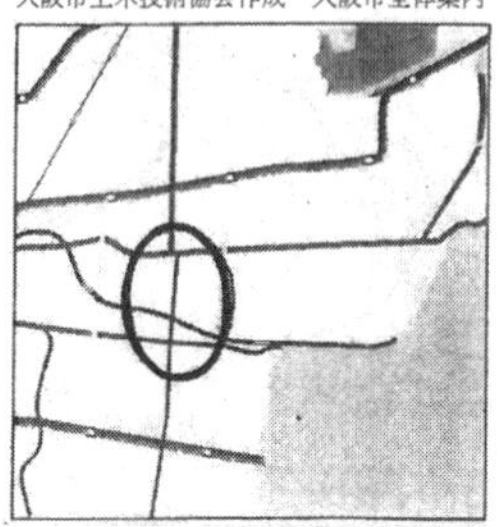

㈱ジェネシスが参考とした大阪市全図

甲第六〇号証の二
㈱ジェネシス作成　大阪市観光案内図

甲第六〇号証の一
P_1氏作成　案内図

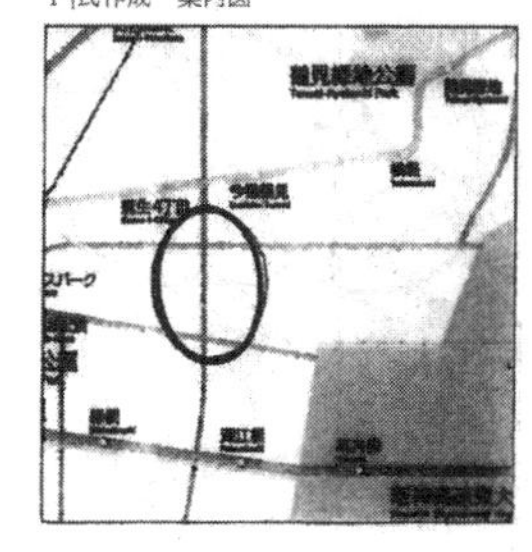

⑥【相違点】安治川河口の形状

甲第六〇号証の三
大阪市土木技術協会作成　大阪市全体案内

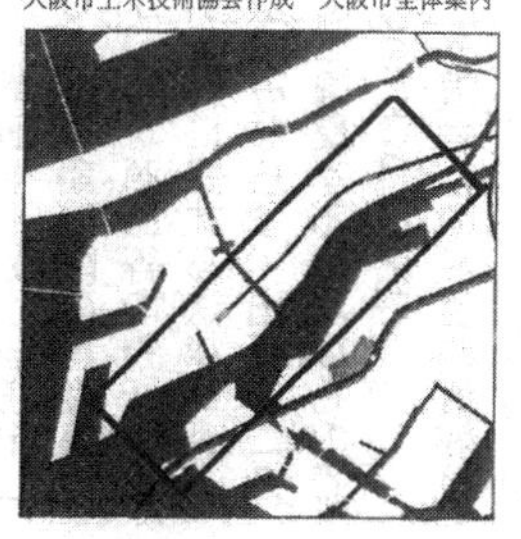

㈱ジェネシスが参考とした大阪市全図

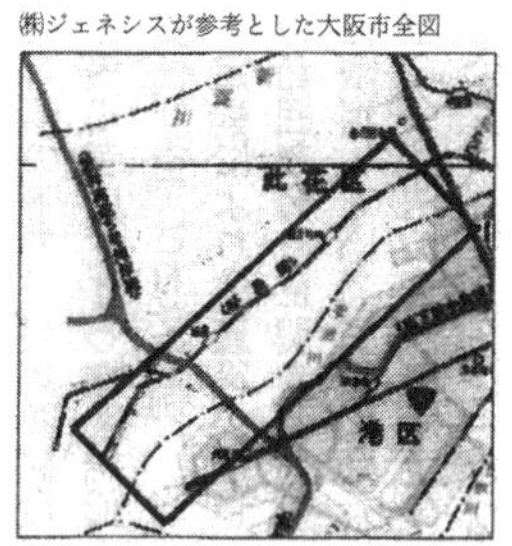

甲第六〇号証の二
㈱ジェネシス作成　大阪市観光案内図

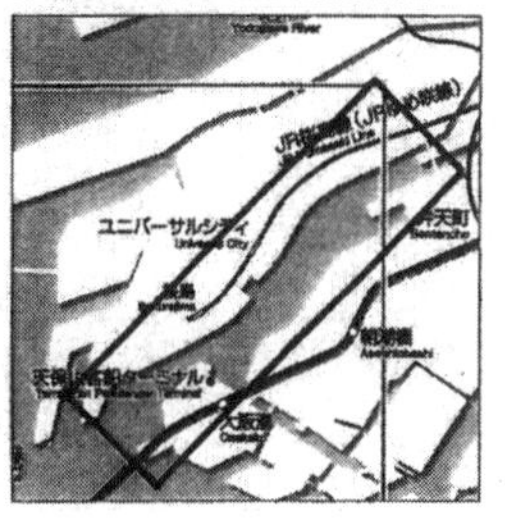

甲第六〇号証の一
P_1氏作成　案内図

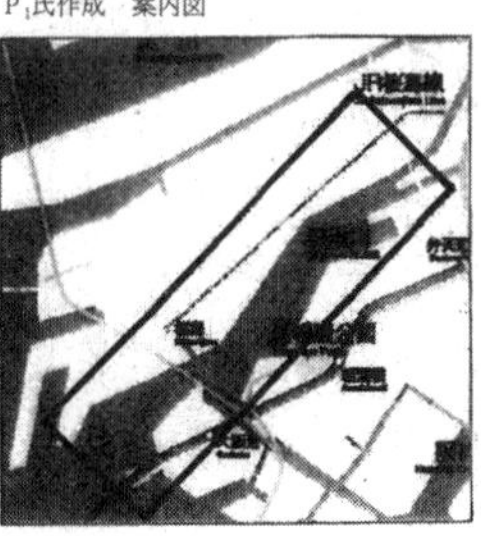

甲第六〇号証の三
大阪市土木技術協会作成　大阪市全体案内

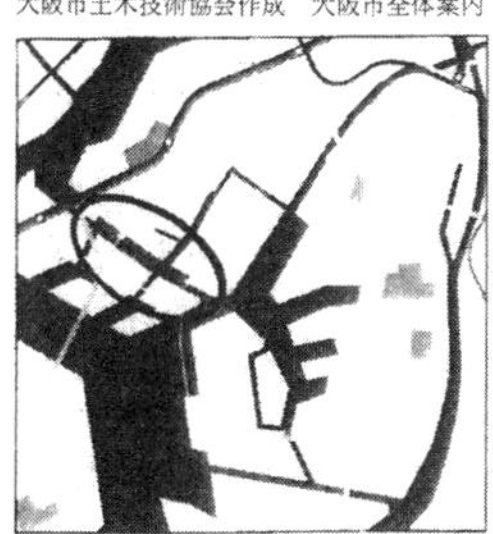

㈱ジェネシスが参考とした大阪市全図

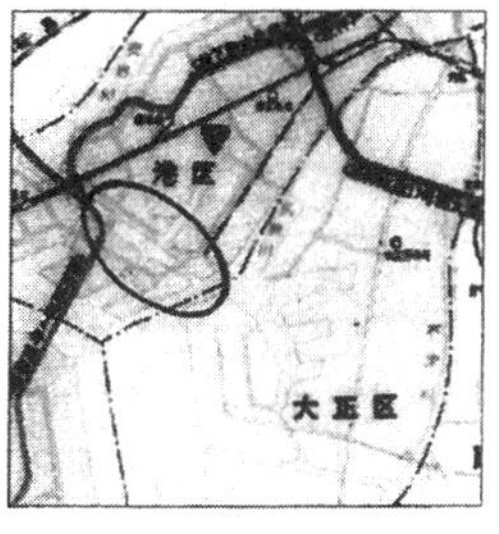

⑦【相違点】天保山運河の形状

甲第六〇号証の二
㈱ジェネシス作成　大阪市観光案内図

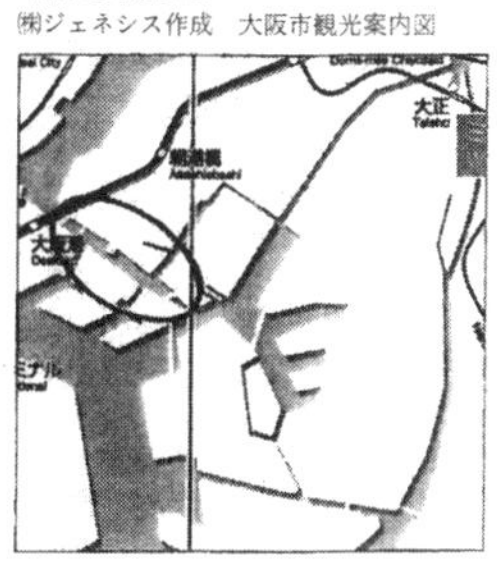

甲第六〇号証の一
P_1氏作成　案内図

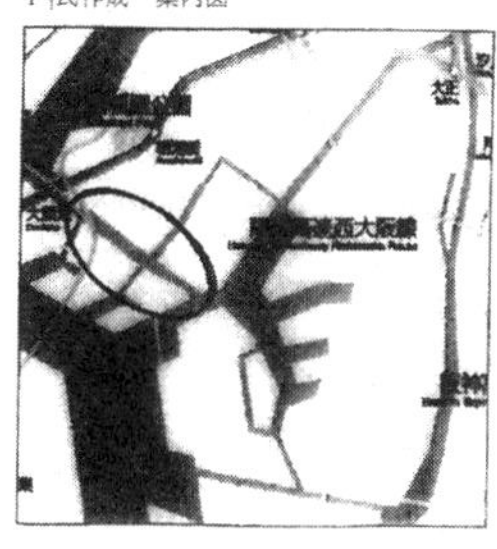

商　事

〇一　「和牛預託商法」において、繁殖牛不足が恒常化していた時期以降の資金集めが、特定商品等の預託等取引契約に関する法律四条一項のみならず、出資法二条にも違反する違法なものであるとされた事例

二　有限会社の名目的取締役について、およそ経営に関与できる状況がなかったとの事情の下で、当該取締役の第三者に対する損害賠償責任が否定された事例

三　定款により監査役の監査の範囲を会計に関するものに限定している非公開会社が、会社法二条六号所定の「大会社」となったにもかかわらず、会計に限定した非常勤監査役を選任していた場合において、当該監査役は職務上の義務は会計監査に限定されると判断し、当該監査役の第三者に対する損害賠償責任が否定された事例

（損害賠償請求控訴事件、大阪高裁平二八(ネ)一九二三号、平29・4・20民六部判決、取消・請求棄却（上告受理申立て）
一審大阪地裁平二五(ワ)一一四五一号、平28・5・30判決）

一　安愚楽牧場事件の概要

安愚楽（あぐら）牧場事件は、戦後最大規模の投資被害事件であり、被害者数七万三〇〇〇人余り、被害総額四三三〇億円余りであった。

安愚楽牧場を経営する会社（以下「本件会社」）は、昭和五六年に設立された「有限会社安愚楽共済牧場」である。本件会社は、会社法施行（平成一八年五月一日）後の平成二一年四月一日、「株式会社安愚楽牧場」に商号変更することにより、会社法が適用される株式会社となった。

本件会社は、創業当初から、「オーナー契約」を募集する「和牛預託商法」で多額の資金集めをしていた。この契約は、本件会社が、①自社保有の繁殖牛を顧客に販売した後、顧客から、当該繁殖牛を預かって飼養する、②一定の契約期間が経過した時点で、販売額と同額で当該繁殖牛を買い戻す、⑶買戻しまで年五%程度の配当金（名目は繁殖牛が出産したとする子牛の買取代金）を顧客に支払うというものである。

この資金集めは自転車操業（買戻資金を得るために繁殖牛の販売を拡大し続ける状態）に陥ることが必至であり、本件会社は、遅くとも平成一一年三月以降、繁殖牛を「空売り」する（実在しない繁殖牛を販売する）という違法な資金集めを続けていた。本判決は、平成一一年三月以降のオーナー契約の勧誘は、特定商品等の預託等取引契約に関する法律及び出資法に違反する違法営業であったと判断している（出資法違反の点は、これを否定した原判決の説示を変更したものである）。

本件会社は、平成二三年八月に経営破綻し、破産手続（平成二六年三月一二日終結）による法的清算がされた。

二　本件会社の経営の実態

本件会社は、平成二三年三月当時、全国四〇か所に直営牧場を、全国三三八か所に委託牧場を有し、従業員約七〇〇名を抱えており、黒毛和種牛の飼養頭数が一四万頭を超える我が国有数の畜産会社であったが、反面、社長が全部出資する一人会社であり、重要な意思決定は、社長と側近二人（経営中枢三名）が独占していた。経営中枢三名は、繁殖牛不足の事実（空売りの事実）を社内でも秘匿し続けた。経営中枢三名以外に空売りの事実を知っていた者は、担当部署の従業員三名だけであった。

三　本件訴訟の内容

原告らは、平成一五年六月から平成二三年七月までの間にオーナー契約を締結し、本件会社に投資した顧客である。投資総額四億二九八〇万円の大半が焦げ付いたので、違法な資金集めに関与したとする個人の賠償責任を追及する本件訴訟を提起した。しかし、経営中枢三名は被告とされなかった。本件で被告とされたのは、有限会社時代の従業員（平）取締役であったY_3とY_1、株式会社移行後に選任された非常勤監査役Y_2のほか、関連会社の役員であった多数の者であった（以下では、判示事項と関係するY_1、Y_2、Y_3三名についてのみコメントする）。

原判決（大阪地判平28・5・30金判一四九五・二三）は、Y_3の責任を否定し、Y_1の責任を全部肯定し、Y_2の責任を一部肯定したが、本判決は、Y_1・Y_2の控訴を容れ、原判決の原告勝訴部分を取り消し、Y_1・Y_2の責任も否定し、原告らの請求を全部棄却した。

四　従業員（平）取締役Y_3及びY_1の責任

Y_3（昭和一七年生）は、平成六年二月（五一歳時）に本件会社に入社し、平成七年八月から平成一一年四月まで本件会社の取締役に就任したが、経営に関与しておらず報酬面での役員待遇も受けていなかった。Y_3は、独自の計算によりオーナー契約が利益を生む取引ではないと考え、その旨を社長に進言すると、社長から経営への口出しを禁じられた上、平成九年五月、石垣島の関連会社（牧場経営）に出向させられ、以後、本件会社に戻ることなく平成一四年六月に退職した。

Y_1（昭和一七年生）は、平成一三年三月（五九歳時）に安愚楽牧場に入社し、平成一三年四月から平成一五年五月まで取締役に就任したが、やはり、経営に関与しておらず報酬面での役員待遇も受けていなかった。Y_1は、予算執行に関する疑問を口にすると、平成一四年二月、常務取締役から平取締役に降格となり、かつ、本社から離れた部署に転勤させられ、その後に関連会社（ホテル経営）に出向させられ、本社に戻ることなく平成二三年七月に退職した。

原判決は、Y_3については、取締役退任から原告らの契約締結時期まで四年以上が経過したことを理由に、Y_3の義務懈怠と原告らの損害との間に相当因果関係が認められないと説示し、原告らのY_3に対する請求を棄却したが、Y_1については、判断を一転し、新たなオーナー契約の募集を止めるよう代表取締役に進言するなどの措置を講じるべき義務があったのに、重過失によってその義務を懈怠したと説示し、原告らのY_1に対する請求（合計一億六六五一万八〇〇〇円）を全部認容した。

これに対し、本判決は、原判決の説示を全面的に訂正し、Y_3・Y_1が繁殖牛不足の事実を知ることが困難であったことのほか、Y_3・Y_1が置かれた状況に照らせば、違法なオーナー契約の勧誘を止めさせるための行動を起こすこと（職務上の義務を履行すること）が極めて困難であったと説示し、そうしなかったこと（職務上の義務懈怠）につき重大な過失は認められないと判断し、Y_3のみならずY_1の対第三者責任を否定した。

ワンマン社長が経営を支配する会社の名目的取締役について、経営監視義務懈怠を理由に対第三者責任を問うことが可能なのかという問題については、最三判昭48・5・22民集二七・五・六五五が、平取締役の経営監視義務を肯定して以来長らく意識された問題であるが、四〇年以上が経っても最高裁の立場が明確になっていない。しかし、義務懈怠と第三者の損害との相当因果関係を否定し、あるいは、義務懈怠についての重大な過失を否定し、このような取締役の対第三者責任を否定した下級審裁判例の数はかなり多い（江頭憲治郎＝中村直人編著・論点体系会社法⑶（第一法規、二〇一二）四五

資料8　北朝鮮映画事件（最高裁平成二三年一二月八日第一小法廷判決）

（著作権侵害差止等請求事件、最高裁平二一(受)六〇二号・六〇三号、平23・12・8一小法廷判決、一部破棄自判、一部上告却下、一部上告棄却、民集六五巻九号登載予定
一審東京地裁平一八(ワ)六〇六二号、平19・12・14判決、二審知財高裁平二〇(ネ)一〇〇一一号、平20・12・24判決）

《参照条文》　一につき、著作権法六条3、文学的及び美術的著作物の保護に関するベルヌ条約三条(1)(a)
二につき、著作権法六条、民法七〇九条

《当 事 者》　別紙当事者目録記載のとおり

【主文】　一　平成二一年(受)第六〇二号上告人・同第六〇三号被上告人の上告に基づき、原判決中、平成二一年(受)第六〇二号上告人・同第六〇三号被上告人の敗訴部分を破棄する。

二　前項の部分に関する平成二一年(受)第六〇二号被上告人・同第六〇三号上告人の請求を棄却する。

三　原判決中予備的請求に関する部分についての平成二一年(受)第六〇二号被上告人・同第六〇三号上告人及び平成二一年(受)第六〇三号上告人の各上告を却下する。

四　平成二一年(受)第六〇二号被上告人・同第六〇三号上告人及び平成二一年(受)第六〇三号上告人のその余の上告をいずれも棄却する。

五　平成二一年(受)第六〇二号上告人・同第六〇三号被上告人と平成二一年(受)第六〇二号被上告人・同第六〇三号上告人との間における控訴費用及び上告費用は、平成二一年(受)第六〇二号被上告人・同第六〇三号上告人の負担とし、平成二一年(受)第六〇二号上告人・同第六〇三号被上告人と平成二一年(受)第六〇三号被上告人との間における上告費用は、平成二一年(受)第六〇三号上告人の負担とする。

【理由】　第一　事案の概要

一　本件は、平成二一年(受)第六〇二号被上告人・同第六〇三号上告人（以下「一審原告カナリオ企画」という。）及び平成二一年(受)第六〇三号上告人（以下「一審原告輸出入社」といい、一審原告カナリオ企画と一審原告輸出入社を併せて「一審原告ら」という。）が、朝鮮民主主義人民共和国（以下「北朝鮮」という。）で製作された原判決別紙映画目録一記載1nの映画（以下「本件映画」という。）の一部を一審原告らの許諾なく放送した株式会社フジ・メディア・ホールディングス（以下「旧フジテレビ」という。）を承継した平成二一年(受)第六〇二号上告人・同第六〇三号被上告人（以下「一審被告」という。）に対し、①　主位的に、本件映画を含む北朝鮮で製作された同目録一ないし三記載の各映画（以下「本件各映画」という。）は北朝鮮の国民の著作物であり、文学的及び美術的著作物の保護に関するベルヌ条約（以下「ベルヌ条約」という。）により我が国が保護の義務を負う著作物として著作権法六条三号の著作物に当たると主張して、本件各映画に係る一審原告輸出入社の公衆送信権（同法二三条一項）が侵害されるおそれがあることを理由に、一審原告輸出入社において本件各映画の放送の差止めを求めるとともに、旧フジテレビによる上記の放送行為は、本件各映画について一審原告輸出入社が有する公衆送信権及び一審原告カナリオ企画が有する日本国内における利用等に関する独占的な権利を侵害するものであることを理由に、上記各権利の侵害による損害賠償を請求し、②　原審において、予備的に請求を追加し、仮に本件映画が同法による保護を受ける著作物に当たらないとしても、上記放送行為は、一審原告らが本件映画について有する法的保護に値する利益の侵害に当たると主張して、不法行為に基づく損害賠償の支払を求める事案である。

二　原審の適法に確定した事実関係等の概要は、次のとおりである。

(1)　本件各映画は、いずれも北朝鮮において製作された著作物であり、このうち、本件映画は、昭和五三年に、朝鮮芸術映画撮影所により製作された二時間を超える劇映画である。

(2)　一審原告輸出入社は、北朝鮮の民法によって権利能力が認められている北朝鮮文化省傘下の行政機関であり、同省により、本件各映画について北朝鮮の法令に基づく著作権を有する旨が確認されている。

一審原告カナリオ企画は、平成一四年九月三〇日、一審原告輸出入社との間で、映画著作権基本契約（以下「本件契約」という。）を締結し、本件各映画につき、日本国内における独占的な上映、放送、第三者に対する利用許諾等について、その許諾を受けた。

(3)　旧フジテレビは、平成一五年一二月一五日、「スーパーニュース」と題するテレビニュース番組において、北朝鮮における映画を利用した国民に対する洗脳教育の状況を報ずる目的で、本件映画の主演を務めた女優が本件映画の製作状況等についての思い出を語る場面と本件映画の一部とを組み合わせた内容の約六分間の企画を放送した。上記企画において、合計二分八秒間本件映画の映像が用いられた（以下、上記企画で本件映画を放送した部分を「本件放送」という。）。旧フジテレビは、本件放送について一審原告らの許諾を得ていなかった。

(4)　一審被告は、平成二〇年一〇月一日、会社分割により、旧フジテレビのグループ経営管理事業を除く一切の事業に関する権利義務を承継した。

(5)　ベルヌ条約は、昭和五〇年四月二四日に我が国について効力を生じた。

北朝鮮は、平成一五年一月二八日、世界知的所有権機関の事務局長に対し、同条約に加入する旨の加入書を寄託し、同事務局長は、同日、その事実を同条約の他の同盟国に通告し、これにより、同条約は、同年

四月二八日に北朝鮮について効力を生じた。

(6) ベルヌ条約は、同条約が適用される国が文学的及び美術的著作物に関する著作者の権利の保護のための同盟を形成すると規定し（一条）、いずれかの同盟国の国民である著作者は、その著作物について、同条約によって保護される旨を規定する（三条(1)(a)）。

また、同条約は、同盟に属しないいずれの国も、同条約に加入することができ、その加入により、同条約の締約国となり、同盟の構成国となることができる旨規定するが（二九条(1)）、条約への加入について、同盟国の承諾などの特段の要件を設けていない。

(7) 我が国は、北朝鮮を国家として承認しておらず、また、我が国は、北朝鮮以外の国がベルヌ条約に加入し、同条約が同国について効力を生じた場合には、その旨を告示しているが、同条約が北朝鮮について効力を生じた旨の告示をしていない。

そして、外務省及び文部科学省は、我が国が、北朝鮮の国民の著作物について、ベルヌ条約の同盟国の国民の著作物として保護する義務を同条約により負うとは考えていない旨の見解を示している。

三 原審は、上記事実関係の下において、次のとおり判断して、一審原告らの主位的請求及び一審原告輸出入社の予備的請求を棄却すべきものとし、一審原告カナリオ企画の予備的請求を一二万円及びこれに対する遅延損害金の支払を求める限度で認容した。

(1) 我が国は、我が国が国家として承認していない国（以下「未承認国」という。）である北朝鮮の国民の著作物につき、ベルヌ条約三条(1)(a)に基づき、これを保護する義務を負うものではないから、本件各映画は、著作権法六条三号の「条約によりわが国が保護の義務を負う著作物」とはいえず、一審原告らの主位的請求は、その前提を欠き、理由がない。

(2)ア 本件放送は、一審原告カナリオ企画が本件契約に基づき取得した日本国内において本件映画を利用することにより享受する利益を違法に侵害する行為に当たり、旧フジテレビには、少なくとも過失があるから、一審被告は、民法七〇九条に基づき、一審原告カナリオ企画が被った損害を賠償する責任を負う。

イ しかしながら、一審原告輸出入社は、一審原告カナリオ企画に本件各映画の日本国内における利用を委ねており、本件映画の日本国内における利用について法律上保護に値する利益を有するものとはいえないから、一審原告輸出入社の予備的請求は理由がない。

第二 平成二一年(受)第六〇三号上告代理人齊藤誠、同金舜植、同石川美津子の上告受理申立て理由について

一 所論は、本件各映画が著作権法六条三号の「条約によりわが国が保護の義務を負う著作物」とはいえないとした原審の判断には、同号の解釈の誤りがあるというのである。

二 一般に、我が国について既に効力が生じている多数国間条約に未承認国が事後に加入した場合、当該条約に基づき締約国が負担する義務が普遍的価値を有する一般国際法上の義務であるときなどは格別、未承認国の加入により未承認国との間に当該条約上の権利義務関係が直ちに生ずると解することはできず、我が国は、当該未承認国との間における当該条約に基づく権利義務関係を発生させるか否かを選択することができるものと解するのが相当である。

これをベルヌ条約についてみると、同条約は、同盟国の国民を著作者とする著作物を保護する一方（三条(1)(a)）、非同盟国の国民を著作者とする著作物については、同盟国において最初に発行されるか、非同盟国と同盟国において同時に発行された場合に保護するにとどまる（同(b)）など、非同盟国の国民の著作物を一般的に保護するものではない。したがって、同条約は、同盟国という国家の枠組みを前提として著作権の保護を図るものであり、普遍的価値を有する一般国際法上の義務を締約国に負担させるものではない。

そして、前記事実関係等によれば、我が国について既に効力を生じている同条約に未承認国である北朝鮮が加入した際、同条約が北朝鮮について効力を生じた旨の告示は行われておらず、外務省や文部科学省は、我が国は、北朝鮮の国民の著作物について、同条約の同盟国の国民の著作物として保護する義務を同条約により負うものではないとの見解を示しているというのであるから、我が国は、未承認国である北朝鮮の加入にかかわらず、同国との間における同条約に基づく権利義務関係は発生しないという立場を採っているものというべきである。

以上の諸事情を考慮すれば、我が国は、同条約三条(1)(a)に基づき北朝鮮の国民の著作物を保護する義務を負うものではなく、本件各映画は、著作権法六条三号所定の著作物には当たらないと解するのが相当である。最高裁昭和四九年(行ツ)第八一号同五二年二月一四日第二小法廷判決・裁判集民事一二〇号三五頁は、事案を異にし、本件に適切ではない。

三 したがって、本件各映画が著作権法により保護を受けることを前提とする一審原告らの主位的請求は、その余の点について判断するまでもなく、理由がないから、これと同旨の原審の前記第一、三の(1)の判断は是認することができる。一審原告らの論旨は採用することができない。

第三 平成二一年(受)第六〇二号上告代理人前田哲男、同中川達也の上告受理申立て理由（ただし、排除された部分を除く。）について

一 所論は、本件放送が一審原告カナリオ企画に対する不法行為を構成するとした原審の判断には、民法七〇九条及び著作権法六条の解釈の誤りがあるなどというのである。

二 著作権法は、著作物の利用について、一定の範囲の者に対し、一定の要件の下に独占的な権利を認めるとともに、その

独占的な権利と国民の文化的生活の自由との調和を図る趣旨で、著作権の発生原因、内容、範囲、消滅原因等を定め、独占的な権利の及ぶ範囲、限界を明らかにしている。同法により保護を受ける著作物の範囲を定める同法六条もその趣旨の規定であると解されるのであって、ある著作物が同条各号所定の著作物に該当しないものである場合、当該著作物を独占的に利用する権利は、法的保護の対象とはならないものと解される。したがって、同条各号所定の著作物に該当しない著作物の利用行為は、同法が規律の対象とする著作物の利用による利益とは異なる法的に保護された利益を侵害するなどの特段の事情がない限り、不法行為を構成するものではないと解するのが相当である。

三　これを本件についてみるに、本件映画は著作権法六条三号所定の著作物に該当しないことは前記判示のとおりであるところ、一審原告カナリオ企画が主張する本件映画を利用することにより享受する利益は、同法が規律の対象とする日本国内における独占的な利用の利益をいうものにほかならず、本件放送によって上記の利益が侵害されたとしても、本件放送が一審原告カナリオ企画に対する不法行為を構成するとみることはできない。

仮に、一審原告カナリオ企画の主張が、本件放送によって、一審原告カナリオ企画が本件契約を締結することにより行おうとした営業が妨害され、その営業上の利益が侵害されたことをいうものであると解し得るとしても、前記事実関係によれば、本件放送は、テレビニュース番組において、北朝鮮の国家の現状等を紹介することを目的とする約六分間の企画の中で、同目的上正当な範囲内で、二時間を超える長さの本件映画のうちの合計二分八秒間分を放送したものにすぎず、これらの事情を考慮すれば、本件放送が、自由競争の範囲を逸脱し、一審原告カナリオ企画の営業を妨害するものであるとは到底いえないのであって、一審原告カナリオ企画の上記利益を違法に侵害するとみる余地はない。

したがって、本件放送は、一審原告カナリオ企画に対する不法行為とはならないというべきである。

四　以上と異なる原審の前記第一、三(2)アの判断には、判決に影響を及ぼすことが明らかな法令の違反があり、一審被告の論旨は理由がある。原判決中、一審被告敗訴部分は破棄を免れず、同部分に関する一審原告カナリオ企画の請求は理由がないから、同請求を棄却すべきである。

第四　結論

以上によれば、一審被告の上告に基づき、原判決中、一審被告敗訴部分を破棄して、同部分につき一審原告カナリオ企画の請求を棄却し、一審原告らは、原判決中予備的請求に関する部分について上告受理の申立てをしたが、その理由を記載した書面を提出せず、同部分についての上告は不適法であるから、同部分についての一審原告らの各上告を却下し、その余の一審原告らの上告をいずれも棄却すべきである。

よって、裁判官全員一致の意見で、主文のとおり判決する。

（裁判長裁判官　櫻井龍子　裁判官　宮川光治　金築誠志　横田尤孝　白木　勇）

別紙　当事者目録

平成二一年(受)第六〇二号上告人・同第六〇三号被上告人　株式会社
フジテレビジョン
同代表者代表取締役　豊田　皓
同訴訟代理人弁護士　前田哲男
中川達也
平成二一年(受)第六〇二号被上告人・同第六〇三号上告人　有限会社
カナリオ企画
同代表者取締役　甲野太郎
平成二一年(受)第六〇三号上告人
朝鮮映画輸出入社
同代表者　呉　亨哲
上記両名訴訟代理人弁護士
齊藤　誠
金　舜植
同訴訟復代理人弁護士
船島伸広
入江義治

平成二一年(受)第六〇二号上告代理人前田哲男、同中川達也の上告受理申立て理由
〈略〉

平成二一年(受)第六〇三号上告代理人齊藤誠、同金舜植、同石川美津子の上告受理申立て理由〈略〉

参考文献

大家重夫「タイプフェイスの法的保護と著作権」（成文堂・二〇〇〇年）二二六頁から二三四頁に掲載した文献は、これを省略し、それ以外のものを掲載する。

一九七九年（昭和五四年）
佐藤敬之輔「コピーについて」言語生活一九七九年一〇月号（通巻三三四号）三六頁。
一九八二年（昭和五七年）
佐藤敬之輔記念誌編集委員会「佐藤敬之輔記念誌」一九八二年・浅葉克己デザイン室内　佐藤敬之輔記念誌編集委員会。
一九八七年（昭和六二年）
大家重夫「印刷用書体保護の現状と問題点」特許管理三七巻一二号一四四一頁。
一九八九年
玉井克哉「文字の形と著作権」ジュリスト九四五号七六頁。
一九九三年
津野海太郎「本とコンピューター」（晶文社・一九九三年）。
一九九四年
中西秀彦「活字が消えた日―コンピュータと印刷」（晶文社・一九九四年）九二頁。
一九九六年（平成八年）
林隆男「書体を創る　林隆男タイプフェイス論集」（株）ジャストシステム発行、中尾勝編集。
一九九七年（平成九年）
弥永真生「書体の著作物性」（裁判大系二七巻「知的財産関係訴訟法」（青林書院）九六頁）
一九九八年（平成一〇年）
柳沢眞實子「タイプフェイスと文字の独占」清和法学研究五巻二号一三五頁。
一九九九年（平成一一年）
タイポグラフィックス・ティー二〇六号（平成一一年四月一〇日）。

特集知的所有権問題（ロゴタイプやマークはどのような法律で保護されるのか。『著作権』や『商標権』などという言葉は耳にするけれど、難しそうで…。）

松岡剛・田中一光・浅葉克己監修古賀弘之ほか「日本のタイポグラフイックデザイン一九二五－九五」（株）トランスアート、一九九九年二月二〇日。

二〇〇〇年（平成一二年）

岡本薫「条約等国際著作権問題の変遷／その他の関係条約」著作権百年史六八二頁。

布施茂「デジタルフォントの保護とエンベッド技術」印刷雑誌八三巻七号一一頁。

二〇〇一年（平成一三年）

小橋馨「印刷用書体の著作物性」判例時報一七四九号二一六頁（判例評論五一〇号三八頁）。

佐藤恵太「デザイン書体―ゴナ書体事件」著作権判例百選第三版三〇頁。

牛木理一「ロゴマーク―アサヒビール・ロゴマーク事件」著作権判例百選第三版三二頁。

満田重昭「書道デザイン―商業書道デザイン書体事件」著作権判例百選第三版三四頁。

大家重夫「タイプフェイスの著作物性―印刷用書体ゴナU事件」ジュリスト別冊平成一二年度重要判例解説二七六頁。

内藤義三「『書』の複製権の範囲」村林隆一先生古希記念論文集刊行会「判例著作権法」（二〇〇一年七月一七日）四一三頁所収。

大家重夫「印刷用書体の著作物性」村林隆一先生古希記念論文集刊行会「判例著作権法」（二〇〇一年七月一七日）四三五頁所収。

二〇〇二年（平成一四年）

高部眞規子「判例解説」法曹時報五四巻八号一六九頁。

高林龍「印刷用書体の著作物性」判例タイムズ一〇九六号（二〇〇二年九月二五日号）一四八頁。

板倉集一「タイプフェイスの著作物性の要件」知財管理五二巻二号一九九頁。

大家重夫「印刷用書体の著作権法改正による保護―最高裁平成一二年九月七日判決を契機に」久留米大学法学四三号二六五頁・二〇〇二年九月。

檀琢哉「毛筆革命字」動書会・本部発行、発行者は、塚本長美。内税定価一二万円。巻末に動書文字の制作費、使用料の規定、檀琢哉（塚本和吉）の自伝と動書会の発足とその歴史が年表がある。

二〇〇三年（平成一五年）

応用美術委員会「著作権法と意匠法との交錯問題に関する研究」著作権情報センター附属著作権研究所・二〇〇三年三月。

阿部浩二所長、紋谷暢男座長、大瀬戸豪志副座長、牛木理一、大家重夫、大山幸房、岡邦俊、木村豊、龍村全、野一色勲、本山雅弘。

「第四章タイプフェイス問題」は、大家重夫が担当、執筆した。

塩月秀平「ゴナ書体事件」別冊NBL№79岡村久道「サイバー法判例解説」一八六頁。

二〇〇四年（平成一六年）

デジタルコンテンツ委員会「不法行為法によるデータベース保護の現状と課題」知財管理五四巻五号七六一頁。

宮脇正晴「不法行為法によるタイプフェイスの保護―ゴナ書体事件下級審判決の示す要件論を中心に」L&T二二号五三頁（二〇〇四年一月）。

高部眞規子「印刷用書体の著作物性（最高裁平成一二年九月七日判決）」ジュリスト増刊・最高裁・時の判例Ⅲ私法編（2）三七九―三八一頁。

和久田道雄「書体の著作物性」（新・裁判実務大系二二牧野利秋・飯村敏明編「著作権関係訴訟法」）一七一―一八一頁。

紋谷暢男「著作権法と意匠法」著作権特殊講義（著作権法の学際的アプローチ）―日本音楽著作権協会寄付講座二〇〇三年度二九三―三一二頁。

井関涼子編「二〇〇三年度三年次井関ゼミ共同論文集」（二〇〇四年）「タイプフェイスの知的財産権法による保護」として、千木良瑞穂「著作権法によるタイプフェイス保護の可能性」、田中壮一郎「知的財産法によるタイプフェイス保護の可能性」、垣内宏美「タイプフェイス保護の国際比較―アメリカとイギリスを中心に」が収録されている。

二〇〇五年（平成一七年）

日本タイポグラフィ協会「タイポグラフィックス・ティー」第二四二号（特集2知的財産権）。

葛本京子「タイプフェイスの権利をとりまく現実」一〇四頁から一〇九頁。

布施茂「漢字圏のタイプフェイスとフォントの権利保護事情」一一〇頁から一一二頁。

布施茂「『カラオケ』もう一つの幻特許『歌詞字幕』（字幕タイポグラフィーと知的財産権）」一一三頁から一一五頁。

二〇〇七年（平成一九年）

岡邦俊「著作権の事件簿」日経BP社・二〇〇七年一二月三日。

「アサヒビール・ロゴマーク」事件の評釈が一二九頁にある。

「ゴナ書体」事件の評釈が一三四頁にある。

岡弁護士は「タイプフェイスの保護は、保護範囲、保護期間、登録方法などについて日本字の特殊性を十分に加味した特別法によることが望ましいように思われます。」とされる（一三八頁）。

「著作権と意匠権の交錯―応用美術に関する我が国の判例の動向」一八八頁。

知的財産研究所「諸外国におけるタイプフェイスの保護の現状と問題点に関する調査研究報告書」知的財産研究所・二〇〇七年三月。米国、イギリス、ドイツ、フランス、欧州共同体、韓国のタイプフェイス保護についての詳細な優れた調査報告書である。国内のタイプフェイス関連団体のヒアリング調査を行っている。

コンピュータソフトウェア協会、情報サービス産業協会、電子情報技術産業協会、日本印刷産業機械工業会、日本印刷産業連合会、日本タイポグラフィ協会、日本知的財産協会からの意見が示されている。日本タイポグラフィ協会のみが積極的に保護法制を望んでいる。日本グラフィックデザイナー協会には問い合わせがなされていない。多くの団体は、慎重な対応を望んでいる。

水野みな子「模様化された文字と意匠（カップヌードル事件）」別冊ジュリスト№188「商標・意匠・不正競争判例百選」九六頁。

松村信夫「商品概念（モリサワタイプフェイス事件）」別冊ジュリスト№188「商標・意匠・不正競争判例百選」一一八頁。二〇〇八年（平成二〇年）

祖父江慎・藤田重信・加島卓・鈴木広光「文字のデザイン・書体のフシギ」左右社・二〇〇八年五月二〇日。

知的財産研究所「タイプフェイスの保護のあり方に関する調査研究報告書」。

委員長・鈴木将文、委員は、石田健、奥田哲史、葛本京子、香原修也、後藤真人、須崎正士、茶園成樹、平嶋竜太、牧野利秋、水谷直樹、山川純之、山本圭一。

二〇〇九年（平成二一年）

大橋正春「タイプフェイスの著作物性―ゴナU書体事件：上告審」著作権判例百選第四版三八頁。

田上麻衣子「デザイン書体の著作物性―装飾文字『趣』事件」著作権判例百選第四版四〇頁。

長塚真琴「ロゴマークの著作物性―「Asahi」ロゴマーク事件：控訴審」著作権判例百選第四版四二頁。
二〇一〇年（平成二二年）
駒田泰士「タイプフェイスの保護」著作権研究三六号五八頁。
雪朱里「文字をつくる―9人の書体デザイナー」誠文堂新光社・二〇一〇年六月一日。
9人とは、鳥海修、杉本幸治、鈴木功、西塚涼子、大平善道、片岡朗、小林章、小宮山博史、小塚昌彦である。
二〇一二年（平成二四年）
大家重夫「印刷用文字書体の保護と『デジタルフォント保護法』の提案」マーチャンダイジングライツレポート
二〇一二年四月号五六頁。
タイポグラフィックス・ティー二六八号別冊（平成二四年七月一〇日、日本タイポグラフィ協会）。
大町尚友「私達が求めるタイプフェイスの法的保護の概要」。
葛本京子「タイプフェイスの権利と現実」。
大家重夫「デジタルフォント保護法」制定の提案。
野一色勲「誘目性のある書体は著作物です」。
二〇一三年（平成二五年）
正木香子「文字の食卓」本の雑誌社・二〇一三年十月二五日。
正木香子「本を読む人のための書体入門」星海社・二〇一三年十二月二五日。
大家重夫「印刷用文字書体の法的保護の現状と課題」マーチャンダイジングライツレポート二〇一三年一一月号四六頁。
二〇一四年（平成二六年）
大家重夫「テレビ朝日・文字書体無断使用事件」マーチャンダイジングライツレポート二〇一四年一月号四八頁。
長田年伸、アイデア編集部著、水野祐監修「タイプフェイスと知的財産権」（「アイデア３６３」誠文堂新光社・
二〇一四年二月一〇日）一八七頁。
二〇一五年（平成二七年）
牛木理一「現行法下におけるＴＦの積極的保護のあり方―最近のわが国の行政と司法の動向から」特許ニュース
一四〇三三号（平成二七年八月二七日号）一頁。

二〇一六年（平成二八年）

布施茂「技術者たちの挑戦―写真植字機技術史」創英社・二〇一六年五月一四日。「第V章タイプフェイス関連の活動」参照。

鳥海修「文字を作る仕事」晶文社・二〇一六年七月一五日初版。

麻生典・Christoph Rademacher 編「デザイン保護法制の現状と課題―法学と創作の視点から」日本評論社・二〇一六年一二月二五日。

藤田重信・柴田和彦「タイプフェイスのデザインプロセス」五四六頁。

曽我部春香「ピクトグラムのデザインプロセス」四九九頁。

増田雅史「タイプフェイスの著作物性―ゴナ書体事件：上告審」著作権判例百選第五版三八頁。

田上麻衣子「デザイン書体の著作物性―装飾文字『趣』事件」著作権判例百選第五版四〇頁。

長塚真琴「ロゴマークの著作物性―「Asahi」ロゴマーク事件：控訴審」著作権判例百選第五版四二頁。

青木大也「著作物の使用許諾契約の許諾者たる地位の移転・観光案内図用ピクトグラムの著作物性」Law & Technology 七三号六五頁。

二〇一七年（平成二九年）

鳥海修「書体で世界はがらりと変わる」波二〇一七年六月号九〇頁。

鳥海修「あなたは今、どんな書体で読んでいますか？［前編］」波二〇一七年八月号七八頁。

鳥海修「あなたは今、どんな書体で読んでいますか？［後編］」波二〇一七年九月号一一二頁。

清水節「応用美術に関する裁判例について―「TRIPP TRAPP事件」以降の裁判例を中心として」土肥一史先生古希記念論文集「知的財産法のモルゲンロード」中央経済社・六〇五頁。

渕麻依子「ピクトグラム（大阪市観光案内）事件」著作権研究四三号一九九頁。

二〇一八年（平成三〇年）

味岡伸太郎「味岡伸太郎　書体講座」春夏秋冬叢書・二〇一八年一月三一日。

ＭｄＮ二〇一八年一一月号(通巻二九五号)特集　明朝体を味わう。／付録　書体見本帳「明朝体テイスティングリスト」（発行（株）エムディエヌコーポレーション・二〇一八年一〇月六日）。

あとがき――なぜ本書を出版するに至ったか

私は、文部省に二七年勤務し、昭和六二年度新設の久留米大学法学部教授へ転身、二二年間、著作権法を中心に知的財産法を講じ、平成二二年三月末、七五歳で、退職した者です。

昭和四五年一二月一六日、文化庁文化部著作権課課長補佐に任命されました。

明治三二年七月に制定された著作権法が、昭和四五年五月に大改正され、昭和四六年一月一日に施行されることになっていました。

昭和四六年（一九七一年）、世界知的所有権機関（ＷＩＰＯ）から、「タイプフェイス保護の国際会議」を開くという通知とともに、ＷＩＰＯは、一九六〇年から、タイプフェイスの国際間の保護を政府専門家会議を開き研究しており、第五回の報告書を送付してきたのです。この第五回の報告書に、初めて、「著作権」による保護も考えられるとされ、文化庁著作権課に送付されたのです。

すなわち、昭和三〇年代の初めから、欧米諸国は、タイプフェイス保護を意匠法的な考えで保護しようという会議を開いていたが、著作権法的な考えで保護しようという考え方を、採用してもいい、という案が第五回会議で生じ、各国の意匠課の者のほか、著作権課所属の者をウィーンに集め、条約ないし協定を作ろう、という趣旨でした（大家重夫「タイプフェイスの保護について」コピライト一九七一年九月号七頁）。

私は、佐藤敬之輔氏、写研の石井喜代士氏、桑山弥三郎氏、林隆男氏等に会い、にわか勉強をいたしました（みなさんはいずれも鬼籍に入られた）。小塚昌男氏ともこの頃、知り合いました。

加戸守行課長（のち愛媛県知事）の命を受け、私は、ウィーンに約一ヶ月、出張することになりました。加戸著作権課長が、日本（著作権課）の意見をとりまとめ、これを、著作権課の専門職員（のち著作権調査官、帝京科学大学教授）大山幸房氏（一九三二‐二〇一六）に英訳していただき、また、委員会で発言のため、作成してもらった短文を暗記したものです。

昭和四八年（一九七三年）、ウィーンで行われた「タイプフェイス保護ウィーン外交会議」に、特許庁の土谷直敏部長、砂川昭男課長とともに文化庁著作権課を代表した私が出席しました。牛木理一弁理士は、アジア弁理士協会（ＡＰＡＡ）を代表して出席、当時ウィーンのマックスプランク研究所に長期滞在されていた斉藤博新潟大学助教授にも、文化庁から委員として参加して頂きました。

当時は、まだ活字の時代で、ＷＩＰＯにこういう会議を開かせたのは、ヨーロッパで、国境を超えて、アルファベットが無断利用されるのに困惑したスイスやオランダの活字メーカーであるという噂を聞きました。

このＷＩＰＯ（世界知的所有権機関）主催の外交会議で「タイプフェイスの保護及びその国際寄託に関するウィーン協定」が作成され、五か国が批准書または加盟承認書を寄託すれば、三ヶ月後に発効する協定でしたが、フランス、ドイツの二ヶ国しか批准せず、発効しませんでした。

協定は、四一条から成っています。ポイントは、次のとおりです。

１　意匠法か著作権法か特別の国内寄託制度を適用せよ。保護手段が重複してもよい。

２　タイプフェイスが、新規であるか、独創的であるか、あるいはその両方を条件にせよ。もし、必要であれば、権限のある職能団体が認定した基準を考慮して決定せよ。

３　タイプフェイスの権利者に下記の各項を禁止する権利を与える。

（i）権利者の承諾なしにテキストを組む目的でいずれかの印刷技法を用いて、その技法または使用される材料にかかわりなく、同一もしくは多少修正された複製物を作成すること。

（ii）権利者の承諾なしに、当該複製物を販売し、または輸入すること。

４　保護期間は、一五年を下回ってはならない。

５　第二条には、「タイプフェイス」などの定義を規定しており、委員会で、日本代表として手を挙げ、ここに漢字、ひらかな、カタカナも対象になる旨、記録して貰いました。

この協定は、残念ながら発効しませんでした。

条約、協定には、どの言語を使用する、公用語はこれ、と定めるようになっています。

「日本語」を公用テキストにすると規定しています。

「第三九条　協定の調印と使用言語」には、こうあります。

「(1)（a）この協定は、英語と仏語による一通のオリジナルに署名するものとする。

英文と仏文は等しく真正である。

（b）公用テキストは、関係政府と協議ののち、ドイツ語、イタリー語、日本語、ポルトガル語、ロシア語、スペイン語その他総会で指示された言語について事務局長が作成する。

（2）この協定はウィーンにおいて一九七三年一二月三一日まで調印のために公開される。

ここに「日本語」が入ったことを知った大山幸房氏が非常に喜んでくださったことを思い出します。エクスコーションのとき、ドイツ代表から筆者に持ちかけられ、土谷直敏、砂川昭男氏、外務省の村岡邦男氏も賛成したのです。

この会議と結果については、平成一二年（二〇〇〇年）、「タイプフェイスの法的保護と著作権」（成文堂）をまとめております。

平成二二年三月、久留米大学法学部の特任教授を退職した筆者は、東京に舞い戻り、著作権法学会、日本工業所有権法学会、判例研究会に顔を出して、かって著作権課時代に知り合った団体——著作権情報センター、日本ユニ著作権センター、日本音楽著作権協会、日本美術家連盟、NHK、民間放送連盟、日本写真家協会書協、雑協など——の事務局OBと旧交を温めております。

日本タイポグラフィ協会の役員をされていた写研出身の布施茂さんには、久留米大学時代、私はいろいろ、ご教示頂いていました。布施さんから葛本京子氏を紹介されました。

平成二三年六月二日、日本タイポグラフィ協会の知的財産委員会委員長をされていた葛本京子氏は、大町尚友、片岡朗（カタオカ・デザインワークス・現・砧書体制作所）、冨田信雄（モリサワ）、小林元一（モリサワ）、植田由紀子（シーアンドジー）、葛本篤史（視覚デザイン研究所）、牛木理一弁理士、野一色勲（元・ナショナル・元・阪南大学教授）と筆者を集め、第一回研究会を開き、議論をいたしました。

第二回は、平成二三年九月一日、第三回平成二四年二月九日、第四回平成二四年一一月六日、第五回平成二五年一一月二一日に会合を開いております。

葛本京子氏は、日本グラフィックデザイナー協会の会員でもあります。

平成二七年七月二一日、日本グラフィックデザイナー協会（ＪＡＧＤＡ）創作保全委員会の主催で、私は、「タイプフェイスの法的保護の現状」について述べ、これは、小冊子にまとめられています。

このような経緯で、文字書体について、私が知ることを述べ、文字書体の制作者であり、権利者として、文字書体を販売され、あるいはその使用を許諾しておられる葛本京子氏の立場、主張を掲載いたしました。

文字書体の制作者、権利者、デザイナー、書体デザインに関心のある方、読者の参考になれば、幸甚です。

末尾になりましたが、文字書体の世界を筆者にご教示下さった佐藤敬之輔（一九一二‐一九七九）、石井喜代士（一九二九‐一九七四）、布施茂（一九三〇‐二〇一六）、林隆男（一九三七‐一九四四）、桑山弥三郎（一九三八‐二〇一七）、檀琢哉（塚本和吉、一九二七‐二〇一八）の諸先生方、知的財産法、著作権法を筆者に親しくご教授下さった阿部浩二（一九二五‐二〇一八）、佐野文一郎（一九二五‐二〇一七）、土井輝生（一九二六‐二〇一八）、小野昌延（一九三〇‐二〇一八）、野一色勲（一九三四‐二〇一八）、紋谷暢男（一九三六‐二〇一七）、渋谷達紀（一九四〇‐二〇一四）の諸先生方のご冥福を祈ります。

二〇一八年一〇月

久留米大学名誉教授　大家重夫

判例索引

略語表：　判時＝判例時報
判タ＝判例タイムズ
民録＝大審院民事判決録
民集＝最高裁判所民事判例集・大審院民事判例集
下民集＝下級裁判所民事判例集
無体集＝無体財産権関係民事・行政裁判例集
知的裁集＝知的財産権関係民事・行政裁判例集
著判集＝最新著作権関係判例集（ぎょうせい）

●大正 3 年（1914 年）

大審院大正 3 年 7 月 4 日判決（桃中軒雲右衛門事件）（刑事）法律新聞 951 号 13 頁 …159, 185, 217

●大正 7 年（1918 年）

大審院大正 7 年 9 月 18 日判決（民録 24 輯 1710 頁） …217

●大正 14 年（1925 年）

大審院大正 14 年 11 月 28 日判決（大正 14 年（オ）第 625 号）（大学湯事件）（民集 4 巻 12 号 670 頁） …217

●昭和 12 年（1937 年）

大審院昭和 12 年 9 月 16 日判決（書風・画風模倣事件）（刑事）（刑集 16 巻 1265 頁）（著判集 2 集 1 号 716 頁） …209

●昭和 32 年

京都地裁昭和 32 年 9 月 30 日判決（輸出機械カタログ事件）（下民集 8 巻 9 号 1830 頁） …219

●昭和 33 年

最高裁昭和 33 年 3 月 27 日判決（チャタレー夫人の恋人事件）（刑事）（判時 146 号 5 頁） …216

●昭和 43 年（1968 年）

東京地裁昭和 43 年 5 月 13 日判決（昭和 40 年（ワ）第 5299 号、5489 号）（ワン・レニイ・ナイト・イン・トウキョー事件）（無民行判集 6 巻 2 号 340 頁、判タ 319 号 178 頁、著判集 1 集 396 頁） …200, 204

●昭和 45 年（1970 年）

大阪地裁昭和 45 年 12 月 21 日決定（昭和 45 年（ヨ）第 3425 号、無民行判集 2 巻 2 号 654 頁、著判集 1 集 698 頁）（天正菱大判事件） …128, 139

●昭和 48 年（1973 年）

長崎地裁佐世保支部昭和 48 年 2 月 7 日決定（昭和 47 年（ヨ）第 53 号）（博多人形赤とんぼ事件） …128, 139

東京地裁昭和 48 年 3 月 9 日判決（眼鏡枠事件）（昭和 46 年（ワ）第 5813 号）（無

体集5巻1号42頁、判時705号76頁、著判集1巻854頁）　…130, 139

●昭和49年（1974年）
神戸地裁姫路支部昭和49年8月9日決定（昭和49年（ヨ）第190号、著判集2集1号1039頁）（仏壇彫刻著作物事件）　…128, 139

●昭和51年（1976年）
大阪地裁昭和51年10月5日決定（アメリカン・プロ・フットボール事件）（昭和51年（ヨ）第1187号、著判集2集2号136頁）　…130, 138

●昭和53年（1978年）
大阪地裁昭和53年7月18日判決（アメリカン・プロ・フットボール事件）（昭和51年（ワ）第470号）（判時917号91頁、判タ3375号137頁、著判集2集2号150頁）　…130, 138

●昭和54年（1979年）
東京地裁昭和54年3月9日判決（ヤギボールド事件）（無体集11巻1号114頁、判時934号74頁、判タ383号149頁、著判集2巻1号8頁）　…75-76, 104, 119-120, 127-129, 151-152, 176, 183, 190, 202, 232
神戸地裁姫路支部昭和54年7月9日判決（昭和49年（ワ）第291号、無民行判集11巻2号371頁、著判集2集1号1042頁）（仏壇彫刻著作物事件）　…128, 139

●昭和55年（1980年）
東京地裁昭和55年3月10日判決（タイポス書体不正競争事件）（無体集12巻1号47頁、著判集3集587頁）　…104, 122, 124-125, 157, 164
東京高裁昭和55年3月25日判決（カップヌードル意匠事件）（昭和53年（行ケ）第30号）（無体集12巻1号108頁）　…110
大阪地裁昭和55年7月15日判決（昭和53年（ワ）第6006号、昭和55年（ワ）第480号、無民行判集12巻2号321頁、著判集第3集322頁）（アメリカン・プロ・フットボール事件）　…130, 138

●昭和56年（1981年）
東京地裁昭和56年4月20日判決（昭和51年（ワ）第10039号、判時1007号91頁、著判集3集251頁）（アメリカTシャツ事件）　…129, 139
大阪高裁昭和56年7月28日判決（昭和55年（ネ）第1310号、1874号、無民行判集13巻2号561頁、著判集3集374頁）（アメリカン・プロ・フットボール事件）　…138

●昭和57年（1982年）
東京高裁昭和57年4月28日判決（タイポス書体不正競争事件）（無体集14巻1号351頁、判時1057号43頁、判タ499号161頁、著判集4集758頁　…105-106, 122, 164, 182
東京地裁昭和57年12月6日判決（昭和54年（ワ）第10867号、判時1060号18頁、著判集4集305頁）（タイトー対アイ・エヌ・シー・エンタプライズ事件）　…192

●昭和 58 年（1983 年）
東京高裁昭和 58 年 4 月 26 日判決（ヤギボールド事件）（無体集 15 巻 1 号 340 頁、判時 1074 号 25 頁、判タ 495 号 238 頁、著判集 4 集 16 頁）…76, 104, 120, 127, 129, 152, 180, 183, 190, 232
東京高裁昭和 58 年 7 月 28 日判決（特許ニュース 6269 号 1 頁）（カップヌードル意匠事件） …111
大阪地裁昭和 58 年 10 月 14 日判決（建物修理チラシ事件）（無体集 15 巻 3 号 630 頁） …219

●昭和 60 年（1985 年）
最高裁昭和 60 年 4 月 1 日（ヤギボールド事件）和解 …77, 123-126, 130, 152, 196, 232
最高裁昭和 60 年 10 月 16 日和解（タイポス書体事件）（昭和 58 年（オ）第 841 号） 124-126, 130, 232
東京地裁昭和 60 年 10 月 30 日判決（動書書体事件）（無体集 17 巻 520 頁判時 1168 号 148 頁、判タ 569 号 93 頁、著判集 5 集 26 頁） …79, 126, 139, 143

●昭和 63 年（1988 年）
東京地裁昭和 63 年 1 月 22 日判決（写植機用文字盤事件）（無体集 20 巻 1 号 1 頁、判時 1262 号 35 頁、判タ 660 号 58 頁、著判集 7 集 427 頁）…106-107, 164
東京地裁昭和 63 年 8 月 29 日判決（昭和 62 年（ワ）第 1136 号）（「動書複製事件」） …111-112

●平成元年（1989 年）
東京高裁平成元年 1 月 24 日判決（写植機用文字盤事件）（無体集 21 巻 1 号 1 頁、著判集 8 集 519 頁） …107, 164
大阪地裁平成元年 3 月 8 日判決（モリサワ対エヌ・アイ・シー事件）（無体集 21 巻 1 号 93 頁、判時 1307 号 137 頁、判タ 700 号 229 頁、著判集 8 集 3 頁） …77-79, 190, 202, 218-219, 226
京都地裁平成元年 6 月 15 日判決（佐賀錦袋帯事件）（判時 1327 号 123 頁） …185, 201, 219, 228
東京地裁平成元年 11 月 10 日判決（動書複製主張事件）（無体集 21 巻 3 号 845 頁、判時 1330 号 118 頁、著判集 8 集 97 頁） …80-81, 143

●平成 2 年（1990 年）
東京地裁平成 2 年 2 月 19 日判決（ポパイ事件）（判時 1343 号 3 頁） …204
最高裁平成 2 年 7 月 20 日判決（写植機用文字盤事件）（平成元年（オ）第 543 号） …108

●平成 3 年（1991 年）
東京地裁平成 3 年 2 月 27 日決定（IBF ファイル事件） …236
東京高裁平成 3 年 12 月 17 日判決（木目化粧紙事件）（知的裁集 23 巻 3 号 808 頁） …161, 185, 201, 220, 228

●平成 5 年（1993 年）
東京地裁平成 5 年 4 月 28 日判決（岩田書体文字設計図事件）（知的裁集 25 巻 1 号 170 頁、判タ 832 号 168 頁） …87-88, 181
東京地裁平成 5 年 6 月 25 日決定（リュウミン事件）（判時 1505 号 136 頁） …100-101
東京高裁平成 5 年 11 月 18 日判決（岩田

書体文字設計図事件）（知的裁集 25 巻 3 号 472 頁） …88
東京高裁平成 5 年 12 月 24 日決定（リュミン事件）（平成 5 年（ラ）第 594 号）（判時 1505 号 136 頁）…101-103, 195

●平成 6 年（1994 年）
東京地裁平成 6 年 3 月 28 日判決（アサヒビール対アサックス事件）(平成 4 年(ワ)第 9311 号）（判時 1498 号 121 頁） …vii, 108, 204

●平成 7 年（1995 年）
知財高裁平成 7 年 10 月 6 日判決（読売オンライン事件） …160

●平成 8 年（1996 年）
東京高裁平成 8 年 1 月 25 日判決（アサヒビール対アサックス事件）（知的裁集 28 巻 1 号 1 頁、判時 1568 号 119 頁） …vii, 109, 177, 204
東京地裁平成 8 年 2 月 23 日判決（やっぱりブスが好き事件） …157
東京地裁平成 8 年 12 月 25 日判決（キーホルダー事件） …165

●平成 9 年（1997 年）
大阪地裁平成 9 年 6 月 24 日判決（ゴナ U 事件）（判タ 956 号 267 頁） …27, 83-85, 153, 169-173, 188, 190, 205
最高裁平成 9 年 9 月 7 日判決（民集 51 巻 6 号 2714 頁）（ポパイ腕カバー事件） …199

●平成 10 年（1998 年）
東京高裁平成 10 年 2 月 26 日判決（キーホルダー事件）（平成 8 年（ネ）第 6162 号） …165
最高裁平成 10 年 6 月 25 日判決（アサヒビール対アサックス事件）（平成 8 年（オ）第 1022 号） …109
大阪高裁平成 10 年 7 月 17 日判決（ゴナ U 事件）（平成 9 年（ネ）第 1927 号、民集 54 巻 7 号 2562 頁） …27, 85, 154, 169, 173-174, 189-190, 204, 205

●平成 11 年（1999 年）
東京地裁平成 11 年 1 月 28 日判決（キャデイバック事件） …165
大阪地裁平成 11 年 9 月 21 日判決（商業書道デザイン事件）（判時 1732 号 137 頁） …81-83, 143

●平成 12 年（2000 年）
東京地裁平成 12 年 1 月 17 日判決（ポップ用書体事件）（判時 1708 号 146 頁、判タ 1026 号 273 頁） …103-104
最高裁平成 12 年 9 月 7 日判決（ゴナ U 事件）（平成 10 年（受）第 332 号）（民集 54 巻 7 号 2481 頁、判時 1703 号 123 頁、判タ 1046 号 101 頁） …viii, ix, 27, 29, 43-44, 53-54, 72, 86-87, 98-99, 115, 143, 145, 149, 152-154, 157-158, 166, 169, 174, 187, 190-192, 194, 204, 207-209, 229, 232
東京地裁平成 12 年 9 月 28 日判決（住友建機ロゴ事件）（判時 1731 号 111 頁） …92-93

●平成 13 年（2001 年）
東京地裁平成 13 年 5 月 25 日中間判決（自動車データベース事件）（判時 1774 号

132 頁） …160, 213-214
東京地裁平成 13 年 5 月 16 日判決（東京リーガルマインド事件） …90, 238
東京高裁平成 13 年 7 月 18 日判決（ヘルベチカ商標拒絶事件）（判時 1766 号 70 頁） …113-114, 203
東京地裁平成 13 年 9 月 6 日判決（宅配鮨事件）（判タ 1107 号 297 頁） …220

●平成 14 年（2002 年）
東京地裁平成 14 年 3 月 28 日判決（自動車データベース事件）（判時 1793 号 133 頁） …160, 213, 215
大阪地裁平成 14 年 7 月 25 日判決（大斗有限会社対有限会社富士測機事件） …221

●平成 15 年（2003 年）
東京地裁平成 15 年 1 月 31 日判決（ワイビーエム対佐鳥電機事件） …237

●平成 16 年（2004 年）
東京地裁平成 16 年 3 月 24 日判決（読売オンライン事件）（平成 14 年（ワ）第 28035 号）（判時 1857 号 108 頁） …160, 221
大阪地裁平成 16 年 5 月 13 日判決（モリサワ対ディー・ディー・テック事件）（平成 15 年（ワ）第 2552 号） …88-90, 99, 230, 237-238
岐阜地裁平成 16 年 11 月 18 日判決（Field ロゴマーク事件）（平成 15 年（ワ）第 178 号） …90-92

●平成 17 年（2005 年）
東京地裁平成 17 年 5 月 17 日判決（通勤大学法律コース事件）（平成 15 年（ワ）第 12551 号） …160
知財高裁平成 17 年 10 月 6 日判決（読売オンライン事件）（平成 17 年（ネ）第 10049 号） …221

●平成 18 年（2006 年）
知財高裁平成 18 年 3 月 15 日判決（通勤大学法律コース事件）（平成 17 年（ネ）第 0095 号） …160, 223-224

●平成 19 年（2007 年）
東京地裁平成 19 年 12 月 14 日判決（北朝鮮映画事件）（民集〈参〉65 巻 9 号 3329 頁） …115, 225

●平成 20 年（2008 年）
知財高裁平成 20 年 12 月 24 日判決（北朝鮮映画事件）（民集〈参〉65 巻 9 号 3363 頁） …115, 225

●平成 23 年（2011 年）
東京地裁平成 23 年 1 月 28 日判決（ニュー増田足事件） …237
最高裁平成 23 年 12 月 8 日判決（北朝鮮映画事件）（平成 21 年（受）第 602 号第 603 号）（民集 65 巻 9 号 3275 頁、判時 2142 号 79 頁、判タ 1366 号 93 頁） …99, 114-115, 158, 225, 227

●平成 25 年（2013 年）
東京地裁平成 25 年 1 月 31 日判決（受話器事件）（平成 23 年（ワ）第 40129 号） …253
知財高裁平成 25 年 6 月 20 日判決（受話器事件）（平成 25 年（ネ）第 10015 号） …253
大阪地裁平成 25 年 7 月 18 日判決（テレビ朝日・IMAGICA（イマジカ）事件）（平

成 22 年（ワ）第 12214 号）
…19, 37-47, 93-99, 157

●平成 26 年（2014 年）
知財高裁平成 26 年 9 月 7 日判決（ファッションショー事件） …viii, 207
大阪高裁平成 26 年 9 月 26 日判決（テレビ朝日・IMAGICA（イマジカ）事件）
…19, 20, 37-47, 53, 95

●平成 27 年（2015 年）
大阪地裁平成 27 年 3 月 17 日和解（視覚デザイン研究所対水野プロ事件）（平成 27 年（平成 15 年（ワ）第 1156 号）
…57-60
知財高裁平成 27 年 4 月 14 日判決（平成 26 年（ネ）第 10063 号、判時 2267 号 91 頁）（トリップ・トラップ椅子事件）
…viii, 207
知財高裁平成 27 年 6 月 24 日判決（平成 26 年（ネ）第 10004 号）（プロ野球ドリームナイン事件） …59
大阪地裁平成 27 年 9 月 24 日判決（ピクトグラム事件）平成 25 年（ワ）第 1074 号 …vii, 241

●平成 29 年（2017 年）
東京地裁平成 29 年 11 月 30 日判決（包装デザイン事件）（平成 28 年（ワ）第 23604 号） …251

●平成 30 年（2018 年）
東京地裁平成 30 年 6 月 7 日判決（イラスト無断掲載事件）（平成 29 年（ワ）第 39658 号） …251

■著者紹介

葛本　京子（かつもと　きょうこ）

株式会社視覚デザイン研究所 社長

所属：A Typ I、JTA・知的財産権委員会、タイポグラフィ学会、日本工業所有権法学会、JAGDA・創作保全委員会、著作権情報センター

大家　重夫（おおいえ　しげお）

1934年生まれ、福岡県出身。京大法卒、旧文部省に27年間勤務、文化庁著作権課課長補佐、著作権調査官等を経て1988年から22年間、久留米大学法学部教授。現在、久留米大学名誉教授。株式会社インタークロスIT企業法務研究所客員研究員（〒100-0014　東京都千代田区永田町2丁目17-17　アイオス永田町717号室）

主要著書

「肖像権」新日本法規・1979年5月

「ニッポン著作権物語」出版開発社・1981年5月

「最新　肖像権関係判例集」ぎょうせい・1989年4月

「最新　企業秘密ノウハウ関係判例集」（河野愛氏と共編）ぎょうせい・1989年5月

「宗教関係判例集成」第一書房・全10巻・1994年7月

「最新　著作権関係判例集」（共編）ぎょうせい・全10巻・1995年5月

「改訂版ニッポン著作権物語」青山社・1999年1月

「タイプフェイスの法的保護と著作権」成文堂・2000年8月

「著作権を確立した人々――福沢諭吉先生、水野錬太郎博士、プラーゲ博士…第2版」成文堂・2004年4月

「唱歌『コヒノボリ』『チューリップ』と著作権――国文学者藤村作と長女近藤宮子とその時代」全音楽譜出版社・2004年9月

「肖像権　改訂新版」太田出版・2011年8月

「著作権文献・資料目録（2010）」（黒澤節男氏と共編）著作権情報センター・2012年3月

「美術作家の著作権――その現状と展望」（福王寺一彦氏と共著）里文出版・2014年2月

「ウルトラマンと著作権――海外利用権・円谷プロ・ソムポート・ユーエム社」（上松盛明氏と共編）青山社・2014年12月

「インターネット判例要約集」青山社・2015年12月

「シリア難民とインドシナ難民――インドシナ難民受入事業の思い出」青山社・2017年1月

表紙デザイン：葛本京子

文字書体の法的保護　―タイプフェイス・フォント・ピクトグラム

2019年1月29日　第1刷発行

著　者　葛本 京子　大家 重夫　
発行者　池上　淳
発行所　株式会社　**青山社**
〒252-0333　神奈川県相模原市南区東大沼2-21-4
TEL　042-765-6460（代）　FAX　042-701-8611
振替口座　00200-6-28265　ISBN　978-4-88359-357-6
URL　http://www.seizansha.co.jp　E-mail　contactus_email@seizansha.co.jp

印刷・製本　モリモト印刷株式会社　Printed in Japan

ウルトラマンと著作権

―海外利用権・円谷プロ・ソムポート・ユーエム社

編著：

ユーエム株式会社 代表取締役社長 上松盛明

久留米大学名誉教授　大家重夫

A5 判・第 1 版 535 頁、第 2 版 545 頁

2015 年 2 月 23 日　第 2 版発行

定価：本体 4,500 円＋税

ISBN 978 - 4 - 88359 - 328 - 6

円谷プロには何故円谷一族がいないのか、ウルトラマン海外利用権をめぐり、日本国、タイ王国、中国でどのような裁判が行われたか。判決文を収集、丹念に追跡、解説する。

株式会社　**青 山 社**
〒 252-0333　神奈川県相模原市南区東大沼 2-21-4
TEL　042-765-6460（代）　　FAX　042-701-8611
URL　http://www.seizansha.co.jp　　E-mail　contactus_email@seizansha.co.jp

インターネット判例要約集

—附・日本著作権法の概要と最近の判例

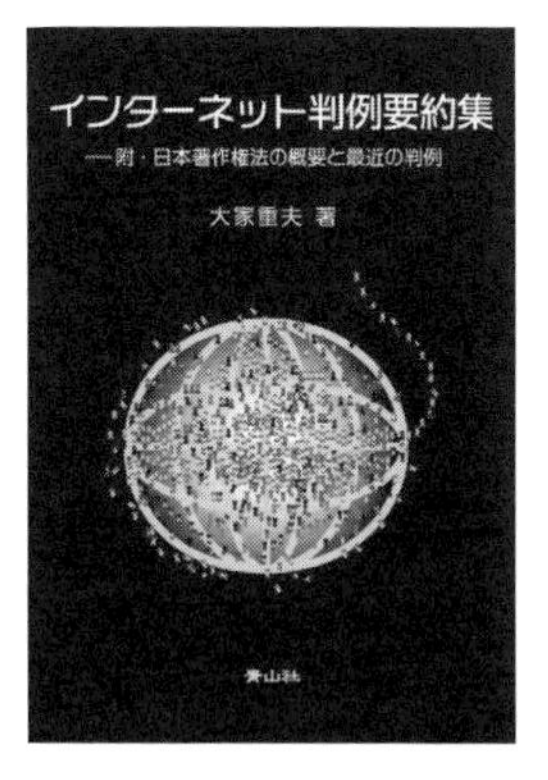

著者：
久留米大学名誉教授　大家重夫
(株)インタークロスIT企業法務研究所 客員研究員

A5判・542頁
2015年 12月20日　第1版発行
定価：本体2,800円＋税
ISBN 978-4-88359-341-5

世界中のコンピュータを接続するという通信網の「インターネット」が一般に普及し始めて約20年になる。インターネットは、必需品になった。インターネット上で、誹謗中傷されたり、著作物を無断で使用されたり、インターネットをめぐるトラブルが多く発生している。検索サイトの表示差止めを求める「忘れられる権利」があるか、という事件もある。

本書は、インターネットに関する事件の判決135件を年代順に集め、これを要約し、編集したものである。

第1部　インターネット判例要約集
　イスラム教徒情報流出事件(東京高裁平成27年4月15日判決)
　為替相場情報無断コピー事件(東京地裁平成27年4月24日判決)
　「食べログ」サイト事件(札幌地裁平成26年9月4日判決)
　塗装屋口コミランキング事件(東京地裁平成26年10月15日判決)
　自炊事件(知財高裁平成26年10月22日判決)
　マンガ家佐藤秀峰事件(東京地裁平成25年7月16日判決)
　中村うさぎ「狂人失格」事件(大阪地裁堺支部平成25年5月20日判決)
第2部　資料
　インターネットに関する法律及び参考文献を掲載した。
附録　日本著作権法の概要と最近の判例を掲載した。

株式会社　**青 山 社**
〒252-0333　神奈川県相模原市南区東大沼2-21-4
TEL 042-765-6460(代)　FAX 042-701-8611
URL http://www.seizansha.co.jp　E-mail contactus_email@seizansha.co.jp

シリア難民とインドシナ難民

―インドシナ難民受入事業の思い出

著者：
久留米大学名誉教授　大家重夫
(株)インタークロスIT 企業法務研究所 客員研究員

A5 判・336 頁
2017 年 1 月 27 日　第 1 版発行
定価：本体 2,800 円＋税
ISBN 978 - 4 - 88359 - 347 - 7

2015 年・2016 年の欧州諸国の難民受入状況を概観した。ドイツは、難民を約 100 万人受入れ、フランス・カレーでは、イギリスを目指す移民キャンプを強制撤去、イタリアでは難民受入に反対するデモ隊、イギリスは、難民、移民受入れ反対の意見強く 2016 年 6 月、国民投票で EU 離脱を決定した。

日本は、約 40 年前の 1979 年（昭和 54 年）、ベトナム、ラオス、カンボジアのインドシナ難民を受入れ、日本語を教え、就職を斡旋し、10 年かけて、1 万人以上を日本に定住させた。この難民受入事業に関与した著者は、事業を回顧し、提言する。

1, 外国人庁の創設、2, 日本語学校を内外に設置し、教師を公費で派遣する。

3, 日本語習得者から毎年、500 人程度選抜、入国させる。4, シリア難民や難民認定待ちの者にも声をかけよ、と提言する。

株式会社　**青 山 社**
〒 252-0333　神奈川県相模原市南区東大沼 2-21-4
TEL　042-765-6460（代）　　FAX　042-701-8611
URL　http://www.seizansha.co.jp　　E-mail　contactus_email@seizansha.co.jp